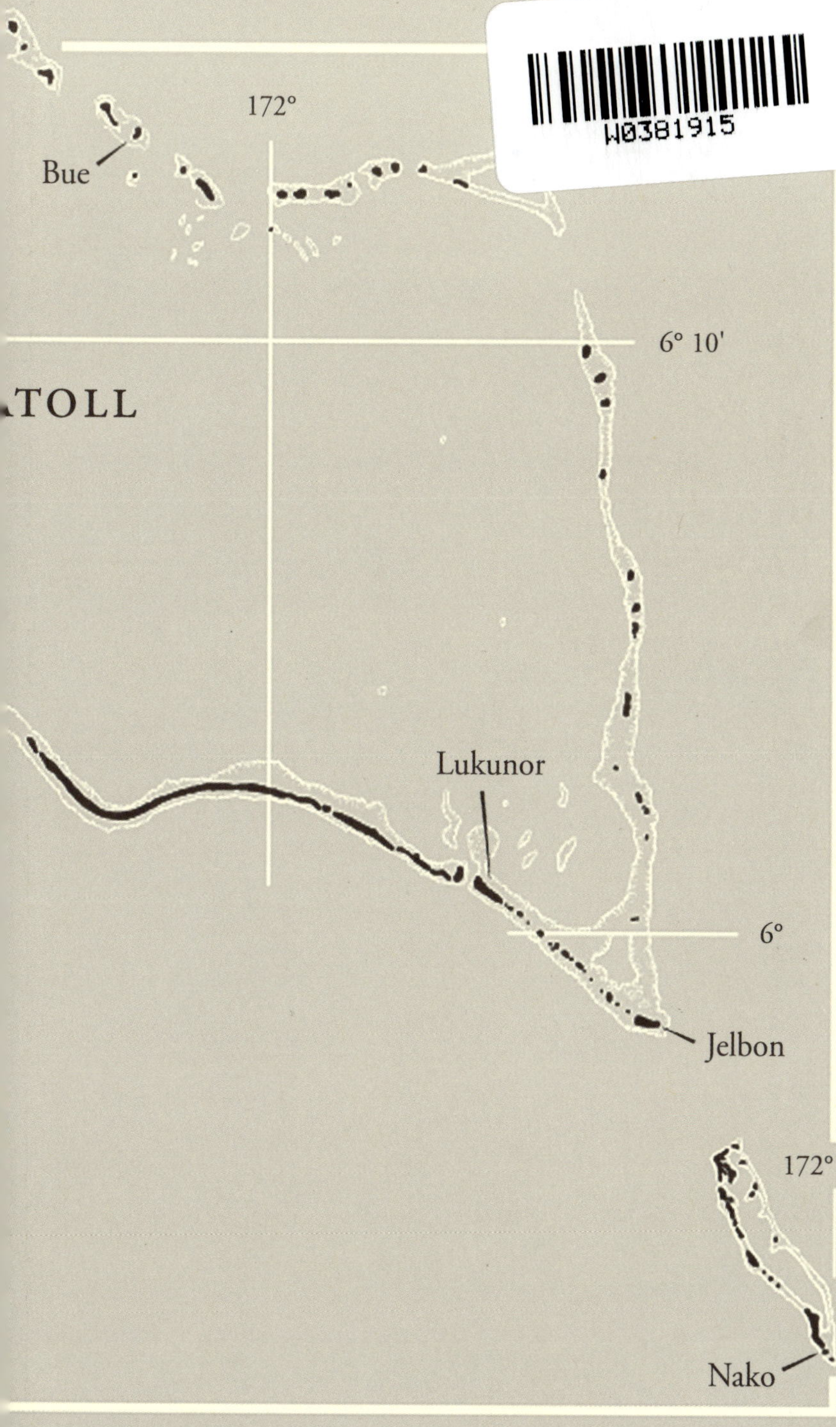
172°
Bue
6° 10'
ATOLL
Lukunor
6°
Jelbon
172° 10'
Nako

# MEUTEREI
AUF DER
# GLOBE

Thomas Farel Heffernan

# MEUTEREI
## AUF DER
# GLOBE

Die schicksalhafte Reise des Samuel Comstock

Aus dem Amerikanischen
von Andrea Kann

BERLIN VERLAG

Die Originalausgabe erschien 2002 unter dem Titel
*Mutiny on the Globe. The Fatal Voyage of Samuel Comstock*
bei W. W. Norton, New York

Umschlaggestaltung:
Nina Rothfos und Patrick Gabler, Hamburg
Typografie: Renate Stefan, Berlin
Gesetzt aus der Garamond durch psb, Berlin
Druck & Bindung: GGP Media, Pößneck
Printed in Germany 2004
ISBN 3-8270-0418-7

# INHALT

# EINLEITUNG

## DIE GEISTER VON NAKO

Wie zwei lange von Nordwesten nach Südosten verlaufende Schrägstriche ziehen sich die beiden Inselketten der Marshallinseln, die Ralik- und Ratak-Gruppe, auf halber Strecke zwischen Papua-Neuguinea und Hawaii und fast derselben geographischen Länge wie Neuseeland über den Pazifik. Die Nordspitze der westlichen oder Ralik-Gruppe bildet das Bikini-Atoll, wo einst die Atompilze der Kernwaffentests aus dem Boden schossen und sich heute Teilnehmer teurer Tauchexkursionen wie tropische Fischschwärme um die versunkenen Wracks der damaligen Testziele, den Flugzeugträger *Saratoga* und das Schlachtschiff *Arkansas*, tummeln. Den im Vorfeld der Atomtests von der Regierung evakuierten Bewohnern des Atolls hatte man in den 1970er Jahren von offizieller Seite versichert, sie könnten unbesorgt in ihre Heimat zurückkehren und sich von den Produkten des mit radioaktivem Cäsium verseuchten Bodens ernähren, doch schon bald mussten sie erneut evakuiert werden.

Im Südosten der Marshallinseln, an dem Bikini diagonal entgegengesetzten unteren Ende der Ratak-Gruppe, liegt das Mili-Atoll, dessen 800 Bewohner hauptsächlich von Kopra, getrockneten Kokosnusskernen, leben. Das Atoll wird von der Fluggesellschaft Air Marshall Islands angeflogen, deren Maschinen auf einer abschüssigen, in einen Palmenhain geschlagenen Graspiste landen. Die Inseln des Mili-Atolls gelten als wahrscheinliche Stelle des Flugzeugabsturzes von Amelia Earhart.

Am 10. Februar 1824 segelte ein Walfangschiff aus Nantucket von den Gilbertinseln aus in nordwestlicher Richtung nach Mili und passierte dabei den aus winzigen Inseln bestehenden südöstlichen Ausläufer des Atolls, Knox genannt, an dessen Südspitze die Insel Nako liegt. Nach marshallesischer Überlieferung ist Nako der Ort, an dem die Toten der ganzen Welt wohnen oder von wo aus sie zu ihrem nächsten Leben auffahren.[1] Aber davon ahnten die zum Aberglauben neigenden Besatzungsmitglieder nichts, sonst hätten sie die unheimliche Insel vermutlich weiträumig umfahren, um nicht den blutbefleckten Geistern ihres Kapitäns, Obermaats und Zweiten und Dritten Maats zu begegnen.

Das Schiff war die *Globe*, ein berühmter Walfänger, der von einer seiner früheren Fahrten als erstes Walfangschiff überhaupt mit über 2000 Fass Öl in die Heimat zurückgekehrt war und auf einer anderen Fahrt die berühmten, zu den ergiebigsten Walfanggründen der Welt zählenden »Hochseefanggründe« westlich von Nord-Peru entdeckt hatte. Ihre wahre Berühmtheit erlangte die *Globe* jedoch durch einen Vorfall, der sich zwei Wochen vor der Fahrt nach Mili abspielte, als sie zum Schauplatz der blutigsten Meuterei in der Geschichte des amerikanischen Walfangs wurde; einer nicht nur blutigen, sondern auch besonders grausamen Meuterei. Binnen weniger Minuten, so die nackte, entsetzliche Tatsache, wurde die gesamte Schiffsführung ermordet. Die Gründe für diese unfassbare, beispiellose und sinnlose Bluttat lassen sich nicht allein mit den Arbeits- und Lebensbedingungen im Walfang erklären. Was vor der Meuterei und was danach geschah, ist eine Geschichte von Gewalt, Wahnsinn, Überlebenskampf und unwahrscheinlichem Zufall.

Seit den Anfängen des Walfangs auf Nantucket im 17. Jahrhundert betrieben die dortigen Bewohner die Ausweitung ihrer Fischereizonen, als seien die Walfanggründe verschwenderisch über den gesamten Globus verteilt und nach Belieben verfügbar. Mit wachsender Tonnage der Schiffe dehnten sich die Fahrten der Walfänger auf über drei Jahre aus. Die Musterrollen wiesen, vom Kapitän bis zum Böttcher, Namen auf, die für Generationen von Walfängern standen – Namen wie Starbuck und Howland und Gardner, die auch heute noch auf Seekarten vom Pazifik neben kleinen Inseln zu finden sind. Kriegsbedingter Gefahr und Mühsal ausgesetzt, entsprach der Nantucketer Walfänger genau dem in *Moby Dick* entworfenen Bild: Er war Bulkington, der die todbringende See dem sicheren Landleben vorzog; er war Starbuck, der fromme Quäker; und er war Flask, der furchtlose Draufgänger. Gab es am Ende unter den Nantucketer Walfängern auch einen Ahab, dessen Motive, zur See zu fahren, so sehr im Widerspruch zu den ausgesprochenen und unausgesprochenen Moralvorstellungen dieser kleinen Insel standen, dass sie keinem ihrer Bewohner jemals in den Sinn gekommen wären?

Im Folgenden wird die Geschichte eines Mannes geschildert, der aus einem wahnwitzigen Drang heraus ungeahnte Bösartigkeit entwickelte und so taub für die Stimme seines Gewissens wurde, dass er sich zu der irrsinnigen Vorstellung verstieg, ein Reich ganz für sich allein besitzen zu müssen. Ferner handelt das Buch von einer eingeschüchterten, verstörten Schiffsmannschaft, von Seeleuten, die, von der Außenwelt abgeschnitten und dem Leben der Eingeborenen angepasst, dank Schlauheit und Glück überlebten, von Seehelden, Hurenkämpfen und geschmähten hawaiischen Missionaren und nicht zuletzt von sechs Männern, denen eine unglaubliche Pazifiküberquerung in einem alles andere als seetüchtigen Schiff gelang.

Und schließlich erzählt das Buch die Geschichte von drei in eine blutige Meuterei verstrickten Brüdern – Samuel Comstock, dem Haupttäter, George Comstock, dem entsetzten Augenzeugen, und William Comstock, dem späteren Chronisten. George, der die Meuterei miterlebte, schrieb mit seinem »Bericht von der Meuterei und dem Geschehen an Bord des

Schiffes *Globe* aus Nantucket nach dem Auslaufen aus Edgartown«* den maßgeblichen Augenzeugenbericht, auf den sich sämtliche späteren Schilderungen der Ereignisse auf der *Globe* stützen. Sein Bruder William, der ein bekannter Schriftsteller wurde, nachdem er zunächst einige Erfahrung als Walfänger gesammelt hatte, schildert Samuel Comstocks Leben vor der Meuterei in der Biographie *The Life of Samuel Comstock, the Terrible Whaleman* (Das Leben von Samuel Comstock, dem schrecklichen Walfänger), falls man hier von Biographie sprechen kann. Denn William ist eine kaum weniger interessante Persönlichkeit als sein »schrecklicher« Bruder, vor allem dann, wenn er gedankenversunken vor sich hin sinniert, so dass der nüchterne Leser sich am liebsten räuspern und die Hand heben möchte, damit sich der Autor wieder seiner entsinnen möge. Trotz aller Unzulänglichkeiten, die man William als der einzigen Informationsquelle zu Samuel Comstocks Kindheit und Jugend nachsehen muss, ist es ihm gelungen, den Geist und das Leben seines Bruders festzuhalten.

Letztlich überschattet die psychopathologische Persönlichkeit von Samuel Comstock das gesamte *Globe*-Geschehen. Die Meuterei auf der *Globe* war ein zutiefst tragisches Ereignis, aber sie war auch eine vorgezeichnete Tragödie, hinter der man die Abgründe einer menschlichen Seele erahnt – heute nicht weniger beängstigend und erschreckend als vor fast zwei Jahrhunderten.

Samuel Comstock war wie ein unterirdischer Fluss. An der Oberfläche, in den Städten und Dörfern, ging das Leben seinen alltäglichen Gang, zwar keineswegs konfliktfrei, aber die Beweggründe der Menschen, ob edel, niederträchtig oder zwiespältig, blieben stets für alle nachvollziehbar. Doch dann bricht inmitten dieser mehr oder weniger friedlichen Landschaft plötz-

* *Narrative of the Mutiny capture and transactions on board of the Ship Globe of Nantucket after Sailing from Edgartown.*

lich das Unfassbare hervor, das alle gewohnten Grenzen sprengt und sich nicht mehr auf der herkömmlichen Skala zwischen A und Z einordnen lässt. Und die Leute verstehen die Welt nicht mehr. Jahrelang war Samuel Comstocks Fluss im Verborgenen dahingeströmt, von allen unbemerkt. Als er zur Oberfläche durchbrach, war er voller Blut.

Mit der Zeit merkte die Familie, dass mit Samuel etwas nicht stimmte. Ob auch anderen etwas auffiel, ist zumindest nicht bekannt. Vielleicht hielten Samuels Gefährten auf der *Foster*, John Cotton und John Lincoln, ihren Freund für übergeschnappt, als er sie aufforderte, gemeinsam mit ihm den Obermaat auszupeitschen. Doch in den Augen der meisten, die Samuel kannten, ließ sich noch bis zum letzten Monat seines Lebens jede seiner Marotten und Eigenarten irgendwie erklären. War er ein leidenschaftlicher Abenteurer? Ein Mensch, der die Gefahr liebte? Wenn es nur das gewesen wäre … Aber es war nicht nur das. Es kam der Moment, in dem die umgangssprachliche Übertreibung »jemanden umbringen können« für Samuel jede andere Bedeutung als die wortwörtliche verlor.

Das Abschreckendste an Samuels Bluttaten war der Gleichmut, den er dabei an den Tag legte. Obwohl er bei seinem Angriff auf die Offiziere der *Globe* im Achterschiff ein so grauenhaftes Blutbad anrichtete, dass sich die Spuren anschließend kaum beseitigen ließen, ordnete er später einen Gedenkgottesdienst für seine Opfer an, als wären sie einfach an einer Seuche gestorben. Nachdem er mit der *Globe* zum Ankerplatz beim Mili-Atoll gesegelt war, wo er alle übrigen Besatzungsmitglieder umbringen wollte, ging er an Land und entwarf seine Fantasiestadt, wobei er in exponierter Lage den Bau einer Kirche vorsah. Diese Morde, die er aber nicht mehr ausführen konnte, wurden von ihm mit derselben Routine geplant wie das Entladen der Schiffsvorräte. Sie gehörten gewissermaßen zur notwendigen Arbeit, die noch erledigt werden musste, und danach würde alles gut sein.

Zwar arteten weder Samuels Streiche noch die gewalttätigeren Spiele seiner Kindheit, von denen sein Bruder William erzählte, jemals in Mord und Totschlag aus, doch seine Hemmschwelle sank mit jedem Jahr. Noch aber blieb der Fluss unter der Oberfläche. Seine Freunde spielten mit ihm, seine Lehrer lasen ihm die Leviten, seine Schiffskameraden auf der *Edward* hielten ihn für einen ganz normalen Grünling, die Bewohner von Talcahuano grüßten ihn auf der Straße, und seine hübschen Nantucketer Cousinen bereiteten ihm bei der Rückkehr von seiner ersten Walfahrt einen herzlichen Empfang. Niemand von ihnen ahnte, welche dunkle Gewalt in ihrer Mitte schlummerte. *Vermutlich* ahnte es niemand – vermutlich.

# ERSTES KAPITEL

## BRÜDER

Die Kinder waren noch klein – Samuel war acht, William sieben und George drei Jahre alt –, als sie Nantucket verlassen mussten, den nach Walöl riechenden Inselhafen mit seinem emsigen Treiben, ihren über alles geliebten Spielplatz. Aber es half nichts; ihr Vater, Nathan Comstock, hatte seinen Beruf als Lehrer und Bankkassierer an den Nagel gehängt, um in der Handelsmetropole New York ins Geschäft mit Walfangprodukten einzusteigen, und er nahm die ganze Familie mit, zu der außerdem noch die fünfjährige Lucy und das Baby Thomas gehörten.[1] Obwohl die Comstocks streng genommen gar keine Nantucketer Familie waren, sondern vom »Kontinent« stammten, wie die Nantucketer das Festland nannten, und zwischen Nathan Comstocks Ankunft auf der Walfanginsel bis zu seinem Wegzug nach New York nur etwa ein Dutzend Jahre lagen, sollten Samuel, William und George in die Geschichte jener Insel eingehen, die sie nun hinter sich ließen.

Die drei Brüder, der heftige und ungestüme Samuel, der kreative William und der arglose, aber klarsichtige George, bildeten ein ungewöhnliches Trio. Die beiden Jüngeren bewunderten den älteren Bruder, mussten aber auch mit ansehen, wie er immer befremdlicher wurde. Als sie sich später rückblickend über Samuel äußerten, tat William es mit schriftstellerischem Gespür und George mit der Präzision des entsetzten Augenzeugen. Alle drei hatten somit Anteil an der Legende des Meuterers.

Samuel, William und George verbrachten zwar nur wenige Kindheitsjahre auf der Insel, aber diese Zeit war prägend, und als sie alt genug waren, um selbst auf Walfängern anzuheuern, kehrten sie nach Nantucket zurück. Als Inselkinder hatten sie das Treiben im Hafen stets mit gebannter Aufmerksamkeit verfolgt. Auf den Kais herrschte ein unermüdliches geschäftiges Gewimmel: Unter den wachsamen Augen Ehrfurcht gebietender Kapitäne (im Nantucketer Dialekt »keppins« genannt) wurden Schiffe entladen oder seeklar gemacht; Heerscharen von Handwerkern und Hafenarbeitern schufteten, schleppten und verstauten, und sobald sich der Zeitpunkt der Abfahrt näherte, kamen die Maate (»mets«), Bootssteurer und die restliche Besatzung an Bord. Entlang der Kais stapelten sich Schiffsausrüstung und Vorräte – Ölfässer und Eisenringe, Nägel, Bretter, Kupferbeschläge, Teer, Tauwerk, Fässer mit Trinkwasser, Pökelfleisch, Mehl und Kaffee, und hier und da auch neue Segel und Spieren sowie, je nach Laune der nicht gerade für ihre Großzügigkeit bekannten Schiffseigner, noch weiterer Proviant.

Ursprünglich lebte Nantucket von Ackerbau und Viehzucht, und auch in den Kindheitstagen der Gebrüder Comstock spielte die Landwirtschaft, vor allem die Schafzucht, noch eine wichtige Rolle. Zum Walfanghafen wurde die Insel im Jahr 1668, als eines Tages ein paar Insulaner einen Wal in den Hafen trieben und töteten.[2] Gut möglich, dass die Stadt bereits vier Jahre später den Walfänger James Loper aus Cape Cod als offiziellen Waljäger anheuerte; auf jeden Fall wurde im Jahr 1690 Ichabod Paddock auf die Insel geholt, um die Nantucketer im Walfang zu unterweisen.

Zunächst beschränkte sich der Walfang auf Wale, die an der Küste antrieben. Der nächste Schritt bestand darin, die Wale von Ausguckposten an Land auszuspähen und dann kleine Boote auszusetzen, mit denen die Tiere gejagt und ans Ufer geschleppt wurden. Bald darauf begannen die Waljäger mit Booten vor der Küste zu kreuzen, und schließlich wurden aus den Booten immer größere und leistungsfähigere Schiffe mit wachsender Reichweite. Bei den gejagten Walen handelte es sich um Glattwale, bis Christopher Hussey im Jahr 1712, von einem stürmischen Nordwind vom Kurs abgetrieben, den ersten Pottwal sichtete und erlegte. Als im Jahr 1793 die *Beaver* unter Kapitän Paul Worth als erster amerikanischer Walfänger Kap Hoorn umrundete, dehnte sich der Walfang auch auf den Pazifik aus. Es war dies ein entscheidender Meilenstein, denn zum einen erlangte Neuengland Zugang zu den reichen Walfanggründen des Pazifiks, und zum anderen bekamen nun Polynesien, Mikronesien und Melanesien den Einfluss westlicher Kultur zu spüren. Im Jahr 1802, dem Geburtsjahr Samuel Comstocks, stachen 22 Walfänger von Nantucket aus in See; zwanzig Jahre später, 1822, als er auf der *Globe* zur See fuhr, waren es bereits vierzig. Der Walfang erlebte seine Blütezeit.

Jeder im Hafen, selbst die drei Comstock-Söhne, wusste, dass die meisten Schiffsoffiziere entweder aus einer der zur Inselaristokratie gehörenden Familien stammten – den Coffins, Folgers, Starbucks, Gardners, Husseys, Swains, Chases – oder aus einer der gut zwei Dutzend anderen im Walfang tätigen Familien. Im Großen und Ganzen erfreuten sich die Kapitäne zu Recht ihres hohen Ansehens, fuhren sie doch meistens eine stattliche Ausbeute ein. Im Jahr 1805, als Samuel drei Jahre alt war, brachte Kapitän William Easton auf der *Atlas* 1800 Fass Öl von seiner Fahrt mit nach Hause, zur damaligen Zeit vermutlich ein Rekordergebnis. Allerdings kehrten einige Schiffe auch leer zurück und andere überhaupt nicht. Bereits im Jahr 1724 wurde ein Nantucketer Walfänger als verloren gemeldet. Und die *Commerce* unter Kapitän Jesse Bunker, die 1805 in See stach, wurde »zum letzten Mal in der Nähe des Äquators gesehen, auf Heimatkurs, mit einer Ladung Öl«. Danach hörte man nie wieder von ihr. Ein anderes Schiff aus Nantucket, die von Kapitän Edmund Gardner befehligte *Union*, rammte nur wenige Wochen nach ihrem Auslaufen im Jahr 1807 einen Wal und sank, worauf der Besatzung nichts anderes übrig blieb, als in offenen Booten zu den 600 Meilen entfernten Azoren zu segeln. Ein bis dahin beispielloser Vorfall, der jedoch verblasst im Vergleich zu dem, was dreizehn Jahre später der *Essex* widerfuhr, einem alten Schlachtross von Walfänger, die auf ihrer neunten Fahrt nicht versehentlich mit einem Wal zusammenstieß, sondern ganz gezielt von dem Tier gerammt und schließlich versenkt wurde[3] – ein Ereignis, das Herman Melville zum Schluss seines Romans *Moby Dick* inspirierte.

Die Jungen waren also von frühester Kindheit an mit Schiffen und ihren Schicksalen vertraut. Begeistert lauschten sie den Berichten, die die weit gereisten Walfänger von ihren aufregenden Fahrten in ferne, geheimnisvolle Gegenden mit nach Hause brachten. Die Abenteuer der Seeleute und ihre Begegnungen mit exotischen Ländern waren fesselnder als jedes Märchen – und viel aufregender als die meisten Seefahrergeschichten bis zum heutigen Tag. Was für Laien schon höchst abenteuerlich klang, nämlich die Fahrt an sich und das Aussetzen der Walboote, war für die Walfänger schnöder Alltag und nur dann erzählenswert, wenn außergewöhnliche Ereignisse eintraten, etwa wenn ein Boot leck schlug oder die an einem Wal angehakte Leine in voller Länge ausgerauscht war und das Walboot zur so genannten Nantucketer Schlittenfahrt mitgerissen wurde, oder wenn ein Schiff beim Anlaufen einer Insel plötzlich von Kanus voller feindseliger Eingeborener umzingelt wurde und seewärts abstehen musste oder aber bei mörderischem Sturm in eine Wasserhose geriet. Oder wenn die Männer im Walboot der gewaltsame Tod ereilte, eine Gefahr, der sie immer ausgesetzt waren und die als ständiges Schreckgespenst über den Schiffen und ihrem Heimathafen schwebte.

Aber nicht alle Seefahrergeschichten waren düster. »Wenn ihr eine Insel anlauft, dann hütet euch vor Unzucht, Mister Flask«, schärft Kapitän Bildad im 22. Kapitel von *Moby Dick* einem Maat der in See stechenden *Pequod* ein. Bestimmte Inseln, wie die Marquesas, waren für ihre – gelinde ausgedrückt – temperamentvollen Eingeborenenmädchen berühmt, die den einlaufenden Schiffen entgegenschwammen. »Sie verhüllten sich zwar zuvor an Land stets mit einem großen Blatt, verloren diese leichte Bekleidung jedoch meistens beim Schwimmen. Nur die wenigsten trugen noch ihre Blätterschürzen, wenn sie an Bord kamen, und sie konnten von Glück sagen, dass wir weder Schafe noch Ziegen an Bord hatten«, schrieb Georg H. von Langsdorff im Jahr 1813. (Er scherzte nicht: Das Missionarsschiff *Duff* besaß tatsächlich einige »boshafte« Ziegen, die im Nu die Kleidung der Mädchen verspeist hatten, so dass diese »ganz in ihrer natürlichen Schönheit« dastanden.[4]) Auch wenn in Anwesenheit von Kindern über das fröhliche Treiben tagsüber an Deck und die wollüstigen Nächte in Zwischendeck und Vorschiff tunlichst geschwiegen wurde, bekamen die Kleinen Wind davon. Mit der Zeit wurden die Südseeinseln für Samuel Comstock zur fixen Idee, und auch wenn die Inselnymphen nicht der entscheidende Grund hierfür waren, so vervollständigten sie doch das Bild seiner Fantasievorstellung.

Mit besonderem Interesse lauschten Samuel und William, und zum Teil vielleicht auch schon der kleine George, den Erlebnisberichten der jüngeren Matrosen, die mit sechzehn Jahren aus der Südsee zurückkehrten. Dadurch, dass die Brüder viele dieser Schiffsjungen persönlich kannten, rückte das Leben an Bord für sie in greifbare Nähe. Samuel brauchte ohnehin nur noch wenige Jahre zu warten, bis er selber über den Kai und durch die Main Street stolzieren und ebenso aufregende Geschichten zum Besten geben würde. Die Abenteuer, von denen diese Geschichten handelten, übten einen unwiderstehlichen Reiz auf ihn aus, wobei ihn nicht einmal die harte Knochenarbeit auf den Walfängern abschreckte, zumindest, soweit sie das Aussetzen der Walboote und die Arbeit im Rigg betraf (die Arbeit an den Trankesseln, in denen der Speck ausgekocht wurde, war eine andere Sache). Trotz des Umzugs der Familie nach New York sollte Samuel später tatsächlich auf drei Nantucketer Walfängern arbeiten.

Da sich Samuel Comstock nicht der Herkunft aus einer der alteingesessenen Inselfamilien rühmen konnte, hätte er eigentlich ein ganz normales Nantucketer Kind sein können. Das aber war er mitnichten. Es gehört nicht viel dazu, sich vor einem unscheinbaren Hintergrund abzuheben, um aber aus dem bunt gemischten, quirligen Nantucket hervorzustechen, in dessen Straßen einem auf Schritt und Tritt lauter kauzige Originale begegneten, bedurfte es schon auffälliger Verhaltensweisen, und daran mangelte es Samuel weiß Gott nicht. Als Knirps von drei Jahren setzte er es sich in den Kopf, ganz allein zum Metzger einkaufen zu gehen. Die Entfernung zur Metzgerei betrug eine Meile, und er bestand darauf, allein zu gehen. Schließlich gaben die Eltern nach und ließen ihn losziehen, man würde ja sehen, was dabei herauskäme. Doch siehe da, der Einkauf glückte, und der kleine Dickschädel trug stolz sein Bündel nach Hause.[5]

Samuel scheute kein Risiko. Ebenfalls mit drei Jahren stürzte er sich ohne Vorwarnung in die tückische Ozeanbrandung an der Südküste der Insel und wäre um ein Haar ertrunken. Außerdem war er auf geradezu unheimliche Weise unempfindlich gegen Schmerz. Einmal traf ihn ein Tischlerhammer, um den er mit seinem Bruder William kämpfte, im Gesicht und spaltete seine Lippe. Während der herbeigerufene Arzt die Wunde nähte, zuckte Samuel mit keiner Wimper. Ein paar Jahre später, inzwischen war Samuel fünfzehn, erwischte William ihn dabei, als er im Lager des Vaters Wein aus einem Fass stahl. Eine große Flasche hatte Samuel bereits durch das Spundloch gefüllt, und nun versuchte er, das riesige Fass zu bewegen. Halt mal die Lampe, befahl er William. Während William seinem Bruder zusah, rollte plötzlich das Fass los und quetschte eine Hand von Samuel ein. Blut spritzte, und im ersten Moment dachte der entsetzte William, das Fass habe Samuels Hand abgetrennt. Er rief die jungen Männer, die vorn im Laden arbeiteten, um Hilfe. Als Samuel die Helfer kommen sah, griff er nach der vollen Weinflasche und stürzte hastig deren Inhalt hinunter, damit sich niemand seine Hilflosigkeit zu Nutze machen und ihn um seine Beute bringen konnte.

Samuel log, dass sich die Balken bogen. In den Augen von Bruder William waren Samuels aus dem Stegreif erfundene, nicht selten haarsträubende Flunkereien wahre Meisterwerke des Erfindungsreichtums. Nicht weniger originell waren seine launischen Einfälle. Mit ungefähr fünf Jahren ging er in einen Laden, in dem ein vierzehnjähriges Mädchen aushalf. Er hob ein bunt bedrucktes Blatt Papier vom Boden auf und musterte es eingehend von allen Seiten. Das kannst du haben, wenn du willst, sagte die junge Verkäuferin. Worauf er zu ihr an den Ladentisch trat, das Papier darauf ablegte und ernst erwiderte, dass er das Papier zwar tatsächlich sehr gern hätte, es aber nicht für richtig halte, wenn kleine Mädchen Dinge verschenkten, die ihnen gar nicht gehörten. Betty, die Verkäuferin, war sprachlos.

Wie die meisten jüngeren Brüder heftete sich William wie ein Schatten an Samuel. Und wie die meisten älteren Brüder duldete Samuel hin und wieder gnädig, dass der Knirps hinter ihm herzockelte. Am liebsten hätte William den großen Bruder auch auf den geheimnisvollen Streifzügen begleitet, zu denen dieser nach dem Frühstück aufbrach und bis zum Abendbrot verschwunden blieb. Zu gern hätte er gewusst, wo sich Samuel herumtrieb, ob in der Stadt oder auf dem Land oder am Ende gar auf Schiffen? Das aber behielt Samuel stets für sich. Eines Tages, als William besonders hartnäckig bettelte – warum konnte er denn nicht mitkommen? – und die Begründung wieder einmal lautete: »Darum!«, tröstete Samuel ihn mit dem Versprechen, ihm vierzig kleine Sirupfässer »mit glänzenden goldenen Fassreifen« mitzubringen.

Von klein auf bewunderte William Samuels Abenteuerlust und Wagemut. Als er später die Biographie seines Bruders schrieb, gab er dem Buch den Titel *The Life of Samuel Comstock, the Terrible Whaleman* (Das Leben von Samuel Comstock, dem schrecklichen Walfänger), wobei »schrecklich« nicht ganz wörtlich zu verstehen ist, sondern im Zusammenhang mit einer Bezeichnung, die William in seinem Buch immer wieder für Samuel benutzt, nämlich »unser Held«. Die Verwendung der beiden Begriffe mutet etwas seltsam an, passt aber durchaus zu der Distanziertheit, ja stellenweise geradezu irritierenden Gleichgültigkeit, mit der hier Gräueltaten geschildert werden. Nur an einer Stelle, als die Meuterer einen wehrlosen Eingeborenen der Gilbertinseln erschießen, verurteilt William in scharfen Tönen die Ermordung; diese Kritik bleibt aber die Ausnahme. Mochten die Bluttaten der Meuterer auch noch so brutal sein, auf William übten sie eine geheimnisvolle Faszination aus, die sie abenteuerlich und fantastisch erscheinen ließ.

Irgendwann in den letzten acht Monaten, bevor Samuel mit der *Globe* in See stach, fiel William an seinem Bruder eine unheilvolle Verwandlung auf, was seiner Bewunderung für den sich zeitlebens übernehmenden Samuel mit seinem schier unerschöpflichen Einfallsreichtum freilich keinen Abbruch tat. Für William blieb Samuel trotz der immer deutlicher zu Tage tretenden dunklen Seiten von dessen Charakter, oder vielleicht gerade deshalb, immer der geliebte und bewunderte Bruder. Zwar ging er nie so weit, Samuel zu verklären, aber da er Witz, Originalität, unvorhersehbare Ereignisse und widersprüchliche Charaktere liebte, schöpfte er nur zu gern aus den alles andere als alltäglichen Begebenheiten, die ihm das Leben seines Bruders in Hülle und Fülle bescherte. Auch ohne die Meuterei hätte William sehr wahrscheinlich den Wunsch gehabt, sich in schriftlicher Form über seine Beobachtungen und Gedanken zu dem rätselhaften Bruder auszulassen.

Mit offenkundigem Vergnügen erzählt er Anekdoten aus Samuels Kindheit. Dabei fällt auf, dass der Protagonist dieser Anekdoten bei seinen Streichen, Abenteuern und Lügen einen seltsam unbeteiligten Eindruck macht, was die Vermutung nahe legt, dass die Unempfindlichkeit, mit der Samuel auf körperlichen Schmerz reagierte, ein typisches Verhaltensmuster von ihm war. Gleichzeitig aber sehnte sich Samuel, wie William schreibt, nach Zuneigung, was seine innere Zerrissenheit offenbart. Wie sich zudem auf dem Höhepunkt der Meuterei zeigte, war er in seltsam wirren, religiösen Vorstellungen befangen. Alles in allem aber war er ein Draufgänger, ein Ausbund an Tatendrang, dem anscheinend die Gefühlswelt völlig fremd war und der nicht begriff, dass Emotionalität genauso zur zwischenmenschlichen Kommunikation gehörte wie Worte. Er reagierte reflexartig wie ein Tier, aber stets offensiv und oftmals auch blindwütig oder willkürlich. Immer stärker fixiert auf die Befriedigung seines rastlosen Verlangens – vor allem sexueller Natur –, die ihm aber nur selten echte Erfüllung verschaffte, war Samuel im Grunde der Inbegriff einer autistischen Persönlichkeit.

Was wir über Samuel wissen, bevor er auf der *Globe* anheuerte, stammt größtenteils aus der Feder des Chronisten William. Allerdings wird der kritische Leser früher oder später feststellen, dass er die von William weitergegebenen Informationen nicht ungeprüft übernehmen darf, sondern gründlich auf ihren Wahrheitsgehalt abklopfen und nachträglich geänderte Passagen als solche identifizieren muss. Die Mühe lohnt sich, denn das Material ist größtenteils hochwertig und dazu absolut exklusiv.

Stellenweise beschränkt sich William in den Aufzeichnungen über seinen Bruder auf eine Aneinanderreihung bloßer Fakten, manchmal aber schmückt er seinen Text auch aus wie ein mittelalterlicher Buchkünstler, dem Form und Farbe genauso wichtig wie der Inhalt sind, wenn nicht sogar wichtiger. Mit Vorliebe ergeht er sich in lebendigen, fantasievollen Schilderungen, erzählt hier einen Schwank, gibt dort eine gezielte Bosheit zum Besten, flicht immer wieder Prophezeiungen und

Sprichwörter ein, sprüht vor Scharfsinn und Witz, doch gelegentlich lässt er auch eine gewisse Verbitterung anklingen. Und auch Ungenauigkeiten finden sich hier und da im Lebensbericht seines Bruders, beispielsweise im Familienstammbaum. Ferner erwähnt William Details, die, statt in Samuels Biographie, vielleicht besser in seinen zwei Jahre vor *The Terrible Whaleman* veröffentlichten Roman *A Voyage to the Pacific* oder auch in seine Satire über Artemus Ward, *Betsey Jane Ward … Hur Book of Goaks* gepasst hätten.

Manchmal erinnert William an Hippokleides in Herodots *Historien*, der im Wettstreit um die Hand eines Mädchens so ekstatisch tanzte, dass er nicht einmal dann aufhören konnte, als er erfuhr, er habe sich durch seine übertriebene Darbietung um seine Vermählung getanzt. William brennt förmlich darauf, seine Geschichte zu erzählen, und indem er es tut, liefert er, auch wenn er gelegentlich überzeichnet, das denkbar genaueste und insgesamt glaubwürdigste Porträt des Anführers der Meuterei. Manchmal sind Karikaturen eben treffender als getreue Abbildungen.

Die Gebrüder Comstock stammten aus einer Familie, die in der achten Generation in Amerika lebte und sich mit beharrlichem Fleiß emporgearbeitet hatte.[6] Patriarch Samuel Comstock, dessen Vorname sich über Generationen großer Beliebtheit erfreute, war im 17. Jahrhundert mit seiner Sippe aus Wales oder – hier gehen die Angaben auseinander – Devonshire ausgewandert. Zunächst ließen sich die Comstocks in der Nähe von Watertown, Massachusetts, nieder, später in Wethersfield und New London, Connecticut, und schließlich in Burrillville, Rhode Island. Generation nach Generation verkörperte die Familie den klassischen amerikanischen Fortschritt von der Kolonisierung zum erfolgreichen städtischen Kapitalismus, der Entwicklungsstufe, die der Vater des Meuterers erreicht hatte.

Nach der Familiensaga kämpften die ersten Comstocks gegen die Indianer, was durchaus glaubwürdig klingt, wenn man bedenkt, dass die Familie kurz vor dem »König-Philips-Krieg«* in die Kolonie Massachusetts kam. Im 18. Jahrhundert begannen die Comstocks Land zu roden und landwirtschaftlich zu nutzen. Einer von ihnen, ebenfalls mit Namen Samuel, war, wenn man Williams Darstellung Glauben schenken darf, der Großvater des Meuterers, ein Typ wie aus einem Roman von James Fenimore Cooper, um den sich folgende Familienlegende rankt: An einem Wintertag stapfte Samuel in der Nähe seiner Farm in Burrillville durch den verschneiten Wald, um die Fuchsfallen zu kontrollieren. Plötzlich begann sein Hund zu jaulen und verharrte zitternd vor dem Abdruck eines riesigen nackten Menschenfußes. Herr und Hund folgten der Spur bis zu einem Dickicht, vor dem der Hund mit eingezogenem Schwanz stehen blieb und sich winselnd sträubte, die Verfolgung fortzusetzen. Ungeachtet dessen schnitzte sich Samuel einen Stock zurecht und stürzte, gefolgt von dem verängstigten Hund, unerschrocken ins Unterholz. Die Augen fest auf die jetzt sehr viel schwieriger zu verfolgende Fährte gerichtet, blickte er erst auf, als ihm ein Baumstumpf den Weg versperrte, und sah über sich eine riesenhafte Gestalt mit einer drohend erhobenen Axt in der Rechten und einem Messer in der Linken. Im ersten Moment glaubte Samuel, einen entlaufenen Sklaven vor sich zu haben, aber der seltsame Anblick der nur mit einem Lendenschurz aus Schaffell bekleideten Gestalt, die wie eine Statue auf einem Sockel auf dem Baumstumpf in der verschneiten Landschaft stand, spottete allem gesunden Menschenverstand. Als der Hüne seine Axt schleuderte, wich Samuel blitzschnell aus und versetzte dem Angreifer mit seinem Stock einen so festen Schlag auf den Kopf, dass der andere zu Boden ging. Dann stürzte er sich auf den Riesen, entwand

* 1675–1676. Zweijähriger blutiger Krieg der Wampanoag-Indianer (deren Häuptling Metacomet von den Engländern »König Philip« genannt wurde) gegen die Kolonisten.

ihm das Messer und warf es außer Reichweite. Eingeschüchtert durch die schnelle Überwältigung, winselte der Angreifer um Gnade. Aber Samuel hatte gar nicht vor, ihn zu töten. Inzwischen war ein in der Nähe pirschender Jäger, durch Samuels Rufe alarmiert, zu Hilfe herbeigeeilt. Gemeinsam fesselten sie den Schwarzen und brachten ihn zum nahe gelegenen Haus eines Sklavenhalters. Wenig später sollte Samuel erfahren, dass sein Angreifer in den Süden verkauft worden war, nachdem er versucht hatte, das Haus seines Sklavenhalters niederzubrennen.

Besagter Samuel hatte einen Sohn namens Nathan, der Ende des 18. Jahrhunderts nach Nantucket kam und Lehrer an der Quaker-Monthly-Meeting-Schule wurde. Die im Jahr 1784 gegründete Schule hatte sich nach anfänglichen Schwierigkeiten rasch etabliert, und als Nathan Comstock im Jahr 1800 eingestellt wurde, erhielt er für seinen im Juli jenen Jahres beginnenden Halbjahresvertrag ein Gehalt von 200 Dollar. Sein Vertrag wurde bis zum Jahr 1803 verlängert. Dank der offensichtlichen Wertschätzung, die er im Kreis der *Freunde** genoss, brachte man ihm auch in der größeren Gemeinde der Nantucketer hohe Achtung entgegen.[7] Daneben arbeitete er als Kassierer in einer örtlichen Bank.

Aus Melvilles Charakterstudien der Kapitäne Bildad und Peleg in *Moby Dick* und dem Großteil der Populärliteratur über Nantucket ließe sich der Schluss ziehen, dass die Insel seit jeher ein Hort des Quäkertums war. In Wirklichkeit aber war Nantucket von der ersten Besiedlung im Jahr 1659 an bis zum Ende des 17. Jahrhunderts ein religiöses Sammelbecken, in dem die Quäker kaum stärker vertreten waren als die Baptisten. Doch dann ließ im Jahr 1702 Mary Coffin Starbuck, die führende Händlerin und Kreditgeberin der Insel – eine überaus einflussreiche Frau, die als »Große Mary« in die Inselgeschichte einging –, einen Quäkerprediger namens John Richardson in ihrem

* Die Quäker nennen sich *Gesellschaft der Freunde.*

Haus vor versammelter Zuhörerschaft auftreten. Seine Predigt schlug ein wie ein Blitz und bekehrte nicht nur die anwesenden Gäste, sondern, und das war das Entscheidende, auch Mary selbst. Damit war die Geburtsstunde des quäkerischen Nantucket gekommen. (Glücklicherweise ahnte die »Große Mary« nicht, dass aus einem ihrer Urururgroßenkel der Meuterer Samuel Comstock werden sollte.[8])

Über die quäkerische Dominanz auf der Insel schreibt der Nantucketer Quäker-Historiker Robert Leach: »Nirgends sonst auf der Welt gab es eine Gemeinde wie Nantucket, wo die *Freunde* in sämtlichen Belangen die dominierende Rolle spielten und sich Nichtquäker bei Strafe ihres Untergangs den Quäkern anpassen mussten.«[9] Ein Indiz für die Macht der Quäker war die Aufstellung einer Bürgerwehr der *Freunde* im Jahr 1780, um die »allabendliche Zusammenrottung von Kindern auf der Straße« zu unterbinden. Zu diesem Zweck patrouillierten die Mitglieder »zu bestimmten Zeiten durch die Straßen, um diese Kinder namhaft zu machen und sowohl Eltern als auch Kindern entsprechende Ratschläge zu erteilen, damit solcherlei künftig unterbleibt«. Nichts deutet darauf hin, dass ordnungswidriges Verhalten der Jugendlichen der Auslöser für dieses Ausgangsverbot gewesen wäre; allein die Tatsache, dass sich die jungen Leute abends draußen aufhielten, war den Quäkern ein Dorn im Auge. Die wachsamen Augen der Bürgerwehr richteten sich vor allem auf die Jungen, die ab vierzehn Jahren zur See fahren durften und vermutlich schon einiges über das abendliche Treiben gehört hatten, das sie auf den Straßen bestimmter pazifischer Hafenstädte erwartete.

Ein Mitglied der Bürgerwehr war Edward T. Emmett, eine bekannte und eigenwillige Inselpersönlichkeit. Uhrmacher, Lehrer und Freund ausgedehnter Küstenwanderungen, war er trotz des zurückgezogenen Lebens, das er führte, eine jener grauen Eminenzen, die in manchen Gemeinschaften maßgeblichen Einfluss auf das öffentliche wie auch das private Leben ausüben. Als Nathan Comstock im Alter von etwa zwanzig Jahren nach Nantucket kam, wurden er und der ältere Emmett rasch enge Freunde. Es sagt einiges über Nathan, dass ihm fast von Anfang an mehr Vertrauen entgegengebracht wurde als den meisten alteingesessenen Insulanern. Dabei hätte Emmett dank seiner Beziehungen zur Seefahrt über mangelnden gesellschaftlichen Umgang, wäre ihm daran gelegen gewesen, kaum zu klagen brauchen: Sein Vater war ein irischer Kapitän, der mitsamt seinem Schiff auf See verschollen war, während er selbst in die bekannte Reederfamilie Mitchell eingeheiratet hatte, der, nebenbei bemerkt, jeder Walfänger gehörte, auf dem Nathan Comstocks Sohn Samuel anheuerte.

Unter Emmetts Dach lebten außerdem ein Sohn und zwei Töchter, von denen eine, die dunkeläugige Elizabeth, im Jahr 1801, drei Jahre nach dem Tod ihres Vaters, Nathan heiratete – gewissermaßen als Vermächtnis ihres Vaters an seinen Freund.

Nach einer in der Familie Emmett immer wieder gern erzählten Geschichte, die Nathan bereits gleich zu Anfang zu Ohren gekommen sein dürfte, hatte Kapitän Emmett, Elizabeths Großvater, der nie von seiner als letzte Fahrt geplanten Reise zurückgekehrt war, keinen Schiffbruch im klassischen Sinn erlitten, sondern war bei einer Meuterei seiner Besatzung, die es auf die erkleckliche Geldsumme an Bord des Schiffes abgesehen hatte, getötet worden. Eine spannende Geschichte, die nie restlos aufgeklärt wurde, was die Familie freilich nicht weiter störte, denn so ließ sich trefflich Seemannsgarn daraus spinnen, wobei wohl niemand je damit gerechnet hätte, dass der Fluch der Meuterei die Familie ein zweites Mal treffen würde.

Vergleichsweise bald dürfte es Nathan Comstock zu einigem Wohlstand gebracht haben. Die Entscheidung, Nantucket zu verlassen, um sich in New York als Händler von Walfangprodukten niederzulassen, wurde ihm vermutlich durch ein nicht ganz unbeträchtliches Vermögen und Kredite erleichtert. Das Gehalt eines Lehrers und Bankkassierers hätte wohl kaum dazu ausgereicht, aber in Nantucket vermehrte sich das Geld auf unterschiedlichste Weise. Wie wohlhabend Nathan nach etwa einem Dutzend Jahren in New York war, lässt sich aus seinem Angebot an Samuel im Jahr 1822 schließen, als dieser sich anschickte, auf seinem dritten Walfänger – der *Globe* – anzuheuern: Falls sich Samuel auf der Fahrt in den Pazifik anständig benahm (eine provozierendere Bedingung hätte er Samuel kaum stellen können), würde er ein Schiff kaufen und dem Kommando seines Sohnes unterstellen.

Ein noch aufschlussreicheres Indiz für Nathans Vermögensverhältnisse ist ein Bericht, wonach Nathan bei Geschäften mit dem Finanzier Jacob Barker[10] die für damalige Verhältnisse enorme Summe von 75 000 Dollar verlor. Barker, ein entfernter Vetter von Nathans Frau, verstand es, die Menschen in seinem Sinne zu beeinflussen, und betrieb Geschäfte von gewaltigen Ausmaßen. Der von Mark Twain in *Das vergoldete Zeitalter* versammelten Sorte wahnwitziger Spekulanten war er um zwei Generationen voraus. In Maine geboren, ging Barker später nach New York, nahm eine Stelle bei einem Handelsvertreter an und besaß im Jahr 1800, im Alter von nur 21 Jahren, bereits fünf Schiffe und bewegte immense Geldströme. Mit 22 Jahren verlor er sein gesamtes Vermögen, machte diesen Verlust jedoch rasch wieder wett. Während des Krieges von 1812 nahm er eine Staatsanleihe im Wert von fünf Millionen Dollar auf, wurde Mitglied des Senats, gründete eine Zeitung und eine Bank in der Wall Street und spekulierte an der Börse. Im Jahr 1819 machte seine Bank Pleite, doch mit ungebrochenem finanziellem Wagemut baute er sich ein neues Vermögen auf, das er als Folge des Bürgerkriegs allerdings größtenteils wieder verlor. Wann genau Nathan geschäftlich mit Barker zu tun hatte, ist unklar – möglicherweise im Zusammenhang mit einigen von Barkers Ölgeschäften –, auf jeden Fall trieb ihn sein kurzes, verlustträchtiges Intermezzo in der vornehmen und risikoreichen Finanzwelt nicht in den Ruin.

Der Zeitpunkt von Nathan Comstocks Umzug nach New York lässt darauf schließen, dass er sich dort sorgfältig nach geschäftlichen Möglichkeiten umgesehen hatte und beizeiten erkannte, welch glänzende Geschäftsaussichten sich boten, als die Stadt von heute auf morgen eine der schlimmsten Wirtschaftskrisen ihrer Geschichte überwand. Im Dezember 1807 hatte Thomas Jefferson das Embargo-Gesetz unterzeichnet, das die Stadt in wirtschaftliche Stagnation, Arbeitslosigkeit und Panikstimmung stürzte. Jefferson reagierte damit auf die Bedrohung der amerikanischen Schifffahrt durch die von England und Frankreich verhängte gegenseitige Blockade ihrer Küstenorte, auf Grund deren beide Länder jedes amerikanische Schiff, das einen feindlichen Hafen anlief, aufbringen und beschlagnahmen konnten. Jefferson glaubte, das Problem dadurch lösen zu können, dass er allen Handel mit dem Ausland untersagte. Sein Vertrauen in die Kräfte der amerikanischen Wirtschaft war so groß, dass er annahm, mit dem Ausfuhrverbot England und Frankreich einen schweren Schlag zuzufügen. Tatsächlich traf er damit jedoch die Vereinigten Staaten selbst wesentlich härter. Als der englische Reisende John Lambert einige Wochen vor Inkrafttreten des Embargo-Gesetzes im Jahr 1807 New York besuchte, beeindruckte ihn das rege, dynamische Wirtschaftsleben und der unermüdliche Unternehmungsgeist der Stadt; als er einige Monate später wiederkam, herrschte eine düstere, hoffnungslose Stimmung. »Keine Kiste, kein Ballen, kein Fass und kein Packen, nichts, aber auch rein gar nichts war auf den Kais zu sehen«, beklagte er.[11] Stattdessen begann dort das Gras zu sprießen. Nur einem einzigen amerikanischen Schiff gelang es, trotz des Embargos aus dem Hafen zu schlüpfen. Durch eine raffinierte List hatte sich John Jacob Astor für sein Schiff, die *Beaver*,[12] die Genehmigung erschlichen, nach Kanton zu segeln, um einen »angesehenen Bürger« Chinas aus dringenden familiären Gründen in die Heimat zurückzubringen. Der angesehene Bürger war freilich eine Erfindung, mit der Jefferson überlistet und das Embargo umgangen wurde. In Wirklichkeit hatte das Schiff Pelze geladen, die Astor um 200 000 Dollar reicher machten. Bei einer späteren Fahrt der *Beaver* im Jahr 1817 deklarierte Astor die Schiffsladung abermals als falsch. Diesmal ging es um Waffenschmuggel, und an Bord befand sich kein angesehener Bürger, sondern ein vierzehnjähriger Junge namens Samuel Comstock auf seiner zweiten Fahrt.

Im Jahr 1809 hob der Kongress das Embargo auf, und Jefferson unterzeichnete den Nonintercourse Act, der das Handelsverbot auf England und Frankreich beschränkte. Als die Comstocks im Jahr 1811 nach New York zogen, hatte sich die Stadt von der Krise schon wieder erholt.

Einige Jahre vor dem Umzug nach New York hatte Nathan seinen ältesten Sohn aufs Internat geschickt. Mit der Wahl der Schule hoffte der Vater, Samuel den Weg zu einem Hochschulabschluss zu ebnen – ein für damalige Verhältnisse außerordentlich hoch gestecktes Ziel für Nantucketer Eltern. Bei der Schule handelte es sich um eine neue, überaus angesehene Bildungsanstalt, deren Gründung erst kurz zuvor auf der Jahresversammlung der New Yorker *Freunde* erfolgt war. Vorbild für die im Jahr 1795 in Dutchess County errichtete Nine Partners School[13] war Ackworth, ein großes, beim Londoner Jahrestreffen der *Freunde* gegründetes Quäkerinternat, das bei den *Freunden* des 18. Jahrhunderts als quäkerische Eliteschule galt. Damals gehörte die Nine Partners School zu Washington, New York, heute zu dem inzwischen eingemeindeten Millbrook.

Im Verlauf seiner unregelmäßigen, häufig unterbrochenen Schulzeit bewies Samuel eine erstaunlich rasche Auffassungsgabe, allerdings nur, solange man ihn auf seine Weise lernen ließ. Seine Tage in wechselnden Schulen waren Wettkämpfe, aus denen die Schulen gewöhnlich als Verlierer und Samuel als Sieger hervorging. Die letzte Schule, in der er gemeldet war, verließ er mit sechzehn Jahren faktisch unbesiegt. Bei William ist zu lesen, wie einer der Lehrer der Nine Partners School sein

Messer zückte, um eine Gerte zur Bestrafung des ungezogenen Samuels zu schnitzen, und von dem altklugen Sechsjährigen zu hören bekam: »Ach, Freund Mark! Das hat doch sowieso keinen Zweck. Vater hat schon eine ganze Pappel an mir verschwendet, und es hat nichts genützt.«

Dem klassischen Bild vom Nine-Partners-Schüler dürfte der ständig aus dem Rahmen fallende Samuel kaum entsprochen haben. Das tat eher seine ebenfalls aus Nantucket stammende Mitschülerin Lucretia Coffin – später Lucretia Mott,[14] die berühmte Frauenrechtlerin. (Lucretia war neun Jahre älter als Samuel und hatte bereits eine Stelle als Hilfslehrkraft, als Samuel dort zur Schule ging.) Die Nine Partners School hat sich vermutlich nach Kräften bemüht, Samuel eine gute Erziehung und Ausbildung zuteil werden zu lassen, obwohl man es mit einem Kind zu tun hatte, dem die Mutter schon während der Schwangerschaft prophezeit hatte, ein Mensch von außergewöhnlichen, aber fehlgeleiteten Kräften zu werden. Ein erstaunliches Kind, das in Nantucket auf dem elterlichen Gehöft mit Vorliebe die Axt schwang, jede vorspringende Latte an der Scheune abhieb, Zaunpfähle einschlug und die große, vor dem Haus stehende Pappel fällte. Und dieses Kind wurde nun nach New York verpflanzt.

Das Scheitern von Menschen, die in die Großstadt kommen und auf tragische Weise deren Verlockungen erliegen, gehört zu den klassischen Themen der Literatur. Dem jungen Samuel Comstock aber, der in New York wesentlich mehr Gelegenheiten zum Austoben fand als im kleinen Nantucket, ja, der gerade durch seine Wildheit und seinen Eigensinn der Großstadt die Stirn bot, war dieses Schicksal nicht bestimmt.

New York[15] war der Inbegriff der Großstadt und zeigte sich von denselben Seiten wie heute – elegant, verwahrlost, vornehm und bedrohlich. Trotz der Krise infolge des seit zwei Jahren bestehenden Embargos und der Angst vor einem drohenden Krieg mit England wuchs die Stadt immer weiter. Zwischen 1800 und 1820 verdoppelte sich die Einwohnerzahl von 60489 auf 123706. (Nantucket hatte zu der Zeit, als die Comstocks fortzogen, rund 7000 Einwohner.) Vor den herrschaftlichen vierstöckigen Häusern am unteren Ende des Broadways wuchsen Pappeln, und der Anblick von Flaneuren veranlasste nicht wenige Besucher der Stadt, schmeichelhafte Vergleiche mit europäischen Städten anzustellen. Um 1800 herum erstreckte sich der Broadway von der Südspitze Manhattans aus bereits eine Meile weit nach Norden.

Das kulturelle Leben der Stadt erlebte eine Blütezeit, unzählige Musikvereine entstanden. In Amerikas führendem Schauspielhaus, dem Park-Theater, traten so berühmte Darsteller wie John Howard Payne auf, und im Jahr 1825 wurde dort als erste bedeutende Operninszenierung in Amerika *Der Barbier von Sevilla* aufgeführt. 1802 wurde die New York Academy of Fine Arts gegründet, 1804 die New York Historical Society. In New York waren die Schriftsteller Charles Brockden Brown und Washington Irving zu Hause; hier malten John Trumbull und Samuel F. B. Morse. Mit der kurz zuvor fertig gestellten City Hall wurde eine neue Epoche der öffentlichen Architektur eingeläutet. Bibliotheken und Schulen, Zeitungen, Wohlfahrtsorganisationen und Bruderschaften entstanden. Die Börse verlegte ihren Handel, der bis dahin unter einer Platane stattgefunden hatte, ins Tontine Coffee House. Ein kleines, aber aufschlussreiches Indiz dafür, dass New York den Sprung zur Metropole geschafft hatte, war der im Jahr 1807 erschienene Stadtführer *The Picture of New-York* von Samuel Latham Mitchills – der erste Reiseführer der Stadt. Bedarf dafür war vorhanden, denn die Stadt hatte inzwischen genügend Sehenswürdigkeiten zu bieten.

Auf Grund des raschen Wachstums wurde im Jahr 1807 ein Erweiterungsplan für die Stadt entworfen, der die Anlage eines gleichmäßig rechtwinkligen Gitternetzes aus Straßen bis zur 155th Street vorsah. Der Bebauungsplan setzte sich rücksichtslos über topographische Gegebenheiten wie Hügel und Bäche hinweg und beraubte dadurch die Stadt ihrer größten natürlichen Vorzüge. Die umwälzendste Veränderung im Stadtbild Manhattans, die Zuschüttung des Collect Pond, des großen innerstädtischen Teiches, stand kurz vor der Vollendung, als die Comstocks nach New York zogen. Diese in ihrem künftigen Viertel durchgeführte städtebauliche Maßnahme betraf ein über zwei Hektar großes Gebiet in der Gegend der heutigen Canal Street. Die Stadtverwaltung hatte die Trockenlegung und Zuschüttung angeordnet, als die Verschmutzung des Teiches durch Abwässer, Müll und Tierkadaver ein nicht mehr erträgliches Maß erreicht hatte.

In unmittelbarer Nähe des Teiches lag Five Points[16] (die heutige Ecke Baxter Street, Worth Street und Park Row). Hier wohnten die Ärmsten der Stadt: Arbeiter der Gerbereien, die mit ihren Abwässern den Teich vergifteten, Tagelöhner von Brauereien und Keramikbetrieben, Einwanderer, unversklavte Schwarze, kleine Handwerker und die Ärmsten der Armen. Innerhalb kurzer Zeit hatte sich Five Points zum legendären Vergnügungs- und Gangsterviertel der Stadt entwickelt, dessen menschenunwürdige Behausungen in der Old Brewery zu trauriger Berühmtheit gelangten.

Vom Reiseführer geflissentlich übersehen, herrschten hier Elend, Gewalt, Laster und Aufruhr. Von früh bis spät wanderten barfüßige Maisverkäuferinnen durch die Gassen und sangen: »All ihr, die ihr Geld habt – bin arm wie 'ne Maus, kauft goldgelben Mais bei mir, dann kann ich nach Haus.« Im Jahr 1820 gab es über 2000 Kneipen, Schweine rannten durch die Straßen, und die Freudenhäuser im »Holy Ground« genannten Rotlichtbezirk hatten regen Zulauf. Größter Beliebtheit erfreute sich auch das grausame Bullen- oder Bärenbeißen, bei dem Hunde in einem Ring auf einen angeketteten Bären oder Bullen gehetzt wurden, bis entweder die Hunde oder ihr Opfer tot waren. Auch wenn sich berüchtigte Banden wie die Forty Thieves, die Plug Uglies und die Dead Rabbits erst nach 1825 bildeten, kam es seit Beginn des Jahrhunderts immer häufiger zu schweren Körperverletzungen. Die Übeltäter waren meistens randalierende Radaubrüder, die sich für ihre öffentlichen Schlägereien willkürlich Opfer aus der Menge griffen.

Als die Comstocks nach New York kamen, war die Wasserqualität schlecht und die Bedrohung durch Feuer ein ständiger Albtraum, der nur noch von den wiederkehrenden Seuchen übertroffen wurde. Die mit der Wasserversorgung der Bevölkerung beauftragte Manhattan Company von Aaron Burr hatte am Broadway, in der Nähe der Spring Street, einen Brunnen gebohrt und einige Holzrohre verlegt, aber es sollte noch Jahre dauern, bis von einer auch nur annähernd ausreichenden Wasserversorgung die Rede sein konnte. Die Ohnmacht der Feuerwehrleute, die mit Wassereimern Hausbrände zu löschen versuchten – ein vertrauter Anblick für New Yorker –, trat besonders dramatisch zu Tage, als im Jahr 1835 ein Großbrand im südlichen Manhattan über zwanzig Blocks in einem keilförmigen Stück zwischen Wall, South und Broad Street in Schutt und Asche legte. Doch nichts fürchteten die New Yorker so sehr wie die Gelbfieberepidemien, von denen die Stadt in zwei aufeinander folgenden Schüben heimgesucht wurde. Die Epidemie von 1819 war verheerend, noch schlimmer aber wütete die von 1822. Die Angst vor der Krankheit war so groß, dass die besser gestellten New Yorker die Stadt verließen und sich aufs Land, ins beliebte Greenwich Village,[17] flüchteten. Zu denjenigen, die im Jahr 1822 ihre Stadtwohnung abschlossen und für die Dauer der Epidemie nach Norden zogen, gehörten auch die Comstocks. Zu diesem Schritt entschlossen sie sich, unmittelbar bevor sich Samuel und der junge George auf den Weg nach Nantucket machten, um auf der *Globe* anzuheuern.

Als sich Nathan Comstock geschäftlich in New York niederließ, wählte er als Standort für seinen Laden die Front Street,[18] den zentralen Umschlagplatz der Stadt für Walöl. Zwar tätigte er zwischendurch auch Geschäfte in den umliegenden Straßen – Bancker, Oliver, James Street und in der Bowery –, doch den größten Teil seines Geschäftslebens verbrachte er in der Front Street, hauptsächlich in Nummer 191, wo er Walöl, Walrat (auch Spermöl genannt), Kerzen und sogar das seltene Ambra verkaufte.[19] Im Jahr 1857, zwei Jahre, bevor Drake in Pennsylvania das erste Erdöl förderte und damit das Ende der Walfangindustrie einläutete, gab es in der Front Street nicht weniger als siebzehn Öl- und Kerzenhändler und in den umliegenden Straßen mindestens 22 weitere.

Ihre endgültige Bleibe fanden die Comstocks in der Market Street, ungefähr sechs Blocks von den Läden der Walhändler entfernt. Obwohl nur wenige Blocks südlich von Five Points gelegen, war das Viertel, in das sie nun zogen, durch eine Mischung aus herrschaftlichen Villen und Gewerbebetrieben geprägt.

Samuels Eltern schickten den Achtjährigen auf eine nahe gelegene Quäkerschule, die von der Monatsversammlung der *Freunde* in der Pearl Street geleitet wurde. Als Samuel in die Schule eintrat, schickte man William gleich mit. Endlich – endlich musste Samuel ihn mitnehmen! Es dürfte Williams erster Schulbesuch gewesen sein, und somit hatte er die erbauliche Gelegenheit, seinem älteren Bruder abzuschauen, was man in der Schule macht. Sperrte einen etwa der Lehrer zur Strafe in ein Klassenzimmer im Obergeschoss ein, sprang man einfach aus dem Fenster auf die Straße. Dabei verstauchte sich Samuel allerdings den Knöchel, woraus man lernte – aus Erfahrung wird man schließlich klug –, dass man das nächste Mal nicht aus dem Fenster dieses Klassenzimmers sprang, sondern mit der großen Zange ein Loch in die Tür schlug.

Außerhalb der Schule übernahm Samuel ebenfalls Vorbildfunktion. Mit neun Jahren tat er sich mit mehreren Jungen aus der Nachbarschaft zusammen und wurde Anführer einer Bande, die sich die Down Towners nannte. Nacht für Nacht schlich er, ausgerüstet mit seinem großen, selbst gemachten Holzschild und seinem »Harnisch«, aus dem Haus, um sich mit den Down Towners zu treffen und gegen die Raufbolde von der Corlears-Hook-Werft zu kämpfen. Diese Kämpfe hinterließen bleibende Narben auf seinen Armen und Beinen. Auf das Thema der jugendlichen Bandenkriege kam William später in seiner Novelle *Mysteries of New York* zurück. Seine Schilderung eines feindlichen Zusammenstoßes zwischen Down Towners und den Corlears Hookers, bei dem die verfeindeten Banden, unterstützt durch verbündete Gangs, eine Kampfkraft von jeweils mehreren hundert Mann erreichten, liest sich wie ein Schlachtbericht. Als sich eine Gruppe der Corlears Hookers auf der Flucht vor den Down Towners in einem leer stehenden Haus verschanzte, befahl der Anführer der Verfolger seinen Leuten, einen morschen Verandapfeiler abzubrechen und damit die Vordertür einzurammen.

Samuel blieb nicht lange auf der Schule in der Pearl Street, denn bald fanden seine Eltern, es sei an der Zeit, ihn erneut zu verpflanzen, und beschlossen, ihn wieder zurück auf seine alte Schule, die Nine Partners School, zu schicken. Doch diese Taktik erwies sich als ebenso erfolglos wie alle vorangegangenen, und Samuels zweiter Aufenthalt an der Nine Partners School war nur von kurzer Dauer. Zusammen mit einem älteren Schüler machte er sich im tiefsten Winter auf den Rückweg nach New York, ein so verrückter Plan, dass man sich fragen muss, ob der ältere Schüler nicht ebenfalls von allen guten Geistern verlassen war. Denn wie wollten sie es anstellen? Die erste Etappe ihrer Flucht bestand in einem meilenweiten Fußmarsch nach Poughkeepsie, wo sie sich – man höre und staune – die mitgebrachten Schlittschuhe anzogen und über den zugefrorenen Hudson Richtung New York schlitterten. Als die Schulleitung von Nine Partners das Fehlen der Jungen bemerkte, schickte sie zwei Schuldiener mit dem Schlitten los, um die beiden Schulschwänzer zurückzuholen. Die aber waren die ganze

Nacht lang übers Eis geglitten und wurden erst am nächsten Morgen von ihren Verfolgern entdeckt. Der Kutscher verfrachtete die beiden Flüchtlinge in den Schlitten, riss die Pferde herum und kehrte zur Schule zurück. Doch kaum dort angekommen, erfüllte der Direktor den Jungen den Wunsch, nach New York zurückzukehren, indem er sie als hoffnungslose Fälle der Schule verwies und mit gängigen Transportmitteln in die Stadt schickte.

Also mussten Samuels Eltern, so aussichtslos es auch scheinen mochte, eine neue Schule für ihren Sohn finden. Abermals fiel ihre Wahl auf eine Quäkerschule, diesmal ein Internat in Cedar Swamp auf Long Island. Dem ehrwürdigen Rektor jener Anstalt gebührt die Ehre, nachweislich der einzige Schulleiter gewesen zu sein, der den jungen Comstock im Griff hatte. Bei seinem ersten Versuch, den von Anfang an aufmüpfigen Samuel zu disziplinieren, machte er allerdings den Fehler, den Jungen von einer Überzahl überwältigen zu lassen und ins Räucherhaus zu sperren, was natürlich nicht gut gehen konnte. Als der Rektor später im Räucherhaus nach dem Eingesperrten sehen wollte, war das Gebäude leer, und aus der rückwärtigen Wand waren einige Bretter herausgebrochen. Samuel hatte sich in den Wald geflüchtet. Diesmal lief er jedoch nicht davon, sondern baute sich eine Art Festung, in der er es eine Weile auszuhalten gedachte – ein ebenso hirnrissiges und zum Scheitern verurteiltes Vorhaben wie seine Flucht aus der Nine Partners School, selbst wenn niemand versucht hätte, ihn wieder einzufangen. Diesmal reagierte der Schulrektor jedoch überaus weise: Er schickte zwei Mädchen zu Samuels Festung, die ihn auf die sanfte Tour davon überzeugen sollten, wieder ins Haus zurückzukehren. Und damit hatte er Erfolg. Samuel gab nach, kehrte mit den Mädchen zur Schule zurück und war die nächsten vier Wochen, bis zu den Ferien, ein mustergültiger Schüler.

Zurück in New York, spielte Samuel mit Vorliebe Krieg, führte die Jungen aus der Nachbarschaft bei Paraden an, befehligte Grabenkämpfe (die Schützengräben wurden im Garten hinter dem elterlichen Haus ausgehoben) oder berief das Kriegsgericht ein, bei dem die Angeklagten, mitunter Katzen und Hunde, nach ihrer Verurteilung ordnungsgemäß mit Spielzeugkanonen »hingerichtet« wurden. Mit zwölf Jahren lief er mit Pistolen und Dolchen herum, die er nachts unter sein Kopfkissen legte – ein ausgesprochen unquäkerischer Zeitvertreib. Im Glauben, die Lektüre von *Don Quixote* würde Samuel die Dummheit seiner Kriegsspiele vor Augen führen, schenkte der Vater seinem Sohn das Buch von Cervantes, das dieser begeistert verschlang. Fortan hatte Samuel ein Vorbild – Don Quixote.

Zu diesem Zeitpunkt seines Lebens weist Samuel große Ähnlichkeit mit Tom Sawyer auf, wie er Huck Finn und seine anderen fantasielosen Spielgefährten dazu aufruft, einen Trupp reicher spanischer und arabischer Kaufleute mit ihren 200 Elefanten aus dem Hinterhalt zu überfallen. Während die Freunde lediglich eine Sonntagsschulklasse beim Picknick sehen, spielt ihr Anführer Tom das Spiel weiter: Natürlich waren das in Wirklichkeit alles Elefanten, Soldaten und haufenweise Schätze, aber Magier hatten das Ganze in eine Sonntagsschulklasse beim Picknick verwandelt. Allerdings besteht ein Unterschied zwischen Fantasie und Pathologie. Tom Sawyer hätte, wäre Mark Twain ihm bis ins Mannesalter gefolgt, irgendwann mit diesen Spielen aufgehört. Nicht aber Samuel Comstock. Auch als er älter wurde, spielten sich seine verschiedenen Lebensabschnitte weiterhin auf der Ebene von Stimmungen, Einbildung und überbordender Fantasie ab. Für seine Persönlichkeitsentwicklung war der zeitliche Ablauf unerheblich: Schon als Kind benahm er sich wie ein Erwachsener, und als Erwachsener blieb er immer auch ein Kind. Seine Unfähigkeit, zu erkennen, wo der Spaß aufhörte, ließ ihn auch dann noch spielen, wenn sein Handeln – für jeden normalen Beobachter – längst kein Spiel mehr war.

Mit dreizehn Jahren riss Samuel von zu Hause aus, um zur See zu gehen, was ihm auch fast gelungen wäre. Laut William hatte sein Bruder beim Bau der Befestigungsanlage von Harlem Heights einen Iren kennen gelernt, mit dem er nach Philadelphia durchbrannte, um auf einem Schiff anzuheuern. Zugegeben, eine von Samuels typischen Eskapaden, aber das eigentlich Interessante daran war nicht das Abhauen an sich, sondern das, was vor der Flucht nach Philadelphia geschah. Wer war der Ire, und wie hatte Samuel ihn kennen gelernt?

Die wegen des Krieges von 1812 ohnehin schon angespannte Lage in New York spitzte sich zu, als im Sommer 1814 britische Kriegsschiffe vor Sandy Hook aufkreuzten. Aus Angst vor einer möglichen Invasion appellierte Bürgermeister DeWitt Clinton am 2. August 1814 an die New Yorker Bevölkerung, sich am Bau der Befestigungsanlagen in Brooklyn Heights und Harlem Heights zu beteiligen. Eine Woche später wurde ein Verteidigungskomitee gebildet, das die Bürger mobilisierte, scharenweise mit Schaufeln und Spitzhacken zuerst in Brooklyn und dann, am 20. August, in Harlem anzutreten. Organisationen wie die Patriotic Sons of Erin und andere Freiwillige, ja, selbst Kinder und Frauen, schufteten unermüdlich in einem aus Panik geborenen Kameradschaftsgeist, um an der 123rd Street eine Festung zum Schutz vor der befürchteten Landung der Briten (die nie stattfand) aus dem Boden zu stampfen. In dieser Stunde der Solidarität fiel es nicht schwer, neue Freundschaften zu schließen. Dennoch wirft die Freundschaft zwischen Samuel und dem Iren, mit dem er gemeinsam Erdreich zur Festungsanlage schleppte, einige Fragen auf. William, der in erster Linie über Samuels Weglaufen auf ein Schiff berichten will, erwähnt im Zusammenhang mit den Bauarbeiten in Harlem Heights lediglich »einen Mann aus Irland, dessen Bekanntschaft er zuvor gemacht hatte« – einen Mann wohlgemerkt, keinen Jungen –, wobei das Wort *zuvor* etwas irreführend ist, wenn man bedenkt, dass die Bekanntschaft durchaus seit einiger Zeit bestanden haben dürfte, denn im August 1814 war Samuel elf Jahre alt und als er weglief – wenn Williams Angaben stimmen – dreizehn. Das würde bedeuten, dass seit dem Kennenlernen von Samuel und dem Iren über ein Jahr vergangen war, Zeit genug, um Freundschaft zu schließen, mochte sie auch noch so seltsam sein. Waren die beiden ein Paar wie Huck Finn und Jim? Da sich die soziale Stellung der Iren nicht wesentlich von der der Schwarzen unterschied, lässt sich Twains Freundespaar durchaus mit Samuel und seinem Freund vergleichen, sieht man einmal davon ab, dass Schwarze im Allgemeinen nicht nur als gutmütiger, sondern auch als verlässlichere Freunde als die Iren galten. Es war für einen aus gutem Hause stammenden Jugendlichen wie Samuel schon skandalös genug, sich mit einem Iren anzufreunden; mit einem abzuhauen war eigentlich unvorstellbar. Aber in Samuels Leben wurde das Unvorstellbare immer vorstellbarer.

Während der ganzen Nacht von Samuels Verschwinden tat seine Mutter kein Auge zu. Sein Fernbleiben war selbst für die an einiges gewöhnte Familie äußerst beunruhigend. Am nächsten Tag erschien in der Mittagszeit ein Franzose in Nathan Comstocks Büro und erzählte von einem aufgeweckten jungen Mann, der in einem Hotel in Elizabeth, New Jersey, die Aufmerksamkeit der Gäste auf sich gezogen hatte. Niemand hatte dem Jungen geglaubt, dass er geschäftlich für einen Bruder nach Philadelphia reiste. (Der irische Freund wurde mit keinem Wort erwähnt.) Den braven Leuten von Elizabeth gelang es, den Jungen festzuhalten und ihm schließlich sogar ein Geständnis zu entlocken. Nathan bat einen befreundeten Quäker, der eine Geschäftsreise nach Philadelphia unternahm, den Jungen dort abzuholen und mit zurückzubringen. Man fragt sich, warum Samuel nicht auf einem Schiff in New York anheuerte und sich den weiten Weg sparte. Wahrscheinlich ahnte er, dass es aussichtslos gewesen wäre, dass ihn kein Schiff im Hafen genommen hätte und er vermutlich sofort erkannt und bei seinen

Eltern abgeliefert worden wäre. Das in ausreichender Entfernung gelegene Philadelphia war dagegen sozusagen ein imaginärer Ort, und in imaginären Welten ist alles möglich. Sein Leben lang vertraute Samuel auf imaginäre Möglichkeiten; am Ende war dieses Vertrauen grenzenlos.

Wenngleich Samuel zunächst unverrichteter Dinge nach New York zurückkehrte, hatte sich sein Abenteuer gelohnt. Denn nun gab der Vater seinen Segen zum Berufswunsch seines Sohnes: Wenn er unbedingt Seemann werden wollte, nun gut, dann sollte es geschehen. Am nächsten Tag sprach der älteste Comstock-Sohn bei der Firma Hicks, Jenkins & Co vor, und die erklärte sich bereit, das Greenhorn auf ihrem von Kapitän Josiah Macy befehligten Liverpooler Kauffahrer *Edward* anzumustern. Allerdings bedurfte es einiger Überzeugungsarbeit seitens Kapitän Macys, denn die Schiffseigentümer widersetzten sich am Anfang vehement diesem Vorhaben, möglicherweise, weil ihnen Samuel zu jung erschien, eher aber wohl, weil ihnen genügend über den Jungen zu Ohren gekommen war, um ihren Argwohn zu wecken. Seemännisch ausstaffiert, stolzierte Samuel mit Duckhose und geteertem Hut durch die Straßen, damit jeder ihn sehen konnte. Besonderes Vergnügen machte es ihm, die Quäker zu provozieren, die zu ihren Versammlungen in die Pearl Street kamen. Ihre Reaktionen auf den Jungen fielen, gelinde gesagt, kritisch aus, was Samuel wiederum dazu veranlasste, einem der Honoratioren zuzurufen, er könne ihn mal, wie William es umschreibt, am Allerwertesten küssen.

Das Liverpool, dem Samuel entgegensegelte, wurde Ende des 18. Jahrhunderts von reisenden Engländern nicht selten mit New York verglichen. »New York, zum Beispiel, ist das genaue Gegenstück zu Liverpool: Hafenanlagen, Straßenführung, der Zustand der öffentlichen Gebäude, die Häuser, sowohl innen wie außen, die herrschenden Sitten, die Vergnügungsstätten, der Lebensstil der Reichen – überall besteht weitgehendst Übereinstimmung«, schrieb der englische Lehrer Thomas Cooper.[20]

Was über die Erfahrung eines Greenhorns, das unterwegs zu dieser Stadt ist, freilich nicht viel sagt.

Das Seemannsleben Herman Melvilles begann fast genauso wie das von Samuel Comstock – sie fuhren auf vergleichbaren Schiffen, liefen dieselben Häfen an, und ihre Fahrten dauerten gleich lang. Einiges von dem, was Melville auf seiner ersten Fahrt erlebte, beschreibt er in seinem stark autobiographisch gefärbten Roman *Redburn*. Der Held des Romans, ein naives Greenhorn, wird zunächst von den älteren Seeleuten gehänselt, herumkommandiert und schikaniert, hat eine Heidenangst vor dem Rigg mit den turmhohen Masten und leidet unter Seekrankheit. Im Verlauf der kurzen Reise lernt er jedoch, die Seemannssprache zu sprechen und »so behend wie ein Affe«[21] aufzuentern, und er gewinnt die Achtung seiner Bordgenossen. Als Melville im Jahr 1839 in See stach, war er neunzehn Jahre alt; als Samuel 1816 seine erste Fahrt antrat, war er dreizehn. Allerdings dürfte Melville nicht ganz so sensibel wie sein junger Romanheld Redburn gewesen sein (auch wenn Melville nach Hause schrieb, dass er in Liverpool Heimweh hatte); Samuel Comstock war mit Sicherheit weniger sensibel und auch weniger ahnungslos. Seemannsbegriffe, nautische Befehle und seemännische Ausrüstung waren ihm vertraut, und er konnte es kaum erwarten, ins Rigg aufzuentern.

Man ist natürlich versucht, sich Samuel Comstock in dem Liverpool vorzustellen, das Melville, oder besser gesagt Redburn, erlebte. Es war erschreckend, welches Elend in der Stadt herrschte. Besonders in Erinnerung bleibt dem Leser des Romans die Szene von einer verhungernden Mutter und ihren Kindern; und obwohl Redburn auch andere Erfahrungen in Liverpool machte, schildert Melville vor allem Armut, Schmutz, Krankheit, Verwahrlosung und Laster, denen er in der Stadt begegnete: »Alte, durch langsames Hungern und ihre Jahre zu Mumien vertrocknete Weiber, junge, unheilbar kranke Mädchen, die in ein Spital gehörten, kräftige Männer, denen der

Galgen aus den Augen sprach und eine jammernde Lüge auf den Lippen lag, Jungen, hohläugig und verkommen, schwächliche Mütter, die schwächliche Säuglinge in das Licht der Sonne hielten ...«[22] Und ein paar Seiten später vermittelt er dem Leser »eine Vorstellung von dem, was sich in den übelsten und abgelegensten Gegenden zuträgt, in denen die Seeleute in Liverpool verkehren. Die übel riechenden Gassen und Gänge, die bei ihnen unter den Namen Rotten Row, Gibraltar Place und Booble Alley bekannt sind, sind voll von Verbrechen und Lastern, deren es auf dem ganzen Erdenrund vielleicht nicht ihresgleichen gibt ... Das sind die Winkel, in denen Matrosen bisweilen für immer verschwinden oder am Morgen beraubt und entblößt aus den baufälligen Türen auftauchen.«[23] Wenn Samuel sah, was Melville sah, dann tat er es zumindest mit anderen Augen, und wenn Samuel am Morgen aus der Booble Alley auftauchte, dürfte er es kaum bereut, geschweige denn seine Bordgenossen vor ihr gewarnt haben.

Es mag einem unverantwortlich erscheinen, dass Nathan Comstock seinen ungestümen dreizehnjährigen Sohn zur See fahren ließ, erst recht nach dessen Ausreißversuch, aber sehr wahrscheinlich hätte er das bei einem anderen Schiff als der *Edward* und einem anderen Kapitän als Josiah Macy[24] auch nicht erlaubt. Der Obhut von Kapitän Macy aber überließ Nathan seinen Sohn vermutlich mit demselben Vertrauen, mit dem er ihn einem guten Lehrer überantwortet hätte, denn Josiah Macy galt als Mensch mit streng moralischen Prinzipien; er war fromm, großzügig, maßvoll, anständig und voller Verantwortungsbewusstsein für seine Männer. Während seiner 22-jährigen Dienstzeit als Kapitän hatte man ihn nicht einmal fluchen hören, und auch seine Besatzung verkniff sich in seiner Gegenwart jeden Fluch. Macy, ein überaus erfolgreicher Reeder und Kapitän, hatte sich unerschrocken über die Blockaden im Krieg von 1812 hinweggesetzt und mit immer neuem Erfindungsreichtum die schwierigsten und unzugänglichsten Häfen beliefert; vor allem aber war er, wie sowohl aus seiner Autobiographie als auch aus Aussagen anderer hervorgeht, ein rechtschaffener und gütiger Mensch. Benjamin Morrell, Forscher und Kapitän, schreibt in seinem Buch *A Narrative of Four Voyages, to the South Sea* über Kapitän Macy:

> Zu Recht galt ich früher als wilder Lausebengel. Wer weiß, wie lange ich so weitergemacht hätte, mit nichts als Flausen im Kopf, wenn die göttliche Vorsehung mir nicht einen Freund und Ratgeber in Gestalt von Josiah Macy gesandt hätte, Kapitän der in New York beheimateten *Edward*, die ihm und Samuel Hick gehörte. Dieser ehrenwerte Mann, das Musterbeispiel eines Schiffsführers, nahm mich auf einer Fahrt nach Kalkutta aus dem Mannschaftslogis unter seine Fittiche und brachte mich durch seine Aufsicht und seinen väterlichen Rat dazu, mich mit männlicheren und sinnvolleren Dingen zu beschäftigen, und seine fürsorgliche Betreuung ließ erst nach, als ich es zum Master eines Schiffes gebracht hatte.
> Auf diese Weise wurde ich durch die mir unaufgefordert entgegengebrachte Freundschaft und Güte eines mir völlig fremden Menschen vom Pfad der Unbesonnenheit weggeleitet, der nur zu oft in den Untergang führt; eines Menschen, der lange Zeit die Rolle eines Vaters und Mentors bei mir übernahm, der unaufhörlich bemüht war, meinen himmelschreienden Bildungsmängeln abzuhelfen (oder besser gesagt, meinem Hunger nach Bildung), das Unkraut der Dummheit in meinem Kopf auszureißen und an seine Stelle die Saat nützlichen Wissens einzupflanzen, und der mir dank seiner Fürsprache schließlich sogar zu einer achtbaren Stellung unter meinen Mitmenschen verhalf. Gebe Gott, dass ich mich für diese unschätzbare Gunst in gebührender Form erkenntlich zeigen kann.[25]

Wahrscheinlich fanden sich auf sämtlichen Weltmeeren keine zwei Menschen von so grundverschiedenem Charakter wie der Kapitän der *Edward* und der spätere Meuterer. Samuel aber war kein zweiter Benjamin Morrell und hatte auch nicht das Zeug, einer zu werden. Nathan ahnte das vielleicht, gab aber die Hoffnung nicht auf.

Nach seiner Rückkehr aus Liverpool tauschte Samuel seine Schiffskluft gegen die neueste Mode ein, was in der Quäkergemeinde ähnliche Missbilligung hervorrief wie zuvor seine Seemannstakelung – außer bei einer kleinen Gruppe dieser Gemeinde, den Mädchen. Über mangelnden Erfolg bei Mädchen konnte Samuel nicht klagen. Oder, wie sein Bruder es ausdrückte: »Meines Wissens war er zwar nicht gerade das, was man einen Verfechter der reinen, selbstlosen Liebe nennt, aber dafür besaß er etwas anderes im Überfluss, womit sich das schöne Geschlecht offenbar völlig zufrieden gab.« Eines der Mädchen, dem er nachstellte, war eine fromme Methodistin, ein Umstand, der Samuel zu sofortiger Konversion veranlasste. Er wurde ein reguläres Mitglied der Methodistengemeinde des Mädchens, wo er durch die Lautstärke seiner Amen und Hallelujas auffiel. Bei seiner Rückkehr aus Liverpool war er, wohlgemerkt, noch immer ein Dreizehnjähriger.

Während der sich anschließenden Monate des Müßiggangs vertrieb er sich die Zeit mit waghalsigen Kunststücken – etwa, indem er zur Traufe eines Hauses emporkletterte und in die Wipfel der umstehenden Bäume sprang oder über die Dachrinnen vierstöckiger Gebäude balancierte –, die als Ersatz für die Arbeit im Rigg herhalten mussten und ihm immer dankbare Zuschauer garantierten. Doch schon bald sollte Samuel wieder zu den Rahen eines Schiffes aufentern. Diesmal dürfte er die elterliche Erlaubnis leichter erhalten haben, denn inzwischen war er vierzehn geworden, und von einer Rückkehr zur Schule nach seiner Fahrt auf der *Edward* ist nirgends die Rede. Ihn wieder auf See zu schicken, erschien offenbar als kleinstes Übel.

Samuels zweites und mit einer Verdrängung von 447 Tonnen und einer Länge von 37 Metern auch größtes Schiff war die *Beaver* von John Jacob Astor. Im Jahr 1805 von den hervorragenden Schiffbauern Eckford und Beebe in einer Werft am East River, Höhe Clinton Street, gebaut, war die *Beaver* ebenjenes Schiff, mit dem Astor während des Embargos seine listig eingefädelte Fahrt nach China unternommen hatte.[26] Als sie im Juni 1817 auslief, wusste vermutlich weder Samuel noch irgendjemand sonst von der Schiffsbesatzung, dass der angegebene Bestimmungsort Kanton nur als Tarnung für eine Waffenlieferung im Wert von 140 000 Dollar an die chilenischen Rebellen diente, die einen letztlich erfolgreichen Unabhängigkeitskrieg gegen die spanischen Royalisten führten. Als die *Beaver* in den Hafen von Talcahuano einlief, um Wasser und andere Vorräte aufzufüllen, stoppten die spanischen Behörden das Schiff und durchsuchten es. Sie beschlagnahmten die Ladung und requirierten das Schiff für Fahrten entlang der chilenischen Küste. Für die Besatzung bedeutete die Beschlagnahme des Schiffes Gefängnisaufenthalt in Talcahuano, der sich laut William auf insgesamt fünf Monate belief.

Die Offiziere der meisten in chilenischen und peruanischen Küstengewässern kreuzenden amerikanischen Schiffe waren auf solche Beschlagnahmen mental so weit vorbereitet, dass sie diese Vorfälle als unvermeidlich hinnahmen, Samuel aber war erbost. Wenn er tagsüber die Haft verlassen und sich in der Stadt aufhalten durfte, beschimpfte und beleidigte er in seiner Wut so viele Städter, dass er nicht selten die Beine in die Hand nehmen und vor einem Steinhagel in seiner gastlichen Zelle Zuflucht suchen musste.

Wahrscheinlich hätte Samuel auf die *Beaver* zurückkehren können und dies auch gewollt, denn wie er erfahren hatte, sollte das Schiff nach Lima fahren, eine Stadt, auf deren Besuch er ganz erpicht war, sicher nicht zuletzt des gewissen anrüchigen Reizes wegen, den sie auf fremde Seeleute ausübte. Aber bevor es dazu kam, wurde er vor eine Entscheidung gestellt: Nathaniel Bunker, der Maat der *Beaver*, erzählte ihm, dass Kapitän Fitch von dem kurz zuvor in Talcahuano eingelaufenen Nantucketer Walfänger *George*[27] neue Besatzungsmitglieder anmustere. Er, Bunker, werde die *Beaver* verlassen und auf dem Walfänger anheuern. Ob auch Samuel interessiert sei? Obwohl Samuel eine Menge über Walfänger wusste, war er noch nie auf einem mitgefahren. Trotzdem bejahte er Bunkers Frage. Die *George* hatte den Vorteil, dass sie ihn nach Nantucket zurückbrachte, wo ihn mit Sicherheit seine Verwandten, die er vermutlich seit etwa sieben Jahren nicht mehr gesehen hatte, bei sich aufnehmen würden; schon aus diesem Grund wäre die Sache einen Versuch wert. Nicht zu vergessen die schon sprichwörtliche Aufgeschlossenheit der Nantucketer Mädchen gegenüber verwegenen jungen Walfängern.

Tatsächlich machte Samuel auf der *George* jedoch kein einziges Mal Jagd auf einen Wal, denn laut Logbuch hatte das Schiff seinen letzten Wal Anfang Mai 1818 gefangen, über einen Monat, bevor es in Talcahuano die *Beaver* traf. Als die *George* nach Nantucket zurückkehrte, hatte sie 2106 Fass Spermöl an Bord, das ausschließlich von Walen stammte, die sie vor ihrem Treffen mit der *Beaver* erlegt hatte.

Wenngleich Samuel also auf der *George* keinmal das Aussetzen der Walboote erlebte, lernte er durch seinen Aufenthalt doch das Leben auf einem Walfänger kennen. Nun war er endlich selbst auf einem der Schiffe, die er so oft auf der Straight Wharf in Nantucket beobachtet hatte. Auf das, was er hier erlebte, war er allerdings nicht vorbereitet, was dazu führte, dass er einen glühenden Hass auf Walfangschiffe und ihre Offiziere entwickelte, den er nie wieder überwinden sollte. Das berichtet zumindest William, und es deutet einiges darauf hin, dass Samuel seinem Bruder in diesem Punkt nichts vormachte, und auch die Tatsache, dass er nach der *George* noch auf zwei anderen Walfängern arbeitete, widerspricht dem nicht. So seltsam es auch klingen mag: Seine Entscheidung, ausgerechnet auf zwei weiteren Walfängern anzuheuern, lässt sich womöglich zum Teil gerade auf seinen Hass zurückführen. Denn auf diesen Schiffen fand er immer neue Nahrung für seine Wut, eine Wut, die er bis zur Neige auskostete. Aber egal, wie aufrichtig Samuel dem Bruder seine Gefühle auch geschildert hat, einen besseren Ansprechpartner als William hätte er kaum finden können, teilte dieser doch, wie er sowohl in Samuels Biographie als auch in *A Voyage to the Pacific* mehr als deutlich zu verstehen gibt, die abgrundtiefe Verachtung seines Bruders für Walfänger und Nantucket.

Es war ein schöner, warmer Sommer in Nantucket, als die *George* in ihren Heimathafen zurückkehrte, die Anteile am Fang ausbezahlte und die Besatzung entließ. Samuel, der im Herbst sechzehn Jahre alt würde, wurde von seiner Großtante Eunice Mitchell und seinen Cousinen Lydia und Maria herzlich empfangen. Die Wiedersehensfreude wurde allerdings von Trauer überschattet, denn die braven Leute mussten dem heimkehrenden Seemann zum Tod seiner Mutter kondolieren, die am 30. April, rund zweieinhalb Monate vor Samuels Ankunft in Nantucket, in New York gestorben war. Es muss ein harter Schlag für ihn gewesen sein, denn er hatte – so kam es wenigstens Williams vor – sehr an ihr gehangen. Wie lange er auf Nantucket blieb, bevor er nach New York zurückkehrte, ist unklar, aber wenn es stimmt, was William uns über diese Zeit erzählt, war es lang genug, um sich zu verlieben.

Bei einem normaleren Menschen als Samuel hätte man in diesem Fall angenommen, dass er entweder keine besonders tiefe Trauer oder keine wahre Liebe empfand, aber, um Melville zu zitieren: »Um von einem normalen Menschen zu ihm zu gelangen, muss man ›jenen tödlichen Zwischenraum‹ überqueren.«*

* Herman Melville, »Vortoppmann Billy Budd«, in: *Redburn, Israel Potter und sämtliche Erzählungen*, München 1967.

Wann begann Samuel dem »kleinen rotwangigen Nantucketer Mädchen« den Hof zu machen? Waren es Wochen oder nur Tage, nachdem er vom Tod der Mutter erfahren hatte? Hat Samuel seiner Liebsten vom Tod der Mutter erzählt, und wenn ja, wie hat sie darauf reagiert? Und hat das Mädchen Samuel den Grund für ihre roten Backen genannt? Denn was sie erglühen ließ, war kein Zeichen von blühender Gesundheit, sondern die »hektische Röte«. Wie Puccinis Mimi litt sie an der im 19. Jahrhundert noch romantisch verklärten Schwindsucht. Und auch sie starb. Wie immer man einen solchen doppelten Schicksalsschlag vom Tod der Mutter und dem Tod der Liebsten verkraftet – wir kennen nur Williams Version –, auch hier zeigt sich wieder Samuels typisches Verhalten. Worunter andere vielleicht zusammengebrochen wären, ertrug er mit stoischer Ungerührtheit – eine Gabe oder vielmehr ein Fluch, der ihn sein Leben lang begleitete.

Zurück in New York, unternahm Samuel seinen fünften Schulversuch, und wieder war es eine Quäkerschule, allem Anschein nach die in der Henry Street, denn sein Lehrer war Goold Brown, der zuvor schon an der Nine Partners School unterrichtet hatte.

Nach allem, was man über Goold Brown weiß, konnte sich Samuel glücklich schätzen, einer seiner Schüler zu sein. Brown, der bei Samuels erstem Schulbesuch in Nine Partners unterrichtet hatte, war ein fortschrittlicher Lehrer, der seine pädagogische Laufbahn als Assistent des Erziehers John Griscom begonnen hatte. Griscom, Quäker und Schüler des wegweisenden Schweizer Pädagogen und Bildungsreformers Pestalozzi, vertrat die Auffassung, wichtiger als alles Auswendiglernen sei die Förderung von Vernunft und Fantasie bei Kindern. Mit dieser Meinung stand er in totalem Gegensatz zu dem Quäker Lindley Murray, dem Sohn Robert Murrays aus Murray Hill und Autor von *English Grammar* und *English Reader*. Nach Murray, der reichlich zynische Ansichten über das rationale

Denkvermögen von Schülern hegte, war das Auswendiglernen von Regeln wichtiger als das Verständnis der Grammatik. Für zwei Generationen gehörten seine Bücher zu den – im Guten wie im Schlechten – meistbenutzten Schulbüchern Amerikas. Goold Brown beschrieb Murrays Grammatikregeln als »so umständlich, unregelmäßig und unzureichend«, dass sie für die Schüler überhaupt keine Hilfe waren. Wenige Jahre, nachdem Samuel Comstock bei ihm die Schulbank gedrückt hatte, veröffentlichte er im Jahr 1823 seine eigenen grammatikalischen Grundregeln *Institutes of English Grammar*.[28]

Dank der Tatsache, dass Samuel den besten Lehrer der Stadt hatte, blieb ihm möglicherweise der verhängnisvolle Einfluss der Murray'schen Tradition erspart. Und vielleicht zog er daraus sogar irgendeinen Nutzen, von dem niemand etwas ahnt. Zum Verhältnis zwischen Samuel und seinem Lehrer gibt es lediglich eine Anekdote über ihre unterschiedlichen Reaktionen auf einen Hagel von Schneebällen, mit dem einige Jungen aus der Nachbarschaft eines Tages grölend die Schule unter Beschuss nahmen und den Unterricht störten. Lehrer Brown öffnete die Tür und versuchte, den Rowdys gut zuzureden, erntete aber nur freche Widerworte. Daraufhin stürzte Schüler Samuel nach draußen, ging auf die Störenfriede los und vertrieb sie in alle Richtungen. Gelohnt wurde ihm seine Unterstützung allerdings nicht; stattdessen setzte es eine Standpauke von Freund Goold wegen seines schockierenden Gewaltausbruchs. Wie immer Samuel über diese Angelegenheit dachte – William, dessen Kritik an Quäkern ähnlich ätzend ausfiel wie an Nantucketern und Walfängern, gab ein unmissverständliches Urteil ab:

> Goold [glaubte], wenn ihn ein Schneeball an der einen Backe traf, müsse er den Angreifern auch noch die andere hinhalten, um einen Schlammklumpen zu empfangen. So lautet jedenfalls die Devise der Quäker – aber leider verhärtet der Ärger, den sie nach außen hin nicht zeigen dürfen, ihre Herzen, weil

> er kein Ventil findet, und während sie öffentlich Liebe und guten Willen gegenüber ihren Gegnern geloben, vergiften ihre innere Erbitterung und Missgunst sämtliche Quellen menschlicher Güte. Zwar würden sie niemals offen das Schwert ziehen oder zur Lanze greifen, aber sie scheuen sich nicht, ihren Einfluss auszuüben und Verleumdungen in die Welt zu setzen, um Ruf und Ansehen und Zukunftsaussichten ihrer Feinde zu ruinieren; und sie verfolgen ihre Gegner sogar noch über das Grab hinaus, indem sie »klammheimlich und eiskalt« auch das Leben von deren Witwen und Waisen zerstören. Ungeachtet ihrer höflichen Beteuerungen sind sie das stolzeste, eingebildetste, selbstsüchtigste und gehässigste Volk der Welt.

Und Samuel? Was hielt er von all den frommen Menschen, die ihn seit der Geburt in Familie, Schule und Gesellschaft umgaben? Sofort fällt einem das Klischee von dem in strengen, gottesfürchtigen Verhältnissen aufgewachsenen Jugendlichen ein, der seinem Glauben und seiner religiösen Erziehung abschwört und ein Leben in Selbstgerechtigkeit und Laster führt. Doch eigenartigerweise trifft das auf Samuel nicht zu. Zwar begehrte er gegen die verbohrte Gesinnung eines Teils der Quäkergemeinschaft auf, aber nichts deutet darauf hin, dass er die tiefe Abneigung seines Bruders geteilt hätte. Im Gegenteil, wie wir sehen werden, bewahrte er sich abstruse Relikte seines Glaubens bis an sein Lebensende.

Im Herbst 1818 wurde Samuel sechzehn. Ein Jahr sollte zwischen seiner Rückkehr mit der *George* aus Talcahuano und seiner nächsten Fahrt vergehen. In diesem Jahr besuchte er die Schule von Goold Brown in der Henry Street. Außerdem besuchte er aber noch eine andere Adresse, etwa drei Blocks von der väterlichen Wohnung entfernt. »James Jackson, Kost und Logis« stand beschönigend auf dem Schild über einer Haustür in der Lombard Street, gegenüber der Ecke Mechanic Alley. Hier betrieben Madame Jackson und ihr rotnasiger Zuhälter eines der bekanntesten Freudenhäuser der Stadt, und hier ging Samuel ein und aus. Wovon er dieses Vergnügen bezahlte, ist unklar; Tatsache ist jedoch, dass er seit einigen Jahren wusste, wie er sich durch unauffällige Diebstähle aus dem väterlichen Warenlager zusätzliches Geld beschaffen konnte.

Nach Ablauf des Jahres erklärte Samuel seinem Vater, er wolle wieder zur See fahren. Werde Walfänger, trichterte ihm der Vater ein, der – warum auch immer – der Meinung war, dass Walfänger weniger Zeit im Hafen verbrächten als andere Matrosen und folglich eher gegen ein lasterhaftes Leben gefeit wären. Das Ironische daran war nur, und dessen war sich der arme Vater wahrscheinlich sogar bewusst, dass die bedeutende Hafenstadt, in der Samuel zu Hause war, mehr Gelegenheiten zum Lasterleben bot als die meisten fremden Städte, die er per Schiff jemals anlaufen würde.

# ZWEITES KAPITEL

## HAFENLEBEN UND EIN SINKENDER STERN

Der Wille des Vaters geschah: Das nächste Schiff war ein Walfänger. Samuel schrieb an Kapitän Shubael Chase in Nantucket, der ihm eine Koje auf dem Walfänger *Foster* anbot, einem 317-Tonnen-Schiff, das zu seiner ersten Fahrt auslaufen sollte. Dass Samuel sich nicht nur bei der Wahl des Schiffes den Wünschen seines Vaters beugte, sondern auch dessen Rat befolgte und sich für Nantucket einen neuen Rock – und zwar einen Quäkerrock – kaufte, dass er also für eine Arbeit anheuerte, die er hasste, und sich bereit erklärte, Kleider zu tragen, die er verabscheute, war gleichermaßen untypisch für ihn. Aber nicht nur mit der Kleidung, sondern selbst mit der verhassten Arbeit fand er sich ab, denn andere Dinge nahmen seine Aufmerksamkeit in Anspruch.

33 Monate sollte die Fahrt der *Foster* insgesamt dauern, die einzige Walfangfahrt, auf der Samuel von Anfang bis Ende dabei war. Er war sechzehn Jahre alt, als das Schiff am 22. Juli 1819 aus dem Hafen von Nantucket auslief, und neunzehn bei seiner Rückkehr. Drei Jahre sind eine lange Zeit; für Samuel, der sich in der Gesellschaft von Männern, die er verachtete, auf einem Schiff eingesperrt fand, war es eine quälend lange Zeit. Und während die *Foster* auf der Jagd nach Walen über die Meere kreuzte, brütete er im Geiste etliche blutrünstige Fantasien und anarchistische Strategien aus, über die er zum Teil nach seiner Rückkehr sprach.

Seine Familie war entsetzt, als sie ihn wiedersah. »Sein Gesicht und sein Hals [waren] fast so dunkel wie bei einem Indianer«, schreibt William, »und der offenherzige Augenausdruck von früher war verschwunden. Stattdessen lag etwas Verschlagenes, Heimtückisches und Unergründliches in seinem Blick, das mich zutiefst abstieß. Auch der Schwester fiel die Veränderung auf: Er habe den ›bösen Blick‹, äußerte sie mir gegenüber einmal. Allerdings entsprach sein Benehmen nicht seinem Aussehen. Er wirkte weder schüchtern noch reserviert noch schuldbewusst, sondern war so herzlich, tollkühn und verwegen wie eh und je und schien sich pudelwohl zu fühlen.«

Acht Monate lagen zwischen der Rückkehr der *Foster* und dem Auslaufen der *Globe.* Während dieser Zeit führte William, der sich gerade selbst auf seine erste Seefahrt vorbereitete, mit Samuel offenere und intensivere Gespräche denn je zuvor, die sich zum Teil um die Zeit auf der *Foster* drehten, zum Teil aber auch eine Menge finsterer Gedanken enthüllten, die Samuel seinem Bruder anvertraute.

Im Austausch mit William fühlte sich Samuel verstanden. Ermutigt durch den Bruder, den er als geistreich, zynisch und mitunter auch erstaunlich philosophisch erlebte – was man als Williams Leser nur bestätigen kann –, redete Samuel frei von der Leber, denn auch er war, wie ihm seine Zuhörer bei den unterschiedlichsten Gelegenheiten etliche Male bescheinigt hatten, ein glänzender Erzähler von erstaunlicher Tiefsinnigkeit, und in William fand er einen dankbaren Zuhörer. Besessen der eine, von leidenschaftlicher Neugierde erfüllt der andere, beeinflussten sich die Brüder gegenseitig in ihrem Denken, so dass derjenige, der die Geschichte zu Papier brachte, selbst zu einem Teil von ihr wurde. Abgesehen von einer ausführlich geschilderten Episode, zeigt William Samuels Leben auf der *Foster* nur in einigen wenigen Momentaufnahmen, die dessen aufgewühlte seelische Verfassung für kurze Augenblicke beleuchten wie Blitze die Landschaft in einem Gewitter.

Unter den Momentaufnahmen finden sich Szenen wie diese: Zur Besatzung der *Foster* gehörten zwei Jungen, John Cotton und John Lincoln, zu denen sich Samuel hingezogen fühlte, weil sie sich in seinen Augen wohltuend von dem Haufen ungehobelter Kerle abhoben, mit dem auf einem Walfänger zu rechnen war. Als sich ihre Freundschaft vertiefte, unterbreitete Samuel den beiden eines Tages einen haarsträubenden Vorschlag: Der Kapitän sei in Ordnung, aber der Obermaat sei ein Widerling und gehöre seiner Meinung nach ausgepeitscht. Würden seine beiden Freunde ihm dabei zur Seite stehen? Schon von der Durchführbarkeit her war die Idee völlig abwegig. Oder bildete sich Samuel vielleicht ein, der Kapitän würde dem Geschehen tatenlos zusehen? Oder die anderen Offiziere und der Rest der Besatzung? Erwartungsgemäß unterstützten Samuels Freunde den Plan nicht, weshalb er ihn wieder fallen ließ, wahrscheinlich ohne zu ahnen, wie schockiert die beiden von seinem Vorschlag waren.[1] Unbekümmert um die Folgen seines Tuns beging Samuel seine Schandtaten. Offenbar mangelte es ihm an Unrechtsbewusstsein. William könnte – und dürfte – ihn darauf hingewiesen haben, dass er faktisch schon mit der Vorstellung vom Auspeitschen des Obermaats den Tatbestand der Meuterei erfüllte.

Noch eine Szene, die allerdings eine Frage aufwirft: Bei Unwetter sah man Samuel oftmals ohne Jacke an Deck auf und ab laufen und Selbstgespräche führen. Woher stammt diese Information? Erfuhr William von Samuel davon? Schon möglich.

Nach und nach enthüllte Samuel seinem Bruder einen Plan, der alles andere in den Schatten stellte. Seit langem hatte er darüber nachgedacht, wie es wohl wäre, für den Rest seines Lebens als einziger Weißer unter Eingeborenen auf einer Südseeinsel zu leben. Er war überzeugt davon, dass ihn die Insulaner sofort zum König wählen würden. Einmal an der Macht, würde er die Insel in ein Seeräuberreich mit eigener Flotte verwandeln und jedes in Sicht kommende Schiff kapern. Mit seinen Heldentaten würde er legendären Ruhm erringen und als Schrecken der Südsee Unsterblichkeit erlangen. Während seiner Fahrt auf der *Foster* unternahm er sogar einen konkreten Versuch, um die Gründung seines Königreichs in die Tat umzusetzen. Mittellos, wie er war – aber welche Rolle spielte das schon? –, bat er den Kapitän, ihn auf der Osterinsel[2] abzusetzen. Von dort aus wollte Samuel die Sache in Angriff nehmen. Natürlich lehnte der Kapitän dieses Ansinnen ab, zweifellos in der Annahme, damit ein Entlassungsgesuch zu verweigern, während er in Wirklichkeit eine Wahnvorstellung durchkreuzte.

Bald sprach Samuel mit William immer deutlicher über seine Obsessionen – jene einsame Insel, deren König er werden würde. Er wusste auch schon genau, wie er es anstellen wollte. Er würde auf einem Schiff anheuern, das Richtung Südsee fahren sollte, dort dessen Kapitän und Offiziere töten und das Schiff in seine Gewalt bringen, dann eine von Wilden bewohnte Insel anlaufen, wo er den Rest der Besatzung umbrächte, sich zum König der Eingeborenen ernennen und sie zu seinen Soldaten machen wollte. William, ausnahmsweise einmal nicht der dankbare Zuhörer, schenkte den absurden Plänen seines Bruders keinen Glauben. Seinem Bruder war einiges zuzutrauen, aber es gab schließlich Grenzen!

Samuel, der begeisterte Leser von *Don Quixote*, hatte selbst das Zeug zum komischen Helden. In der längsten Einzelepisode, die William im Lebensbericht seines Bruders schildert, folgt er Samuel eine Nacht und einen Tag lang durch Valparaiso, während die *Foster* im dortigen Hafen liegt. Der Bericht endet mit einer ominösen Verbindung zu den sich später auf der *Globe* abspielenden Ereignissen, von denen Samuel, als er William die Geschichte erzählte, noch nichts ahnen konnte. Dem Leser dient diese Episode gewissermaßen als kleine Verschnaufpause, die denselben Zweck erfüllt wie die Szene mit dem betrunkenen Pförtner in *Macbeth* und daher nicht vorschnell verworfen werden sollte. Vielleicht tut William hier zu viel des Guten –

wie Hippokleides –, aber Samuel war, genau wie William, ein packender Erzähler, und wenn die Geschichte einige Übertreibungen enthält, könnten sie ebenso gut auf das Konto von Samuel gehen.

Mit Valparaiso hatte die *Foster* einen der wichtigsten und interessantesten Häfen des Pazifiks angelaufen. In der Stadt gab es eine recht große Englisch sprechende Gemeinde und einen amerikanischen Konsul. Häufige *entradas* und *salidas* von amerikanischen Walfängern und Kauffahrern zeugten von der Bedeutung Valparaisos für die amerikanische Wirtschaft. Unter Seeleuten war die Stadt vor allem für ihre Vergnügungsviertel berühmt, in denen rund um die Uhr das älteste Gewerbe der Welt betrieben wurde.

Samuels Landgang begann mit dem Besuch eines als besonders zwielichtig verschrienen Viertels, das man nach längerem Anstieg auf einen vermutlich nur von Seeleuten »Main Top«* genannten Hügel erreichte. Unterwegs begegnete Samuel einer in dieser Gegend recht bekannten Bewohnerin. Sie hieß Chicochee, maß etwa einen Meter zwanzig, hatte ihren allerfeinsten Staat angelegt und trug eine Gitarre. Damals war sie auf dem Gipfel ihres Ruhms, auch wenn verschiedene Berichte sie später wegen ihres Tingelns durch die Bars als Zielscheibe von Hohn und Spott seitens der Matrosen hinstellten. »Halloo, Jack! Wohin des Wegs?«, begrüßte die kleine Gestalt Samuel.

»Wer bist du denn? Du willst dich doch wohl nicht als Frau bezeichnen, oder?«, erwiderte er.

»Komm mit zu mir, dann wirst du's sehen.«

»Wenn das Haus für deine Größe gebaut wurde, werde ich nicht reinpassen.«

»Ja, ja, ich versteh schon, was los ist. Du willst auf den Berg zur Indian Queen, so wie die ganzen anderen verdammten Yankees auch. Komm lieber mit zu mir, John, na komm schon.«

* Großtopp (Spitze des Großmastes)

Mehr wollte Samuel gar nicht wissen. Also machte er sich wieder an den Aufstieg. Da zog Chicochee unter Flüchen und Drohgebärden ein Messer aus ihrem Ausschnitt, verzichtete aber darauf, ihn zu verfolgen. Oben auf dem Hügel angekommen, erkundigte sich Samuel nach der Indian Queen, und nach kurzer Zeit hatte er ihr Haus gefunden.

Beim Eintreten fiel sein Blick als Erstes auf ein Sammelsurium von ehemals elegantem, inzwischen aber ziemlich heruntergekommenem Mobiliar: ein Regal voll kostbarer Weingläser ohne Fuß, eine Karaffe, bei der der Hals abgebrochen war, seltsam aussehende Stühle, zu zerbrechlich zum Sitzen, ein Bild der Jungfrau Maria, der ein Auge fehlte, und ein zerbrochener Spiegel, in dem nur noch eine einzige Scherbe steckte.

Der einzige Bewohner des Zimmers, ein verwahrloster Schwarzer, saß vorgebeugt in einer Ecke und schwieg. Kurz darauf trat ein junges Mädchen ein. Samuel war beeindruckt, denn sie war viel graziler und anmutiger als alle spanischen Mädchen, die er kannte. Sie hatte sanfte, von langen Wimpern eingerahmte Augen und einen brauneren Teint als die meisten Chilenen. Sie forderte Samuel auf, Platz zu nehmen. Aus ihrem Benehmen gegenüber dem Schwarzen schloss Samuel, dass es sich um ihren Vater handeln musste. Er stellte sich als Soldat Bolívars vor, der Urlaub bekommen hatte, um seine Tochter zu besuchen. Eine Weile unterhielten sie sich über Bolívar und andere Themen, bis ein Rascheln von draußen sie verstummen ließ. Für Samuel klang es, als ob der Wind über die Hauswand strich, die Indian Queen aber starrte voller Unbehagen zur Tür, die im nächsten Moment aufgestoßen wurde. Zwei schwarze, funkelnde Augen hoben sich vor der dunklen Nacht ab. Mit einem Satz sprang die Indian Queen auf, zog ihr Messer und stürzte sich auf die kleine Gestalt, die mit gezücktem Messer zur Tür hereingestürmt kam und in der Samuel Chicochee erkannte.

Die zwei Frauen kämpften verbissen wie Wildkatzen miteinander. Als Samuel versuchte dazwischenzugehen, hielt der

Schwarze ihn zurück – Einmischung verstoße gegen die Regeln. Sobald das erste Blut floss, erklärte der Vater der größeren Kämpferin den Kampf jedoch für beendet. Obwohl keine der Frauen den Aufruf befolgt und der Kampf vermutlich tragisch geendet hätte, gelang es Samuel und dem anderen Mann, die beiden zu trennen. Inzwischen hatten sich wegen des Tumults einige Soldaten vor dem Haus eingefunden. Das, so der Schwarze, bedeute, dass nicht nur den beiden Frauen, sondern allen vier Anwesenden Gefängnis drohe. Kaum gesagt, trat er ein Loch in die dünne Rückwand des Hauses und forderte Samuel auf, ihm durch die neu geschaffene Hintertür nach draußen zu folgen.

Samuel tat wie geheißen, doch sobald er sich durch das Loch gezwängt hatte, erstarrte er schaudernd, denn sie standen direkt am Rand einer hohen, senkrecht abfallenden Felswand. Ein einziger Fehltritt, und sie würden in die dunkle Tiefe hinabstürzen. Unterdessen bemühten sich im Innern des Hauses die Soldaten, die immer noch kämpfenden, kratzenden und schreienden Frauen zu überwältigen. Als die zwei schließlich abgeführt wurden, schlug Samuel vor, ins Haus zurückzuklettern. Doch der Schwarze blieb stumm und rührte sich nicht. Mit finsterer Miene musterte er den jungen Matrosen, als führe er etwas im Schilde. Als sich Samuel vorsichtig zur Hauswand zurücktastete, zückte der Schwarze auf einmal ein langes Messer und forderte Samuels Geld. Der Räuber stand in diesem Moment mit dem Rücken zum Abgrund. Samuel griff in seine Taschen, um vorzutäuschen, dass er nach Geld suchte, und warf sich dann plötzlich mit seinem ganzen Gewicht gegen seinen Angreifer, so dass dieser rückwärts die Klippe hinabstürzte. Ein gellender Schrei zerriss die Nacht, danach hörte Samuel ein Krachen von unten, und dann war alles still.

Nichts wie weg hier, dachte Samuel, und so schnell wie möglich aufs Schiff zurück. Vorbei an finster blickenden Wachsoldaten, die hier und da entlang der Straße postiert waren, stieg er zur Stadt hinab. Sobald er das Hafenviertel erreichte, verflog seine Angst, so weit jedenfalls, dass er eine noch geöffnete Spelunke ansteuerte. Sie hieß »Auf gut Glück«, und drinnen zechten fröhlich Matrosen einer soeben eingelaufenen englischen Brigg. Angetan von Samuels ungezwungener Art, gaben sie ihre anfängliche Zurückhaltung gegenüber dem Neuankömmling rasch auf, luden ihn zum Mitzechen ein und versprachen, ihn am Morgen zu seinem Schiff zu bringen. Als der Alkohol die Zungen löste, stellte sich heraus, dass sie ehemalige Schmuggler und Piraten waren und die raue und lasterhafte Seite des Seelebens liebten. Samuel war beeindruckt und begeistert; endlich hatte er Seelenbrüder gefunden.

Einer der Männer, John Oliver, benahm sich Samuel gegenüber besonders freundlich und aufgeschlossen. In einem Zwiegespräch fragte er ihn, was er so mache, und erkundigte sich nach seinen Plänen. Samuel vertraute ihm an, dass er gerade einen Menschen getötet hatte. Das ließ Oliver aufhorchen. Gebannt lauschte er der Geschichte von den Frauen und der Polizeirazzia und dem Überfall an der Felsenklippe. Dann machte er den unverfrorenen Vorschlag, doch mal rüber zum Knast zu schlendern und zu sehen, was sich über die zwei verhafteten Frauen in Erfahrung bringen ließ. Samuel, genauso dreist, stimmte zu, obwohl es kaum etwas Dümmeres geben konnte, als ausgerechnet den Ort aufzusuchen, den er unbedingt meiden sollte. Mag sein, dass der Alkohol eine Rolle spielte, aber es lag auch schlicht und einfach am Comstock'schen Charakter, der stets für jede Verrücktheit zu haben war.

Den beiden Männern gelang es tatsächlich, sich an den offenbar schlafenden Wachposten vorbei in den Gefängnishof zu schleichen; hier wurden sie jedoch entdeckt. Oliver spurtete sofort los und schaffte es, durchs Tor zu entwischen, Samuel aber wurde von mehreren Soldaten ergriffen und in die Wachstube geführt, wo es unter Mitwirkung des wachhabenden Offiziers, des Gefängniswärters und einer Gruppe verschlafener

Soldaten zu einer geradezu clownesken Szene kam. Möglicherweise hatte sie etwas mit dem neuen Gefangenen zu tun, aber weder verstand Samuel den lauten Wortwechsel noch wusste er das Gelächter und lebhafte Gestikulieren zu deuten. Es endete schließlich damit, dass der Gefängniswärter Samuel bedeutete, ihm zu folgen.

Sie durchquerten einen quadratischen Raum, in dem zwei Frauen auf der nackten Erde schliefen. Beide sprangen auf, als der Raum von der Laterne des Gefängniswärters erhellt wurde, und Samuel erkannte Chicochee und die Indian Queen. Der Gefängniswärter führte Samuel zu einer Tür am anderen Ende des Raums, doch die Indian Queen stellte sich ihnen in den Weg und flehte den Gefängniswärter an, Samuel zurück in den Wachraum zu bringen, da er getötet würde, wenn man ihn zu den Sträflingen steckte. Der Gefängniswärter lachte nur und ging zu der Doppeltür, die in den inneren Gefängnistrakt führte. Als er sie entriegelte, erhaschte sein Gefangener einen kurzen Blick vom Innern der Gefängniszelle. Der Anblick, der sich Samuel bot, gehörte zum Erbärmlichsten und Verkommensten, was er je gesehen hatte: Inmitten von Ungeziefer und Kothaufen lagen ungefähr fünfzig zerlumpte, elende Gestalten ausgestreckt auf dem nackten Boden der Zelle, aus der Samuel ein penetranter Gestank entgegenschlug. Kurz entschlossen stürzte er am Gefängniswärter vorbei und rannte in Richtung Wachraum, doch der Schrei des Wärters hatte die Soldaten alarmiert, und noch im Vorraum sah sich Samuel von Bajonetten umzingelt.

Man führte ihn in den widerlichen Innentrakt zurück, wo sich die durch den Lärm des missglückten Fluchtversuchs aufmerksam gewordenen Sträflinge neugierig erhoben, um den neuen Gast in Augenschein zu nehmen – mit Ausnahme einer dunklen Gestalt, die in einer Ecke der Zelle kauerte und eher an ein Lumpenbündel als an einen Menschen erinnerte. Mit einem Schwall von Beleidigungen hießen etliche seiner künftigen Zellengenossen Samuel als neues Mitglied in der Gefängnisgemeinschaft willkommen, bis sie von einem Gefangenen, der offensichtlich einige Autorität genoss, zum Schweigen gebracht wurden. Irgendwann schlief Samuel schließlich ein, doch noch vor dem Morgengrauen erwachte er, weil ihm jemand auf den Fuß trat. Als er die Augen öffnete, sah er über sich ein Messer, das auf seine Brust zielte. Durch sein unverhofftes Erwachen und Bewegen verunsichert, zog sich der Angreifer aber wieder zurück, und zwar in die Ecke, in der er schon bei Samuels Betreten der Zelle gekauert hatte. Er war das Lumpenbündel, und in dem schwachen Lichtschein der einzigen, den Raum beleuchtenden Kerze war sein Gesicht kaum zu erkennen, selbst wenn er nicht versucht hätte, es zu verbergen. In dieser Nacht machte Samuel jedenfalls kein Auge mehr zu.

Am Morgen wurden bis auf den Neuankömmling alle Sträflinge zur Arbeit hinausgeführt; selbst jetzt verbarg das Lumpenbündel sein Gesicht. Allein in der Zelle zurückgeblieben, entdeckte Samuel, dass er sich durch die Tür mit Chicochee und der Indian Queen im Nachbarraum unterhalten konnte. Letztere konnte Samuel über die Identität seines Angreifers aufklären: »Hast du ihn schon vergessen? Das ist doch mein Vater.« Nun begriff Samuel überhaupt nichts mehr. Ihr Vater, so erklärte die Indian Queen, war im Gefängnis, weil er des Einbruchs beschuldigt wurde – eines einzigartigen Falls von Einbruch allerdings. Ein gewisser Señor Phillippi, dessen Haus am Fuß ebenjener Felswand hinter dem Haus der Indian Queen stand, beschuldigte den Neger, sich dadurch, dass er in der Nacht durchs Dach seines Hauses gekracht war, unberechtigten Zugang zu demselben verschafft zu haben. Als die Polizei kam, um ihn festzunehmen, behauptete der Einbrecher, zwei Yankees hätten ihn ausgeraubt und anschließend den Felsen hinuntergeworfen – er präsentierte den Polizisten sogar seine Sturzverletzungen. Diese Geschichte erschien den Hütern des Gesetzes ganz offensichtlich zu fantastisch, zumal sich unter anderem auch noch herausstellte, dass es sich bei dem Verhafteten um einen Deserteur der Armee handelte, eine Person also, der man ohnehin nichts glauben durfte.

Lumpenbündel bot das unverhoffte Auftauchen des lästigen Yankees, der die Schuld an der ganzen Misere trug, die Gelegenheit zur Rache. Er wollte unerkannt bleiben – aus diesem Grund war er, anders als seine Zellengenossen, nicht aufgestanden, als Samuel in die Zelle gebracht wurde –, um im richtigen Moment zuzuschlagen.

Die mit Chicochee und der Indian Queen durch die Tür geführte Unterhaltung trug erheblich zu Samuels Erhellung bei. Ob sich ihr Vater wegen des versuchten Raubüberfalls schäme, wollte er von der Indian Queen wissen. »Hier stiehlt doch jeder«, mischte sich Chicochee ein. »Wenn Reiche stehlen, redet nur niemand davon, aber wenn Arme stehlen, werden sie in den Knast geworfen.« Die Reichen, so erklärte sie, raubten in Form von Wucherpreisen. In diesem Moment erschien die Wache und teilte Samuel mit, er sei frei, worauf »unser Held« den beiden Damen Lebewohl sagte und auf sein Schiff zurückkehrte.

Das Leben besteht aus Zufällen, beim einen mehr, beim anderen weniger, und wie es der Zufall wollte, sollte John Oliver, der Seemann, den Samuel in jener Nacht in Valparaiso in der Hafenspelunke »Auf gut Glück« kennen lernte und der ihm so imponierte, dass er sofort für dessen dummdreisten Vorschlag, das Gefängnis zu besuchen, zu haben war, eine größere Rolle in Samuels Leben spielen, als sich die beiden bei ihrer Zecherei hätten träumen lassen oder als Samuel ahnte, als er William die Geschichte erzählte. Drei Jahre später trat Oliver wieder in Erscheinung, und zwar unerwartet mitten auf der Fahrt als neu angeheuertes Besatzungsmitglied der *Globe*. Aber diesmal heckten er und Samuel nicht nur dumme Kneipenstreiche aus. Diesmal sollte sich ihre Begegnung als schicksalhaft erweisen.

Ein weiterer Zufall, der, ohne dass irgendjemand etwas davon ahnte, einen Schatten vorauswarf, ereignete sich am 21. Dezember 1820, als die *Foster* auf 4° 50' Süd und 105° 40' West die *Globe* anpreite.[3] Niemand ahnte damals, dass die *Globe* Samuels nächstes Schiff und ihr Obermaat Thomas Worth Samuels nächster Kapitän sein würde.

Die *Foster* kehrte am 12. April 1822 mit 1624 Fass Spermöl zurück, das sie nicht in Nantucket, sondern in Edgartown löschte. Durch angespülten Sand, der sich immer wieder im Hafen von Nantucket anhäufte, waren voll beladene Schiffe häufig gezwungen, nach Martha's Vineyard auszuweichen. Von dort aus setzte Samuel zu seiner Geburtsinsel über, wo er seine Aufmerksamkeit, wie es seiner offenen und direkten Art entsprach, ohne Umschweife dem weiblichen Geschlecht zuwandte. Zum ersten Mal konnte er sich, ohne zu lügen, vor den anspruchsvollen Nantucketer Mädchen mit den erlegten Walen brüsten,[4] wodurch er in ihren Augen zu einer begehrenswerten Partie wurde. Die Erste, auf die seine Wahl fiel, war eine Methodistin, der er mit demselben Eifer nachstellte wie seiner ersten methodistischen Liebe. Doch diesmal trug er die Frömmigkeit so dick auf, dass etliche schon mutmaßten, er wolle in den geistlichen Stand eintreten. Er stimmte Kirchenlieder an, in denen er das Reich Gottes pries und inständig um die Vergebung seiner Sünden bat. Das Methodistenmädchen und seine Familie betrachteten Samuel bereits als künftigen Ehemann, und auch als er die Absicht äußerte, Nantucket zu verlassen, um seine ihn sehnsüchtig in New York erwartende Familie zu besuchen, sahen sie die Bindung der beiden dadurch in keiner Weise bedroht, sondern zeigten im Gegenteil volles Verständnis für seine Abreise. Die Trennung wäre ja nur vorübergehend. Samuel nahm das Postschiff von Nantucket nach New York. An Bord befand sich eine hübsche junge Engländerin. Noch ehe sie in New York eintrafen, hatte Samuel ihr einen Heiratsantrag gemacht.

Wieder zu Hause, überraschte Samuel seine Familie nicht nur durch sein Besorgnis erregendes Aussehen, sondern auch mit einigen erfreulichen Neuigkeiten: Er habe für immer mit dem Walfang und der Seefahrt abgeschlossen und wolle nun ins Handelsgeschäft seines Vaters einsteigen. Nach dieser Ankündigung war die Familie einigermaßen beruhigt. Der Vater betrachtete es als ausgesprochenen Glücksfall, seinen Sohn just zu der Zeit im Laden zu haben, in der er das Geschäft aus der Front Street Nummer 242 nach Hausnummer 191 verlegte, denn so konnte Samuel den Umzug beaufsichtigen. Außerdem kam er gerade recht als Ersatz für William, der bisher im Geschäft gearbeitet hatte, nun aber im Begriff stand, zum ersten Mal selbst zur See zu fahren.

Doch Samuel erwies sich als schlechter Verkäufer. Das Beste an dem ganzen Job war das »forsche Mulattenmädchen«, das Samuel eines Tages beim Tünchen der Kontorwände antraf. Er schickte sie in den Keller, um einen Krug Wasser zu holen, und folgte ihr nach. Erst nach ungebührlich langer Zeit tauchten die beiden wieder auf; anschließend flüsterte das forsche Mädchen William ins Ohr, was für ein Teufelskerl sein Bruder sei.

Samuels eigentliche Aufmerksamkeit zu jener Zeit galt nicht dem Laden, sondern den Mädchen und seinen Tagträumen. Die Tagträume drehten sich um seine Vorstellungen vom einsamen Königreich, über die er mit William sprach; die Zahl der Mädchen war Legion. Seiner Nantucketer Freundin, deren Familie noch immer unverdrossen auf die Hochzeit hoffte, schrieb er einen Brief, in dem er erklärte, nun, da er beschlossen habe, den Walfang endgültig aufzugeben, käme ihm eine Hochzeit mit ihr ausgesprochen »ungelegen«. Unterdessen besuchte er mit seiner englischen Verlobten die unterschiedlichsten Vergnügungsstätten und bemühte sich, ihren wachsenden Unmut über die ständige Verschiebung ihrer Hochzeit zu besänftigen (die er damit rechtfertigte, dass er erst noch die Einwände seines Vaters ausräumen müsse). Und selbst wenn sie ihn auf der Straße mit einer Dame von zweifelhaftem Ruf erwischte, war er nie um eine Erklärung verlegen, spielte den Naiven und beteuerte seine Unschuld.

Wie vorauszusehen war, hatte Samuel das Leben eines Ladenverkäufers bald satt, so satt, dass er auf Dauer nicht verhehlen konnte, wie unerträglich das Geschäftsleben für ihn war. Immer häufiger dachte er über die Marine nach. Walfänger waren ihm ein für alle Mal verhasst, die Marine aber übte einen abenteuerlichen Reiz auf ihn aus, vor allem die Seegefechte und kühnen Heldentaten. Zwar war die Navy natürlich nicht der richtige Ort, um sein Vorhaben – die Ermordung der Schiffsführung und die Suche nach einer einsamen Insel für sein Königreich – in die Tat umzusetzen, aber in seiner blühenden Fantasie war Raum für mehr Pläne als nur einen, Hauptsache, sie waren aufregend. Er war ein glühender Bewunderer von Korvettenkapitän William Burrows,[5] der als Kommandant der *Enterprise* im Jahr 1813 durch seinen Sieg über die britische Brigg *Boxer* in der berühmten Seeschlacht vor Portland, Maine, einen entscheidenden Beitrag zur Hebung der amerikanischen Moral leistete, nach der Schlacht jedoch seinen dabei erlittenen Verletzungen erlag. Er wurde neben Kapitän Blythe beerdigt, dem Kommandanten der britischen Brigg, der ebenfalls in der Schlacht ums Leben gekommen war, ein Detail, das in den volkstümlichen Versionen dieser Geschichte erheblich zur romantischen Verklärung der Marine beitrug. Burrows, der mit 28 Jahren starb, war ein Held genau nach Samuels Geschmack, weshalb er sich fortan Samuel B. (für Burrows) Comstock nannte.

Als das Jahr 1822 ins Land ging und Samuels Widerwille gegen das Öl- und Kerzengeschäft wuchs, machte zufälligerweise ein Kriegsschiff an einem Kai in der Nähe des Ladens fest. Das von William nur sehr allgemein als »vaterländische Fregatte«[6] bezeichnete und sonst nicht näher identifizierte Schiff gehörte wahrscheinlich zu den zahllosen Schiffen, die in den 1820er

Jahren an die Kriegsflotten von Nueva Granada (das spätere Kolumbien), Venezuela, Ecuador oder einen der anderen neu gegründeten lateinamerikanischen Staaten verkauft wurden. Ob es sich nach der offiziellen, von der Anzahl mitgeführter Kanonen abhängenden Klassifizierung tatsächlich um eine Fregatte handelte oder nur um ein einfaches Kriegsschiff – Samuel war jedenfalls schwer beeindruckt. Er trieb sich ständig in der Nähe des Schiffes herum und knüpfte Kontakt zu den Offizieren, die ihm schließlich eine Stelle auf dem Schiff anboten. Das war fast zu schön, um wahr zu sein. Fragte sich nur, ob sein Vater damit einverstanden wäre, dass er den Verkaufsjob quittierte und auf See zurückkehrte. Der Vater willigte ein, und Samuel, der sich bereits ernsthaft mit der Lektüre von Themen, wie etwa der ärztlichen Heilkunde, die zum Wissen jedes Schiffsoffiziers gehören sollten, befasst hatte, stürzte sich voller Eifer auf das Studium von Navigation und Kriegstaktiken. Und höchstwahrscheinlich begann er auch Spanisch zu lernen, zumindest die spanische Seemannssprache, was ihm bei seiner schnellen Auffassungsgabe nicht schwer gefallen sein dürfte.

Aber sein lang gehegter Traum sollte sich nicht erfüllen. Einige Bekannte Nathan Comstocks, von William als »elende, heuchlerische Quäkerbande« bezeichnet, prangerten an, dass der Vater seinem Sohn erlaubte, auf einem Kriegsschiff zu dienen. Der soziale Druck wurde so stark, dass Nathan seine Zustimmung schließlich wieder zurückzog. Er werde nicht billigen, dass sein Sohn in die Marine eintrete, erklärte er, und auch keinen Penny für den Kauf der Uniform zur Verfügung stellen, die Samuel als Kriegsschiffsmatrose benötigte. Außerdem bedingte er sich aus, dass Samuel, sofern er nicht bei seinem Vater in Ungnade fallen wolle, einem ordentlichen Beruf nachging.

Rückblickend scheint alles so klar und einfach: Hätte Samuel zur Marine gehen dürfen, hätte er dort seinem übermächtigen Aktionsdrang, seinem Draufgängertum und seiner lebhaften Fantasie auf disziplinierte Weise freien Lauf lassen können. Seine mit aller Gewalt auf Freisetzung drängenden Triebkräfte wären gebändigt worden. Der »böse Blick« wäre wieder dem offenen, aufrichtigen Gesichtsausdruck gewichen, den seine Familie an ihm kannte. Doch so einfach geht es allenfalls im Film zu, nicht aber im wirklichen Leben.

Auf diese niederschmetternde Enttäuschung reagierte Samuel mit blinder Wut, einer Wut, die sich gegen alles und jeden richtete, einschließlich gegen ihn selbst. Um die Welt, die ihm gerade seinen sehnlichsten Wunsch abgeschlagen hatte, möglichst hart zu strafen, schreckte er nicht einmal vor einem selbstzerstörerischen Entschluss zurück: Er würde wieder auf Walfang gehen. Abermals waren es Welten, die Vater und Sohn trennten. Nathan war erleichtert, ja hocherfreut, als er hörte, Samuel wolle auf einem Walfänger anheuern. Damals versprach er seinem Sohn, wenn er sich auf der Fahrt in den Pazifik »anständig« benahm, würde er bei seiner Rückkehr ein Schiff kaufen und seinem Kommando unterstellen. Sich anständig benehmen? Samuel glich einem Pulverfass, das mit größter Vorsicht zu behandeln war. In seiner Wut über die verpatzte Gelegenheit, auf einem Kriegsschiff mitzufahren, dachte er nicht im Traum daran, sich gut zu benehmen.

William, der zu dem Zeitpunkt, da Samuel beschloss, den Walfang wieder aufzunehmen, mit seinem ersten Walfänger auf See war,[7] war entsetzt, als er vom Entschluss seines Bruders erfuhr. Er befürchtete das Schlimmste. »Von diesem Moment an«, so schrieb er, »war der Stern von Samuel Comstock dem Untergang geweiht!« Als William diesen Satz schrieb, kannte er das Ende von Samuels Geschichte zwar bereits, aber diese rückblickende Erkenntnis war im Grunde nur die Bestätigung der düsteren Vorahnungen, die ihn damals, an Bord des Walfängers, beschlichen hatten.

Unmittelbar nach seiner Ankündigung machte sich Samuel

auf den Weg nach Nantucket, um dort auf die Suche nach einem Schiff zu gehen. Er war in einer fürchterlichen Verfassung und bereit, das erstbeste Schiff zu nehmen, das er fand; und das war die *Globe.* Kurz entschlossen heuerte er an. Man wurde sich rasch einig: Auf Grund seiner Berufserfahrung wurde ihm der Posten eines Bootssteurers angeboten; damit war er Schiffsoffizier, ein Rang direkt unter dem Dritten Maat.

Unverzüglich kehrte er nach New York zurück, um Reisevorbereitungen zu treffen. In seine Seekiste packte er Dinge, die kein normaler Seemann mitgenommen hätte – Pistolen, Dolche, Schwerter, Schießpulver und Munition, einen Kasten mit ärztlichen Instrumenten, eine Medikamentenkiste und Pflanzensamen –, alles Dinge, die für sein künftiges Königreich bestimmt waren. Das Saatgut sollte zur Einführung der Landwirtschaft auf der erwählten Insel dienen.

Ob die Familie den Inhalt von Samuels Kiste kannte oder nicht – davon, wie es in seinem Innern aussah, scheint sie jedenfalls nichts geahnt zu haben. Nathan Comstock gab sogar den Bitten des vierzehnjährigen Georges nach, der seit einiger Zeit darum bettelte, zur See fahren zu dürfen, und befand, nun sei der richtige Zeitpunkt gekommen, um den Jungen die Walfängerlaufbahn beginnen zu lassen. Die Familie wiegte sich in dem Glauben, dem jungen George würde mit seinem älteren Bruder Samuel ein Beschützer zur Seite stehen. Welch schmerzliche Ironie des Schicksals. Als George etwas mehr als ein Jahr später den Höhepunkt der Meuterei schildert, bezeichnet er Samuel als einen »Bruder vom selben Fleisch und Blut zwar, aber nicht im Herzen, denn andernfalls hätte er diesen heimtückischen Plan verworfen, um nicht für immer mein Leben zu ruinieren; aber so rechnete er wohl kaum damit, dass ich jemals nach Hause zurückkehren und von diesen tragischen Dingen berichten würde.«

# DRITTES KAPITEL

## AN MEINEN HÄNDEN KLEBT BLUT

Kurz nachdem Samuel und George New York endgültig verlassen hatten, geschah etwas äußerst Merkwürdiges. Wegen der Gelbfieberepidemie hatte die Familie das Haus in der Stadt verlassen und sich nach Greenwich zurückgezogen, wo sie bis zum Spätherbst blieb. Vor der Rückkehr in die Stadt schickte man zwei Dienstmädchen vor, um das Haus für die Ankunft der Familie vorzubereiten. Während die beiden Mädchen in einem der vorderen Zimmer sauber machten, kam plötzlich eine Möwe durchs offene Fenster hereingeflogen. An der hinteren Querwand des Zimmers wirbelte sie herum und flog zum Fenster zurück, wobei sie an der Decke zwei deutlich sichtbare Streifen Blut hinterließ, die sich über die gesamte Länge des Raumes zogen. Als der Vater unseres Helden einem Besucher davon erzählte, erwiderte dieser: »Wäret Ihr abergläubisch, würdet Ihr es wahrscheinlich als Omen für die bevorstehende Fahrt Eurer beiden Söhne mit der *Globe* deuten.«

William Comstock, *The Terrible Whaleman*

Wenn ein Walfänger, der von einer relativ kurzen Fahrt ohne widrige Zwischenfälle mit einer vollen Ladung Öl zurückkehrte, als »glückliches« Schiff galt, dann war das 293-Tonnen-Schiff *Globe*[1] ein solches. Im Jahr 1815 vom Stapel gelaufen, stellte die *Globe* schon bei ihrer ersten, etwas über zwei Jahre und zwei

Monate dauernden Fahrt einen Rekord auf, als sie als erster Walfänger über 2000 Fass Öl mit nach Hause brachte.[2] Ihre zweite Fahrt im Jahr 1818, bei der sie die walreichen Hochseefanggründe westlich von Nord-Peru entdeckte, wie auch ihre dritte Fahrt im Jahr 1820 verliefen ebenso erfolgreich. Auf allen drei Fahrten wurde die *Globe* von Kapitän George Washington Gardner befehligt, einem angesehenen Waljäger, der zweifellos auch auf der vierten Fahrt wieder ihr Kommando hätte übernehmen können, sich aber für ein neues und größeres Schiff, das ihm angeboten wurde, entschied, die *Maria*, die auf der Werft in Higganum am Connecticut River kurz vor der Fertigstellung stand.[3] Mitte Juli 1822, zwei Monate nach der Rückkehr von seiner dritten Fahrt, verwandelte Kapitän Gardner die *Globe* für eine einwöchige Fahrt nach Higganum vorübergehend in einen Lastkahn und belud sie mit Ausrüstungsteilen, die auf der *Maria* gebraucht wurden. Die *Globe* sah bereits etwas »heruntergekommen« aus, wie einer ihrer Seeleute bemerkte. Als sie ohne Großmarsstenge an der Küste Connecticuts entlanggesegelte, erweckte sie sogar den Eindruck, als sei sie in Seenot geraten, so dass ein vorbeifahrendes Schiff sie anpreite und ihr Hilfe anbot.

Aber das war im Juli, und da sie erst im Dezember zu ihrer nächsten Fahrt auslaufen würde, blieb in Nantucket noch genügend Zeit, sie zu überholen und wieder aufzurüsten. Diese Arbeit war in vollem Gange, als Samuel Comstock als Bootssteurer anheuerte. Danach fuhr er sofort nach New York zurück, um seine Reisevorbereitungen zu treffen, und als er anschließend wieder nach Nantucket zurückkehrte, hatte er seinen vierzehnjährigen Bruder George im Schlepptau.

In den Tagen vor Fahrtantritt war Samuel häufiger Gast bei Mrs Plum, einer Nantucketer Witwe, mit der er sich gern unterhielt, denn sie strahlte etwas Vertrauen erweckendes aus. Am letzten Abend, als er wieder bei ihr zu Besuch war, erzählte er ihr, während er die Main Street hinaufgelaufen sei, seien ihm

»bestimmte Dinge durch den Kopf gegangen«. Plötzlich sei er so von seinen Gefühlen übermannt worden, dass er sich auf die Stufen eines Hauseingangs habe setzen müssen. Eine Passantin, die ihn kannte, erkundigte sich besorgt nach seinem Befinden. Obwohl er sie beruhigte, es sei nichts Besonderes, lediglich ein kleiner Schwächeanfall, ließ sie sich nicht davon abbringen, ihn zu seiner Pension zu begleiten. Bei einer früheren Gelegenheit hatte sich Mrs Plum bei Samuel erkundigt, wozu er eigentlich seine ärztlichen Instrumente bräuchte? Für den Notfall, antwortete er. Ob er es sich zutraue, jemandem ein Bein zu amputieren, wollte sie wissen. »Ja«, antwortete er, »und den Kopf gleich mit dazu.« Worauf sie schmunzelnd sagte: »Ja, ja, ihr jungen Männer müsst immer übertreiben, das kennt man ja.«

Vor dem endgültigen Auslaufen fuhr die *Globe* von Nantucket nach Edgartown auf Martha's Vineyard, um Vorräte an Bord zu nehmen. Da etwa die Hälfte der *Globe*-Besatzung in Martha's Vineyard zu Hause war, bot sich die Insel als Abfahrtshafen an. Kapitän Thomas Worth, mit 29 Jahren der Älteste an Bord, stammte von dort. Er hatte auf der letzten Fahrt der *Globe* unter Kapitän Gardner den Posten als Obermaat bekleidet. William Beetle, der jetzige Obermaat, war Vineyarder, genau wie der Zweite Maat John Lumbert (in manchen Berichten auch Lumber, Lumbard, Lambert oder Lombard), der Dritte Maat Nathaniel Fisher und Gilbert Smith, einer der Bootssteurer. Außerdem kamen sechs Matrosen aus Martha's Vineyard: die beiden Brüder Stephen und Peter Kidder, Columbus Worth (ein Vetter von Kapitän Worth), Rowland Jones, John Cleveland und Constant Lewis.[4]

Wie aus der Besatzungsliste in Anhang A im Schlussteil dieses Buches hervorgeht, bestand die Crew zur Hälfte aus Jugendlichen, was für einen Walfänger der damaligen Zeit keineswegs ungewöhnlich war, bei der Meuterei gleichwohl eine Rolle spielte. Die Frage, warum die restliche Besatzung es geschehen ließ, dass die Meuterer das Schiff in ihre Gewalt brachten, drängt sich geradezu auf, lässt sich aber nur allgemein beantworten. Das Durchschnittsalter der Besatzung, die Offiziere miteingerechnet, betrug beim Auslaufen des Schiffes rund zwanzig Jahre. Jede Vorstellung vom Geschehen während der Meuterei, die diesen Umstand nicht berücksichtigt, geht an der Wirklichkeit vorbei. Als junger Mensch lässt man sich gewöhnlich eher auf Schwierigkeiten und Gefahren ein, zumindest sofern einem diese nicht völlig abwegig und widersinnig erscheinen, aber auch Erwachsene sind keineswegs automatisch dagegen gefeit, sinnlose Untaten zu begehen. Und zu Gunsten dieser jungen Menschen muss gesagt werden, dass sich, abgesehen von Samuel Comstock, kein Einziger aus der ursprünglichen Besatzung an den Gewalttaten der Meuterer beteiligte, auch wenn einer, Rowland Coffin, im Verdacht stand, Comstocks Pläne vorher gekannt und sich auf eine fragwürdige Kumpanei mit den Meuterern nach deren Übernahme des Schiffes eingelassen zu haben. Die eigentlichen Meuterer um Comstock waren allesamt spätere Neuzugänge.

Zwei der Besatzungsmitglieder, die zum ersten Mal zur See fuhren, William Lay und Cyrus Hussey, setzten sich später gewissermaßen selbst ein Denkmal in der Geschichte der *Globe*. Ihr mit fremder Hilfe verfasstes Buch *A Narrative of the Mutiny, on Board the Ship Globe, of Nantucket* sollte einer der meistgelesenen Berichte über die Meuterei und die Ereignisse danach werden. Die zweite Hälfte des Buches handelt nur noch von Lay und Hussey, erzählt ausschließlich ihre Geschichte.[5]

Während das Schiff in Edgartown verproviantiert wurde, lernte Samuel einige Vineyarder kennen, die ihn später übereinstimmend als gesellig, witzig und sympathisch bezeichneten. Kapitän Worth war der Meinung, mit seinem zukünftigen Bootssteurer einen guten Griff getan zu haben. Von Anfang an betrachtete der Kapitän, der allem Anschein nach Bildung und gute Umgangsformen mit den Eigenschaften eines brutalen Leuteschinders in sich vereinte, Samuel als einen Seemann ganz nach seinem Geschmack. Samuel, dem dies nicht entging, spielte die Rolle gekonnt weiter. Überhaupt gaukelte er in den letzten Tagen vor dem Auslaufen allen etwas vor, einschließlich der frisch vermählten Ehefrau des Kapitäns, die Samuel als amüsanten Gesprächspartner schätzte. Es gelang ihm so überzeugend, sich vor den Vineyardern zu verstellen, dass die Nachricht von der Meuterei wie eine Bombe auf der Insel einschlug, nicht zuletzt, weil Samuel der Letzte von der *Globe*-Besatzung war, dem man eine solche Gräueltat zugetraut hätte.

Am 20. Dezember 1822 stach die *Globe* in See,[6] überstand einen schweren zweitägigen Sturm, passierte am 9. Januar die Kapverdischen Inseln und überquerte am 17. desselben Monats den Äquator. Hier begann die Waljagd. Am 29. Januar sichteten Ausguckposten zum ersten Mal Wale. Sofort wurden die Boote ausgesetzt und übernahmen die Verfolgung. Ein Tier wurde erlegt, die Feuer wurden unter den Trankesseln entfacht, und um 75 Fass reicher segelte die *Globe* weiter.

Samuel war von tiefem Hass auf das Schiff und die Arbeit an Bord erfüllt. Er haderte mit dem Schicksal, das ihm die Erfüllung seines Herzenswunsches, auf einem Kriegsschiff anzuheuern, versagt hatte, und er verfluchte das Walöl, weil es, wie er behauptete, seine Haut reizte und mit Furunkeln übersäte. Trotzdem war er einer der besten Matrosen an Bord, führte unverzüglich jeden Befehl aus und machte seinen Bordgenossen Beine, wenn sie nicht denselben Eifer an den Tag legten. Stellte er fest, dass ein Grünling während der Wache an Deck schlief, kippte er ihm einen Eimer kaltes Wasser über.[7] Dadurch zog er sich eine Menge Hass zu, aber die Feindseligkeit seiner Opfer ließ ihn kalt. Dafür registrierte er voller Genugtuung, dass sein Ansehen beim Kapitän stieg.

Dass Samuel beim Kapitän besondere Wertschätzung genoss, war für alle an Bord offensichtlich. Als das Besatzungsmitglied Stephen Kidder bei einer Vernehmung vor dem amerikanischen Konsul in Valparaiso gefragt wurde, ob ihm zwischen der Abfahrt aus den Vereinigten Staaten und der Abfahrt von Hawaii irgendein Anzeichen von Meuterei an Bord aufgefallen sei, antwortete er: »Nein. Constant Lewis wurde einmal für einen Tag in Ketten gelegt, weil er anderer Meinung war als Comstock, der Bootssteurer, und ein anderes Mal ließ der Kapitän den Koch auspeitschen, ebenfalls wegen Comstock.«[8] Anderen Aussagen zufolge wurde der Koch bestraft, weil er betrunken war,[9] aber zu der Bestrafung könnte es durchaus auf Samuels Betreiben hin gekommen sein. Comstock war ein Mann des Kapitäns; Auseinandersetzungen mit ihm bedeuteten Ärger.

Am 23. Februar passierte die *Globe* die Falklandinseln,[10] und am 1. März, vier Tage, bevor sie Kap Hoorn umrundete, preite sie den aus New Bedford stammenden und von Kapitän Reuben Joy kommandierten Walfänger *Lyra* an, der mit 72 Tagen genau einen Tag länger als die *Globe* auf See war und wie kein anderes Schiff in die Geschichte der *Globe* verwickelt werden sollte. Das lag nicht nur daran, dass die Kapitäne der *Globe* und der *Lyra* ausgesprochen gesellig waren – so vereinbarten sie, als sie sich Monate später bei den japanischen Fanggründen wieder begegneten, gemeinsam weiterzusegeln, eine verbreitete Praxis unter Walfängern, die bedeutete, dass man gemeinsam auf Jagd ging und Glück und Öl teilte. Vielmehr war es die dritte Begegnung der Schiffe, die der *Lyra* für immer einen Eintrag in der *Globe*-Geschichte sicherte. Nur wenige Stunden vor Ausbruch der Meuterei hatte Kapitän Joy noch seinen Kollegen an Bord der *Globe* besucht; die *Lyra* befand sich so nah bei der *Globe*, dass sie, hätte die Meuterei bei Tageslicht stattgefunden, von den Ereignissen an Bord ihres Partnerschiffs möglicherweise etwas gemerkt hätte.

Am 5. März umrundete die *Globe* Kap Hoorn und segelte, von ausgesprochenem Jagdpech begleitet, nach Norden. Auf der ganzen Fahrt nach Hawaii sichtete sie nur ein einziges Mal Wale, was sehr erstaunlich war und überdies einer gewissen Ironie nicht entbehrte, denn ihre Route führte genau durch die

Hochseefanggründe (die sich von 5° bis 10° Süd und von 105° bis 125° West zwischen Nord-Peru und den Marquesas erstrecken), die nicht nur zu den reichsten Walfanggründen der Erde zählten, sondern gewissermaßen auch der *Globe* gehörten. Als Kapitän Gardner sie auf der zweiten Fahrt der *Globe* im Jahr 1818 entdeckte, wimmelte es dort nur so von Walen. Gardner nannte sie »Off-Shore Ground« (Hochseefanggründe), und innerhalb von zwei Jahren hatte sich die Neuigkeit wie eine offizielle Bekanntmachung in der Walfängergemeinde herumgesprochen und lockte scharenweise Schiffe an. Auf der dritten Fahrt der *Globe* erkannte Thomas Worth, damals noch Obermaat, den Wert der Fanggründe, als sie das Gebiet acht erfolgreiche Monate lang ausbeuteten, bevor sie es verließen, um die ungefähr ein Jahr nach den Hochseefanggründen entdeckten japanischen Fanggründe anzusteuern, wo ihre Jagd ähnlich erfolgreich verlief. Nun aber, da Worth Kapitän der *Globe* war, schienen die Wale das Schiff regelrecht zu boykottieren.

Am 1. Mai befand sich die *Globe* vor Hawaii,[11] der größten Insel der Sandwich-Inseln, unweit der Bucht von »Karakakoon« (Kealakekua), wo, wie George Comstock festhielt, Kapitän Cook getötet worden war. Wenig später sollte Hawaii zu einer wichtigen Anlaufstelle der Hochseeschifffahrt werden, um dort Vorräte aufzufüllen und neue Besatzungsmitglieder anzuheuern. Bei der Ankunft der *Globe* aber waren es gerade einmal vier Jahre her, dass die ersten amerikanischen Walfänger die Insel angelaufen hatten. Es war ein ruhiger, fast windstiller Tag, und das Schiff stand unter Beisegeln etwa zehn Meilen vor der Küste ab. Am späten Nachmittag meldete der Ausguckposten im Masttopp einen Grindwal in Lee. Schließlich entpuppte sich der Grindwal als eine Gruppe von Kanus, die bei Einbruch der Dunkelheit mengenweise Kartoffeln, Zuckerrohr, Yamswurzeln, Kokosnüsse, Bananen und Fisch zum Schiff brachten. Die *Globe* bezahlte die Vorräte mit Eisenringen, dem im Pazifikhandel üblichen Zahlungsmittel. Der Walfänger war auf Tauschgeschäfte solcher Art vorbereitet: Der Wert, den die Bewohner Ozeaniens dem Eisen beimaßen, lässt sich kaum hoch genug veranschlagen – für sie war Eisen so wertvoll wie Gold. Eingeborene, die Gegenstände aus Eisen besaßen, legten sich ihr kostbares Gut beim Schlafen unter den Kopf. Um das Jahr 1730 sagte einer von ihnen zu einem Missionar: »Unser Verlangen nach Eisen ist so groß wie eure Sehnsucht nach dem Himmel.«[12]

Die *Globe* segelte nach Oahu weiter, von wo aus sie nach weniger als 24-stündigem Hafenaufenthalt Kurs auf Japan nahm. In den ersten beiden Tagen wurde sie von der *Palladium* aus Boston und der *Pocahontas* aus Falmouth begleitet, die beide bereits ein Jahr länger als die *Globe* unterwegs waren und später mit jeweils 2000 Fass Öl in die Heimat zurückkehrten. Eine solche Bilanz hätte die Moral auf der *Globe* gehoben, was allmählich nötig wurde, denn erstens waren die 600 Fass, mit denen die *Globe* zu den japanischen Fanggründen fuhr, eine äußerst magere Ausbeute für die lange Zeit, und zweitens häuften sich die Klagen über das Essen.

Ständiges Jagdpech drückt die Stimmung an Bord von Walfängern, denn es bedeutet eine lange Fahrt, lange Abwesenheit von der Heimat und lange Zeit kein Geld für die Besatzung. Bei den japanischen Fanggründen begegnete die *Globe* fünf Schiffen aus Nantucket, der *Sea Lion*, der *George Porter*, der *Enterprise*, der *Paragon* und der *Phoenix*, die alle erfolgreich dort gejagt hatten und sich mit Erträgen zwischen 1500 und 2500 Fass Öl auf den Heimweg machten.[13]

Fünf Tage, nachdem die *Globe* von Oahu aus Kurs auf die japanischen Fanggründe genommen hatte, setzten die Verpflegungsprobleme ein. Die der Besatzung zugeteilte Fleischmenge schwankte erheblich; manchmal bekamen die Männer die doppelte Ration, an anderen Tagen nur die Hälfte. Der Fehler war nicht dem Kapitän anzulasten, der seinen Leuten die normale Durchschnittsration von drei Fass Fleisch pro Monat zugedacht hatte, sondern dem Steward, der ungleiche Portionen verteilte. Diejenigen Besatzungsmitglieder, die ohnehin zum Murren neigten, machten jedoch den Kapitän und nicht den Steward dafür verantwortlich. Die Klagen rissen erst ab, als das Schiff Ende 1823 wieder nach Hawaii zurückkehrte und reichlich Vorräte bunkerte. Grund zur Beschwerde blieb jedoch der Umstand, dass, ganz unabhängig von Menge und Qualität des Essens, der Besatzung zu wenig Zeit für die Mahlzeiten gewährt wurde. Die hierüber geäußerte Unzufriedenheit spitzte sich unmittelbar vor Ausbruch der Meuterei zu.

Noch bei den japanischen Fanggründen fand ein *Gam** zwischen der *Globe* und dem 413-Tonnen-Schiff *Enterprise* statt. Dabei kam es zu einem Zwischenfall, der damals nicht weiter ernst genommen wurde, bei der Meuterei aber wieder zur Sprache kam und die Brutalität des tragischen Geschehens noch erhöhte. Mehrere Leute von der *Globe*, darunter auch der Dritte Maat Fisher und Bootssteurer Comstock, waren an Bord der *Enterprise* gegangen. Ermutigt durch die allgemein ausgelassene Stimmung, forderte Samuel den Dritten Maat zu einem freundschaftlichen Ringkampf heraus. Der körperlich überlegene Fisher entschied den Kampf mühelos für sich. Aus Wut darüber versetzte Samuel Fisher einen Faustschlag, worauf dieser den Angreifer ohne viel Federlesens niederschlug. »Das wirst du mir noch büßen!«, drohte Samuel, aber Fisher schenkte der Drohung keinerlei Beachtung, was Samuel noch mehr aufbrachte. Diese Demütigung vergaß er nie.

Im Oktober 1823 verließ die *Globe* die japanischen Fanggründe und kehrte nach Oahu zurück. Von dort schrieb der Zweite Maat John Lumbert einen Brief nach Hause. Dieser Brief ist das einzige erhaltene Schriftstück, das während der Fahrt verfasst wurde. Beim Lesen befällt einen Wehmut, denn keine drei Monate später war Lumbert tot.

* Gam – geselliges Beisammensein von Walfängern auf See

WAHOO, SCHIFF GLOBE
8. [ ]EMBER 1823

Über alles geliebte Eltern,
es ist mir eine große Freude, euch mitzuteilen, dass es mir im Moment gut geht, und ich hoffe, diese wenigen Zeilen erreichen euch bei guter Gesundheit und Stimmung und mit allen Annehmlichkeiten des Lebens, was wir nur wünschen können. Denn wie ich höre, ist die Barclay nach Hause gefahren, und wenn Thomas da ist [ ] [ ] mir schreiben. Thomas Haden ist ebenfalls weg. Ich sollte beiden schreiben, aber ich rechne damit, dass beide weg sind, bevor dieser Brief dort ist. Obwohl die Heuer niedrig ist, dafür, dass man um Kap Hoorn fährt, wo die Wale wild und nur selten auszumachen sind und Öl 40 Cents pro Gallone kostet. Auch wenn wir nicht viel Glück haben, nach elf Monaten haben wir erst 600 Fass, [glaube] ich, dass ich [m]eine Arbeit immer ordentlich erledigt habe. Es ist schon lange her, seit ich etwas von euch gesehen oder gehört habe, weshalb ich sehr darauf warte, von euch zu hören. Sagt den Sephronias, sie sollen mir schreiben, und ihr auch. Ich bin im Nordpazifik weit weg von zu Hause, aber unser Schiff ist ein guter Segler, und wir haben [ ] was sie noch [schneller] machen wird. Käpt'n Worth ist ein prima Kerl, und Mr Beetel auch, und ich bin so zufrieden wie noch nie im Leben. Bitte richtet Großmutter meine Empfehlungen aus und Nancy und allen andern [ ] auch und [Parneal] und seiner ganzen Familie [ ], und so verbleibe ich respektvoll als euer gehorsamer Sohn[14]

JOHN LUMBERT

In Honolulu kam es auf der *Globe* zu den ersten Desertionen. Sechs Mann verließen unerlaubt das Schiff, und einer, John Cleveland, wurde entlassen. Die Deserteure waren Holden Henman, Jeremiah Ingham, Daniel Cook, Paul Jarrett, Constant Lewis und John Ignatius Braz; der Letztgenannte taucht in verschiedenen Aufzeichnungen als Prass oder Pray auf, völlig abwegige Namen für den azoreanischen Jungen, die vermutlich auf eine Verballhornung des verbreiteten portugiesischen Namen Braz zurückzuführen sind. Bemerkenswerterweise stammte mit Ausnahme von Braz keiner der Deserteure aus Nantucket. Zwei der Ausreißer wurden geschnappt und in Ketten gelegt, wahrscheinlich im Gefängnis der Festung, die direkt am Wasser, in Sicht der vor Anker liegenden Schiffe, am Ende der heutigen Fort Street stand. Einer der zwei hatte so schlanke Hände, dass er aus den Handschellen schlüpfen und seinen Kameraden befreien konnte, so dass beide entkamen.

Kapitän Worth brauchte Ersatz für die verlorenen Besatzungsmitglieder. Wie jeder Kapitän wusste, war das Anmustern von Matrosen in ausländischen Häfen ein Lotteriespiel, das sich bei Unterbemannung des Schiffes jedoch nicht vermeiden ließ. Das Risiko, dabei an den letzten Pöbel zu geraten, erhöhte sich zwangsläufig, wenn nur Strandgutsammler oder Deserteure von anderen Schiffen zur Auswahl standen, die den Kapitänen zum Teil von den sich im Hafen herumtreibenden Seelenverkäufern angedient wurden, jenem abgerissenen, zwielichtigen Gesindel, dem man in den Romanen von Dickens begegnet. Zwar waren unter den anheuernden Matrosen nicht selten auch Ausländer – darunter Insulaner, die zum ersten Mal zur See fuhren –, die keinen so üblen Eindruck machten und sich als gute Seeleute erwiesen, aber selbst ein noch so gewitzter Kapitän erkannte mit letzter Gewissheit erst auf See, wen er eingestellt hatte.

Einer der Neuzugänge aus Hawaii – wie klein, viel zu klein ist doch die Welt – war John Oliver, Samuel Comstocks Kumpan bei dem inzwischen drei Jahre zurückliegenden nächtlichen Abenteuer in Valparaiso. Comstock und Oliver erneuerten ihr in der Hafenspelunke »Auf gut Glück« besiegeltes Bündnis und nahmen mit Silas Payne, William Humphreys[15] und Thomas

Lilliston noch drei andere hawaiische Neuzugänge in ihren Geheimbund auf. Oliver stammte aus Shields in England, die drei anderen waren Amerikaner: Payne kam aus Sag Harbor, New York, Humphreys, ein Schwarzer, aus Philadelphia oder New Jersey und Lilliston aus Virginia. Außerdem heuerten in Honolulu Anthony Hanson, Joseph Brown und Joseph Thomas an. Hanson wird als Indianer bezeichnet und stammt unterschiedlichen Quellen zufolge aus Barnstable oder Falmouth, Massachusetts.[16] Der Insulaner Brown wird in den Hauptquellen nicht einmal namentlich genannt, sondern taucht nur als »der Eingeborene« oder, bei George Comstock, als Woahoo[Oahu]-Indianer auf, wobei *Indianer* damals eine übliche Bezeichnung für die Inselbewohner der Südsee war. Weder Hanson noch Brown waren an der Meuterei beteiligt.

Von den neuen Besatzungsmitgliedern ist Thomas der merkwürdigste.[17] In keiner der Hauptquellen über den Verlauf der Meuterei – weder bei George oder William Comstock noch bei Lay und Hussey – wird er als Neuzugang aus Honolulu aufgeführt, ein Versäumnis, das noch erstaunlicher anmutet, wenn man bedenkt, dass Thomas unmittelbar nach den auf der *Globe* begangenen Verbrechen von seinen Bordgenossen verdächtigt wurde, mit den Meuterern unter einer Decke zu stecken, und später tatsächlich als Einziger wegen Beteiligung an der Meuterei angeklagt wurde. Er wurde zwar freigesprochen, doch die Rolle, die er gespielt hat, bleibt undurchsichtig.

Hat am Ende schlechte Behandlung durch Kapitän Worth zu den Desertionen auf Hawaii geführt? Immer wieder wurde in Geschichten von Walfängern mit aufsässigen Besatzungen und häufigen Desertionen die Härte oder Fairness von Kapitänen im Umgang mit ihren Leuten thematisiert, wobei sich in den meisten Fällen das Verhalten des Kapitäns nur schwer beurteilen lässt. War die Desertion Herman Melvilles von der *Acushnet* im Jahr 1842, die ihn zu seinem ersten Roman inspirierte, die Folge von schlechter Behandlung durch Kapitän

Valentine Pease, oder war es nur ein Dummejungenstreich? Nicht selten desertierten Matrosen von gut geführten Schiffen, während es auf schlecht geführten zu keinen Desertionen kam. Die Tatsache, dass sechs Besatzungsmitglieder der *Globe* gleichzeitig bei der Ankunft im Hafen desertierten, lässt darauf schließen, dass sich die Querulanten untereinander abgesprochen und gegenseitig in ihrem Entschluss, das Schiff zu verlassen, bestärkt hatten. Sechs Monate lang schlechte Verpflegung und ständige Hetze beim Essen könnten sie durchaus dazu gebracht haben.

So wenig Aufschluss flüchtige Einblicke in Kapitän Worths Behandlungsmethoden gegenüber seinen Leuten auch geben, festzuhalten bleibt, dass er von den Nichtmeuterern eher positiv beurteilt und zu Hause in Nantucket natürlich in den höchsten Tönen gelobt wurde. Es sagt einiges, wenn der Zweite Maat Lumbert in seinem Brief nach Hause den Kapitän als einen »prima Kerl« bezeichnet, oder wenn ein unparteiischer Beobachter wie Michael Hogan, der mit der Untersuchung der Meuterei betraute amerikanische Konsul in Valparaiso, an John Quincy Adams, den damaligen amerikanischen Außenminister, schreibt: »Es scheint nicht so, als habe es Grund zur Klage über den Kapitän des Schiffes gegeben, was ungewöhnlich ist, hat sich doch, wie ich wahrheitshalber nicht verschweigen will, während meiner über dreijährigen Erfahrung in diesem Hafen immer wieder bestätigt, dass häufiger den Kapitänen der hier verkehrenden Kauffahrer Fehlverhalten vorzuwerfen ist als den Seeleuten, die durch harte, rücksichtslose und gefühllose Behandlung zu Ungehorsam und Desertion getrieben werden.«[18]

Auf lange Sicht betrachtet, scheint die einzige berechtigte Klage über den Kapitän jene über die Kürze der Essenszeiten gewesen zu sein. Während sich die Verpflegung besserte, nachdem das Schiff in Hawaii seine Vorräte aufgefüllt hatte, blieb die zum Essen gewährte Zeit weiterhin viel zu kurz. Wenn die Männer zu den Mahlzeiten unter Deck gingen, schafften sie es kaum, ihr Essen hinunterzuschlingen, bevor der Zweite Maat auftauchte und brüllte: »Wo bleibt ihr denn, verdammt noch mal? Los, an die Arbeit, oder soll ich euch Beine machen!« Wenn sie daraufhin nicht augenblicklich den Löffel fallen ließen und sich im Laufschritt an Deck begaben, erschien fluchend der Obermaat oder sogar der Kapitän selbst und drohte an, den Männern die Knochen aus dem Leib zu prügeln.

Kapitän Worth hatte für Besatzungsmitglieder, die sich bei ihm über Hunger beklagten, zwei Antworten auf Lager: Entweder empfahl er ihnen, Eisenringe zu fressen, oder er nahm eine Hand voll Pumpenbolzen und stopfte den Beschwerdeführern damit den Mund. Für sich genommen mögen beide Reaktionen boshaft und tyrannisch wirken, im Gesamtzusammenhang betrachtet sind sie jedoch womöglich nicht viel mehr als ein ziemlich derber Spaß eines Vorgesetzten gegenüber seinen Untergebenen, zu belanglos, als dass sie geeignet wären, Worths Bild vom »prima Kerl« ernsthaft anzukratzen.

Samuel Comstock kam jede Grobheit seitens des Kapitäns natürlich sehr gelegen, auch wenn sie zu geringfügig war, um eine Beschwerde zu rechtfertigen, denn es fiel ihm nicht schwer, sie jeweils so zu drehen, dass sie schwer wiegend genug erscheinen mussten. Für Ränkeschmiede war es ein Leichtes, Stimmung gegen den Kapitän zu machen. So gut wie alles, was der Kapitän tat oder befahl, ließ sich im Sinne der Meuterer gegen ihn auslegen.

Das eigentliche Problem an Bord zu diesem Zeitpunkt waren nicht die disziplinarischen Maßnahmen des Kapitäns, sondern die Vergiftung der Moral durch die meisten der in Hawaii angemusterten Besatzungsmitglieder, jenen »barbarischen Haufen«, wie George Comstock sie nannte, »der es nicht wert war, zu sterben oder zu leben«. Sie nutzten jede Gelegenheit, um Hass zu schüren, und hetzten permanent im Vorderkastell, wo sich die Mannschaftsunterkünfte befanden, über das miese Essen (das deutlich besser geworden war) und die schändlichen

Behandlungsmethoden des Kapitäns. Die so erzeugte allgemeine Stimmung war bedeutend schlechter als während des Gemurres in den japanischen Fanggründen.

Nachdem das Schiff Ende Dezember Hawaii verlassen hatte, überquerte es den Äquator, hielt im Bereich des 2. südlichen Breitengrades nach Walen Ausschau und nahm dann Kurs auf Fanning (»Fanny's Island« in Georges Bericht), die zu den Line Islands gehört, einer Inselkette zwischen Hawaii und Tahiti, am östlichen Rand der heutigen Republik Kiribati. Die Tatsache, dass sich keine Wale blicken ließen, während die *Globe* in diesen Gewässern kreuzte, lässt sich womöglich zum Teil darauf zurückführen, dass die neuen Besatzungsmitglieder überhaupt nicht am Walfang, sondern nur an ihrer Verschwörung interessiert waren. Vorsichtig versuchte Comstock einen Teil der alten Besatzung über ihre Ansichten auszuhorchen, um zu erkunden, ob sie gemeinsame Sache mit ihm und seiner Bande machen würden. So sagte er zu William Lay, als er allein mit ihm im Masttopp war: »Hier auf dem Schiff wird man schlecht behandelt, William – was glaubst du, was besser wäre, abzuhauen oder das Schiff in unsere Gewalt zu bringen?«[19] Lay gab eine ausweichende Antwort und versuchte unauffällig, dem Zweiten Maat das Gehörte mitzuteilen, fand jedoch keine Gelegenheit dazu. Nach und nach erkannte Comstock, dass er ausschließlich auf Payne, Oliver, Humphreys und Lilliston zählen konnte. (Joseph Thomas sagte in Valparaiso unter Eid aus, Comstock habe ihm gegenüber einmal geäußert, schon vor der Anmusterung der neuen Besatzungsmitglieder in Hawaii zur Meuterei aufgerufen zu haben, »aber seine Helfer hätten versagt«.[20])

Eines Tages, am 25. Januar 1824, ließ der Kapitän alle Mann aus dem Mannschaftsdeck an Deck rufen und befahl ihnen unter Flüchen und Drohungen, die Fockrahen anzubrassen. Willkürlich griff er sich einen der Männer heraus, Joseph Thomas. Wenn er das nächste Mal nicht schneller an Deck sei, drohte Worth dem Matrosen, werde er ihn zur Hölle schicken. Das solle er lieber nicht wagen, erwiderte Thomas kaltblütig. Der Kapitän holte zum Schlag aus, aber Thomas wich aus und rannte Richtung Bug, wo ihn der Obermaat stellte und zum Kapitän zurückbrachte. Der Kapitän packte ihn am Kragen, schnappte sich den nächsten Tampen und begann auf ihn einzuprügeln. Die nicht aufgeenterten Besatzungsmitglieder standen in der Kuhl, dem breitesten Teil des Schiffes, und sahen stumm der Bestrafung zu. Nur ein Seemann – George nennt den Namen Rowland, womit er vermutlich Coffin und nicht Jones meint – schwieg nicht, sondern fragte die Umstehenden, »wie sie der Behandlung des Mannes tatenlos zuschauen könnten«, worauf sich die Seeleute unter allgemeinen Unmutsäußerungen und Desertionsdrohungen ins Mannschaftsdeck verzogen. Sie dürften nicht noch einmal zulassen, dass der Kapitän einen von ihnen auspeitsche, beschwor Silas Payne seine Bordgenossen. »Einer der Bootssteurer«, so schreibt George, »forderte uns auf, den Vorfall zu rächen, und sagte, er stehe zu uns.« Einer der Bootssteurer war bekanntlich Georges Bruder Samuel, der sich ein Bild von der gegenwärtigen Stimmung in der Besatzung zu machen versuchte, um herauszufinden, ob der Moment für einen Aufstand gekommen war. Die Männer waren entsetzt über die Auspeitschung und den Anblick von Thomas' geschundenem Rücken – Thomas gab später zu Protokoll, dass er dreizehn oder vierzehn Schläge bekommen habe –, aber bei vielen herrschte der Eindruck vor, es sei nicht der rechte Zeitpunkt, um einen Streit mit der Schiffsführung vom Zaun zu brechen.

Für andere hingegen war der Vorfall der Tropfen, der das Fass zum Überlaufen brachte – nicht das Auspeitschen an sich, sondern vielmehr das Aufflammen von Hass und Erbitterung in der Besatzung, während sie der Strafaktion zusah. Desertion wurde plötzlich zum alles bestimmenden Thema. Ein Teil der Besatzung, darunter auch George Comstock, beschloss, beim Anlaufen der Insel Fanning, der sie mittlerweile ziemlich nahe waren, zu desertieren und sich dort im Wald zu verstecken, bis das Schiff wieder in See gestochen war.

»Mich hat der Kapitän immer ausgesprochen gut behandelt«, schreibt George, »und ich hatte keinen Grund zur Klage. Aber da absehbar war, dass es zum Krach zwischen Besatzung und Schiffsführung kommen würde und ich mit dem Streit und der ganzen Aufregung nichts zu tun haben wollte, beschloss ich, das Schiff zu verlassen.« Die Desertierwilligen vereinbarten, in der von zehn Uhr abends bis zwei Uhr nachts dauernden zweiten Wache in einem der Boote zu fliehen, denn nach den unmissverständlichen Anspielungen von Wachführer Samuel Comstock über den allgemeinen Zustand an Bord waren sie fest davon überzeugt, bei ihrem Fluchtversuch mit seiner Unterstützung rechnen zu können. Auch wenn Fanning weiß Gott nicht der ideale Ort war, um dort ein Lager aufzuschlagen und sich begründete Hoffnungen auf Rettung zu machen, fiel immer häufiger das Wort »Desertion«.

Als Thomas, der ausgepeitschte Seemann, zum Abendessen gehen wollte, sprach Samuel ihn an und zog, wie Thomas es ausdrückte, »ganz unverblümt gegen die Offiziere vom Leder«. Dann fragte Samuel ihn, ob er »heute Nacht mit zum Hüttendeck« käme? Angesichts der Situation an Bord weckte Samuels Frage die schlimmsten Befürchtungen in Thomas. Um Zeit zu gewinnen, erklärte er Comstock, er müsse dringend zum Essen aufs Vorschiff und werde später mit ihm darüber reden. Obwohl diese Aussage von mehreren anderen Besatzungsmitgliedern bestätigt wurde, ist nicht auszuschließen, dass Thomas in diesem Punkt bei seiner Verteidigung nicht ganz aufrichtig war. Peter Kidder und andere waren jedenfalls überzeugt, dass Thomas, nachdem Comstock mit ihm gesprochen hatte, wusste, was geplant war. Zumindest hätte Thomas gewusst, dass er das, was er erfahren hatte, auf jeden Fall der Schiffsführung hätte melden müssen.

Die Auspeitschung von Thomas fand am Morgen eines Tages statt, der zum verhängnisvollsten in der *Globe*-Geschichte wurde. Ein Teil der Besatzung verschwor sich, um zu desertieren, ein anderer, um zu töten. Für die Deserteure war es nur noch eine Frage des richtigen Ortes, für die Mörder eine Frage des richtigen Zeitpunkts.

Wahrscheinlich waren die Desertierwilligen noch zu weit vom richtigen Ort entfernt, um einen Fluchtversuch zu wagen. Zwar wurde die Position des Schiffes an jenem Tag nicht notiert, aber am folgenden Tag befand es sich ungefähr 120 Meilen nördlich und einige Meilen westlich von Fanning. Überdies könnte eine dunkle Vorahnung der späteren Ereignisse während der zweiten Wache, für die ihre Flucht geplant war, oder sogar mehr als eine Vorahnung, ihren Entschluss, nicht zu desertieren, beeinflusst haben. Wenn Joseph Thomas entgegen seinem späteren Leugnen wusste, dass während Comstocks Wache eine Meuterei ausbrechen sollte, wusste es dann außer ihm noch jemand? Mehrere Besatzungsmitglieder beschuldigten den jungen Rowland Coffin, später Dinge gesagt zu haben, die bei ihnen den Verdacht weckten, er habe von den Meutereiplänen gewusst. (Außerdem wurde er beschuldigt, nach der Meuterei als Hauptinformant Samuel Comstocks die Besatzung ausspioniert zu haben.[21])

Für die Meuterer war hingegen der richtige Zeitpunkt gekommen. Die feindselige Stimmung, die seit dem Auspeitschen von Thomas an Bord herrschte, durften sie nicht ungenutzt verstreichen lassen. In der Nacht vom 25. auf den 26. Januar, Punkt Mitternacht, sollte es so weit sein.

Die schlechte Stimmung an Bord hielt die Schiffsführung allerdings nicht davon ab, einen geselligen Tag zu verbringen. Die *Globe* segelte abermals in Begleitung der *Lyra*, und Kapitän Joy hatte sich zu einem *Gam* hinüber zur *Globe* pullen lassen, auf der er fast den ganzen Tag blieb. Die beiden Kapitäne bekräftigten noch einmal ihren Entschluss, eine Weile zusammen weiterzusegeln. Zu diesem Zweck wollten sie ihren gegenwärtigen Kurs bis Mitternacht halten und dann auf ein Lichtsignal von der *Globe* hin gemeinsam über Stag gehen. Als das Boot, mit dem der Kapitän der *Lyra* abgeholt werden sollte, eintraf, war dieser noch nicht in Aufbruchsstimmung, und so kam die Bootscrew an Bord. Samuel, der gerade die Fockschot spleißte, blickte in die untergehende Sonne und sagte zu den *Lyra*-Matrosen: »Dieser Anblick erinnert mich an den Ausspruch eines römischen Feldherrn am Abend vor der Schlacht: ›Wie viele von denen, die heute die Sonne untergehen sehen, werden ihren Aufgang nicht mehr erleben!‹«[22]

Als das Boot der *Lyra* ablegte, zog die Nachtwache auf. Die drei Wachen waren mit den drei Bootscrews der *Globe* bemannt: Die Crew von Bootssteurer Gilbert Smith hatte die erste Wache, die um zehn Uhr abends endete; die Crew des mittschiffigen, von Bootssteurer Samuel Comstock befehligten Bootes übernahm die zweite Wache von zehn Uhr abends bis zwei Uhr morgens; und für die Wache von zwei bis sechs Uhr morgens war die dritte Bootscrew unter dem Dritten Maat Nathaniel Fisher eingeteilt. George Comstock gehörte, zweifellos weil er zu jung war, keiner Bootscrew an, sondern zu dem Teil der Besatzung, der sich nach dem Aussetzen der Walboote weiter um das Schiff kümmerte. Für die normale Schiffswache aber hatte man ihn der mittschiffigen Bootscrew zugeordnet, weshalb er zur Wache seines Bruders gehörte.

Der Abend war angenehm mild und ruhig, und die erste Wache verlief ohne Zwischenfälle. Die *Globe* hielt ihren nördlichen Kurs, genau wie die *Lyra*, die in der hereinbrechenden Dämmerung noch ohne Schwierigkeiten auszumachen war. In der Mitte der Wache, gegen acht Uhr, kam Kapitän Worth an Deck und sprach mit Gilbert Smith. Er ließ die Toppsegel reffen und gab Smith die Befehle für die Nacht: auf Amwindkurs bleiben, bis die dritte Wache um zwei Uhr zum Dienst antrat, dann über Stag gehen, was der *Lyra* mit einem Licht zu signalisieren war, damit auch sie auf den anderen Bug ging und, wie von beiden Kapitänen vereinbart, bei der *Globe* blieb. Kapitän Worth hielt sich etwa eine Stunde an Deck auf. Es gab keinen erkennbaren Grund für ihn, sich vor dem Morgen noch einmal hier oben zu zeigen, denn beim Wachwechsel um zehn Uhr würde Smith die Befehle an den für die nächste Wache verantwortlichen Bootssteurer Samuel Comstock weitergeben, der wiederum dafür zuständig war, sie dem Wachführer der dritten Wache, Nathaniel Fisher, zu übermitteln. Als sich der Kapitän gegen neun Uhr zurückzog, fand er es in seiner Kabine zu heiß zum Schlafen und legte sich in eine draußen vor der Tür aufgeriggte Hängematte.

Gegen Ende der ersten Wache hatte sich die Dunkelheit auf das Schiff herabgesenkt. Der Wind wehte nur schwach, und die See war ruhig. Das Schiff segelte jetzt langsamer unter der verkleinerten Segelfläche. Smith übermittelte Comstock die Befehle des Kapitäns, und die erste Wachmannschaft verzog sich ins Mannschaftsdeck und legte sich schlafen. Der Mond schien, aber an Bord war alles dunkel bis auf den Lichtschein, der aus dem Kompasshaus fiel, dem beleuchteten Holzgehäuse, in dem sich der Kompass befand, doch das schwache Glühen vermochte die Finsternis kaum zu durchdringen. Comstocks Wache versammelte sich an Deck, und Samuel wies einen der Wachgänger, und zwar seinen Bruder George, an, das Ruder zu übernehmen. Die Ruderwache dauerte, wie George wusste, zwei Stunden; um Mitternacht würde seine Ablösung kommen.

Irgendwann, nachdem George das Ruder übernommen hatte, hörte er undeutliche Stimmen aus der Umgebung des Großmastes, konnte jedoch trotz der Nähe weder jemanden erkennen noch etwas verstehen. Allerdings fiel ihm auf, dass die Stimmen nervös und erregt klangen. Es schien sich nicht um Männer aus seiner Wache zu handeln, denn wenn sie nur ihrem normalen Wachdienst nachgingen, hätten sie nicht zu flüstern brauchen. Angestrengt lauschte George, um von dem Geraune etwas aufzuschnappen, als ihn plötzlich eine laute Stimme direkt an seinem Ohr zusammenfahren ließ: »Halt die Segel richtig voll. Merkst du nicht, wie die Vorsegel schlagen?« Unbemerkt hatte sich Samuel angeschlichen. Die Eindringlichkeit, mit der er sprach, passte zu den Stimmen am Großmast. George tat, was er konnte, aber Samuel kam mehrmals zu ihm zurück und beschimpfte ihn, weil er zu hoch am Wind segelte. Sein Befehl, die Segel vollzuhalten, bedeutete, die Segel in eine Stellung am Wind zu bringen, in der sie optimal zogen. Verwundert über die Erregung seines Bruders und die raunenden Stimmen aus der Kuhl, fragte sich George, was an Bord vorgehen mochte.

Samuels Befehl, für volle Segel zu sorgen, beruhte auf keiner bestimmten nautischen Taktik, sondern auf einer reinen Vorsichtsmaßnahme der Meuterer, die jedes unnötige Geräusch an Bord vermeiden wollten, um die Offiziere nicht aufzuwecken. Wenn die Segel voll mit Wind gefüllt waren, standen sie voll und fest, wenn nicht, begannen sie zu killen, was genug Lärm erzeugte, um Schlafende aufzuwecken. Als George seinen Bruder darauf hinwies, dass er bereits einen vollen Strich (11 1/4 Grad) abgefallen sei, herrschte Samuel ihn an: »Tu gefälligst, was ich dir sage!«, und übernahm dann selbst das Ruder, um das Schiff noch einen Strich mehr abfallen zu lassen. George sagte sich, dass es seine Pflicht war, jeden Befehl ohne Wenn und Aber auszuführen, denn er konnte ja vom Kapitän selbst kommen, und duldete widerspruchslos das Eingreifen seines Bruders, zumal seine zweistündige Zeit am Ruder fast abgelaufen war. Gleichwohl begann ihn Samuels seltsames Benehmen langsam zu beunruhigen.

Normalerweise signalisierte der Rudergänger nach zwei Stunden mit einer Rassel, dass es Zeit für seine Ablösung war, worauf jemand aus seiner Wache kam und das Ruder für die restlichen zwei Stunden übernahm. Doch kaum begann George, die Rassel zu schütteln, als sein Bruder ihm befahl, augenblicklich damit aufzuhören. »Meine Ruderwache ist um, und ich will abgelöst werden«, protestierte George. Worauf Samuel ihm warnend entgegnete: »Wenn ich auch nur einen verdammten Ton von dir höre, kannst du was erleben.«

George beobachtete, wie Samuel eine Laterne anzündete und zum Zwischendeck hinunterstieg. Sowie er Samuel außer Sicht glaubte, griff er erneut nach der Rassel, doch noch ehe er sie schütteln konnte, stand sein Bruder wieder neben ihm und drohte, ihn beim kleinsten Geräusch umzubringen. Diesmal tat George, wie ihm befohlen, obwohl er jetzt zu gern die Rassel betätigt hätte, nicht, weil er abgelöst werden wollte, sondern, um jemanden an seiner Seite zu haben. Er blieb am Ruder und lauschte auf Geräusche aus allen Richtungen. Einmal hörte er, wie jemand etwas Schweres auf die Hobelbank am Seitendeck legte. Aber bei der Dunkelheit war es unmöglich, etwas zu erkennen, und George hatte keine Ahnung, wodurch das dumpfe Geräusch verursacht worden war. Später erfuhr er, dass es ein Entermesser war, ein scharfes Werkzeug mit einer spitzen, zwischen zwei und vier Fuß langen und zwei bis drei Zoll breiten zweischneidigen Klinge, das zum Schneiden von Walspeck benutzt wurde.

Schildert George in seinem Bericht das Geschehen bis hierher als Augenzeuge, so ist er für den nun folgenden kurzen, dramatischen Höhepunkt der Ereignisse auf die Geräusche angewiesen, die an sein Ohr drangen, während er am Ruder stand, und, wichtiger noch, auf die Beschreibung, die der Anführer »dieser elenden, barbarischen, hinterhältigen, heimtückischen Mörder« – sein eigener Bruder – ihm hinterher gab. Bis ins letzte Detail malte der Mörder dem entsetzten George das Blutbad aus, und dank Georges getreuer Berichterstattung finden sich sämtliche Einzelheiten in allen späteren Berichten von der Meuterei wieder. Zwar stammten auch einige Informationen von anderen Besatzungsmitgliedern, aber das unbekümmerte Geständnis des Mörders, mit dem dieser mitnichten ein

Schuldbekenntnis abzulegen gedachte, sondern sich sogar noch seiner Taten rühmte, ist die wichtigste Darstellung der grauenvollsten Momente der Meuterei. Samuel sprach ganz offen, oder besser gesagt schonungslos, mit George. Kurz nach der Meuterei bekannte er gegenüber seinem Bruder: »Du glaubst bestimmt, dass ich bereue, was ich getan habe. Aber da irrst du dich – am liebsten würde ich so was jeden Morgen vor dem Frühstück machen.«[23]

Samuel Comstock, Silas Payne, John Oliver, William Humphreys und Thomas Lilliston schlichen so leise vom Großmast zum Hüttendeck, dass George sie weder sah noch hörte. Ein anderer Wachgänger aber bemerkte sie: Der sechzehnjährige Columbus Worth,[24] der Vetter des Kapitäns, hatte die fünf Männer nach achtern gehen sehen und voller Entsetzen das Beil in Lillistons Hand erblickt. In panischer Angst huschte er zum Vorschiff, um sich zu verstecken, nicht unten im Mannschaftsdeck, sondern zusammengekauert im Bug.

Payne trug das Entermesser und Humphreys die Laterne, die er offenbar auf dem Weg zum Hüttendeck verdunkelte. Als die Gruppe auf dem Seitendeck war, scherte Lilliston plötzlich aus und lief zum Vorschiff, weil er nichts mehr mit den geplanten Morden zu tun haben wollte. Er habe nicht geglaubt, so sagte er später aus, dass die Verschwörer tatsächlich die Offiziere angreifen würden, und sei nur mit ihnen gegangen, um nicht als Feigling zu erscheinen. Später gab er zu, in einer Hand ein Messer und in der anderen ein Beil getragen zu haben.

Plötzlich ertönte ein dumpfes Geräusch, das George oben an Deck ebenso deutlich hörte wie zuvor das auf die Hobelbank gelegte Entermesser. Comstock, der als Erster der vier das Hüttendeck betrat, schlüpfte leise hinter die Hängematte des Kapitäns, stieg auf den Querbalken in der Heckgalerie, um etwas erhöht über dem Schlafenden zu stehen, schwang die Axt beim Ausholen bis an die Planken der Kajütendecke und ließ sie mit solcher Wucht herabsausen, dass sie Kapitän Worth fast enthauptete. Trotzdem schlug Samuel noch ein zweites Mal zu.[25] Payne, der mit dem gezückten Entermesser bereitstand, um sich bei seinem Einsatzzeichen – Comstocks Angriff auf den Kapitän – auf den Obermaat zu stürzen, stach zu, aber die breite Klinge blieb zwischen Beetles Rippen stecken, und er erwachte. »Was, was, was, was, was soll das?«, rief er entsetzt. »O Payne, o Comstock, tötet mich nicht. War ich nicht immer …« – »Doch«, unterbrach Comstock ihn, »du warst schon immer ein elender Dreckskerl und hast überall Lügenmärchen über mich verbreitet, oder stimmt's etwa nicht? Hast dir einen verdammt günstigen Zeitpunkt zum Betteln ausgesucht, jetzt, wo es zu spät ist.«

Sich verzweifelt wehrend, packte Beetle Comstock an der Gurgel und prallte dabei so heftig gegen die anderen Meuterer, dass Humphreys die Laterne aus der Hand geschlagen wurde und erlosch. In der Dunkelheit und dem entstehenden Durcheinander verlor Comstock seine Axt und rief nach einer neuen, brachte aber in Beetles Würgegriff nur ein schwaches Krächzen hervor. Durch Zufall fand der den Boden abtastende Payne die Axt und reichte sie flugs Comstock, der Beetle mit einem kraftvollen Hieb den Schädel spaltete. Der Obermaat fiel in die Pantry, wo er stöhnend liegen blieb.

Oliver war laut George »mal hier und mal da und schlug zu, wo und wann es sich ergab«, aber die Morde beging alle Comstock. Er ließ seine Komplizen die Tür zur Kammer bewachen, hinter der Lumbert, der Zweite, und Fisher, der Dritte Maat, in angstvollem Schweigen lauschten, und ging an Deck, um am Feuer vom Kompasshaus die Laterne wieder anzuzünden. George, der inzwischen zumindest ahnte, was unter Deck geschah, fragte seinen Bruder, ob er Gilbert Smith etwas antun würde. Ja, den werde er umbringen; ob George ihn gesehen habe.[26] George verneinte; er zweifelte nicht, dass die Drohung seines Bruders ernst gemeint war, und begann zu weinen. Weswegen er heule, wollte Samuel wissen. Weil er Angst habe, sie würden ihm was antun, antwortete George. Das würden sie auch, wenn George weiter so einen Quatsch redete, drohte Samuel, worauf George in seiner Todesangst die Tränen unterdrückte und verstummte.

Inzwischen hatte der Lärm vom Achterschiff auch Bootssteurer Gilbert Smith geweckt. Nackt stürzte er an Deck, um nach dem Rechten zu sehen. Als er merkte, dass der Lärm vom Hüttendeck kam, ging er wieder nach unten und kleidete sich an.[27] Dann machte er sich auf den Weg nach achtern. Er spähte die Seitengalerie entlang; alles, was er erkennen konnte, war Samuel Comstock, der mit dem Entermesser an der Tür zur Kammer des Zweiten und Dritten Maats stand. Während er das Entermesser drohend durch die Luft sausen ließ, rief er: »Ich bin der blutige Rächer. An meinen Händen klebt Blut!« Diese Worte wurden zu seinem Mantra, das er während des Massakers ein ums andere Mal mit gleichermaßen hysterischem wie theatralischem Pathos wiederholte. Rächer? Was wollte er rächen? Wie Fisher, der Dritte Maat, gleich am eigenen Leibe erfahren sollte, wollte sich Comstock für die schmähliche, beim Ringkampf auf der *Enterprise* erlittene Demütigung rächen. Womöglich hegte er auch einen speziellen Groll gegen Beetle[28] (falls er jemals wieder in die Vereinigten Staaten käme, würde er Beetle ins Grab bringen, hatte er einmal gegenüber Gilbert Smith geäußert). Gleichwohl klingt sein Ausspruch vom Rächer mit den blutigen Händen nach Bühnenpathos oder dem martialischen Vokabular von Kinderspielen in den Hinterhöfen der Market Street.

Von dort, wo Smith stand, konnte er hören, wie Lumbert Comstock durch die verriegelte Kammertür wiederholt fragte, was los sei. Aber Comstock gab ihm keine Antwort. Lumbert versprach Comstock seine gesamte Habe, wenn er ihn an Deck und ins Mannschaftsquartier gehen oder über Bord springen lasse. Selbst wenn Comstock der Bitte Lumberts – ihn über Bord springen zu lassen – Beachtung geschenkt hätte, wären ihm dessen wahre Beweggründe vermutlich verborgen geblieben. Lumbert hatte nämlich keineswegs die Absicht, Selbstmord zu begehen, sondern suchte nach einer Möglichkeit, zu der rund drei Meilen entfernten *Lyra* zu schwimmen. Ob er jemals in der Lage gewesen wäre, die *Lyra* zu finden, wenn auf ihr kein Licht gebrannt hätte, und ob er, selbst wenn das der Fall gewesen wäre, überhaupt so weit hätte schwimmen können, steht auf einem anderen Blatt. Für Lumbert war es immer noch besser, dieses Risiko einzugehen, als dem sicheren Tod auf der *Globe* entgegenzusehen. Aber sein Bitten war vergeblich, denn Comstock war taub für alles Betteln und Flehen seiner Opfer oder äffte sie allenfalls höhnisch nach.

Smith fragte sich, wo Kapitän Worth und Obermaat Beetle stecken mochten. So absurd es auch klingt, aber der Gedanke schoss ihm durch den Kopf, dass sie womöglich schliefen und von dem ganzen Aufruhr nichts mitbekamen. Er selbst war zwar von dem Lärm aufgewacht, aber der Kapitän und der Obermaat hatten vielleicht einen tieferen Schlaf. Smith sah weder ihre leblosen Körper nur wenige Meter entfernt von ihm noch die Blutlachen.

Das Deck absuchend, schlich er zum Vorschiff, wo er trotz der Dunkelheit Columbus Worth in seinem Versteck beim Bugspriet entdeckte. Worth erzählte ihm, dass er Lilliston mit einer Axt gesehen und sich daraufhin in das sicherste Versteck, das ihm einfiel, geflüchtet hatte. Ob er wüsste, was auf dem Schiff geschehe, fragte Smith den Jungen. Nein, er habe keine Ahnung. »Kann sein, dass sie dich umbringen, wenn sie dich hier finden«, sagte Smith und brachte Worth ins Mannschaftsdeck hinunter.

Cyrus Hussey, der unten schlief, erinnerte sich, dass Smith vom Seitendeck aus rief: »Wer ist da unten?« Was er wolle, fragte Hussey zurück. »Schreckliche Dinge spielen sich im Hüttendeck ab«, antwortete Smith, »ich bin von dem Lärm aufgewacht.« Dann ging Smith erneut nach achtern, und als er ins

Mannschaftsdeck zurückkehrte, berichtete er den mittlerweile vollzählig erwachten Männern, dass die Meuterer mit Messern und Pistolen bewaffnet seien und die Offiziere um ihr Leben bettelten.

Während Smith' Verstand klar arbeitete, war die Besatzung von der Vorstellung des Geschehens an Bord regelrecht paralysiert. Verwirrt und vor Entsetzen wie gelähmt, kauerten sie zusammengedrängt in ihrem dunklen, heißen, stickigen Quartier, lauschten angestrengt und harrten der Dinge; mehr konnten sie nicht tun. Plötzlich hörten sie Schüsse von achtern. »Ich werde meinen Vater nie wiedersehen«, schluchzte Columbus Worth verzweifelt.

Die Szene, die Smith in und vor der Achterkajüte beobachtet hatte, ging noch weiter. Nachdem Comstock die Laterne neu angezündet hatte, war er mit zwei Musketen zum Deck der Schiffsführung zurückgekehrt, um den Zweiten und Dritten Maat anzugreifen, die sich nach wie vor hinter der Tür zu ihrer Kammer verschanzt hatten. Der Zweite Maat Lumbert, der Comstock seine gesamte Habe angeboten hatte, fragte durch die Tür, ob Comstock die Absicht habe, ihn zu töten. »Nein, nein, keine Sorge«, antwortete Comstock lachend. Er versuchte abzuschätzen, wo sich die Männer in der Kammer ungefähr befanden, feuerte durch die Tür und traf Fisher, den Dritten Maat, am Mund. Ob einer von ihnen getroffen sei, wollte Comstock wissen. Fisher erklärte, wo er verletzt war.

Ob Lumbert die Tür öffnete oder die Mörder sie aufbrachen – Comstock stürzte jedenfalls mit einer der Musketen, auf die ein Bajonett gesteckt war, auf Lumbert zu, stolperte allerdings und fiel der Länge nach in die Kammer. Lumbert stürzte sich auf ihn, doch es gelang Comstock, sich zu befreien, aber dabei verlor er seine Muskete. Fisher schnappte sich die Waffe und hielt Comstock das Bajonett an die Brust. Für einen Augenblick schien die Zeit stehen zu bleiben. Es hätte das Ende der Meuterei sein können, aber zu allem Unglück rettete sich Comstock auf aberwitzige, für ihn typische Weise aus dieser hoffnungslosen Situation: Kaltblütig befahl er Fisher, die Waffe zu senken, und in der Hoffnung, verschont zu werden, gehorchte Fisher.

Sofort riss Comstock die Muskete an sich, drehte sich zu Lumbert um und rammte ihm mehrmals das Bajonett in den Leib. »O Comstock!«, schrie Lumbert. »Ich habe zu Hause einen armen, alten Vater mit sechs kleinen Kindern!« – »Du kannst mich mal, ich auch!«, erwiderte Comstock. Sprachlos vor Zorn, schleuderte Comstock während des Massakers den anderen immer wieder ihre Worte entgegen, da ihm eigene fehlten.

Er sagte Fisher, dass auch er sterben müsse, und zwar vor allem, um für die Schmach zu bezahlen, unter der Comstock monatelang gelitten hatte. Er erinnerte Fisher an die peinliche Situation, in die Fisher ihn mit dem demütigenden Ringkampf vor den Augen der Besatzung der *Enterprise* aus Nantucket gebracht hatte. Dass Fisher diesen Vorfall längst vergessen hatte, empfand Comstock als weitere Beleidigung – offenbar nahm man ihn nicht wichtig –, und das brachte ihn noch mehr in Harnisch. Er befahl Fisher, wie ein Mann zu sterben. Daraufhin drehte sich Fisher um und sagte, er sei bereit. Als Comstock ihm in den Hinterkopf schoss, war er sofort tot.

Der aus mehreren Stichwunden blutende Lumbert bat um Wasser. »Ich geb dir gleich Wasser«, höhnte Comstock und stach erneut auf ihn ein. Trotz seiner tödlichen Verletzungen klammerte sich Lumbert noch immer an sein Leben.

Als die Männer im Mannschaftsdeck abermals einen Schuss hörten – den, der Fisher tötete –, beschloss Smith, an Deck zu gehen. Geh nicht hinauf, beschworen ihn die anderen. Versteck dich hier, oder enter ins Rigg auf. Smith aber erwiderte, er werde den Meuterern die Stirn bieten, und wenn er sterben müsse, werde er sie bitten, ihm eine halbe Stunde zum Beten zu gewähren. Als Erster begegnete ihm William Humphreys, der die

Laterne hielt. »Was geht hier vor?«, fragte Smith. »Das wirst du gleich sehen«, antwortete Humphreys.

Smith ging nach achtern. Unterwegs stieß er auf den immer noch weinenden George Comstock. Dieselbe Frage, dieselbe unbefriedigende Antwort: »Was geht hier vor?« – »Ich weiß nicht«, wimmerte George. Smith kehrte ins Mannschaftsdeck zurück. Kurz darauf hörte er, wie Samuel Comstock auf dem Achterdeck Oliver anwies, die Besatzung zum Segelsetzen an Deck zu rufen. Smith war als Erster an Deck, die anderen folgten ihm.

Schemen huschten in der Dunkelheit übers Deck zu den Masten. »Wo ist Smith?«, rief Comstock. »Hier«, meldete sich Smith und ging auf Comstock zu, der am Großmast stand. »Bist du für uns?«, fragte Comstock. »Ja, töte mich nicht. Ich tue alles, was du willst, wenn du mich leben lässt«, antwortete Smith. »Halt's Maul, ich werde dir schon sagen, was du zu tun hast. Geh zum Fockmast und setz Mars- und Bramsegel und Außenklüver.« Er legte seine blutverschmierten Arme um Smiths Hals. Wäre es Samuel Comstock mit der gegenüber seinem Bruder geäußerten Absicht, Smith zu töten, ernst gewesen, hätte er jetzt die Gelegenheit dazu gehabt. Seine Ankündigung entpuppte sich jedoch als leere Drohung. William Comstock erläutert Samuels Meinung über Smith auf eine zwar nicht unbedingt logische, aber doch halbwegs einleuchtende Weise:

> Vielleicht interessiert den Leser, was diesen blutrünstigen Menschen für Smith einnahm, und ich bliebe ihm, dem Leser, tatsächlich etwas schuldig, wenn ich ihn nicht aufklären würde, enthülle ich dadurch doch einen typischen Charakterzug meines Helden. Smith war ein gläubiger junger Mann, und unser Held hatte sich bei all seinen Fehlern eine hohe Achtung vor heiligen Dingen und eine geradezu abergläubische Ehrfurcht vor frommen Personen bewahrt. Wenn er Smith getötet hätte,

so erklärte er George später, hätte Gott dessen Tod gerächt; solange Smith aber dabei sei, stehe der Allmächtige seinetwegen ihrem Unternehmen wohlwollend gegenüber. Es ist verblüffend, wie unerschütterlich er an diesem orthodoxen Denkschema festhielt. Ich gab mir einmal alle Mühe, ihn davon zu überzeugen, dass die Lehre von der ewigen Verdammnis der Sünder dem Charakter des Allmächtigen abträglich sei. »Versuch nicht, mich vom Glauben an die Hölle abzubringen!«, rief er leidenschaftlich. »Ich sage dir, es gibt einen solchen Ort, aber das kann mich nicht schrecken. Wenn ich dort landen sollte, was wahrscheinlich ist, werde ich es tobend und schreiend über mich ergehen lassen. Aber du kannst mich nie und nimmer davon überzeugen, dass es einen solchen Ort nicht gibt.«

Smith, die Brüder Kidder und Thomas setzten die beiden Focksegel, den Außenklüver, das Großmarssegel und den Besan. Hussey, der das Besanbramsegel ausreffen sollte, enterte auf. Als er über die vom Mondschein beleuchtete See blickte, sah er einen leblosen Körper neben dem Schiff treiben – es war entweder der Kapitän oder Obermaat Beetle. Verstört durch diesen Anblick und das an Bord herrschende Chaos, blieb er nach dem Segelsetzen auf der Bramrah, bis Comstock brüllte: »Wer sollte denn das Reff aus dem Besanbramsegel schütteln?« Da blieb Hussey nichts anderes übrig, als wieder hinunterzusteigen.

Auch als die Segel gesetzt waren, wussten die meisten Besatzungsmitglieder noch nicht, was mit dem Kapitän und dem Obermaat geschehen war. Tatsächlich hatte sich das Geschehen folgendermaßen abgespielt: Der Kapitän war bei Comstocks Angriff sofort tot gewesen, was den Hass der Meuterer jedoch nicht verringert hatte. In ihrer rasenden Wut hatten sie ihm anschließend das Entermesser in den Leib gerammt und mit einem Axthieb so weit hineingetrieben, dass es, unterhalb des Magens eingedrungen, am Hals wieder ausgetreten war. Außerdem hatten sie ihm abermals die Axt in den Schädel gehackt. Obermaat Beetle dagegen war trotz seiner Stichverletzungen und des eingeschlagenen Schädels noch am Leben. Trotzdem wurden beide Männer durchs Kajütenfenster ins Meer geworfen, wo Beetle in der Dunkelheit der Nacht starb.

William Lay war genau in dem Moment nach achtern gekommen, als Comstock befahl, den Zweiten und Dritten Maat über Bord zu werfen. Silas Payne, der sich nun ebenfalls als Offizier aufspielte, entdeckte Lay und meinte hämisch: »Du warst schon immer ein mieser Feigling. Los, komm runter, und hiev sie hoch.« Als Lay die beiden Leichen in der Kammer liegen sah, erstarrte er. »Hier, halt die Kerze, wenn du Angst vor ihnen hast, dann zieh ich sie halt hoch«, sagte Payne und preite das Deck an, weil er Leine brauchte. Ein Seil wurde Fisher, dem Comstock das Gehirn aus dem Schädel geschossen hatte, um den Hals gebunden, ein zweites um die Füße von Lumbert geschlungen, der, wie Beetle, trotz seiner schweren Verletzungen noch lebte. Der nackte Lumbert wurde in die Mitte des Schiffes geschleift, an die Stelle, an der sonst der Walspeck klein geschnitten wurde. Mit letzter Kraft stieß er hervor: »Du hast doch gesagt, du würdest mich verschonen.« – »Hol dich der Teufel!«, erwiderte Comstock. »Ich werde dich verschonen.« Als die Meuterer versuchten, Lumbert über Bord zu werfen, klammerte er sich mit beiden Händen an der obersten Decksplanke fest. Comstock rief nach einer Axt, benutzte sie jedoch nicht, sondern trat so lange gegen Lumberts Finger, bis der Zweite Maat losließ und ins Wasser fiel. Als Comstock sah, dass Lumbert trotz seiner vielen Stichwunden sofort schnell wegzuschwimmen begann, brüllte er: »Das Boot aussetzen, schnell! – Er lebt noch – er schwimmt!«

Sofort schwangen die Davits aus, doch als das Boot auf halber Höhe in der Luft hing, widerrief Comstock seinen Befehl: »Boot wieder einholen. Bei den Verletzungen wird er nicht mehr lange leben.« Was Comstock, und vermutlich auch allen anderen, die in seiner Nähe standen, Meuterern wie Unschuldigen, in diesem Moment klar geworden sein musste, war, dass Lumberts Chance, zur *Lyra* zu schwimmen, praktisch gleich null, die Wahrscheinlichkeit, dass das Boot, sobald es im Wasser war, zur *Lyra* pullte, dagegen sehr hoch war. Im Mondlicht beobachtete der am Besanmast stehende Smith, dass Lumbert erstaunlich viele Schwimmzüge machte, ehe er ihn aus den Augen verlor. Joseph Thomas schätzte, dass Lumbert noch etwa fünfzehn Meter in Richtung *Lyra* schwamm.

Danach rief Comstock die Besatzung zusammen und verkündete, dass er der neue Kapitän sei und dass auf das Nichtbefolgen seiner Befehle die Todesstrafe stehe. Den Befehl zum Segelsetzen hatte er bereits gegeben, und nachdem die noch von Kapitän Worth angeordneten Reffs ausgeschüttelt worden waren, preschte das Schiff unter einer für das Segeln bei Nacht gewaltigen Menge Tuch dahin. Comstocks Befehle verrieten eine gewisse Panik, als sei man vor irgendetwas auf der Flucht. Und in der Tat wollten die Meuterer ja auch die *Lyra* abschütteln. Sie setzten am Besanmast das vereinbarte Licht, das der *Lyra* signalisierte, über Stag zu gehen, gingen mit der *Globe* jedoch auf einen anderen Kurs und hatten das Geleitschiff wenig später abgehängt. Die Panik aber blieb; sie saß tiefer.

Mit Ausnahme des Rudergängers befahl Comstock alle Mann unter Deck. Die See war glatt und ruhig. Es war gegen zwei Uhr morgens. Die zweite Wache endete; der Wachführer der dritten Wache war tot, und die Wachgänger gingen nicht Wache, sondern hockten zusammen mit der restlichen Besatzung im Mannschaftsdeck. Die Meuterer waren allein an Deck; sie stellten in dieser Nacht die dritte Wache.

Beim ersten Tageslicht am Montagmorgen, dem 26. Januar, begann das große Saubermachen. Es war ein Bild des Grauens, überall Blut und Verwüstung. Auf dem Tisch und an den Wänden der Achterkajüte klebte das Blut des Kapitäns. Sein Gehirn, oder das von Fisher, dem Dritten Maat, war über den

Boden gespritzt. Sauber machen bedeutete, alle beweglichen Teile hinaus an Deck zu tragen und das Blut abzuwaschen, das, mit Wasser verdünnt, durch die Speigatten sprudelte, und Boden und Schotten in der Kajüte zu schrubben. Eine deprimierende Arbeit für die Männer, obwohl sie an das Reinigen extrem verdreckter Decks nach dem Zerhacken des Walspecks und dem Trankochen gewöhnt und alles andere als zimperlich waren. Aber Menschenblut war etwas anderes.

Während des Tages kam eine leichte Brise aus Ostsüdost auf, die bis gegen zwei Uhr nachmittags auffrischte. Das Schiff lag auf einem Kurs, der zwischen Süd und Südwest schwankte, und befand sich am Dienstag, dem 27. Januar, ungefähr 200 Meilen südlich vom Schauplatz des Verbrechens, nachdem es kurz vorher nur wenige Meilen westlich an der Insel Fanning vorbeigesegelt war. Comstock, dem wenige Jahre zuvor der Wunsch, in die Marine einzutreten, verwehrt worden war, spielte jetzt Kriegsschiff. Als Erstes ließ er an diesem Tag die Besatzung sämtliche Musketen und Pistolen reinigen, Kisten zum Stapeln der Kartuschen zimmern und zur Gefechtsbereitschaft klarmachen, um für den Kampf gegen andere Schiffe gerüstet zu sein. Die Funktionen der neu ernannten Schiffsoffiziere unter Kapitän Comstock variieren je nach Bericht: Payne ist Obermaat und Oliver und Humphreys sind Zweiter und Dritter Maat – oder umgekehrt. George Comstock wird im Bericht seines Bruders William als neuer Steward aufgeführt.[29] Für die Besatzung, die Oliver seiner himmelschreienden Dummheit und seines miesen Charakters wegen total verachtete, war es nur eine weitere, wenn auch vergleichsweise geringfügige Absurdität der neuen Situation, dass Samuel Comstock ihn plötzlich mit *Mister* Oliver anredete.

Gleich zu Anfang erließ Comstock Gesetze für die Schiffsbesatzung. Gewöhnlich unterschreiben Seeleute auf Walfängern Heuerverträge, die sie zur Einhaltung bestimmter Verhaltensregeln verpflichten. Mit Heuerverträgen hatten Comstocks

Gesetze jedoch nichts zu tun. Er beorderte die Besatzung aufs Achterdeck, wo er sie auf einer Spiere Platz nehmen hieß. Wenn sie ihm einen anderen Kapitän vorzögen, teilte er ihnen mit, stünde es ihnen frei, diese Person zu wählen. Da Comstock bei seiner Ansprache mit Entermesser und griffbereiter Pistole bewaffnet war, stellte diese pseudodemokratische Phrase keinerlei Risiko für ihn dar. Wenn sie aber ihn als Kapitän wollten, fuhr Comstock fort, müssten sie sich den von ihm erlassenen Gesetzen beugen. Wer das Blatt mit den neuen Gesetzen nicht unterschreiben wollte, sollte sich auf die andere Seite des Decks stellen. Aus Angst, dass ein so offensichtliches Abweichlertum den sicheren Tod bedeuten würde, wagte niemand, das Deck zu überqueren. Nach Comstocks Gesetzen sollte jeder, der ein Schiff sah und nicht auf der Stelle meldete oder der sich weigerte, andere Schiffe zu bekämpfen, erschossen, aufgehängt oder im Öl der riesigen, zum Auslassen des Walspecks benutzten Töpfe gekocht werden. Diese letztgenannte Strafmaßnahme, ein Klischee der einst verbreiteten Karikatur vom Missionar, der, umtanzt von grinsenden Eingeborenen im Bastrock, im Kochtopf über dem Feuer schmort, wurde nie vollzogen, was freilich niemand wusste, als alle die Gesetze unterschrieben und ihr Siegel darunter setzten – schwarze Siegel bei den Meuterern, farbige bei der restlichen Besatzung.[30]

Die Gesetze spiegelten die ständige Sorge der Meuterer vor möglichen Begegnungen mit anderen Schiffen wider. Schon am Morgen nach der Bluttat, noch ehe Comstock seine Gesetze erließ, hatte Humphreys William Lay als Ausguck in den Masttopp geschickt und für den Fall, dass von Deck aus ein Schiff gesichtet würde, bevor der Ausguck es ausgerufen hatte, seine Erschießung angedroht.

Am nächsten Gewaltakt, zu dem es auf der *Globe* kam, trug George Comstock in seiner neuen Rolle als Steward zumindest eine Mitverantwortung. Einen Tag – oder, je nach Bericht, einige Tage – nach der Meuterei[31] überraschte George, der als

Steward zum Betreten der Achterkajüte befugt war, Humphreys, den neuen Zahlmeister, beim Laden einer Pistole. Als George ihn nach dem Grund dafür fragte, behauptete Humphreys, »er habe etwas ganz Merkwürdiges gehört und wolle dagegen gewappnet sein«. George informierte unverzüglich seinen Bruder, worauf dieser Payne zu sich rief und sich in dessen Begleitung zur Achterkajüte begab, wo Humphreys noch immer mit der Pistole stand. Er habe etwas gehört, erklärte er Comstock, das ihn um sein Leben fürchten lasse. Auf die Frage, was genau er denn gehört habe, gab er nur verworrene und, wie George schreibt, »verdächtige« Antworten. Zu guter Letzt behauptete Humphreys, dass Gilbert Smith und Peter Kidder planten, das Schiff in ihre Gewalt zu bringen. Daraufhin sagte Comstock zu Humphreys, dass er glaube, er lüge, weil er mit seinem Verdacht nicht sofort zu ihm gekommen sei.

Comstock rief Smith und Kidder in die Achterkajüte und verhörte sie zu Humphreys' Beschuldigungen.[32] Er zitierte die Gesetze, die er für das Verhalten an Bord erlassen hatte und die unter anderem die Todesstrafe für jeden vorsahen, der aufrührerische Pläne nicht unverzüglich meldete. Smith und Kidder konnten Comstock jedoch leicht davon überzeugen, dass die gegen sie vorgebrachten Beschuldigungen erlogen waren. Wie Cyrus Hussey berichtete, verhörte Comstock auch ihn und Rowland Jones zu Humphreys' Vorwürfen. Schließlich sagte Comstock, Humphreys werde am nächsten Morgen aufgehängt, allerdings »gerechtigkeitshalber erst nach einem formalen Prozess, aber er [Comstock] würde schon Richter aussuchen, die ihn verurteilten«.[33] Anschließend besiegelten Comstock, Payne und Oliver durch Handschlag die Entscheidung, Humphreys zu hängen.[34]

Das Gericht, dem der Vollständigkeit halber auch Geschworene angehörten – in einigen Berichten ist von zweien, in anderen von vieren, was wahrscheinlicher ist, die Rede[35] –, kam zusammen. Stephen Kidder nannte bei seiner Anhörung vor

Konsul Hogan in Valparaiso Payne, Oliver, George Comstock und Rowland Coffin. Gilbert Smith zählte dieselben auf, mit Ausnahme von George Comstock, für den er Joseph Thomas nannte – ein bedeutsamer Unterschied. In dem ganzen Drama der *Globe* gibt es niemanden, der ein so unverfälschtes und vollständiges Bild von sich hinterlassen hätte wie George Comstock, und jeder, der seinen Bericht liest, müsste erhebliche geistige Verrenkungen anstellen, um sich seine aktive Mitwirkung am Todesurteil für Humphreys vorzustellen.

In den auf die Meuterei folgenden Tagen teilten sich Comstock und Payne die Nachtwache, indem sie abwechselnd schliefen und einander ablösten. Dies geschah offenbar aus Misstrauen gegenüber Oliver. In der Nacht nach Humphreys' Verhaftung gingen, wie Stephen Kidder berichtet, Comstock, Payne und Oliver allerdings zu dritt Wache. Am nächsten Morgen wurden sechs Besatzungsmitglieder, darunter auch Stephen Kidder, in die Achterkajüte gerufen, wo sie Musketen erhielten. Anschließend wurden sie an Deck geschickt, um sich rings um den sitzenden Humphreys aufzustellen, die Bajonette auf sein Herz gerichtet. Smith und Peter Kidder saßen auf einer Kiste hinter dem Angeklagten; beide wurden aufgerufen auszusagen, ebenso wie Humphreys, dem »ein paar Fragen gestellt [wurden], die er nur leise und wenig glaubwürdig beantwortete«.

Comstock hielt vor der versammelten Besatzung eine Ansprache, in der er den Schuldspruch stillschweigend vorwegnahm. Gleichwohl fügte er hinzu, dass im Falle von Humphreys' Freispruch die von ihm beschuldigten Smith und Kidder gehängt würden. Es stand jedoch außer Zweifel, dass das Urteil bereits in der Nacht zuvor festgesetzt worden war. Und erwartungsgemäß erklärte das Gericht Humphreys für schuldig.

William Comstock deutet den ganzen Zwischenfall als Winkelzug seines Bruders, der Humphreys gar nicht wegen dessen merkwürdigen Benehmens mit der Pistole, sondern aus einem völlig anderen Grund töten wollte. »Es widerstrebte ihm zutiefst, einen Schwarzen an Bord zu haben – er hatte schon immer eine heftige Abneigung gegen Farbige gehabt –, insofern war ihm jeder Vorwand recht, um Humphreys auszuschalten.«

Und Comstock verlor nicht viel Zeit mit Humphreys.[36] Er befahl Payne, Humphreys die Hände hinter dem Rücken zu fesseln. Dann nahm man dem Verurteilten die Uhr, die er Kapitän Worth abgekauft hatte, aus der Tasche, setzte ihm eine Mütze auf und führte ihn zum Bug. Dort wurde ihm die Mütze über die Augen gezogen. Zwei Männer hatten auf Comstocks Befehl eine Leesegelspiere ausgebracht, an der nun ein Block befestigt wurde. Comstock nahm eine Leine, schmierte ein Ende mit Fett ein und schlang sie um Humphreys' Hals. Dann befahl er Humphreys, sich auf die Reling zu setzen, und wies die restliche Besatzung an, die Leine in die Hand zu nehmen, wobei er drohte, jeden, der sich zu drücken versuche, eigenhändig zu köpfen.

Comstock erklärte Humphreys, falls er noch etwas zu sagen habe, müsse er das verdammt schnell tun. Er hatte sich von einem der Männer die Vierzehn-Sekunden-Sanduhr des Schiffes[37] holen lassen, und genau so viel Zeit billigte er Humphreys für seine letzten Worte zu.

Die Sanduhr in der einen Hand, das Entermesser in der anderen, stand Comstock da und wartete. Humphreys begann: »Als ich geboren wurde, hätte ich nie gedacht, dass ich jemals so enden würde …« Aber an dieser Stelle war der Sand bereits in die untere Glashälfte gerieselt, und Comstock schwang das Entermesser und schlug die Schiffsglocke an. Auf dieses Zeichen hin rannte die Besatzung mit der Leine nach achtern. Humphreys wurde zur Rah emporgerissen und starb ohne Todeskampf. Wie lange er dort oben hing, ist nicht bekannt; aber fünfzehn Minuten waren es mindestens.[38] Dann wurde der Tote abgeschnitten und über Bord geworfen, doch dabei passierte, wie in einigen Berichten erwähnt, eines jener Missgeschicke, das gleichsam symbolisch zur Meuterei passt. Die um Humphreys' Hals geschlungene Leine verhedderte sich im Rigg, so dass die Leiche wie eine die Lebenden verfolgende Spukgestalt aus einer Geschichte von Edgar Allen Poe längsseits des Schiffes mitgeschleppt wurde.[39] Erst nachdem ein Läuferhaken, ein schweres Werkzeug zum Hochziehen des Walspecks oder, wie in diesem Fall, zum Versenken der Leiche, an dem Toten befestigt und das Schlepptau gekappt wurde, sank Humphreys hinab in das nasse Grab, das er mit seinen Offizieren teilte. Beim Öffnen von Humphreys' Seekiste fand man sechzehn Dollar in Münzen, die er aus der Truhe des Kapitäns gestohlen hatte. Um neun Uhr morgens war der ganze Spuk vorbei.

Eine schwächere Verteidigung als die, Smith und Peter C. Kidder beim Aushecken einer Verschwörung belauscht zu haben, hätte Humphreys kaum einfallen können. Sie hörte sich an wie eine nicht einmal besonders schnell ausgedachte Ausrede, und die zögernde, stotternde Art, in der sie vorgebracht wurde, ließ sie auch nicht überzeugender klingen. Was Humphreys freilich vollends unglaubwürdig machte, war die Tatsache, dass er ausgerechnet die zwei friedlichsten Besatzungsmitglieder – die, denen man eine Verschwörung zuallerletzt zugetraut hätte – der Meuterei innerhalb der Meuterei bezichtigte. Smith hatte sich nämlich inzwischen mit der neuen Schiffsführung abgefunden, und Kidder war, wie George schreibt, »ein ausgesprochen ängstlicher Mensch«. Schon bei flüchtiger Prüfung hätte Comstock kaum umhingekonnt, die zwei für unschuldig zu erklären. Wenn irgendjemand eine Verschwörung zur Rückeroberung des Schiffes plante, dann bestimmt nicht diese beiden. Doch so wenig Comstock und die anderen Meuterer Gilbert Smith und Peter Kidder auch einer solchen Tat für fähig gehalten hätten, vermutlich hatte Humphreys sogar Recht. Denn Peter Kidders Vernehmung durch Konsul Hogan in Valparaiso verlief folgendermaßen:

FRAGE: Wurde der Plan zur Rückeroberung des Schiffes an Bord ausgeheckt, und wenn ja, wann …

ANTWORT: Er wurde beschlossen, bevor das Schiff die Insel erreichte.

FRAGE: Wer war die treibende Kraft, die hinter diesem Vorhaben steckte …

ANTWORT: Mr Gilbert Smith …[40]

Soweit bekannt ist, hat Hogan keinem der anderen Flüchtlinge diese Fragen gestellt, was darauf hindeutet, dass er bereits wusste, dass Kidder in den Plan verwickelt und Smith dessen Hauptdrahtzieher war.

Einer der Befehle, die der neue Kapitän erließ, stellte nicht nur eine sinnlose Verschwendung dar, sondern war selbst in diesem an Überraschungen reichen Drama auf den ersten Blick verblüffend. Nach der Hinrichtung Humphreys' befahl Comstock der Besatzung, einen großen Teil der Schiffsvorräte über Bord zu werfen,[41] selbst die wertvollen Fässer mit Öl, die noch an Deck standen. Leere Fässer gingen ebenfalls über Bord oder wurden verbrannt, Ankertrossen und Teile der Takelage flogen ins Wasser. Diese Aktion, die jeden Waljäger oder Schiffseigner mit Grausen erfüllt hätte, gehörte vermutlich zu Comstocks Plan, die *Globe* in so etwas wie ein Kriegsschiff zu verwandeln; ebenso gut könnte sie aber auch Ausdruck schmählicher Verachtung gewesen sein, denn die Meuterer gaben den Walfang und ihre Walfängeridentität ein für alle Mal auf, und damit sollte auch jeder Hinweis auf die Comstock so verhasste Arbeit getilgt werden. Es war die Vergeltung des Meutereianführers für jede Misshandlung, jede Ungerechtigkeit und jede Demütigung, die er seit seiner nunmehr sechs Jahre zurückliegenden Fahrt auf der *George* als Walfänger erlitten hatte. Dass Öl Geld bedeutete, war kein Hinderungsgrund, denn das Ziel, dem sich der neue Kapitän der *Globe* verschrieben hatte, würde sie für immer vom Ölhandel wegführen. Gleichwohl hatte die Zerstörung der Ölfässer eher symbolischen Charakter, denn die Offiziere begnügten sich damit, nur die noch an Deck befindlichen Fässer loszuwerden; allem Anschein nach wurde kein Versuch unternommen, Öl aus der Last nach oben zu schaffen, und als die *Globe* schließlich nach Nantucket zurückkehrte, hatte sie noch 372 Fässer an Bord.

Ferner befahl der neue Kapitän, alle Stellen am Schiff, wo der Name *Globe* zu lesen war, mit schwarzer Farbe zu überstreichen,[42] also am Heck und auf Spieren, Ruderriemen, Eimern und so weiter – überall dort, wo der Schiffsname stand. Es war bezeichnend für William Comstock, dass er dieses Unkenntlichmachen des Schiffsnamens in seinem 1838 erschienenen Roman *A Voyage to the Pacific* verwertete, wo die *Globe* unter dem Namen *Ark of Blood* und dem Kommando eines Kapitäns, der, »wie Luzifer aus Ruhmeshöhen in ewige Verdammnis gestürzt«, einen kurzen, melodramatischen Auftritt hat.

Seiner makabren Art entsprechend, ordnete Samuel Comstock einen Gedenkgottesdienst zum Seelenfrieden der ermordeten Offiziere an. Gilbert Smith, der für diesen Anlass zum Kaplan ordiniert wurde, las aus der Bibel vor und stimmte die Choräle an.

Als einschneidende Änderung der Schiffsordnung führte Kapitän Comstock ein, dass die Besatzung künftig ihre Mahlzeiten gemeinsam mit der Schiffsführung in der Achterkajüte einnahm. Ob dahinter die Absicht stand, der Besatzung zu Gehör zu bringen, was er zu sagen hatte, oder eher der Wunsch zu erfahren, worüber in der Besatzung gesprochen wurde, sei dahingestellt; Tatsache ist, dass das, was die Männer dabei zu hören bekamen, nicht unbedingt zur Hebung der Moral beitrug. Allmorgendlich klagten Payne und Oliver über ihre nächtlichen Albträume, in denen sie von den ermordeten Offizieren heimgesucht wurden. Comstock erzählte ihnen, dass auch ihm im Traum der tote Kapitän erschienen sei und auf seinen blutenden Kopf gezeigt habe. »Da hab ich ihm gesagt, er soll machen, dass er wegkommt, und falls er je wieder auftaucht, würde ich ihn ein zweites Mal umbringen!«

Mit Sicherheit geschah es nicht während einer dieser Mahlzeiten in der Achterkajüte, sondern eher, als sich Anthony Hanson zufällig in der Nähe des Kapitäns aufhielt, dass er hörte, wie Comstock, vermutlich ins Selbstgespräch vertieft, eine Drohung ausstieß, die wohl jeder an Bord ernst genommen haben dürfte: »... bevor wir die Inseln erreichten, hörte ich, wie Samuel Comstock sagte, er wolle einen Teil der Leute im Boot aussetzen.«[43] Dazu kam es jedoch nie, vermutlich aus dem nahe liegenden Grund, dass sich Comstock den Verlust eines Bootes nicht leisten konnte.

Während der nächsten zwei Wochen entsprach der Kurs des Schiffes den vorherrschenden Winden, mit Ausnahme eines Tages. »Als wir Gegenwind bekamen, wurden die Meuterer gereizt und schikanierten uns«, schrieb George Comstock am 10. Februar. Am Tag nach der Meuterei segelte die *Globe* nach Süden, später, auf dem zweiten oder dritten nördlichen Breitengrad, ging sie auf Westkurs,[44] den sie, abgesehen von einem nicht nachvollziehbaren kleinen Schlenker um die Insel Howland, bis zu den Gilbertinseln einhielt, wo sie Kurs auf Norden nahm. Um Disziplin und Stimmung an Bord stand es ähnlich schlecht wie um die Laune der Meuterer, als der Gegenwind einsetzte. Sie benahmen sich »barbarisch ... insbesondere zu den Besatzungsmitgliedern, die nicht auf ihrer Seite waren«, berichtete Peter Kidder.

Auch am 31. Januar ging die Umrüstung der *Globe* zum Kriegsschiff weiter: Der Kapitän ließ die Besatzung Enterpiken für den Einsatz gegen fremde Schiffe anfertigen.[45] Welche Ironie des Schicksals: Nun, da die *Globe* kein Walfänger mehr war, sondern sich als Kriegsschiff gerierte, sichtete sie, die unerklärlicherweise weder in den Hochseefanggründen noch in den japanischen Fanggründen nennenswertes Jagdglück verbuchen konnte, täglich zahllose Pottwale.[46] Diese Gunst des Schicksals, die von der Besatzung allerdings nicht als Glücksfall, sondern als der reinste Hohn empfunden wurde, dauerte über eine Woche, während das Schiff zwischen den Gilbertinseln hindurch nach Norden zu den Marshallinseln segelte.

Am 7. Februar peilte die *Globe* in West zu Süd eine der Gilbertinseln (damals Kingsmills genannt). Als das Schiff auf die Insel zusteuerte, kamen Eingeborene in Kanus längsseits und boten handgefertigte Perlen an. Da sie jedoch einen feindlichen Eindruck erweckten, drehte das Schiff ab, segelte an der Küste entlang und hielt am Abend wieder auf die offene See zu. George verschweigt den Namen der Insel in seinen Aufzeichnungen, erwähnt aber als nächsten Landkontakt die Marshallinsel[47] (die trotz ihres Namens nicht zu den Marshallinseln, sondern zu den Gilbertinseln gehört).

Hier kam es zu einem tragischen Zwischenfall mit den Eingeborenen, der George zutiefst entsetzte. Eines der Beiboote wurde an Land geschickt; weil aber die Inselbewohner Ausrüstung aus dem Boot zu stehlen versuchten, ging die Bootscrew nicht an Land, sondern trat den Rückzug an und feuerte eine Gewehrsalve auf die Eingeborenen ab, bei der es vermutlich einige Verletzte gab. Dann verfolgte das Boot der *Globe* eines der Kanus, in dem zwei Männer saßen, und gab dabei einige gezielte Schüsse ab. Als sie das Eingeborenenkanu einholten, so George,

> sahen sie, dass einer der Insassen verwundet war. Der Ärmste hielt einen mit Perlen gefüllten Bastkorb hoch, den er diesen grausamen, brutalen amerikanischen Barbaren anbot, und hob die Hände, um uns zu zeigen, dass er uns alles schenken würde, was sie besaßen, wenn wir ihn nicht töteten. Oh, wie hartherzig müssen solche erbärmlichen Schurken sein, für die kein Name, keine Bezeichnung auch nur annähernd schlimm genug ist. Wenn es schon für die Redlichen kaum Rettung gibt, wohin und wozu werden dann diese niederträchtigen

> Erdenbewohner verdammt? Nicht die Hölle noch alle vorstellbaren Qualen sind schlimm genug für sie. Da lag nun dieser arme Mann in seinem Blut auf dem Boden des Kanus, und ach, sein Auge brach, als er wohl diese Welt verließ, die ihm genauso teuer war wie jenen, die sein Blut vergossen. Aber wenn der Teufel einen gepackt hat, wird auch der Allerklügste vergeblich auf Entkommen sinnen. Verlassen wir lieber diesen traurigen Ort.

Auch William Comstock äußert tiefe Bestürzung über den Vorfall. Nachdem er den Bericht seines Bruders wiedergegeben hat, fährt er in einem wohl für sein gesamtes Werk beispiellosen Ton moralischer Entrüstung fort:

> Als der allmächtige Jehova von seinem mit Engeln umrahmten Himmelsthron auf die Erde hinabblickte und sah, dass eines seiner unschuldigen Menschenkinder Opfer eines sinnlosen Mordes wurde, verfügte Er noch im selben Moment, dass der Anstifter dieser Untat durch dieselbe Waffe sterben soll, mit der er seinen Bruder getötet hatte, und dass die Helfershelfer von denselben niedergemetzelt werden, denen sie Unrecht zugefügt hatten. Der Engel der Zerstörung neigte ernst das Haupt, als er seine Befehle empfing, und fuhr zur Erde hinab, um den Geist derer, die er vernichten sollte, zu verwirren und ihre Pläne zu durchkreuzen.

Allem Anschein nach haben die Morde an Bord bei George und William keine Abstumpfung gegen Gräueltaten bewirkt, sondern im Gegenteil ihre Sensibilität sogar spürbar erhöht. Es ist ihr leiblicher Bruder, den zu verdammen sie nun bereit sind, während sie den in seinem Kanu ermordeten, unbekannten Eingeborenen Bruder nennen.

Am 10. Februar lässt das Schiff die nördlichen Ausläufer der Gilbertinseln[48] hinter sich, und damit den seit der Meuterei angegebenen Bestimmungsort der *Globe.* Die Gilbertinseln hatten sich als Schuss ins Blaue erwiesen; was mochte sie bei den Marshallinseln erwarten? Das Schiff hielt auf den südöstlichsten Zipfel der Marshallinseln zu, der den Gilbertinseln am nächsten lag, passierte die Inseln Nako und Knox und gelangte zum Mili-Atoll, das auf den Seekarten der *Globe* als Lord-Mulgraves-Inseln verzeichnet war. Nach George Comstocks Bericht segelte die *Globe* westlich an dem kleinen von Knox und anderen Inseln gebildeten Sporn vorbei und ankerte vor einem Eiland der Hauptinselkette des Atolls, das als geeigneter Ort zum Fassen frischer Vorräte erschien und sich auch als solcher erwies. Wo sie zuerst an Land gingen, ist nicht ganz klar, es könnte aber auf Lukunor gewesen sein. Zu den beschafften Vorräten gehörten George zufolge »ein paar von den Frauen oder Mädchen und eine große Menge an Kokosnüssen, etwas Fisch und so weiter«. Während der Nacht stand das Schiff seewärts ab, und am Morgen des 12. Februar, nachdem man die Mädchen wieder an Land geschickt hatte, begann es, an der Südküste des Atolls entlangzusegeln.

Georges Schilderung dieses Aufenthalts (und dementsprechend auch die auf seinem Bericht beruhende Beschreibung von Lay und Hussey) fällt leider zu knapp aus, um die natürliche Neugier des Lesers, der gern etwas mehr über den Verlauf der ersten Begegnung mit den Bewohnern des Mili-Atolls erfahren würde, zu befriedigen. Wie hat man sich untereinander verständigt? Waren die Eingeborenen ihnen wohlgesinnt? Bedurfte es mehr als nur einer Einladung, damit einige von ihnen an Bord kamen? Welche Absichten wurden dabei verfolgt? Hat die Besatzung beobachtet, dass von der Landestelle Kanus ablegten (um dem Häuptling die Nachricht von den seltsamen Ankömmlingen zu überbringen)? Kam die Besatzung in den Genuss sexueller Gefälligkeiten, und wenn ja, welcher? Und warum erwähnt George, unser wichtigster Zeuge, in diesem Zusammenhang nur die Mädchen, während Stephen Kidder sagt:

»Comstock schaffte etliche Eingeborenen heran, Männer und Frauen,[49] alle ganz friedlich. Behielt sie die ganze Nacht an Bord, schenkte jeder Frau eines der weißen Hemden des Kapitäns und den Männern andere Dinge aus dessen Hinterlassenschaft.«

Der 12. Februar verlief weniger erfreulich. Weder fanden sie einen guten Ankergrund noch sichteten sie an Land eine Stelle, die fruchtbaren Boden verhieß. Allerdings legten sie nur eine kurze Strecke von etwas über zwanzig Meilen in östlicher und westlicher Richtung zurück, so dass sie im Laufe des Tages ohne weiteres wieder hätten zurücksegeln können. Über Nacht stand das Schiff seewärts ab und erforschte am nächsten Tag noch einmal dasselbe Gebiet. Erst gegen Abend beschlossen sie, »eine flache, schmale Insel« anzulaufen, an der sie mehr als ein Mal vorbeigekommen sein mussten. Dabei kamen sie dem Ufer gefährlich nahe. Die Lotung ergab eine Tiefe von zwölf Faden, doch schon als sie das Lot beim nächsten Mal ein kleines Stück weiter vom Ufer entfernt ins Wasser warfen, fanden sie keinen Grund mehr. Die Atolle der Marshallinseln sind berüchtigt für ihre steil abfallenden Küsten. Hier zu ankern war riskant, denn um Ankergrund zu finden, musste man ziemlich dicht ans Ufer fahren, wodurch das Schiff in Gefahr geriet, bei auflandigem Wind auf ein Riff geschleudert zu werden. Comstock aber war so darauf erpicht, hier an Land zu gehen, dass er eine nicht ungefährliche Stelle auf halbem Weg zwischen den beiden Lotungen aussuchte, wo das Schiff in knapp hundert Metern Entfernung vom Ufer und einer Wassertiefe von rund 25 Metern vor Anker ging.[50] Ein Warpanker, ein kleiner Zusatzanker, wurde achtern ausgebracht, damit das Schiff nicht schwoite und gegen das Riff trieb. Mittlerweile wurde es dunkel.

George berichtet: »Die Segel wurden aufgetucht, das Schiff vermurt, und bis auf eine Ankerwache zogen wir uns alle zum Schlafen zurück. Aber der Bestie ist keine Ruhe vergönnt, schon gar nicht der menschlichen, und so lagen wir da und beklagten unser Schicksal, obwohl wir froh über die Aussicht waren, endlich an Land zu kommen.«

Es war Freitag, der 13. Februar.

# VIERTES KAPITEL

## KEIN REICH VON DAUER

Traumhafte schneeweiße Sandstrände zogen vor den Augen der Männer vorbei, während sie die Küsten des Mili-Atolls abfuhren. Die breiteren Inseln waren ein gutes Stück hinter der Wasserlinie mit dichten Palmenhainen bewachsen. Für die Besatzung bedeutete das Atoll eine kleine – eine winzige – Erholung nach der sinnlosen kräfte- und nervenzehrenden Flucht der vergangenen drei Wochen; Comstock dagegen sah sich an seinem lang ersehnten Ziel angekommen, dem Reich des neuen weißen Herrschers. Nun würde sich all das erfüllen, was er William erzählt hatte und was von diesem als Fantastereien abgetan worden war: »Er würde mit dem Schiff eine von Wilden bewohnte Insel anlaufen und sich, nachdem er die gesamte Besatzung umgebracht hätte, den Eingeborenen anschließen, sie die Kunst der Kriegsführung lehren und sich zum König ernennen.« Mili war Schicksal. Comstock spann seine Vision immer weiter: In ein paar Tagen – nicht in Wochen oder Monaten, sondern im wahrsten Sinne des Wortes in ein paar Tagen – würde er ein Regiment aus Eingeborenen befehligen. Außerdem würden sie auf den Pflanzungen arbeiten. Er würde die Päckchen mit den Samen aus seiner Kiste nehmen und die Insulaner lehren, sie anzupflanzen – oder, nein, das wäre gar nicht nötig, sie würden sich automatisch als gute Feldarbeiter erweisen. In ein paar Tagen würde nichts und niemand mehr den neuen König aufhalten. Alles würde ihm, Comstock, gehören.

Am Morgen des 14., einem Samstag, schickte Comstock ein Boot Richtung Osten, um nach einem besseren Ankerplatz und Anzeichen für fruchtbaren Ackerboden Ausschau zu halten. Am Mittag kehrte das Boot nach erfolgloser Suche zurück und wurde gegen zwei Uhr nachmittags nach Westen zu der großen Insel Mili Mili geschickt, wo es jedoch auch keine zufrieden stellende Küste entdeckte. Da Comstock Mili um jeden Preis wollte, beschloss er, dort zu ankern, wo sich das Schiff gerade befand.

Am Sonntag, dem 15., gingen Comstock und seine Leute in aller Frühe an Land, und das mit einer Selbstverständlichkeit, als hätten sie in Nantucket oder Edgartown festgemacht. Hier war jetzt ihr Heimathafen. Neugierig waren die Inselbewohner aus dem Wald hinunter an den Strand gekommen; was sie dort sahen, war kein anlegendes Boot, sondern eine Invasion. Aus sämtlichen Berichten lässt sich schließen, dass die *Globe*-Besatzung davon ausging, es nur mit Bewohnern der unmittelbaren Umgebung zu tun zu haben. Doch weit gefehlt. Nur wenige Stunden nach dem ersten Sichten des Schiffes hatte sich die Nachricht von dem geradezu unglaublichen Ereignis auf dem ganzen Atoll herumgesprochen. Ein solcher Vorfall verlangte die Einberufung des Rates der Häuptlinge zwecks gemeinsamer Beratung. Das wäre zwar auch geschehen, wenn die *Globe* nur abgestanden und kein Boot an Land geschickt hätte, doch nun waren die seltsamen Menschen von dem merkwürdigen Schiff an Land gekommen und luden haufenweise unerklärliche Dinge aus dem Schiff. Es ist denkbar, dass die meisten Insulaner noch nie ein rahgetakeltes Schiff gesehen hatten. Einige der älteren könnten die Ankunft von *Scarborough* und *Charlotte* erlebt haben, als Marshall und Gilbert 36 Jahre vor der *Globe* einen Zwischenstopp bei der Insel einlegten. Und einige hatten vielleicht im Jahr 1803 den englischen Kauffahrer *Rolla* bei seinem erfolglosen Versuch beobachtet, ein Boot an Land zu schicken.[1] Schiffe waren selten, und ihre Ankunft erregte auch ohne besondere Vorkommnisse stets großes Aufsehen; die Ankunft der *Globe* aber war wie der Besuch von Wesen einer anderen Art. Sobald klar war, was hinter diesem Besuch steckte, mussten die Insulaner entsprechend reagieren. Die Ereignisse überschlugen sich. Aber trotz ihrer Verwirrung und fieberhaften Aufregung verhielten sich die Eingeborenen zunächst ruhig und diplomatisch.

Wer waren überhaupt diese »Eingeborenen«? Im Jahr 1824 war das Mili-Atoll so rätselhaft und geheimnisvoll wie der größte Teil des Pazifiks. Das Anlaufen der Inseln war nicht nur jedes Mal ein Glücksspiel, sondern je mehr über sie bekannt wurde, desto schwieriger schien es, allgemein gültige Aussagen über den zu erwartenden Empfang durch die dortige Bevölkerung zu treffen. So wurde etwa im Jahr 1835 beim Namorik-Atoll am Südwestzipfel der Marshallinseln der aus Falmouth stammende Walfänger *Awashonks*[2] von Eingeborenen geentert, die von den blitzenden, messerscharfen Schiffsspaten angelockt worden waren. Nachdem sie sich dieser Werkzeuge bemächtigt hatten, enthaupteten sie damit den Kapitän, töteten sechs weitere Besatzungsmitglieder und verwundeten sieben. Auf der anderen Seite wurde Otto von Kotzebue auf seiner Entdeckungsreise von 1815–1818 auf den nördlichen Marshallinseln so freundlich aufgenommen, dass er sich wie zu Hause fühlte – zumindest berichteten das Kotzebue und sein Chronist Adelbert von Chamisso. Seit den Zeiten Magellans kam es zu den unterschiedlichsten Begegnungen zwischen Europäern und Insulanern. Mal waren die Eingeborenen friedlich, mal verschlagen, mal verängstigt und mal aggressiv. (Dasselbe ließe sich freilich auch von den Europäern sagen.) Mehr als vorsichtige Erwartungen durfte man jedenfalls nicht hegen.[3]

Während des 16. Jahrhunderts kam es zu sporadischen Kontakten zwischen spanischen und portugiesischen Schiffen und den Bewohnern der Inseln, die später den Namen Marshallinseln erhielten.[4] Ab dem Ende des Jahrhunderts ließ die Welt die Marshallinseln jedoch links liegen, denn die bevorzugten Handelsrouten verliefen nördlich des 13. Breitengrads. Damals waren die Marshallinseln natürlich noch nicht die Marshallinseln, und ihr südöstliches Ende, das Mili-Atoll, war – jedenfalls von den Europäern – überhaupt noch nicht benannt worden. Erst im Jahr 1788 erhielt das Atoll den Namen Lord-Mulgraves-Inseln, unter dem es auf Seekarten, wie die *Globe* sie benutzte, erschien.[5]

Zu dem Namen »Lord-Mulgraves-Inseln« kam es nicht etwa, weil Constantine John Phipps, der zweite Baron Mulgrave, das Mili-Atoll entdeckt hätte, sondern weil der Kapitän des englischen Schiffes *Scarborough* auf der Fahrt durch dieses Gebiet beschloss, das Atoll nach Mulgrave zu benennen, auch wenn er sich des Paradoxons, ausgerechnet an einem so warmen Ort wie hier, sechs Grad nördlich des Äquators, des großen Polarforschers zu gedenken, vermutlich bewusst war. Kapitän der *Scarborough* war William Marshall; im Konvoi mit ihm segelte Thomas Gilbert, der Kapitän der *Charlotte*. Was diese Form des Gedenkens betrifft, hatten die beiden Forschungskapitäne Glück: Trotz des wechselvollen Schicksals der Inseln, die über Jahrhunderte immer wieder der Christianisierung durch westliche Missionare und der Entchristianisierung durch die einheimische Bevölkerung ausgesetzt waren, heißt die Inselgruppe, die Kapitän Marshalls Namen trägt, noch immer Marshallinseln, und die nach Kapitän Gilbert benannten Inseln sind die Gilbertinseln geblieben, auch wenn sie heutzutage »Kierebots« ausgesprochen und »Kiribati« geschrieben werden.

Wenige Monate vor ihrer Ankunft bei diesen Inseln waren die *Scarborough* und die *Charlotte* in die Geschichte eingegangen, denn sie gehörten zu der berühmten – oder berüchtigten – »Ersten Flotte«[6], bestehend aus neun Frachtschiffen und zwei Kriegsschiffen, die im Jahr 1787 von England aus mit Sträflingen in See stach, um in der unfruchtbaren und trostlosen Strafkolonie von Port Jackson den Grundstein für das künftige

Australien zu legen. Als die Gefangenen von Bord waren, nahmen die Schiffe Kurs auf Kanton, um Fracht für die Rückfahrt zu laden. Die meisten segelten auf direktem Weg nach Norden und Nordwesten. Marshall und Gilbert riskierten dagegen die denkbar umständlichste Route, indem sie zunächst in die entgegengesetzte Richtung, nämlich nach Osten, segelten, die Insel Norfolk passierten und westlich an den Fidschiinseln vorbeifuhren, dann auf Nordkurs gingen und zu den unteren Gilbertinseln kamen. Hier drehten sie nach Westen ab, erreichten nach problemloser Fahrt Kanton, und schon bald galt ihre Route, die »Äußere Passage«[7], als der sicherere Weg und wurde von den in dieser Gegend verkehrenden Schiffen bevorzugt befahren. Am 25. Juni 1788 lief die *Charlotte* das Atoll an, das wenig später nach Lord Mulgrave benannt werden sollte (in diesem Buch fortan Mili genannt), und knüpfte Kontakt mit dessen Bewohnern.

Auf diese Begegnung hatten die Bewohner des Mili-Atolls fast 2000 Jahre lang gewartet. Ob dank hervorragender navigatorischer Fähigkeiten oder infolge unbeabsichtigten, zufälligen Abtreibens – jedenfalls besiedelten Völker aus Ost- und Südostasien zwischen 100 und 200 v. Chr. die Inselwelt des Pazifiks.[8] Diese Völkerwanderung, in deren Verlauf sich menschliches Leben auf insgesamt 70 Quadratmeilen Land, verstreut über eine Fläche von 750 000 Quadratmeilen Wasser, gewissermaßen ablagerte – die Angaben gelten nur für die Marshallinseln; bezieht man das restliche Mikronesien (die Karolineninseln, die Marianas und Kiribati) mit ein, nicht zu vergessen Melanesien und Polynesien, müssen die Zahlen entsprechend erweitert werden –, stellte eine beispiellose Leistung dar. Insofern erscheint es nur logisch, dass Ozeanien jahrhundertelang von Zeit und Raum gleichermaßen abgeschnitten war. Damit aber war es jetzt zu Ende. Mit Kapitän Gilberts Einladung an eine Delegation von Eingeborenen, an Bord der *Charlotte* zu kommen, erschloss sich die Welt Zugang zum Mili-Atoll. Gilbert und Marshall hinterließen nicht nur die erste detaillierte Beschreibung seiner Bewohner, die deren Verhalten bei der *Globe*-Tragödie zumindest teilweise hätte voraussehen lassen, sondern womöglich sind die beiden Kapitäne sogar einigen der Akteure persönlich begegnet – ebenjenen Insulanern, die 36 Jahre später von Samuel Comstock, Payne, Oliver, Gilbert Smith, George Comstock, den Kidders und dem Rest der Besatzung überfallen wurden.[9]

Von seiner Lage her gesehen lädt das Mili-Atoll zu dem zugegebenermaßen abgedroschenen Vergleich mit einer Halskette ein, der so häufig zur Beschreibung von Atollen herangezogen wird, obwohl die fast rechteckige Form seines Riffkranzes eigentlich eher an eine Gürtelschnalle erinnert. Abgesehen von der Nordseite des Atolls, wo die Lagune mit zahllosen kleinen Inseln gespickt ist, und seiner Südwestecke, wo sich die Hauptsiedlung Mili Mili befindet, ähnelt das Atoll der ins Meer geworfenen, an der Wasseroberfläche treibenden Schlinge eines Lassos. Stellenweise sieht es aus wie ein Weg durch den Ozean, zu schmal, um zu zweit nebeneinander zu gehen. Die äußere Begrenzung des Atolls misst von Osten nach Westen knapp dreißig Meilen und von Norden nach Süden rund zwanzig. An manchen Stellen können nur kleinere Boote, und auch nur bei Flut, das Riff passieren, etwa zwischen der Nordspitze von Mili Mili und Malka; anderswo, wie zum Beispiel in der stürmischen Fahrrinne bei Tokewa im Norden des Atolls, ist die Durchfahrt sogar bei Niedrigwasser möglich. Im Winter (die *Globe* traf im Winter ein) sind die Wellen bedeutend höher, aber selbst dann ist das Wasser in der Lagune relativ ruhig. Auch kleine Boote dürfen sich nicht allein auf die in ihren Karten eingetragenen Tiefenangaben einer Riffpassage verlassen, sondern müssen ebenso die Winterhöhe der Wellen berücksichtigen, denn in einigen der Passagen können Wellentäler die Boote urplötzlich absinken und über das Riff schrammen lassen.

Das heutige Mili-Atoll entspricht nicht mehr in allen kartographischen Details seinem Aussehen bei der Ankunft der *Globe.* Tropische Wirbelstürme führten zur Erosion oder Ausdehnung von Stränden, rissen ganze Inseln auseinander oder verschmolzen verschiedene Inseln zu einer. Als am 30. Juni 1905 ein Taifun über Mili hinwegraste, überrollten drei riesige Flutwellen das Atoll, von denen die letzte und höchste bis an die Wipfel der Kokospalmen gereicht haben soll. Eine kleine Insel wurde komplett weggespült, und von den Inseln am Sporn von Knox blieb nur das nackte Korallenriff übrig.[10] Damals mussten die Rettungskräfte ihre Boote durch Trümmer und Leichen in die Lagune steuern. Weniger dramatisch, aber genauso unaufhaltsam sind die durch das Wachstum der Korallen bedingten Veränderungen am Riffkranz rings um das Atoll. Sie haben dazu geführt, dass die Durchfahrt in die Lagune an manchen Stellen, die wenige Jahre zuvor noch von Booten passiert werden konnten, heute nicht mehr möglich ist, und dass ehemals voneinander getrennte Inseln heute, selbst bei Hochwasser, zusammengehören. Neu entstandene Inseln lassen sich an der relativ niedrigen Höhe ihrer Palmen erkennen, die sich, wenn die Inseln sehr schmal sind, oft in nur einer einzigen Reihe gegen den Himmel abheben.

Die »flache, schmale Insel«, vor der laut George Comstock das Schiff vor Anker ging, war vermutlich Bokdikdik. Um die Südküste des Atolls zu erforschen, segelte die *Globe* von dem Dorf, wo sie die Mädchen an Bord genommen hatte, Richtung Westen, vorbei an der lang geschwungenen Insel Arbar und den drei kleineren, zwischen Arbar und Mili Mili gelegenen Inseln Rupekoj, Bokbar und Bokdikdik.[11]

Die vordringlichste Aufgabe, die am Sonntagmorgen an Bord der *Globe* zu erledigen war, bestand im Bau eines Floßes, das, ans Ufer gebracht und dort an Felsen und Korallen vertäut, als eine Art Kai dienen sollte. Zuerst kam immer nur ein Boot zum Entladen an den Behelfskai, später transportierte noch ein improvisierter Katamaran, der eilig aus über zwei Boote gelegten Spieren zusammengezimmert worden war, Material vom Schiff an Land.

Comstock hielt sich an Land auf, während Payne an Bord das Ausladen der Vorräte überwachte. Die ganze Szene erinnerte an die Lieferung eines Versorgungsschiffes, das vier Mal im Jahr eine Kolonie anläuft. Nahrungsmittel wurden an Land gebracht, Fässer mit Brot, Mehl und Melasse, vierzig Fass Pökelfleisch, Fässer mit Zucker, getrockneten Äpfeln, Essig, Rum, Kaffee, Tee, Gemüsegurken und Preiselbeeren und sogar eine Schachtel mit Schokolade; außerdem Schweine, für die ein Pferch gebaut werden musste,[12] und Segel: ein Großsegel, ein Focksegel, ein Besanmarssegel, ein Großbramsegel, zwei Royalsegel, Stagsegel, Leesegel und einen Besan. Einige der Segel wurden zum Bau eines Zeltes verwendet, in dem die Verwaltung für die künftige Siedlung untergebracht werden sollte. Am Ufer stapelten sich Taurollen der unterschiedlichsten Stärke, Spieren, Werkzeug und verschiedenes anderes Gerät, darunter ein Anker und sogar die beiden an Land völlig überflüssigen Kompasshäuser – die Himmelsrichtungen auf dem Atoll waren klar, und selbst wenn sie es nicht gewesen wären, hätte niemand diese schweren Schiffsausrüstungsteile auf einer Wanderung über die schmalen Inseln mitgeschleppt. Sämtliche Kleiderkisten an Bord wurden an Land gebracht. Die Besatzung arbeitete wie eine Ameisenkolonne, und gegen Abend war das Schiff bereits halb entladen und abgetakelt.

Zwar hielt die fieberhafte Arbeit die Männer eine Weile vom Nachdenken ab, doch die große Frage, die sich ihnen immer stärker aufdrängte und die, wenn auch nur verstohlen, immer häufiger ausgesprochen wurde, lautete: Wozu soll das Ganze eigentlich gut sein? Drei Wochen waren seit der Meuterei erst vergangen, und die Besatzung war eingeschüchtert, verstört und verzagt. Einige hegten die Befürchtung, der eine oder andere aus ihrer Mitte könne womöglich auf gutem Fuß mit

Comstock, Payne und Oliver stehen. Im Rückblick scheint jedoch klar, dass niemand gemeinsame Sache mit den Meuterern gemacht hat, wie zwiespältig die Einstellung von Rowland Coffin und Joseph Thomas, die beide vielleicht nur aus Eigennutz handelten, oder des abtrünnigen Meuterers Lilliston, der nach seiner Lossagung von der Verschwörung bis zu seinem Tod mit keinem Wort mehr erwähnt wird, auch gewesen sein mag. Den zehn eindeutig unschuldigen Opfern der Meuterei – Gilbert Smith, Stephen Kidder, Peter Kidder, Columbus Worth, Rowland Jones, George Comstock, William Lay, Cyrus Hussey, Anthony Hanson und Joseph Brown – sollte man ihre ängstlichen Bedenken nachsehen, denn selbst wenn sie einander vertraut hätten, wären solche Unterhaltungen nur heimlich und außer Hörweite möglich gewesen, und dazu hatten sie in dieser arbeitsintensiven Zeit gar keine Gelegenheit. Und selbst wenn, was hätten sie sagen sollen? Auch war fraglich, ob die ins Vertrauen gezogene Person überhaupt imstande gewesen wäre, einen Plan zu ersinnen, oder am Ende nicht doch aus lauter Angst lieber untätig blieb.

Beim Aushecken eines geheimen Plans mit der Besatzung erwies sich Gilbert Smith als geschickter Stratege. Doch die Ereignisse überstürzten sich, und abgesehen davon waren die Männer bis zur Landung auf der Insel pausenlos damit beschäftigt gewesen, sowohl das Schiff als auch ihr Leben zu retten, indem sie sich einen Rest an vernünftiger Seemannschaft bewahrten und den Schiffsbetrieb aufrechterhielten, als die verrückt gewordenen Offiziere Kriegsmarine spielten, Ölfässer über Bord warfen und Gott weiß was im Schilde führten.

Eine dieser unberechenbaren Entscheidungen war die Landung auf Mili. Wollten sich die Meuterer hier dauerhaft niederlassen? Und was dann? Und egal, ob für immer oder nur vorübergehend, zu welchem Zweck wurde Ausrüstung, die ausschließlich auf dem Schiff von Nutzen war, wie der Anker und die Kompasse, an Land gebracht? Was hatten die Meuterer mit dem Schiff vor? Während der Besatzung die wildesten Spekulationen durch den Kopf schossen, stand für Samuel Comstock das Schicksal der *Globe* längst fest: Sobald das Schiff komplett entladen war, wollte er es auf ein Riff auflaufen lassen und in Brand stecken. Mindestens ein Besatzungsmitglied, Stephen Kidder,[13] erriet seinen Plan.

Die Eingeborenen waren hingerissen von dem Schauspiel, das sich ihnen bot. So etwas hatten sie noch nie erlebt. Und das Beste an allem war der Geschenkeregen, der sich nun dank Comstocks Freigebigkeit in Form der am Strand angehäuften Schiffsvorräte wie aus einem unerschöpflichen Füllhorn über sie ergoss und alle Schätze übertraf, die sie jemals erhalten hatten. Denn während Comstock herumlief und der Landcrew Anweisungen gab, verteilte er aus den Schiffsbeständen großzügig ein Geschenk nach dem anderen an die Eingeborenen, darunter die besten Kleider aus den Seekisten, die die Insulaner zwar nie tragen würden, die aber gleichwohl ein willkommenes, ihres Stoffes wegen überaus geschätztes Geschenk waren; binnen weniger Wochen hatten die Eingeborenen sämtliche Kleider in Fetzen gerissen und in Verzierungen verwandelt. Comstocks Motiv für die üppigen Spenden an die Eingeborenen war leicht zu durchschauen: Damit rekrutierte er seine Armee. Auf sein Zeichen hin würden sie schon bald die gesamte Besatzung töten, mit Ausnahme von ihm selbst. Dieser allenfalls kurzfristig realisierbare, auf lange Sicht jedoch völlig absurde Plan von Samuel Comstock war typisch für sein Denken. Hätte er auch nur einen Funken von Realitätssinn besessen, hätte er sich fragen müssen, welche Macht er noch über die Eingeborenen besitzen würde, wenn alle Geschenke verteilt waren, zumal er von ihrer bisherigen traditionellen Lebensweise und den Geboten ihrer unveräußerlichen Kultur überhaupt keine Ahnung hatte, geschweige denn wusste, wie sie auf die befremdliche weiße Invasion reagieren würden.

Während das Schiff entladen wurde, beauftragte Comstock

einige Männer mit dem Umbau eines der Boote, das eine Art Deck erhalten sollte. Danach widmete er sich der Stadtplanung. Er schritt den künftigen Ort ab und ließ ihn dabei vor seinem geistigen Auge erstehen. Diese Stadt im Palmenhain sollte Comstockville werden. Und wie stellte er sie sich im Einzelnen vor? Angeblich war das einzige Gebäude, für das er einen Standort aussuchte, eine Kirche. Zweifellos eine Pfarrei für Gilbert Smith, damit das Unternehmen Gottes Segen bekam.

Als Payne, der das Entladen an Bord der *Globe* beaufsichtigte, von den Vorgängen an Land erfuhr, war er erzürnt über Comstocks Verhalten. Er ließ ausrichten, dass der Umbau des Bootes so lange zurückgestellt werden solle, bis das Schiff komplett entladen war. Besonders erbost war er über die Geschenke an die Eingeborenen, und er drohte, wenn Comstock nicht aufhörte, Schiffsvorräte zu verschenken, würde er an Bord alles stehen und liegen lassen und an Land kommen, um Comstocks Großzügigkeit ein Ende zu machen. Als Comstock das hörte, beorderte er Payne auf der Stelle an Land. Als Payne kam, begaben sich beide zum Zelt, wo es zu einem heftigen Wortwechsel zwischen ihnen kam. »Ohne mich hätten wir die *Globe* nie in unsere Gewalt gebracht«, sagte Comstock, »und ich habe sie hierher navigiert. Außerdem habe ich dafür gesorgt, dass sämtliche Segel, Masten und Spieren an Land gebracht wurden. Von mir aus kannst du jetzt machen mit ihr, was du willst. Aber wenn mir jemand was will, werde ich mich mit ihm schießen!«

Das war eine unmissverständliche Herausforderung zum Duell, und Payne nahm sie an: »Genau das will ich. Ich bin bereit.« Von der prompten Antwort überrascht, sagte Comstock ausweichend: »Ich muss nur noch mal rasch an Bord gehen, dann kannst du deinen Willen haben.« Fluchtartig machte er sich auf den Weg zum Schiff. An Bord suchte er eilig das Schriftstück mit den von ihm erlassenen und von allen Besatzungsmitgliedern unterschriebenen und besiegelten »Gesetzen«

heraus, zog sein Schwert und zerfetzte das Dokument in kleine Stücke. Damit distanzierte er sich vom bisherigen Geschehen der Meuterei auf dieselbe Weise, mit der er das Schiff unmittelbar nach den Morden seiner Walfängeridentität beraubte, indem er die an Deck stehenden Ölfässer über Bord werfen ließ. Die Meuterei war vorbei; jetzt begann das Königreich.

Er forderte sämtliche Männer auf dem Schiff zum Kampf heraus, und als er von Bord ging, rief er: »Ich verlasse euch. Seht zu, wo ihr bleibt!« Im Zustand größter Erregung war Comstock auch am undefinierbarsten und theatralischsten.

Payne kehrte zusammen mit Comstock an Land zurück. Noch immer wütend, begaben sich die beiden zum Zelt. Comstock steckte sich ein Schwert in die Scheide, und darauf deutend sagte er zu Payne: »Mein treuester Verbündeter.«[14] War das Entermesser, das Comstock laut Stephen Kidder seit der Meuterei jeden Tag getragen hatte, das Symbol seiner Befehlsgewalt, so stand das Schwert nach wie vor für die Spiele seiner Kindheit: Samuel, auch als Erwachsener noch ein Kind, war wieder bei den Down Towners und bekämpfte die Corlears Hookers. Außer dem Schwert steckte Comstock noch ein Messer ein, nahm sein Entermesser und einige Haken und Leinen und verließ das Zelt. Draußen ging er zu einer Gruppe Eingeborener und versuchte, ihnen begreiflich zu machen, dass sie Payne töten sollten. Wie viel sie verstanden und ob irgendjemand von der *Globe* ihn dabei hörte, ist ungewiss – später am Tag kam Comstock jedenfalls in Begleitung von etwa fünfzig Eingeborenen am Zelt vorbei; Lay zufolge gingen sie in Richtung ihres Dorfes, zweifellos das rund drei Meilen entfernte Mili Mili. (In allen Berichten von der Zeit auf Mili scheinen die Entfernungsangaben oft übertrieben.)

Aus Angst vor einem unmittelbar bevorstehenden Angriff durch Comstock und seine Eingeborenentruppe kehrte Payne wieder auf die *Globe* zurück und stellte eine Wachmannschaft zusammen, die über Nacht an Land kommen und Aufstellung um das Zelt nehmen sollte. Er gab an alle ein Passwort aus, bewaffnete einige Wachposten mit Musketen und befahl ihnen, auf jeden zu schießen, der sich ohne Nennung des Passworts näherte. Die Nacht verlief jedoch ohne besondere Vorkommnisse.

Payne war zum Handeln entschlossen. Er hatte Gilbert Smith gefragt, ob er Comstock töten würde, aber Smith hatte abgelehnt. Dafür kam Oliver, der über Nacht auf der *Globe* geblieben war, morgens an Land und schloss sich Payne an. Payne, Oliver und noch mindestens zwei andere namentlich nicht genannte Männer standen mit geladenen Musketen vor dem Zelt und warteten. Lange mussten sie nicht warten. Nach kurzer Zeit kam Comstock aus dem Busch und marschierte auf das *Globe*-Lager zu. Es war Dienstag, der 17. Februar, der dritte Tag auf der Insel.

Auf einer vermutlich von George Comstock stammenden Karte lassen sich die letzten Aktionen des Meuterers verfolgen. Beim Anblick der bewaffneten Truppe vor dem Zelt zog Samuel Comstock sein Schwert und lief auf sie zu. Als die Wachleute die Musketen in Anschlag brachten, winkte er und rief: »Nicht schießen! Nicht schießen! Ich tue euch nichts!« Aber zu spät. Schon krachten Schüsse. Einige verfehlten ihr Ziel, doch einer traf Comstocks Brust und trat im Rücken nahe der Wirbelsäule wieder aus, und ein zweiter durchschlug seinen Kopf. Payne näherte sich dem am Boden liegenden Comstock, und aus Furcht, dieser stelle sich womöglich nur tot, ließ er seine Axt auf Comstocks Genick herabsausen, wobei er ihn fast enthauptete. Die Szene erinnert an die Ermordung von Kapitän Worth. Comstock starb im Alter von 21 Jahren.

Die einzige ausführliche Schilderung vom Begräbnis Samuel Comstocks stammt von seinem Bruder William und ist in jeder Hinsicht in dessen unverkennbarem Stil geschrieben:

> Alle Mann wurden nun herbeigerufen, um am Begräbnis ihres ehemaligen Kapitäns teilzunehmen. Er wurde in ein Stück Segeltuch eingenäht. Auf Anordnung Paynes wurde ein Grab ausgehoben, fünf Fuß tief. Dann wurde der Tote in die amerikanische Fahne gewickelt und ins Grab hinabgesenkt. Sein Entermesser und alles, was er zur Zeit seines Todes am Körper trug, mit Ausnahme seiner Uhr, wurde mit ihm begraben. Anschließend wurde eine Gewehrsalve abgefeuert, und Gilbert Smith las auf Geheiß von Payne, der jetzt das Kommando übernommen hatte, das vierzehnte Kapitel aus Jesaja vor. Als das Grab zugeschüttet war, verlangten die restlichen Meuterer von jedem Einzelnen, darauf zu tanzen, um so seine Zustimmung zum Mord an Comstock und Loyalität gegenüber den neuen Machthabern auszudrücken. Alle gehorchten der Aufforderung, bis auf George Comstock, den weder Morddrohungen noch Schmeicheleien dazu bringen konnten, in das Triumphgeschrei über den Tod seines Bruders einzustimmen. Wie der Leser sich erinnern wird, war George damals erst fünfzehn Jahre alt. Samuel war für ihn stets eine Art Beschützer gewesen, und abgesehen davon war der Mann, der den Kapitän und die Offiziere der *Globe* ermordete, immerhin sein leiblicher Bruder.

Mit Samuel Comstock starb auch das Projekt vom Königreich auf der Insel, ein Vorhaben, das zwar nur durch abstruse Fantasien und irrationale Erwartungen zusammengehalten worden war, aber ein solcher Zusammenhalt hatte immerhin bestanden – bis zu dem Moment, als die Schüsse fielen. Samuel Comstock war ein Soziopath, ein bösartiger Narziss. Bevor diese Eigenschaften ihn zu Grunde richteten, beseelten sie ihn und gaben ihm ein Ziel und seinem Leben einen Sinn, wodurch sich letzten Endes auch die gesamte Schiffsbesatzung einem schrecklichen und abscheulichen Ziel unterwarf. Nun begann für alle – Meuterer wie Opfer – die große Ungewissheit.

Für Samuels Todestag verteilte Payne keine weiteren Aufgaben, sondern schickte nur Smith und fünf weitere Männer als Schiffswächter auf die *Globe*, was sich als schwerer Fehler erweisen sollte. Denn was Payne nicht wusste, war, dass Smith seit zwei Tagen heimlich einigen Besatzungsmitgliedern auf den Zahn fühlte, um herauszufinden, ob sie bei einer Flucht mit dem Schiff mitmachen würden. Einer von Smiths Mitverschwörern muss George Comstock gewesen sein, da laut Joseph Thomas von ihm der Vorschlag stammte, das Schiff zurückzuerobern. Das Thema Flucht anzuschneiden, war nicht ungefährlich, aber Smith besaß ein Gespür dafür, wen er ansprechen konnte, und da er offenbar das am meisten geachtete Mitglied der Besatzung war, wurde ihm vertraut. Smith war Starbuck, der Gegenpart zu Samuel Comstocks Ahab, und das erkannten die Männer.

Die fünf, die Payne zusammen mit Smith auf die *Globe* schickte, waren wahrscheinlich nicht alle an Smiths Verschwörung beteiligt, aber sobald sie an Bord waren, machten sie gemeinsame Sache mit ihm. Mehrere Besatzungsmitglieder, die Smith angesprochen hatte, wollten bei dem Fluchtversuch mitmachen, und einige von ihnen waren darauf vorbereitet, im entscheidenden Moment die hundert Meter zum Schiff hinauszuschwimmen. Obwohl Smith wusste, wie knapp das Schiff nach dem Entladen an Vorräten und Ausrüstung war, wollte er die Flucht riskieren. Eine seiner größten Sorgen war, dass für die Fahrt einer der beiden an Land gebrachten Kompasse unentbehrlich war. Irgendwann nach dem großen Ausladen am Sonntag gelang es Smith jedoch, einen der Kompasse in einem Boot zu verstecken und heimlich an Bord zu bringen. Damit das Verschwinden des Kompasses nicht auffiel, schmuggelte er als Ersatz den Hängekompass aus der Achterkajüte an Land. (Der Hängekompass war mit der Kompassrose nach unten an der Decke über der Schlafkoje des Kapitäns befestigt, so dass dieser jederzeit emporblicken und die Fahrtrichtung erkennen konnte. Für den Gebrauch an Deck wäre ein solcher auf den Kopf gestellter Kompass dagegen völlig unpraktisch.) Der Tausch ging unbemerkt vonstatten.

Es war schon spät am Tag, als die sechs Männer – außer Gilbert Smith noch George Comstock, Stephen und Peter Kidder, Anthony Hanson und Joseph Thomas – an Bord gingen. Sie bildeten eine bunt gemischte Crew: Der zweifellos aufrichtige und zuverlässige George Comstock war ein Besatzungsmitglied nach Smiths Geschmack, befand sich aber infolge der ganzen Meuterei und des Todes seines Bruders in einer elenden Verfassung. Dagegen war der ungehobelte Joseph Thomas vermutlich einer der Letzten aus der Besatzung, den Smith zur Beteiligung an der Flucht aufgefordert hätte; da er jedoch zu der Gruppe gehörte, die Comstock aufs Schiff geschickt hatte, musste er sich wohl oder übel mit ihm abfinden. Thomas war der einzige Überlebende der *Globe*, der ernsthaft verdächtigt wurde, in die Meuterei verwickelt gewesen zu sein, und erwies sich während der Fluchtreise als faul und ungehorsam.

Gegen sieben Uhr abends begann Smiths Crew mit der Befreiung des Schiffes. Smith brachte die wenigen Waffen, die er im Schiff gefunden hatte, an Deck: eine Muskete, drei Bajonette und ein paar Wal-Lanzen. Da die Männer von Land aus zu sehen waren, durften sie nichts tun, was den Verdacht möglicher Beobachter erregt hätte, sondern mussten sich auf Arbeiten wie das Klarieren der Leinen beschränken und alle verräterischen Aktionen bis zum Einbruch der Dunkelheit verschieben. Das bedeutete insbesondere, dass die Segel erst im allerletzten Moment gesetzt werden konnten. Smith legte eine eingefettete Säge für die Ankertrosse aufs Gangspill, da zum Lichten des Ankers keine Zeit bleiben würde. Zum Kappen der Heckvertäuung wurde am Besanmast die einzige an Bord verbliebene Axt bereitgelegt. Als es dunkler wurde, enterten Smith und ein anderes Besatzungsmitglied zum Fockmast auf und lösten die Bändsel des Marssegels. Zwei andere Männer taten dasselbe mit Groß-

und Großmarssegel, aber noch wurde keines der Segel losgeworfen, denn die mittleren Zeisinge blieben vorerst festgezurrt. Erst auf ein Zeichen hin würden sie losgebunden und die Segel sich entfalten. Mittlerweile arbeiteten die Männer im Schutz der Dunkelheit, wenn auch nur für kurze Zeit, denn schon ging der Mond auf. Sie mussten eine Entscheidung treffen: An Land waren noch mehrere Männer, die, wenn es soweit war, zum Schiff schwimmen wollten. Das Mondlicht aber drohte, die Flucht zu verraten. In dem Moment, in dem die Segel gesetzt würden, wäre jedem an Land klar, was vor sich ging. Smith war sich bewusst, dass er einige zurücklassen musste, die eigentlich mitfahren wollten und die das Schiff dringend gebraucht hätte, aber um halb zehn entschloss er sich zum Handeln. In weniger als zwei Minuten war die Ankertrosse durchgesägt.[15] Der ablandige Wind trieb das Schiff sofort auf die offene See. Nachdem der kleine, achtern ausgebrachte Warpanker gekappt war, setzte die Besatzung sofort die Segel. Die Leine des längsseits vertäuten und mit Eisenhaken beladenen Floßes wurde ebenfalls gekappt. Dann segelte die *Globe* unter einem Drittel ihrer normalen Segelfläche und mit einem Viertel ihrer normalen Besatzungsstärke in die mondhelle Nacht hinein.

Beim Zelt hielten zwei Mann Wache. Gegen zehn Uhr, wenige Minuten nach der Flucht der *Globe*, weckten sie das Lager mit dem Schrei: »Das Schiff ist weg! Das Schiff ist weg!« Ein Teil der Männer wusste Bescheid, aber diejenigen, die nicht in Smiths Plan eingeweiht waren, vermuteten, das Schiff habe bei einer starken Bö den Anker aus dem Boden gerissen. Für alle, die über das Geschehen im Bilde waren, insbesondere für diejenigen, die sich nicht rechtzeitig aufs Schiff hatten retten können, waren die Aussichten niederschmetternd. Zwar waren die letzten Tage auf der Insel einigermaßen angenehm gewesen, nun aber saßen sie hier fest. Die Chance, dass ein Schiff vorbeikam und ein Boot an Land schickte, war gleich null. Und selbst wenn es ihnen gelang, in einem der Beiboote zu fliehen, wohin sollten sie segeln? Zu einer anderen Insel, die sich von dieser nicht unterscheiden würde?

Als sich am Morgen herausstellte, dass das Schiff nicht einfach abgetrieben war, platzte Payne fast vor Wut. Was für die unschuldige Besatzung ein Funke Hoffnung war, weckte in ihm die schlimmsten Befürchtungen: Er stellte sich vor, wie die *Globe* zu Hause von der Meuterei berichten und die Vereinigten Staaten daraufhin Soldaten entsenden würden, um ihn und Oliver festzunehmen, ein aus heutiger Sicht durchaus logisch gedachtes Szenario, aber nicht unbedingt das, womit in den 1820er Jahren zu rechnen war. Comstock wäre, hätte er noch gelebt, längst nicht so beunruhigt gewesen wie Payne; schließlich war der Pazifik kein polizeilich überwachtes Gebiet. Aber Paynes Angst war nur zu berechtigt.

Mit der Begründung, die Eingeborenen könnten sie zum Verlassen der Insel zwingen, befahl Payne, eines der Walboote mit einem Deckaufbau zu versehen. Diese Begründung war freilich äußerst fadenscheinig, denn jeder konnte sich ausrechnen, dass das Boot mitnichten allen neun auf der Insel Verbliebenen, sondern nur Payne und einigen wenigen Auserwählten zur Flucht dienen sollte.

Die Eingeborenen waren weiterhin freundlich und brachten viel Zeit im *Globe*-Lager zu, tauschten Nahrungsmittel gegen Eisen und blieben sogar zum Schlafen dort. Zwei Tage lang war das Leben recht angenehm, denn es gab nicht viel zu tun, und die beiden Anführer unternahmen mit der Besatzung einige Streifzüge. Dabei stellte sich das Atoll als traumhaft schöner Ort heraus – ein Paradies, solange man sich freiwillig dort aufhielt. Der Sand war weiß und beinahe puderig weich und die Strände zur Lagune hin breit und einladend. Die Temperaturen waren mild und die Nächte friedlich. Hin und wieder hörte man leise eine Kokosnuss in den feinen Sand plumpsen. Die Sterne am Himmel funkelten schon beinahe unnatürlich hell –

fast wie im Planetarium, stellte ein späterer Besucher der Insel fest. Bei Sonnenaufgang hatten sich über der Lagune Wolkenformationen gebildet, die wie Bauwerke auf der Wasseroberfläche zu stehen schienen. Ein oder zwei Stunden nach Tagesanbruch schwebten die Wolken, ohne ihre Form zu verändern, langsam himmelaufwärts, mit ganz geraden, parallel zur Wasseroberfläche verlaufenden Unterseiten, als stünden sie auf unterschiedlich hohen, unsichtbaren Tischen.

Am Dienstag, dem 19., unternahm Lay mit einigen Männern einen Streifzug in ein von zwanzig bis dreißig Familien bewohntes Dorf östlich des *Globe*-Lagers, wo sie wie eine Karnevalsgesellschaft von den Eingeborenen empfangen wurden, vor allem von den Frauen und Kindern, die die Besucher fröhlich jauchzend umtanzten, denn alles an den weißhäutigen Fremden, insbesondere ihre komische Sprache, löste brüllendes Gelächter aus.

Auch der nächste Tag war wieder ein freier Tag. Zuerst wollte Payne einige Männer mit dem Umbau des Bootes betrauen, doch dann änderte er seine Meinung und ließ sie eine Wanderung über die Insel unternehmen, einen *jambo*, wie es die Insulaner des Mili-Atolls heute nennen würden. Lay und einige andere Männer gingen nach Mili Mili, wo sie gastfreundlich aufgenommen wurden und die Eingeborenen mit einer Darbietung ihrer Musketenschießkunst unterhielten. Unklugerweise, wie Lay später dachte, da den Insulanern angesichts von Fremden mit derart mächtigen Waffen mulmig zu Mute werden musste. Diesmal ließen sie jedoch nur ihr Erstaunen erkennen. Einer der älteren Eingeborenen lud Lay ein, über Nacht zu bleiben. Lay nahm die Einladung zunächst an, doch wegen der dortigen Rattenplage kehrte er gegen zehn Uhr abends in Begleitung von mehreren Eingeborenen zum *Globe*-Zelt zurück.

Payne und Oliver und noch zwei oder drei weitere Männer begaben sich im Boot auf Erkundungsfahrt und blieben über Nacht in einem Dorf, wo sie allem Anschein nach freundlich empfangen wurden, denn am nächsten Morgen kehrten sie mit zwei Frauen aus dem Dorf ins Lager zurück, die, zum Erstaunen der dort verbliebenen Männer, durchaus Geschmack an dem Abenteuer zu finden schienen. Paynes Begeisterung war noch größer; er schwamm auf einer Woge des Hochgefühls, und sein Vertrauen ging sogar so weit, dass er am Abend nicht einmal eine Wache um das Zelt postierte, als er sich mit seiner Braut zurückzog.

Wäre eine Wache in der Nacht auf dem Posten gewesen, hätte sie zwar kein feindliches Eindringen ins Lager bemerkt, dafür aber eine Desertion. Als Payne am nächsten Morgen aus ungewöhnlich tiefem Schlaf erwachte, war seine Braut verschwunden. Wutschnaubend rief er nach Oliver und Lilliston, und mit Musketen bewaffnet machten sich die drei auf den Weg zu dem Dorf, aus dem das Mädchen stammte. Noch vor Sonnenaufgang trafen sie dort ein; wegen der großen Nähe zum Äquator geht die Sonne auf dem Atoll an jedem Tag im Jahr gegen sechs Uhr auf. Payne und seine Komplizen legten sich im Busch auf die Lauer, bis das Dorf zu erwachen begann. Als sie die entflohene Braut erspähten, sprangen die drei Männer hinter den Bäumen hervor und gaben einen Warnschuss ab. Die Eingeborenen flohen, verfolgt von Payne, der mehrmals über ihre Köpfe feuerte. Er holte seine untreue Braut ein und schleppte sie zurück ins *Globe*-Lager, wo er sie gnadenlos auspeitschte und in Ketten legte.

Payne hatte offenbar keinerlei Gespür dafür, wie abschreckend sein Verhalten wirken musste. Er beging eine unglaubliche Dummheit, als er die ausgesprochen freundschaftlichen Beziehungen zu den Eingeborenen mit Füßen trat. Nach den Erfahrungen mit feindlich gesinnten Eingeborenen auf den Gilbertinseln hätte er über den gastfreundlichen Empfang der *Globe*-Besatzung auf Mili eigentlich dankbar sein müssen. Am Montag, dem 23., einen Tag, nachdem Payne »seine« Frau entführt hatte, entdeckte man im Lager, dass jemand in der Nacht die Werkzeugkiste aufgebrochen und durchwühlt hatte; eine Axt, ein Meißel und verschiedenes anderes Werkzeug fehlten. Darauf bekam Payne den nächsten Wutanfall. Er verfluchte die Eingeborenen und drohte ihnen Rache an, falls sie das fehlende Werkzeug nicht zurückgäben. Eine auffallend große Menge von Eingeborenen scharte sich um das Lager und besuchte während des Tages das Zelt. Payne missdeutete die Situation völlig. Die Wut über den Verlust des Werkzeugs machte ihn so blind, dass er die eigentliche Bedeutung des Diebstahls gar nicht erkannte: Die Leute von der *Globe* wurden nicht länger als Freunde betrachtet – das hatten sie sich mit der Misshandlung der entführten Frau ein für alle Mal verscherzt. Während Payne über den Diebstahl wetterte, lauschten die Eingeborenen mit lebhaft bekundetem Mitgefühl und Bedauern, aber von nun an war ihre Herzlichkeit nur noch vorgetäuscht. Jetzt konnte alles Mögliche passieren.

Am Abend kamen mehrere Eingeborene ins Lager. Einer von ihnen trug eine Hälfte des gestohlenen Meißels. Zornig herrschte Payne den Eingeborenen an, er wolle den ganzen und nicht den halben Meißel. Er legte den Eingeborenen in Ketten und erklärte ihm, er müsse am nächsten Morgen einige von Paynes Männern zu den gestohlenen Sachen führen und die Diebe identifizieren. Der gefangene Bote war zwar alles andere als glücklich über den Empfang, der ihm bereitet wurde, doch seine Begleiter wirkten völlig unbekümmert. Spätestens jetzt hätte Payne auffallen müssen, dass der Zwischenfall mit dem Meißel nichts als Aufklärungstaktik war: Der halbe Meißel (der vermutlich mit Steinen zerbrochen und als Beleidigung gedacht war) bot den Eingeborenen die Gelegenheit, die Reaktion der Weißen zu testen und herauszufinden, welche Pläne sie verfolgten. Wie sich später zeigen sollte, waren die Insulaner raffinierte Spione und Meister der Verstellung. Der mit dem Meißel zum Lager geschickte Trupp registrierte aufmerksam das dortige Geschehen.

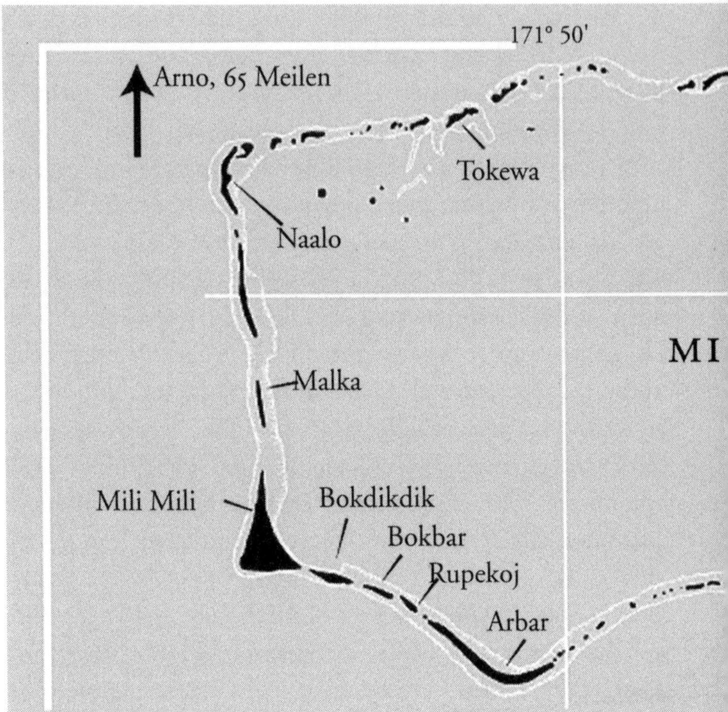
171° 50'
Arno, 65 Meilen
Tokewa
Naalo
MI
Malka
Mili Mili
Bokdikdik
Bokbar
Rupekoj
Arbar

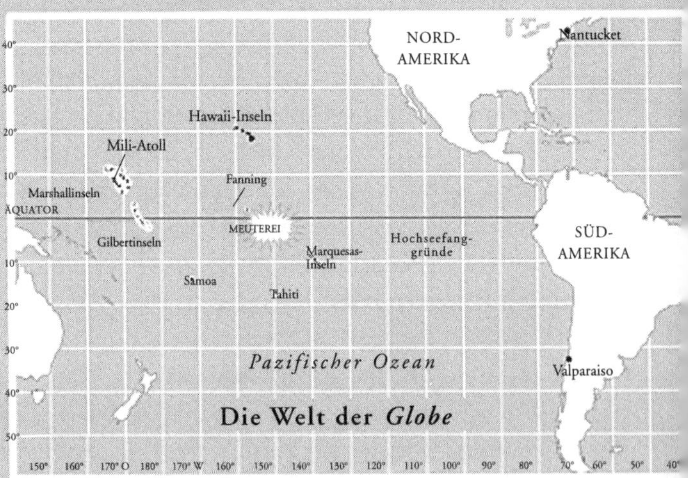
NORD-
AMERIKA
Nantucket
Hawaii-Inseln
Mili-Atoll
Fanning
Marshallinseln
ÄQUATOR
MEUTEREI
Gilbertinseln
Hochseefang-
gründe
Marquesas-
Inseln
SÜD-
AMERIKA
Samoa
Tahiti
Pazifischer Ozean
Valparaiso
Die Welt der Globe
40°
30°
20°
10°
10°
20°
30°
40°
50°
150° 160° 170° O 180° 170° W 160° 150° 140° 130° 120° 110° 100° 90° 80° 70° 60° 50° 40°

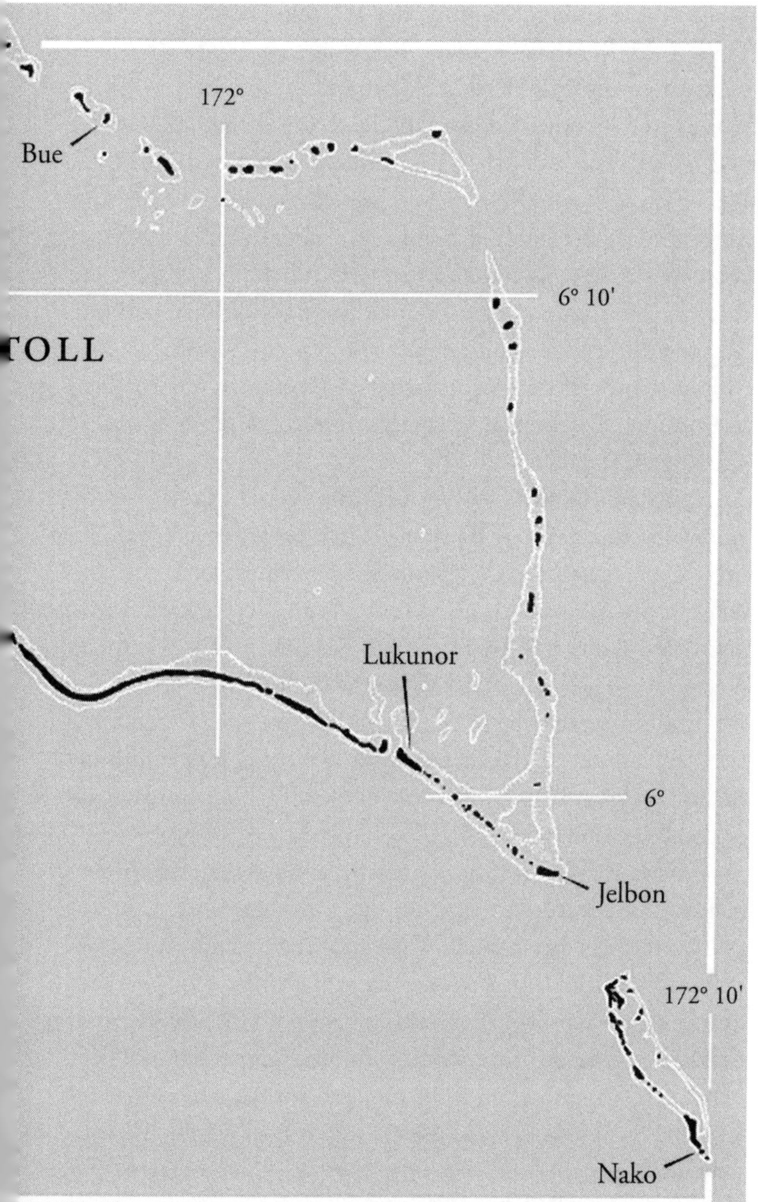
172°
Bue
6° 10'
TOLL
Lukunor
6°
Jelbon
172° 10'
Nako

Der nächste Tag, Dienstag, der 24., sollte zum tragischsten Tag seit der Meuterei werden. Am Morgen schickte Payne die Besatzungsmitglieder Rowland Jones, Rowland Coffin, Cyrus Hussey und Thomas Lilliston ins Dorf, um die gestohlene Axt und deren Dieb zu suchen und beide zum Lager zu bringen. Weder Payne noch Oliver beteiligten sich an der Mission. Der Eingeborene, der am Vorabend den halben Meißel ins Lager gebracht hatte, wurde von seinen Ketten befreit und sollte die Razzia leiten, um zu zeigen, wo die Axt und wer ihr Dieb war. An die vier Besatzungsmitglieder wurden mit Schrot geladene Musketen ausgegeben, denn Payne nahm an, die Waffen allein seien schon Abschreckung genug, weshalb es unnötig sei, sie mit Kugeln zu laden.

Nachdem die vier Weißen bei ihrer Razzia die Axt sichergestellt hatten, wollten sie sich auf den Rückweg machen, als sich ihnen eine große Menge mit Steinen bewaffneter Eingeborener in den Weg stellte. Die Musketen anzulegen war nutzlos, denn vier Schüsse würden in einer Menschenschar wie dieser niemanden einschüchtern. Die vier Weißen wichen zurück; das war das Einsatzzeichen für den Angriff. Von einem Steinhagel verfolgt, rannten sie Richtung Lager; dabei fiel Rowland Jones zurück und wurde von den ihn einholenden Eingeborenen auf der Stelle getötet.

Die Männer im Zelt bewaffneten sich und warteten. Außerhalb des Zelts hatte sich eine Gruppe Eingeborener versammelt und beriet sich. Nach einer Weile gingen sie zu einem der vertäuten Boote und begannen es kurz und klein zu schlagen. Jetzt musste Payne handeln. Er trat zu einem der Häuptlinge, setzte sich eine Weile zu ihm auf den Boden, kehrte dann zu den beim Zelt versammelten Eingeborenen zurück und beriet sich fast eine Stunde lang mit ihnen – sofern man angesichts einer fehlenden gemeinsamen Sprache überhaupt von beraten sprechen kann; anscheinend ging es dabei lediglich um den Austausch von Geschenken gegen Wasser, nicht aber um ein Treffen gleichberechtigter Verhandlungspartner. Payne schien jedoch anderer Meinung, denn als er zum Zelt zurückkehrte, erklärte er den anderen, er habe mit den Eingeborenen ein Abkommen ausgehandelt. Das Abkommen sah ihre bedingungslose Kapitulation vor, mit weniger hätten sich die Eingeborenen nicht zufrieden gegeben; außerdem würde der gesamte Besitz der *Globe*, einschließlich des Zelts, an die Eingeborenen fallen, und die acht überlebenden Besatzungsmitglieder der *Globe* müssten sich der Herrschaft der Häuptlinge unterwerfen und sich der Lebensweise der Eingeborenen anpassen. William Lay war entsetzt von der Vorstellung, dass er und seine fünf unschuldigen Gefährten nun zwischen zwei verfeindeten Parteien in der Falle saßen, eine schlimmer als die andere, und was er am allerschlimmsten fand, war die Tatsache, dass er und seine Kameraden völlig schuldlos in diese Situation geraten waren, denn weder hatten sie die grausamen Bluttaten auf der *Globe* begangen, noch irgendein anderes Vergehen.

Die neuen Eigentümer des *Globe*-Inventars verloren keine Zeit, sondern begannen sofort mit der Beschlagnahme, wanderten durch das Lager und nahmen alles mit, was ihnen gefiel. Dann begannen einige damit, das Zelt einzureißen. Genau in diesem Moment kam ein älteres Eingeborenenpaar zu Lay, nahm ihn entschlossen an den Händen und führte ihn ein Stück vom Lager fort. Lay hatte nicht die geringste Ahnung, was die beiden mit ihm vorhatten, und rechnete mit dem Schlimmsten. Gleichzeitig hatte er jedoch das Gefühl, dass sie ihm aus unerfindlichen Gründen irgendwie helfen wollten. Das Einzige, was er sich vorstellen konnte, war, dass sich die alte Frau dafür erkenntlich zeigen wollte, dass er sie in Schutz genommen hatte, als sie von anderen Eingeborenen gehänselt worden war. Aber wenn ihn das Ehepaar tatsächlich retten und nicht in eine Falle locken wollte, was war mit den anderen, seinen Bordgenossen? Was würde mit ihnen geschehen? Vor allem, was würde mit Cyrus Hussey geschehen, Lays bestem Freund?

Dann brach die Hölle los. Unter johlendem Geschrei gingen die Eingeborenen mit Steinen und Speeren auf die *Globe*-Besatzung los. Bei den Angreifern handelte es sich keineswegs nur um Männer, sondern auch um Frauen und Kinder, und alle waren bewaffnet. Die Seeleute flohen entsetzt in alle möglichen Richtungen. Zwei von ihnen, Lilliston und der auf Hawaii angeheuerte Joe Brown, stürzten keine zwei Meter von Lay entfernt zu Boden, und aus nächster Nähe sah er, wie die Eingeborenen ihnen die Schädel mit Steinen zertrümmerten. Columbus Worth, der junge Seemann und Vetter von Kapitän Worth, wurde von einer mindestens sechzigjährigen Frau verfolgt, mit einem Speer zu Fall gebracht und dann zu Tode gesteinigt. Lay beobachtete, wie Payne von zwei Eingeborenen weggeführt wurde, die ihn, wie er annahm, in Sicherheit bringen wollten, doch dann schmetterte einer von ihnen Payne einen großen Stein an den Kopf. Als Payne zu fliehen versuchte, schlug der Angreifer ihn mit einem Stein nieder und tötete ihn an Ort und Stelle. Oliver wurde von den Eingeborenen in einem Gebüsch gestellt und dort umgebracht. Der Seemann Rowland Coffin wurde ebenfalls getötet.

Das alte Ehepaar, das Lay beschützte, befahl ihm, sich auf den Boden zu legen, damit er außer Sicht war, und streckte sich dann über ihm aus, um ihn sowohl vor feindlichen Blicken als auch vor dem schrecklichen Anblick zu schützen. Ein Eingeborener erspähte ihn trotzdem und kam herbei, um ihn mit einer Handspake aus den *Globe*-Beständen zu erschlagen, doch das alte Ehepaar wehrte ihn erfolgreich ab, und nach einem kurzen Wortwechsel mit den beiden Alten, dessen Bedeutung Lay nicht verstand, zog der Mann wieder ab.

In aller Eile führten Lays Beschützer ihn über Korallenwege, die ihm die Füße zerschnitten, zu ihrem Dorf, ängstlich darauf bedacht, mögliche Verfolger abzuschütteln. Am Mittag erreichten sie das Haus des alten Paares, und im Nu war die Hütte von einer aufgebrachten Menge Eingeborener umringt. Lay konnte ihre Stimmung nicht deuten und nahm an, sie seien gekommen, um ihn zu töten; er glaubte nicht, dass seine Beschützer in der Lage wären, ihn vor dem Mob zu retten.

Plötzlich sah er eine Gruppe Eingeborener auf die Hütte zumarschieren. Eine Welle des Erstaunens und der Dankbarkeit durchströmte ihn, als er die Prozession mit Cyrus Hussey in ihrer Mitte auf sich zukommen sah. Hussey sah unversehrt und wohlbehalten aus, trotz der Prellungen von den Steinwürfen am Morgen, und die ihn umringenden Eingeborenen schienen ihn sehr fürsorglich zu behandeln. Doch so groß die Wiedersehensfreude der zwei Freunde auch war, sie konnte längst nicht all ihre Ängste vertreiben, denn die beiden befürchteten, dass ihre gegenwärtige Lage keine Begnadigung, sondern nur einen Aufschub ihrer Hinrichtung bedeutete. Das Schlimmste war ebenso denkbar wie das Beste, und was sollte das Beste, das jetzt passieren konnte, überhaupt sein? Alles, was sie wussten, war, dass von der *Globe*-Besatzung bei Sonnenaufgang noch neun Mann auf Mili gelebt hatten, und jetzt waren sie nur noch zu zweit.

Sie waren die einzigen Überlebenden, aber völlig von der Außenwelt abgeschnitten.

# FÜNFTES KAPITEL

## ETTO AMRO PAD IOON ANEO

Das Massaker fand am 24. Februar statt. Als Lay von seinen beiden Beschützern vom Ort des Geschehens weggeführt wurde, sah er immer wieder das Bild seiner im Sand verblutenden Bordgenossen Rowland Jones, Payne, Oliver, Lilliston, Joe Brown, Columbus Worth und Rowland Coffin vor sich. Die beiden Überlebenden, die nicht die geringste Ahnung hatten, was mit ihnen geschehen würde, fühlten sich, wie sie in ihrem Buch über die Meuterei schrieben, »unsäglich elend«. Aber auch für die Eingeborenen war die Situation völlig unklar. Nie zuvor hatten sie etwas Ähnliches erlebt. Zwar waren sie zu Gewalttätigkeiten durchaus imstande, wie die Feindseligkeiten bewiesen, die zu ebenjener Zeit einen Kriegsausbruch zwischen dem Häuptling der Insel Naalo im Nordwesten und einem Bündnis mehrerer Häuptlinge des Atolls befürchten ließen. Und auch Mord war auf den Inseln keineswegs unbekannt. Doch was hier stattgefunden hatte, war ein Angriff auf Besucher der Außenwelt, und darüber gingen die Meinungen der Insulaner erheblich auseinander; so verurteilte einer ihrer Häuptlinge die Tat schließlich als schändlich.

Außerdem war der Zeitpunkt schlecht gewählt. Wie sollte man die Toten und die beiden Überlebenden und das mit Trümmern übersäte *Globe*-Lager vor Außenstehenden rechtfertigen? Anlässlich der Feiern einer wichtigen Zeremonie würden in den nächsten drei Tagen Insulaner aus den fernsten

Ecken des Atolls die Insel besuchen. Einige von ihnen hatten bereits von dem Schiff und seiner seltsamen Besatzung gehört, die meisten jedoch nicht. Was sollten die Häuptlinge den Besuchern sagen? Wer waren die Herren der beiden weißen Männer, und wieso befanden sie sich überhaupt in ihrer Obhut? Wie würde sich dieser Fall auf die Beziehungen zwischen den Häuptlingen auswirken, vor allem, wenn die beiden Weißen für eine Beute gehalten würden? Und wie würden sich die Weißen dem alltäglichen Leben auf der Insel anpassen? Die erste von zwei Pandanusernten im Jahr war in vollem Gange, und Helfer waren sowohl hier als auch beim ganzjährig betriebenen Fischfang stets willkommen. Waren die zwei Weißen als neue Arbeitskräfte zu gebrauchen? Würden sie überhaupt arbeiten wollen? Und konnte man ihnen vertrauen?

Mit all diesen Fragen mussten sich die Häuptlinge auseinander setzen. Ein Häuptling oder *irooj* war Herrscher über eine Insel oder über den Teil einer Insel. Ratsversammlungen oder andere Verpflichtungen zwangen sie häufig, nach Mili Mili zu kommen, eine Reise, für die selbst die *irooj* von den abgelegenen östlichen Inseln im Allgemeinen nur wenige Stunden brauchten. Alle Häuptlinge unterstanden dem *iroojlaplap*, dem in Mili Mili residierenden obersten Machthaber des Atolls. Zu der Zeit, als sich Lay und Hussey auf dem Atoll aufhielten, war Luttuon[1] der *iroojlaplap*. Während ihres gesamten Aufenthalts lag die letzte Entscheidung über ihr Schicksal in allen wichtigen Angelegenheiten bei den Häuptlingen. Ziemlich zu Anfang beschlossen die Häuptlinge, Hussey zum Mündel von Lugoma, einem *irooj*, zu machen; Lay wiesen sie seinem ungenannten alten Lebensretter zu. Da der Alte aber sehr arm und kaum dazu in der Lage war, ihn zu ernähren, schaltete sich der *iroojlaplap* ein und adoptierte Lay selbst.

Obwohl die Eingeborenen sehr darauf bedacht waren, Lay und Hussey voneinander fern zu halten, brachten sie die beiden am nächsten Morgen, dem 25. Februar, im Kanu zum Ort des Gemetzels vom Vortag. Was die beiden Männer am härtesten traf, war der Anblick der Leichen. Sie fühlten sich verpflichtet, die Toten zu begraben, und nachdem sie den Eingeborenen ihren Wunsch begreiflich gemacht hatten, erhielten sie die Erlaubnis, Gräber auszuheben und die verstümmelten Leichen darin zu beerdigen. Trotz des Sandbodens war es eine mühsame Arbeit, denn sie mussten insgesamt sieben Gräber schaufeln. Gegenüber diesen Toten, den schuldigen wie den unschuldigen, die ein Teil jener menschlichen Tragödie gewesen waren, die sie einen Monat lang auf Gedeih und Verderb aneinander gekettet hatte, empfanden Lay und Hussey eine sonderbare, ja tiefe Vertrautheit, die in ihnen Mitleid und Abscheu zugleich erregte. Die meisten Leichen hatten eingeschlagene Schädel. Columbus Worth war blutüberströmt von seinen Stichwunden. Und dann war da Rowland Coffin, den sie der Mitwisserschaft an der Meuterei verdächtigt hatten, aber was für eine Rolle spielte das jetzt noch? Was spielten Payne und Oliver, hinter deren Brutalität und Bösartigkeit sich, anders als bei Samuel Comstock, nicht einmal die Hoffnung auf Erlösung verborgen hatte, noch für eine Rolle? Wäre Gilbert Smith jetzt noch hier gewesen, hätte er an jedem Grab, auch an dem der Meuterer, eine Stelle aus der Bibel vorlesen können. Und der arme Joe Brown, der in Honolulu als Ersatz für eines der desertierten Besatzungsmitglieder angeheuert hatte – auch wenn Lay und Hussey ihn kaum kannten, war er in ihren Augen mit der Unglücklichste. Das Begraben ihrer Bordgenossen hatte etwas ähnlich Barbarisches wie das Säubern des blutverschmierten Hüttendecks einen Monat zuvor. Dass Lay und Hussey dieses Erlebnis einigermaßen gefasst überstanden, mochte unter anderem ihrer Jugend, ihrem Glauben oder auch einfach der Angst vor dem, was als Nächstes kommen würde, geschuldet sein. Es ist erstaunlich, wie Todesgefahr die Psyche aufzurichten vermag.

Rings um die beiden Totengräber lagen verstreut die Überreste des *Globe*-Lagers. Seit dem Vortag hatten die Eingeborenen einen Großteil der Ausrüstung gestohlen und das Zelt niedergerissen. Nachdem die beiden Männer sämtliche Toten begraben hatten, waren sie schweißüberströmt und erschöpft. Suchend ließen sie den Blick über das geplünderte Lager schweifen, ob sie irgendwo Überreste von Proviant entdeckten, und wurden tatsächlich fündig. Sie bedeuteten ihren neuen Herren, dass sie einen Teil davon mitnehmen wollten. Die hatten nichts dagegen und halfen ihnen, Mehl, Brot und Schweinefleisch in das größte Kanu zu laden. Außerdem packten sie Schuhe, Bücher und für jeden eine Decke ein. Unter den Büchern waren auch zwei Bibeln; während Lays Exemplar schon bald darauf von den Eingeborenen zerrissen wurde, konnte Hussey seines retten.

Die Kanus brachten Lay und Hussey wieder dorthin zurück, wo sie die vorangegangene Nacht verbracht hatten. Obwohl am selben Ort untergebracht, hielt man sie die meiste Zeit getrennt. Zwei Dinge kamen den Eingeborenen verdächtig vor: Wenn sich die beiden Weißen in ihrer unverständlichen Sprache unterhielten und wenn sie ihre Nase in diese komischen Bücher steckten. Lay und Hussey versuchten ihnen begreiflich zu machen, dass die Bücher kluge, wissenswerte Gedanken enthielten, aber da für die Eingeborenen Gelehrtheit stets mit magischen Fähigkeiten, sprich okkulten Praktiken einherging, waren die Bücher in ihren Augen Werkzeuge schwarzer Magie.

Auf der Rückfahrt vom *Globe*-Lager wurde Lay immer hungriger, und beim Gedanken an das Pökelfleisch und Brot, das sie aus dem Lager mitgenommen hatten, lief ihm das Wasser im Mund zusammen. Er fragte seinen Herrn, ob er den Fleischvorrat anbrechen dürfe. Die Bitte wurde ihm gewährt, zum Teil sicherlich aus Mitleid, in erster Linie aber wohl aus Neugier, denn die Eingeborenen waren gespannt, wie die Weißen Fleisch schneiden und zubereiten würden. Aus diesem Anlass durften Lay und Hussey sogar zusammen essen. Die von Lay gewählte Zubereitung ließ sich mit viel gutem Willen als Schmorbraten bezeichnen. Genau genommen war es in einer großen Muschel gekochtes Schweinefleisch. Dazu musste ein Feuer gemacht werden, das hieß, jemand musste ein *eton* herbeiholen, zwei trockene Holzstöcke, von denen einer eine tiefe, ins Holz geschnitzte Furche aufwies und mehr oder weniger senkrecht zwischen den Beinen gehalten wurde, während der andere möglichst schnell in der Furche hin und her gerieben wurde, wobei feines Sägemehl entstand, das irgendwann Feuer fing. Gut möglich, dass die Muschelschale, in der das Schwein gekocht wurde, bereits mit Wasser gefüllt war, denn eine der Wassergewinnungstechniken der Insulaner bestand darin, große Muschelschalen unter die Luftwurzeln der Pandanuspalmen zu stellen und das ablaufende Wasser aufzufangen. Der Stamm der Pandanus- oder Schraubenpalme beginnt erst ein gutes Stück über dem Boden und wird von einem Rock aus Luftwurzeln gesäumt, die, durch kleine Zwischenräume voneinander getrennt, hinunter zur Erde wachsen. Unter den Wurzeln aufgestellte Muschelschalen fangen das herabtropfende Wasser auf. Als sich Lay und Hussey zu ihrer Mahlzeit aus gekochtem Schweinefleisch niederließen, brachte ihnen einer der Zuschauer einen mit Wasser gefüllten Zinnbecher, denn schon im *Globe*-Lager war den Eingeborenen aufgefallen, dass die Weißen beim Essen tranken. Ein Zinnbecher war kein inselübliches Gefäß; wahrscheinlich stammte er aus den *Globe*-Beständen.

Während der nächsten drei Tage, als Kanus von den abgelegensten Inseln des Atolls zur Vorbereitung einer großen Zeremonie eintrafen, waren Lay und Hussey eine kleine Attraktion. Immer wieder wurde ihre bleiche Haut bestaunt und ihre Kleidung nach allgemeiner Auffassung für unnatürlich befunden. Wieder und wieder drängten die Besucher die Bleichgesichter, sich wie sie zu kleiden; zu diesem Zeitpunkt widersetzten sich die beiden noch standhaft diesem Ansinnen, aber irgendwann gaben sie schließlich nach.

Am Morgen des 28. Februar (die letzte genaue Datumsangabe, die Lay und Hussey bis zu ihrer Rettung 21 Monate später machten) begannen sich die Eingeborenen für das Fest zu schmücken, wobei sie, reich mit Tätowierungen verziert, alles an Körperschmuck, was Lay und Hussey bisher kannten, in den Schatten gestellt haben dürften. Sie rieben ihre Körper mit einer Salbe aus Kokosnussöl ein, bis sie glänzten, und hängten sich reihenweise *marmars* – auf Schnüre aus Kokosnussfaser aufgezogene Muschelketten – um den Hals. Versammlungsort war ein ebener Platz rund einen Kilometer außerhalb des Dorfes, in dem Lay und Hussey festgehalten wurden. Der Ort muss auf Mili Mili gewesen sein, da keine andere Insel im gesamten Atoll die mehr als 300 versammelten Teilnehmer hätte aufnehmen können.

»Schrecklich« nannte Lay den Anblick der Menschenmenge. *Bedrohlich* fand er ihn sicherlich auch, denn als er und sein Freund zum Versammlungsplatz geführt wurden, hatten beide nur einen Gedanken: In Kürze würde hier ein kannibalistisches Ritual vollzogen, für das sie als Hauptspeise gedacht waren. Geschichten über Kannibalismus kursierten seit jeher in sämtlichen Walfängerflotten, weshalb viele Schiffe aus Angst darauf verzichteten, Inseln anzulaufen, die sich als günstige Versorgungsstopps erwiesen hätten. Jetzt war es also so weit: Lay und Hussey waren Kannibalen in die Hände gefallen. Doch schon nach wenigen Minuten stellte sich heraus, dass es sich bei der Feier um einen rituellen Tanz und nicht um ein grausiges Ritual handelte.

Trotzdem haftete der Szene auch weiterhin etwas Furcht erregendes an. Trommelschläge und Gesang begleiteten den Tanz. Die *aje*, kleine, mit Haifischmägen bespannte Hartholztrommeln, die Stundengläsern ähnelten, wurden von zwanzig bis dreißig Frauen gespielt, die auch den Gesang anstimmten. Wie Ravels *Bolero* begann die Musik leise und steigerte sich allmählich, die rund 300 Tänzer bewegten sich in erstaunlichem Rhythmus dazu und fielen in den Gesang ein; das Ganze wurde immer schneller und lauter und übte eine atemberaubende und hypnotisierende Wirkung aus. Die Trommlerinnen (*lejm'aanjuri*) waren erprobte Musikerinnen, denen gewöhnlich die Aufgabe oblag, am Abend vor der Schlacht so, wie jetzt, immer schneller und immer lauter zu trommeln, um die Krieger anzuspornen (*piniktak*). Für William Lay hatte der Gesang freilich nicht das Geringste mit Musik zu tun, sondern war schlicht und einfach Geschrei, und schauriges noch dazu. Konfrontiert mit den Vertretern einer bisher in völliger Abgeschiedenheit lebenden Kultur, sah der zivilisierte Neuengländer in der Aufführung nicht etwa primitive Kunst, sondern reine Hysterie. Der Tanz dauerte den ganzen Tag über und endete am Abend. Danach begaben sich die Besucher zu ihren Kanus, um im Dunkeln über die Lagune zu ihren Inseln zu fahren, aber nicht, ohne vorher noch einen Blick auf die Nebenattraktion zu werfen. Sowie die öl- und schweißglänzenden Tänzer die Weißen ausfindig gemacht hatten, umringten sie die beiden Männer, starrten sie staunend an und berührten neugierig ihre Haut. Es war schon ein ausgesprochener Zufall, dass es Lay und Hussey ausgerechnet zum Höhepunkt einer bestimmten Festzeit auf die Insel verschlagen hatte, was etwa so war, als hätte man zwei der Insulaner ausgerechnet zur Karnevalszeit im unbekannten Rio de Janeiro abgesetzt. So also spielte sich das Leben hier ab? Nein, jedenfalls normalerweise nicht.

Lay und Hussey kehrten mit ihren Gebietern im Kanu zu ihrem Dorf zurück, wo der Tag dank der vorhandenen Vorräte aus der *Globe* mit einem herzhaften Mahl zu Ende ging. Wieder gab es Schwein, diesmal allerdings etwas schmackhafter über glühender Holzkohle zubereitet. Die Eingeborenen verschmähten Schweinefleisch zwar immer noch, mochten dafür aber das Brot, das sich als begehrter erwies, als den beiden Seeleuten lieb war. Seine Herrin, so schreibt Lay, »verdrückte, seemännisch ausgedrückt, eine volle Ration«.

All dies geschah in den ersten vier Tagen ihres Aufenthalts bei den Eingeborenen. In den kommenden Monaten wurden ihnen enorme Anpassungen abverlangt. Sie gewöhnten sich an die vier heimischen Nahrungsmittel – Brotfrucht, Pandanusfrucht, Kokosnuss und Fisch – und erlebten Zeiten des Hungers und der Dürre, in denen die Ernten kaum zum Überleben reichten. Sie waren gezwungen, diplomatisches Geschick zu entwickeln, vor allem wenn es galt, sich gegen den Aberglauben der Eingeborenen zu behaupten. Der Druck, sich wie die Insulaner zu kleiden und sich die Ohrläppchen durchstechen und lang ziehen zu lassen, wurde immer stärker. Verhaltensregeln im gesellschaftlichen Umgang mussten erlernt werden. Selbst bei der Verrichtung der Notdurft galt es, eine praktische Regel zu beachten und sich bei Ebbe an die Wasserlinie zu hocken, damit das ansteigende Wasser den Unrat ins offene Meer hinausspülte.

Der Monat März ging offenbar ohne besondere Vorkommnisse vorüber, denn das Einzige, was die Aufzeichnungen über diese Zeit enthalten, ist der wachsende Widerwille der Eingeborenen gegen jegliche Form der Konversation zwischen den beiden Weißen. Dann kam die schlechte Nachricht – laut Lay um den 1. April herum, laut Hussey Ende April: Sie sollten getrennt werden.

Was die beiden von diesem Zeitpunkt an bis zu ihrer Rettung erlebten, wird in unvollständiger, gelegentlich auch widersprüchlicher Form in ihrem Buch *A Narrative of the Mutiny* geschildert wie auch zum Teil in jener Passage des *Journals* von Leutnant Hiram Paulding, in der dieser zusammenfasst, was Lay ihm erzählte. Von den neun Kapiteln in Lays und Husseys Bericht werden nur die Kapitel acht und neun Hussey zugeschrieben; alle anderen lassen Lays Stil erkennen. Eine Datierung des Geschehens ist nicht leicht: Der Bericht erwähnt zwar ein paar Mal beiläufig April und Juli ihres ersten auf dem Atoll verbrachten Jahres, einfacher aber ist es, die Ereignisse während ihres 21-monatigen Aufenthalts bei den Eingeborenen anhand der verschiedenen Erntezeiten zu datieren. (Brotfrucht reift von

Mai bis August und von November bis Januar, Pandanus dagegen von Januar bis Mai und von August bis November.)

Während für Lay die Trennung keine räumliche Veränderung mit sich brachte – er blieb bei Ludjuan auf Mili Mili –, bedeutete sie für Hussey Exil: Er wurde nach Lukunor gebracht, der rund 25 Meilen östlich gelegenen Insel von Lugoma. Möglicherweise handelte es sich um dieselbe Insel, zu der die *Globe* drei Monate zuvor, bei ihrer Ankunft am Atoll, Boote geschickt hatte, um Frauen an Bord zu holen. Weitere drei Monate sollten vergehen, bevor Lay seinen Freund wiedersah.

Mit Sorge sah Lay seinen Vorrat an Schweinefleisch und Brot schrumpfen, den er sich am Tag nach dem Massaker aus den Restbeständen des *Globe*-Lagers zusammengesucht hatte. Vermutlich Anfang Mai erhielt er die Erlaubnis, erneut ins Lager zurückzukehren, um nach Essbarem zu suchen. Zu diesem Zweck wurde ein Kanu bereitgestellt. Das Lager befand sich zwar in der Nähe, in Fußnähe sogar, aber für den Transport der vielen Nahrungsmittel, derentwegen die Fahrt überhaupt stattfand, wurde das Kanu benötigt. Beim Besteigen des Bootes erlebte Lay einen jener Angstmomente, die während seiner Zeit auf der Insel nur zu oft wiederkehren sollten: Die Eingeborenen trugen Keulen und Speere. Hatten sie vor, ihn umzubringen? Er spürte dieselbe Angst in sich aufsteigen wie ein paar Wochen zuvor, als er befürchtete, zu einem kannibalistischen Fest gebracht zu werden. Doch bald wurde ihm klar, dass seine Begleiter lediglich fischen wollten. Sie entdeckten einen Schwarm Fische, kreisten sie ein und töteten etliche mit ihren Speeren. Sobald das Kanu beim *Globe*-Lager festgemacht war, wurde eine Mahlzeit aus dem Fang zubereitet. Die Eingeborenen brieten die Fische über Holzkohle und luden Lay großzügig ein, mitzuessen, doch ihm war beim Anblick des Lagers der Appetit vergangen. Die Fässer mit Pökelfleisch und Melasse waren zertrümmert, und ihr Inhalt verfaulte in der Sonne – wie lange schon, konnte er nur schätzen, vielleicht seit Wochen.

Aber nicht nur die Fässer mit Proviant waren mutwillig zerstört worden, sondern auch alles andere, was sich im Lager befunden hatte: Kleider waren in Fetzen gerissen und Schiffsinstrumente zerschlagen worden, um aus den Einzelteilen Schmuck zu machen. Trotz der fortgeschrittenen Verwesung des Schweinefleischs packte Lay, zusammen mit einigen Kleidern, einen Teil davon ins Kanu, für die kurze Rückfahrt Richtung Osten.

Mai und Juni vergingen. Die Eingeborenen zerrissen Lays Bücher. Das Leben verlief eintönig und einsam. Lay begann sich zu fragen, ob er jemals imstande wäre, sich seiner Situation, wenn sie denn hoffnungslos war, anzupassen. Dann kam – ein unverhoffter Lichtblick – eines Tages Luckiair, der Schwiegersohn seines Herrn, Ludjuan, von der am südöstlichen Ende des Atolls gelegenen Insel Jelbon zu Besuch nach Mili Mili. Lay und Luckiair wurden rasch Freunde, und als sich Luckiair zur Heimreise rüstete, erwähnte er, dass er in der Nähe von Husseys Wohnort vorbeikäme. Sofort bat Lay Ludjuan um Erlaubnis, dessen Schwiegersohn begleiten zu dürfen; zwar bedurfte es einiger Überredungskünste, doch am Ende erlaubte Ludjuan ihm, mitzufahren.

Die Fahrt begann mit einem weiteren Halt am *Globe*-Lager. Obwohl die Schiffsvorräte inzwischen weiter verfault waren, nahm Lay einen Teil davon mit. Dann nahm Luckiair Kurs auf das nördliche Ende der Lagune, obwohl sein Reiseziel eigentlich im Süden lag, und sie verbrachten die Nacht in einer verlassenen Hütte auf einer kleinen Insel. Lay packte den bedenklich riechenden Schiffsproviant aus und kochte auf einer alten Feuerstelle Schweinefleisch und etwas von dem nass gewordenen Mehl, und nachdem sie gegessen hatten, zogen sie sich zum Schlafen in die Hütte zurück.

Da am nächsten Tag noch immer starker Ostwind herrschte, beschloss Luckiair, noch einen weiteren Tag auf der kleinen Insel zu bleiben. Sie pflückten Brotfrüchte, die gerade zu reifen begannen, und bereiteten das Fleisch, anders als am Vorabend, auf die traditionelle Weise zu, in der die Eingeborenen größere Fische zu garen pflegten und die Lay folgendermaßen beschreibt: Zuerst graben sie ein großes Loch in den Boden, füllen es mit Holz, entzünden ein Feuer und schichten Steine auf das brennende Holz. Das Holz brennt nieder, dabei fallen die Steine auf den Boden des Lochs. Wenn das Feuer erloschen ist, werden die Steine mit frischem Laub bedeckt, auf die der Fisch oder das Fleisch gelegt und mit einer weiteren Blätterschicht bedeckt wird. Anschließend wird das Ganze mit Erde bedeckt, und das eingegrabene Essen gart in der von den Steinen ausgestrahlten Hitze.[2] Dieses Verfahren verhindert laut Lay, dass der Fisch austrocknet; was es bei verdorbenem Schweinefleisch bewirkt, erwähnt er nicht.

Im Laufe des Tages flaute der Wind ab. Lay und Luckiair segelten Richtung Osten weiter und erreichten bei Einbruch der Dämmerung die Insel Tokewa, wo ihnen ein herzlicher Empfang bereitet wurde. Beladen mit Geschenken in Form von Brotfrüchten und Kokosnüssen, brachen sie Richtung Süden auf, nach Lukunor,[3] wo Hussey lebte. Das Wiedersehen, das erste seit ihrer Trennung drei Monate zuvor, war sehr bewegend, aber nur von kurzer Dauer; gerade mal eine Stunde war den beiden vergönnt. Lay berichtete Hussey von seiner zerrissenen Bibel, und Hussey erzählte Lay, dass die Eingeborenen seine Kleider zerfetzt hätten, was erklärte, warum er Eingeborenenkleidung trug: einen breiten Gürtel aus kunstvoll geflochtenen Pandanusblättern, vorn und hinten mit baumelnden Troddeln verziert. Allerdings hatte er sich einen so schmerzhaften Sonnenbrand zugezogen, dass er kaum schlafen konnte. Sein Versuch, den Eingeborenen, die noch nie von Sonnenbrand gehört hatten, begreiflich zu machen, dass er seine Kleider zum Schutz vor der Sonne brauchte, war an seinen mangelnden Sprachkenntnissen (Lays Wortschatz war wesentlich größer) gescheitert. Die Eingeborenen setzten Hussey bei der Brotfruchternte ein, und dass sie ihn nicht auch stärker zum Fischfang herangezogen hatten, lag lediglich daran, dass er barfuß kaum über die spitzen Korallen laufen konnte.

Dann war die Besuchszeit auch schon zu Ende, und Lay und Luckiair segelten Richtung Osten weiter, nach Jelbon.[4] Bei ihrer Ankunft waren Frau und Kind von Luckiair emsig damit beschäftigt, ein Fischernetz zu knüpfen. Abends pflückten Lay und Luckiair einige Brotfrüchte fürs Abendessen. Das Essen war ein Familienfest, denn Lays Stellung in Ludjuans Familie entsprach gleichsam der eines Sohnes, so dass er faktisch ein Bruder von Luckiairs Frau war. Am nächsten Tag trafen zwei Eingeborenenpaare aus Lukunor ein und brachten Mehl und ein Stück Fleisch mit – vermutlich handelte es sich um einen Teil der Vorräte, die Lay aus dem *Globe*-Lager mitgenommen und, absichtlich oder nicht, bei Husseys Wächtern zurückgelassen hatte. Lays »Urlaub« auf Jelbon dauerte ungefähr eine Woche.

Zurück in Mili Mili, wurde er so freudig empfangen, als sei er eine Ewigkeit fort gewesen. In *A Narrative of the Mutiny* beschreibt er ein Geschenk, das er von einem der Häuptlinge erhielt: *jekaka*, eine Zubereitung aus *bob*, der Pandanusfrucht.[5] Die leuchtend orangerote Pandanusfrucht ist das vielleicht köstlichste Produkt der Insel. Wenn nicht gleich frisch verzehrt, wird sie konserviert und erinnert im Geschmack an Bonbons. Dazu trocknet man das sorgfältig ausgekratzte Fruchtfleisch in der Sonne und füllt es anschließend in eine Rolle aus Pandanusblättern (für die Rolle wickelt man Pandanusblätter um ein Stück Holz und zieht dann das Holz heraus).

Etwa um diese Zeit legte auch Lay seine amerikanischen Kleider ab (bewahrte sie aber auf) und passte sich dem Kleidungsstil der Eingeborenen an, genau wie Hussey und mit demselben Ergebnis: Seine Haut verbrannte fürchterlich. Und genau wie die Einwohner von Lukunor über Husseys rote Haut gestaunt hatten, staunte man jetzt auf Mili Mili über Lays Sonnenbrand.

Unterdessen wurde Hussey auf Lukunor mit der Reparatur eines Kanus beauftragt, eine Aufgabe, die ihm wesentlich mehr zusagte als Fischfang oder Brotfruchternte und durch die er die meisterhafte Bootsbautechnik der Marshallesen kennen lernte. Das war eine Tätigkeit, die eines Seemanns würdig war. Es gab drei unterschiedliche Größen von Kanus: Das kleinste, *korkor*, für ein bis zwei Personen, diente zum Fischen und Segeln innerhalb der Lagune, das größere *tipnol* war bereits hochseetüchtig und bot Platz für bis zu zehn Personen, und das gewaltige *walap* war für weite Fahrten mit vierzig Personen und dem nötigen Proviant ausgelegt. Die Kanus fuhren zehn Knoten und schneller und konnten in dieser Hinsicht jedes westliche Boot mühelos schlagen.[6]

Die Kanus waren ein Triumph der Technik. Die Planken waren aus dem Holz des Brotfruchtbaums geschnitten und sorgfältig zusammengefügt. Das perfekte, sprich wasserdichte Verfugen der Planken erreichte man, indem ihre Kanten vorher mit einem angesengten, geraden Stück Holz abgerieben wurden, das an der kleinsten Unebenheit Ruß hinterließ, so dass die derart kenntlich gemachten Stellen anschließend glatt geschliffen werden konnten. Als Werkzeug zum Bearbeiten des Holzes wurden scharfe Muschelschalen benutzt (und zum Bohren der Löcher Haifischzähne). Die fertigen Planken wurden mit Tauwerk aus Kokosnussfaser zusammengehalten, ja buchstäblich zusammengenäht.

Die Ausleger- oder Doppelrumpfkanus hatten scharfe, schmale Kiele und waren vorn und achtern mit gleich auslaufenden Rümpfen versehen, was den Booten erlaubte, ohne Wende oder Halse, sondern lediglich durch Andersstellen des dreieckigen Segels in die entgegengesetzte Richtung zu fahren, so dass der Bug zum Heck wurde und umgekehrt. Ein solcher Richtungswechsel dauerte keine Minute. Der Rumpf war im Querschnitt nicht symmetrisch, sondern eine Seite war nahezu flach, während die andere in normaler Bootsform hochgezogen war. Der Ausleger, wie der Rumpf aus Brotfruchtholz geschnitzt, stand weit vom Rumpf ab und war mit diesem durch eine Plattform verbunden, die zur Beförderung sowohl von Personen als auch (wasserunempfindlichen) Gütern diente. Das Gewicht auf der Plattform wirkte wie Ballast auf das Boot, insbesondere bei rauer See. Um ein Kanu zu vertäuen, musste jemand mit einer Leine tauchen und das Boot an einem Felsvorsprung oder einem Korallenüberhang festmachen. Während des Aufenthalts auf Mili Mili hatte Lay Eingeborene beobachtet, die mit den Leinen bis zu zehn Meter tief tauchten.

Obwohl Lay und Hussey die Kanus in ihrem Buch nur relativ selten erwähnen, waren sie ständig in ihnen unterwegs und konnten als Seeleute nur den Hut ziehen vor ihren Erbauern. Es ist anzunehmen, dass Hussey, der häufiger als Lay vom Fischen spricht, die Handhabung des von Lugoma zum Fischen benutzten *korkors* erlernte. Da einige Fahrten zwischen Lukunor und Mili Mili, auf denen man Fisch und Brotfrucht transportierte, vermutlich im *tipnol* unternommen wurden, könnte Hussey hierbei vielleicht sogar einmal in die gehobenere Position am Steuerriemen oder am Segel aufgerückt sein. Wahrscheinlicher ist jedoch, dass ihm der mittlere Platz im Boot zugewiesen wurde – der des Wasserschöpfers.

Irgendwann, vermutlich im August, nachdem Hussey seine Arbeit am Kanu abgeschlossen hatte, wurde er aufgefordert, mit einigen Dorfbewohnern nach Mili Mili zu fahren, um den dort versammelten Atoll-Häuptlingen ihren Tribut in Form von Brotfrucht und Fisch zu übergeben. Das Beste an der Reise war für Hussey, dass es zu seinem zweiten Wiedersehen mit Lay kam, doch wie zuvor gewährten die Eingeborenen den beiden Weißen auch diesmal nur ein kurzes Zusammentreffen.

Für Lay war klar, dass man ihn und Hussey nicht in erster Linie aus Angst vor einer Verschwörung getrennt hielt – welche Verschwörung hätten sie schon anzetteln können? –, sondern weil ihre Unterhaltungen Anit beleidigten, den höchsten Gott der Mikronesier, der großen Einfluss auf das Schicksal von Lay und Hussey nehmen sollte. Anit musste vor allen wichtigen und unwichtigen Entscheidungen und Unternehmungen um Rat gefragt werden, beispielsweise in der Frage, ob Tätowierungsanwärter für dieses rituelle Zeremoniell überhaupt schon die nötige Reife besaßen (Anit gab seine Zustimmung durch einen hörbaren Ton oder ein Pfeifen zu erkennen). Lay und Hussey waren selbstredend wichtiger als Tätowierungsrituale, was zahllose Fragen an Anit aufwarf. Monate später, als Lay und Hussey die Chance zur Flucht hatten, rief der *iroojlaplap* im kritischen Moment Anit an, und nicht zuletzt seiner Antwort verdankten sie ihre Rettung.

Der Ethnologe Horatio Hale, der Mili Mili rund ein Dutzend Jahre nach Lays und Husseys Aufenthalt besuchte, übermittelte erste Eindrücke von mikronesischer Religion,[7] die mit dem Bericht der beiden Männer übereinstimmen. Die von den Mikronesiern verehrten Geister, so schreibt Hale, »heißen auf den Marianen *aniti*, auf den Kingsmills *anti*, auf den Lord-Mulgraves-Inseln *anit* und *anis*, auf Ponape *hani* oder *ani* … Sie haben keine Tempel und kennen weder Bildnisse noch Opfer. Ihre Verehrung besteht ausschließlich im Beten und Vollziehen bestimmter ritueller Handlungen.«[8]

Die Vorstellung der Mikronesier von ihrer höchsten Gottheit war theologisch gesehen simpel, ja allgemein,[9] die vom Leben nach dem Tod schon ein wenig komplizierter. Eine gute, kurz umreißende Abhandlung über dieses Thema stammt von niemand anderem als Lay selbst. Er schließt das siebte Kapitel seines Buches *A Narrative of the Mutiny* mit einem Abschnitt, der die Beobachtungen späterer Ethnologen bemerkenswert präzise vorwegnimmt: »Im Hinblick auf ein zukünftiges Leben glauben sie, dass der Geist, oder was vom Körper übrig bleibt, nach dem Tod absolut glücklich ist; dass er nach Belieben umherschweift und sich am Anblick all dessen, was sich in dieser Welt abspielt, ergötzt; und da sie die Erde für eine riesige

Scheibe halten, nehmen sie an, dass die körperlosen Geister bis zum Rand des Himmels reisen, wo ihrer Meinung nach die Weißen leben, und dann wieder zurück zu ihren Heimatinseln; und manchmal bilden sie sich ein, die Geister von verstorbenen Freunden um ihre Hütten pfeifen zu hören, und fühlen sich von ihnen beobachtet.«

Diese ausführliche Darstellung ist erstaunlich, selbst wenn man unterstellt, dass Lay die Sprache der Insulaner sehr rasch gelernt hat, kann es nicht leicht für ihn gewesen sein, die in dieser Passage enthaltenen anspruchsvollen Gedanken im Gespräch mit den Eingeborenen aufzuschnappen. In den zweieinhalb Jahren, die zwischen seiner Rettung und dem Erscheinen von *A Narrative of the Mutiny* lagen, hatte Lay zudem kaum Gelegenheit, sich im Pazifik oder in Neuengland über die Anthropologie der Religion zu unterhalten, zumindest mit keinem Experten. Es gab jedoch einen Menschen im Pazifikraum, der sich lebhaft für die Vorstellungen der Eingeborenen vom Leben nach dem Tod interessierte, und ihm, Hochwürden Hiram Bingham, dem berühmtesten protestantischen Missionar in Ozeanien, ist Lay tatsächlich begegnet. Als Lays Rettungsschiff, die *Dolphin*, in Honolulu eintraf, spürte Mr Bingham ihn auf und befragte ihn zu einem Wörterverzeichnis der marshallesischen Sprache (siehe die Einleitung zu Anhang C im Schlussteil dieses Buches); es hätte dem umtriebigen Missionar durchaus ähnlich gesehen, sich mit Lay und Hussey ausführlich über all das zu unterhalten, wovon er sich in seinem Bekehrungseifer einen Nutzen versprach. Auf Lay wiederum könnte die Unterhaltung, was bei intellektuellen Gesprächen gemeinhin der Fall ist, anregend gewirkt haben, sie könnte seinen Geist geschärft und die Erinnerungen aufgefrischt haben. All das ist freilich reine Vermutung. Falls aber der Leser diese Vermutung für einigermaßen begründet hält, wie erklärt er sich dann die unmittelbar auf die oben zitierte Textstelle folgenden Sätze: »So sonderbar einige dieser Vorstellungen und Ansichten auch anmuten mögen, so wenig lässt sich bestreiten, dass sich im Christentum gleichfalls vieles findet, was sich dem rationalen Verständnis entzieht. So hörte ich einmal von einer Kanzel in Neuengland die folgende Predigt: ›Ich zweifle nicht im Geringsten daran, dass die Seligen im Himmel auf ihre Hinterbliebenen hinunterblicken und alles wissen, was auf der Erde geschieht!‹« Das sind weder Lays Worte noch die von Mr Bingham. Wem aber gehört diese nicht besonders ausgeprägte Stimme dann?, fragen wir uns verwundert, denn an keiner anderen Stelle in Lays und Husseys *Narrative* findet sich etwas Vergleichbares. Offensichtlich hat hier der Ghostwriter für einen Moment seine Maske fallen lassen.

Schließlich ging auch das zweite Wiedersehen zu Ende; Lay widmete sich wieder der gerade stattfindenden Brotfruchternte, und Hussey verließ mit seinen Begleitern die Insel. Allerdings kehrten sie nicht sofort nach Lukunor zurück, sondern nahmen Kurs auf die im Norden gelegene Insel Tokewa, wo die Brotfrüchte in solch üppiger Fülle gediehen, dass sie längst nicht alle einsammeln konnten, sondern einen großen Teil auf dem Boden liegen und verfaulen lassen mussten. Die Route von Husseys Bootscrew entsprach dem Kurs, auf dem Luckiair und Lay nach Lukunor gesegelt waren; es scheint eine beliebte Route gewesen zu sein, nicht nur des günstigeren Windes wegen, sondern auch zur Umfahrung bestimmter Untiefen bei Ebbe. Zur selben Zeit, als Hussey auf Tokewa mit dem Auflesen der Brotfrüchte beschäftigt war, hörte Lay, während er mit einer Gruppe Eingeborener gerade eine besonders große Brotfruchtsorte erntete, wie ein kleiner Junge, der zu den Eingeborenen gerannt kam, sagte: *»Uroit a-ro rayta mony la Wirrum«* – die Häuptlinge wollen William töten. Als Luttuon sah, dass Lay die nicht für seine Ohren bestimmten Worte verstanden hatte, beteuerte er sofort: *»Riab, riab«*[10] – das ist nicht wahr, das ist nicht wahr. Aber das war für Lay keine Beruhigung. Er wusste, dass irgendetwas an ihm und Hussey die Eingeborenen argwöhnisch machte, wenn nicht sogar beängstigte. In dieser Nacht tat Lay kein Auge zu, und am nächsten Tag war er von der Anspannung so mitgenommen, dass er seinen Zustand nicht länger vor den Eingeborenen verbergen konnte und bei der Erntearbeit in Tränen ausbrach. Am Abend gelang es ihm ebenso wenig einzuschlafen wie in der Nacht zuvor. Gegen Mitternacht hörte er zufällig, wie sich einige Eingeborene darüber unterhielten, dass er getötet werden solle. Als er sie mit ihrer Aussage konfrontierte und fragte, warum er denn sterben müsse, stritten sie, überrascht, dass er sie verstanden hatte, alles ab. Einer, der in der Vergangenheit immer besonders freundlich zu ihm gewesen war, kam sogar zu seiner Matte und versicherte ihm, während er sich neben ihm ausstreckte, dass ihm nichts geschehen werde.

Am nächsten Tag geschah tatsächlich nichts Bedrohliches. Mili Mili steckte mitten in der Vorbereitung für ein Erntefest, und die Eingeborenen waren mit der Zubereitung von *bwiro* beschäftigt, einem Gericht aus gekochter, nach Süßkartoffel schmeckender Brotfrucht, das für die Häuptlinge bestimmt war. Mit dem Fest ging die Brotfruchternte zu Ende, was für Lay vorläufig ein Ende der Erntearbeit bedeutete. In den wenigen Tagen, die seit dem Gespräch der Eingeborenen über seinen Tod vergangen waren, hatte er die meiste Zeit nichts zu tun gehabt und war wohlweislich möglichst in seiner Hütte geblieben, außer Sicht, zumal er das Gefühl hatte, unter neuer, misstrauischer Beobachtung zu stehen.

Unterdessen war Hussey erneut mit seinem Herrn auf Tokewa und half ihm, noch mehr von den im Überfluss vorhandenen Brotfrüchten ins Boot zu laden. Während sie damit beschäftigt waren, kam ein Kanu mit einer Nachricht vom Oberhäuptling, dass Hussey nach Mili Mili zurückgebracht und getötet werden solle. Auf die Begründung, die Lay den Eingeborenen vergeblich zu entlocken versucht hatte, musste Hussey nicht lange warten: Es sei zu einem Besorgnis erregenden Krankheitsausbruch gekommen, teilte ihnen der Bote ohne Umschweife mit (Angaben zur Ausbreitung der Krankheit auf dem Atoll werden nicht gemacht), den man auf die Anwesenheit der beiden *Globe*-Besatzungsmitglieder zurückführe.

Die Symptome der Krankheit waren Schwellungen von Händen und Füßen, in manchen Fällen auch Geschwulste im Gesicht. Bei manchen jungen Leuten waren die Backen so angeschwollen, dass sie tagelang nichts sehen konnten. Zwar gab es keine Todesopfer zu beklagen, aber die Entstellungen waren so erschreckend, dass sie durchaus die Vorstellung erwecken konnten, der Kranken letzte Stunde habe geschlagen. Als Hussey von der Krankheit erfuhr, versuchte er zu erklären, dass er und sein Freund schon allein deshalb nicht die Verursacher sein könnten, weil eine solche Krankheit in ihrem Land völlig unbekannt sei. Die Mühe hätte er sich freilich sparen können, da Lugoma nicht überzeugt werden musste, und auf Mili Mili würden epidemiologische Argumente sowieso nicht zählen, denn dass Lay und Hussey für die Krankheit verantwortlich gemacht wurden, hatte übernatürliche Gründe.

Lugoma verlor keine Zeit. Anstatt zuerst die geernteten Brotfrüchte nach Lukunor zurückzubringen, scheuchte er Hussey ins Kanu und machte sich unverzüglich auf den Weg nach Mili Mili. Seine Hast war kein Zeichen von vorauseilendem Gehorsam gegenüber dem *iroojlaplap*; vielmehr fuhr er nach Mili Mili, weil er eine Erklärung wollte. Nach der Ankunft begab er sich auf der Stelle zu Luttuon, um zu erfahren, womit dieser die Todesstrafe rechtfertigte.

Während sich Lugoma (den Hussey »Vater« nannte) an Land zur Besprechung aufhielt, wartete Hussey mit Lugomas Familie im Kanu. Zufällig kam Lay, in Begleitung seines Herrn Luttuon, dort vorbei. Bei diesem dritten und unverhofften Wiedersehen erübrigten sich alle Fragen und Aussagen zu ihrem Befinden. Angesichts des drohenden Todesurteils wollten sie einfach zusammen sein, doch wie zuvor wurden ihnen nur wenige Minuten Redezeit gewährt. Kurz nachdem Lay mit Luttuon fortgegangen war, kehrte Lugoma zum Kanu zurück und berichtete seiner Familie, was er den Häuptlingen gesagt habe: Falls sie Hussey töten wollten, müssten sie zuerst ihn töten. Damals verstand Hussey die Sprache der Eingeborenen noch nicht gut genug, um zu begreifen, was Lugoma gesagt hatte, aber später erzählte man es ihm.

Die Nacht kam und verging. Nur die ausstehende Entscheidung der Häuptlinge stand der sofortigen Tötung von Lay und Hussey noch im Weg. Hussey erwähnt es zwar nicht, aber es ist anzunehmen, dass er mit seiner Gruppe am Strand von Mili Mili schlief. Am Morgen bat Hussey seinen Herrn um die Erlaubnis, Lay zu besuchen, was ihm sofort gestattet wurde. Zusammen mit Lugomas Sohn machte er sich auf den Weg zu Lay, doch als sie sich dessen Hütte näherten, rief Lay ihnen entgegen, Hussey solle nicht näher kommen, weil die Eingeborenen nicht wollten, dass sie sich träfen. Hussey wandte sich zum Gehen, doch zu seiner Überraschung wurde er wieder zurückgerufen, nicht von Lay, sondern von dessen Herrn, Luttuon. Die beiden jungen Weißen sprachen über den Tod. Lay erzählte Hussey, dass der Oberhäuptling des Atolls die Absicht habe, ihn zu töten. Hussey sprach ihm Mut zu: Sie seien schließlich nicht nur in der Hand der Eingeborenen, sondern auch in Gottes Hand. Trotzdem befürchtete Hussey, als er zum Kanu zurückkehrte, dass er seinen Freund niemals wiedersehen würde.

Lay bemühte sich, bei seiner Verteidigung vor den Eingeborenen »möglichst würdevoll« aufzutreten. Dann wartete er. Das Urteil der Häuptlinge ließ nicht lange auf sich warten: Lay und Hussey wurden begnadigt. Was die jungen Weißen vor der Hinrichtung rettete, war nicht die Tatsache, dass niemand an der Krankheit gestorben war, obwohl sich das zweifellos zu ihren Gunsten auswirkte. Vielmehr machten, wie Lay erfuhr, schwer wiegende Entscheidungen wie die Verhängung der Todesstrafe ein einstimmiges Votum der Häuptlinge erforderlich. Als das Schicksal der beiden Männer im Rat zur Abstimmung kam, legte jedoch einer der Häuptlinge sein Veto ein. Wer dieser Häuptling war, ist nicht bekannt, doch wenn Lugoma einen Rang innehatte, der ihm die Teilnahme am Rat erlaubte, ist es denkbar, dass er derjenige war, der die beiden vor der Hinrichtung bewahrte. Mit der Zeit klang die Epidemie ab. Als die Kranken genasen, schien der gegen Lay und Hussey gerichtete Verdacht vergessen. Aber fortan hegte Lay den Argwohn, die unberechenbaren Eingeborenen könnten in ihrem Wankelmut jederzeit eine neue Krise heraufbeschwören.

Die kurze Epidemie war dramatisch und seltsam. Die plötzliche Entstehung von Geschwulsten kann unterschiedlichste exogene Ursachen haben, etwa ernährungsbedingte Mangelkrankheiten – wie Beriberi und Kwashiorkor – oder Herz- und Nierenversagen, wobei Letztere eher selten Auslöser der beobachteten Symptome sind; auch ansteckende Hautentzündungen können zu Gesichtsödemen führen, die sich mitunter auf die Augen ausbreiten, wohingegen die Hornhaut an Händen und Füßen ein Übergreifen der Krankheit auf die Extremitäten gewöhnlich verhindert.

Einer heutzutage auf den Marshallinseln verbreiteten Meinung zufolge ist Fischvergiftung[11] die Ursache für derartige Krankheiten. Dr. Scott Norton, anerkannter Experte für Tropenmedizin, vermutet, dass es sich bei der Krankheit entweder um eine Ciguatera-Vergiftung handelte, die durch ein von bestimmten Fischen gefressenes Plankton-Toxin hervorgerufen wird, oder um eine durch verdorbenen Fisch verursachte Makrelenvergiftung. Beide Krankheiten weisen die unterschiedlichsten Symptome auf, die Geschwulste deuten aber eher auf Makrelenvergiftung hin.

Das ganze Drama im Zusammenhang mit der Krankheit und dem drohenden Todesurteil für Lay und Hussey beschäftigte die Insulaner nicht viel länger als zwei Wochen, denn sowie die Kranken genesen waren, widmeten sich die Häuptlinge wieder den durch die Krankheit unterbrochenen Vorbereitungen für den wichtigsten jährlichen Brotfruchttribut, der allen Oberhäuptern sämtlicher Inseln geleistet wurde. Besagter Tribut war für Labuliet (»La-boo-woole-yet« in Lays Bericht) bestimmt, den Oberhäuptling von Arno, dem sechzig Meilen weiter nördlich gelegenen Nachbaratoll von Mili. Mit dem Transport der Brotfrucht nach Arno wurden zwar nicht direkt internationale Beziehungen geknüpft, gleichwohl handelte es sich um ein diplomatisches Unternehmen. Zwölf Kanus segelten mit *bwiro* und rund 200 Eingeborenen nach Arno, um Labuliet zu ehren, der aus weiter Ferne eine Oberherrschaft[12] über Mili innehatte, denn seine Tochter (oder Enkelin) war mit Luttuon, dem *iroojlaplap* von Mili, verheiratet. Labuliet erwartete nicht nur seinen jährlichen Tribut, sondern drohte Mili auch mit Krieg für den Fall, dass es damit in Verzug geriete.

Es könnte eine der größten Flottillen gewesen sein, die Lay je gesehen hatte. Da ganz Mili Mili an den Vorbereitungen für die große Fahrt nach Arno beteiligt war, stellt sich natürlich die Frage, ob auch Lay mitfuhr. Dafür, dass er es nicht tat, spricht Pauldings Schilderung vom Zwischenstopp der *Dolphin* auf Arno nach der Rettung von Lay und Hussey, bei dem die beiden allem Anschein nach zum ersten Mal auf das benachbarte Atoll kommen und auch Labuliet offenbar zum ersten Mal begegnen. Wie aber ist dann Lays Aussage zu verstehen: »Nach vier- oder fünftägiger Abwesenheit, während der es zum Austausch von Höflichkeiten mit zahlreichen Häuptlingen kam, kehrten wir nach Mili zurück und zogen die Kanus an Land«, oder sein Satz im nächsten Absatz: »Ungefähr zwei Tage nach meiner Rückkehr …«? Am einfachsten ist es, anzunehmen, dass der Ghostwriter von Lay und Hussey an dieser Stelle etwas missverstanden hat. Da sich vor und nach der Fahrt nach Arno die Häuptlinge des Mili-Atolls in Mili Mili versammelten, hätte Lay dort reichlich Gelegenheit »zum Austausch von Höflichkeiten mit zahlreichen Häuptlingen« gehabt. Dank dieses freundlichen Austauschs will Lay – darauf weist er ausdrücklich hin – nach der Rückkehr der Kanus von Arno herausgefunden haben, dass Labuliet, nachdem er von der angeblich durch Lay und Hussey verschuldeten Epidemie erfahren hatte, die erwogenen Hinrichtungen mit folgender Begründung verurteilte: Das Leid, von dem die Insulaner heimgesucht worden waren, sei nicht auf die Anwesenheit von Lay und Hussey zurückzuführen, vielmehr habe der Inselgott damit sein Missfallen über die Ermordung der sieben *Globe*-Besatzungsmitglieder durch seine Anbeter ausgedrückt. Damit klärte die von den Eingeborenen als höchste Macht anerkannte Instanz endgültig die Frage, wer für die Epidemie verantwortlich war, und bestätigte nachträglich den Häuptling, der als Einziger sein Veto gegen die Todesstrafe eingelegt hatte. Auf jeden Fall wurde die Tatsache, dass die Krankheit völlig verschwunden war, allgemein als Beweis dafür interpretiert, dass die Schuld der Eingeborenen wegen der Morde gesühnt war, womit sie sich in Lays Augen, der das Wort »gesühnt« mit einem Ausrufungszeichen versieht, die Absolution entschieden zu einfach machten.

Einige Tage nach der Rückkehr der nach Arno entsandten Mission tauchte vor der Küste von Mili Mili ein Schiff auf. Sofort brach unter den Eingeborenen helle Aufregung aus, die freilich nichts im Vergleich zu der Erregung war, die Lay mühsam zu verbergen versuchte. Die sich nach ihrer Rückkehr aus Arno noch auf Mili Mili aufhaltenden Häuptlinge glaubten, dass es sich bei dem Schiff um die *Globe* handelte, die aus unerklärlichen Gründen zurückgekehrt war. Obwohl Lay sah, dass es nicht sein altes Schiff war, bedeutete es für ihn den ersten Hoffnungsstrahl seit dem Massaker vor sechs Monaten. Sowohl aus Lays als auch aus Husseys Äußerungen lässt sich schließen, dass das Schiff gegen Ende August auftauchte. Zusammen mit rund 300 Eingeborenen eilte Lay zu einem Aussichtspunkt, vermutlich am südwestlichen Ende von Mili Mili, und beobachtete, wie das Schiff auf die Insel zuhielt. Am späten Nachmittag nahm es Fock- und Besanbramsegel weg, und alle rechneten damit, dass ein Boot an Land geschickt würde. Doch kein Boot wurde ausgesetzt, und auch am Abend geschah nichts weiter. Lay kehrte in seine Hütte zurück und verbrachte eine schlaflose Nacht. Als er am Morgen mit Luttuon zum Strand hinunterging, war weit und breit nichts mehr zu sehen außer einem leeren Ozean. Das Schiff der Hoffnung war fort.

Um welches Schiff es sich handelte, lässt sich nicht mit Gewissheit sagen. Wäre es, anders als Lay und Hussey andeuten, nicht im August, sondern drei Monate früher aufgetaucht, könnte es die von Kapitän Louis Duperrey befehligte französische Korvette *Coquille*[13] gewesen sein. Am 26. Mai lag die *Coquille* vor Mili und sichtete Menschen an Land, nahm aber keinen Kontakt zu ihnen auf. Möglicherweise brachten Lay und Hussey die Chronologie etwas durcheinander und verlegten ein Ereignis in den August, das in Wirklichkeit drei Monate früher stattgefunden hatte. Denn es ist eigentlich kaum vorstellbar, dass die *Coquille* vor der Küste auftauchte und keine nennenswerte Reaktion auf dem Atoll hervorrief. Das Schiff, das Lay und die Eingeborenen sahen, sorgte jedenfalls für große Aufregung; sein Anblick löste bei den Eingeborenen Besorgnis aus und weckte bei Lay verzweifelte Hoffnung. Es ist fast undenkbar, dass ein Ereignis, das im August einen solchen Aufruhr verursachte, im Mai völlig ignoriert worden wäre.

Während bei den Eingeborenen die Erregung rasch wieder abebbte, kamen die beiden Seeleute nicht so schnell über die Enttäuschung ihrer schon sicher geglaubten Rettung hinweg. Der Alltag holte sie zwar schnell wieder ein, aber manchmal fantasierten sie aus heiterem Himmel von Schiffen. Alltag hieß Arbeit – fischen und ernten. Und es bedeutete, gegenüber dem Drängen der Eingeborenen, sich die Ohrläppchen durchbohren zu lassen, stur zu bleiben. Bei den Eingeborenen begann die Schönheitspflege des Ohres, wenn ein Kind etwa vier Jahre alt war. Mit spitzen Stöcken wurden Löcher in die Ohrläppchen gestochen, die durch Einsätze allmählich in die Länge gezogen wurden, bis die Ohren fast die Schultern berührten, was als Zeichen großer Schönheit galt. Dass sich die Amerikaner dieser Operation verweigerten, grenzte für die Eingeborenen an Undankbarkeit.

Viel lieber hörte Lay es, wenn ihm die Eingeborenen aufrichtiges Lob für seine Sprachkenntnisse spendeten. Innerhalb von rund einem halben Jahr hatte er so viel gelernt, dass er mühelos eine Sprache verstand und beherrschte, die aus ungewohnt vielen Konsonanten und einem fremden Satzbau bestand und nicht die geringste Ähnlichkeit mit dem Englischen aufwies. Ein anschauliches Beispiel für die beeindruckende Leistung der beiden Männer, insbesondere die von Lay, liefert das als Anhang zu *A Narrative of the Mutiny* abgedruckte Verzeichnis marshallesischer Wörter (siehe Anhang C dieses Buches).

Über den Zeitpunkt ihres vierten Wiedersehens gehen die Angaben von Lay und Hussey auseinander. Hussey sagt, dass er und sein Herr sich unverzüglich auf den Weg nach Mili Mili machten, als sie die Nachricht von dem Schiff erfuhren. Lay dagegen lässt ihn erst zwei Wochen später kommen. Möglicherweise hat Lay zwei Besuche Husseys zu einem zusammengefasst. Wie Hussey berichtet, gewährte man ihm beim ersten Mal zwei kurze Gespräche mit Lay, bevor er über Tokewa nach Lukunor zurückkehrte. Ihre nächste Begegnung fand in etwas entspannterer Stimmung statt als die vorangegangenen Treffen. Lay erzählte Hussey, dass er genügend zu essen habe, dass die Eingeborenen ihn rücksichtsvoll behandelten und ihr Essen mit ihm teilten. Bei diesem Treffen kam es zu einem kleinen Austausch von Nahrungsmitteln: Hussey hatte Lay einen Korb voll Fische mitgebracht, die Lay ihn bis zum Einbruch der Dunkelheit zu behalten bat, um sie nicht mit jedem, dem er begegnete, teilen zu müssen. Als es dunkel war, nahm Lay den Fisch und brachte ihn seinem Herrn, der sich über das Geschenk freute. Am nächsten Morgen schenkte Luttuon Hussey dafür einige Kokosnüsse. Als Hussey mit den Kokosnüssen zum Kanu kam, fragte Lugoma ihn ein wenig argwöhnisch, woher die Früchte stammten, denn er wollte nicht, dass ein Angehöriger seines Volkes stahl.

Wieder zurück in Lukunor, gewöhnte sich Hussey an das tägliche Fischen und Trocknen der Fische, kurz, an das Leben eines Dieners. Irgendwann wurde sein Herr nach Mili Mili zitiert, um sich einer Untersuchung zu stellen, da man ihn und Lays Herrn beschuldigte, sie planten, nach Arno überzusiedeln, und wollten die beiden Weißen mitnehmen, um sie dort als Attraktionen vorzuführen – eine Besorgnis erregende Anschuldigung, denn das unerlaubte Verlassen des Atolls galt als schwere Straftat. Die beiden Angeklagten stritten alles ab und wurden freigesprochen, aber Hussey wusste, dass sie logen, da er sie des Öfteren über die Flucht nach Arno hatte reden hören. Hussey hätte sie verraten können, beschloss aber zu schweigen, denn ganz abgesehen davon, dass es seinem Herrn gegenüber illoyal gewesen wäre, hätte daraus leicht eine neue Krise erwachsen können.

Vermutlich Ende 1824 wurde die Insel von einer schweren Hungersnot heimgesucht. Hussey, der einen Teil der Zeit auf Mili Mili verbrachte, spricht von einer viermonatigen Dürreperiode, die auf kleineren Inseln sogar die Brotfruchtbäume vertrocknen ließ. Aufmerksam lauschte er den ständigen, für ihn buchstäblich lebenswichtigen Streitgesprächen zwischen denjenigen Eingeborenen, die glaubten, die Trockenheit sei die Strafe dafür, dass sie Lay und Hussey noch immer auf der Insel festhielten, und solchen, die der Meinung waren, sie sei die Strafe für die Ermordung der sieben *Globe*-Besatzungsmitglieder. Dass Hussey vehement Partei für die zweite Gruppe ergriff, versteht sich von selbst. Die Debatte weckte unselige Erinnerungen an die Zeit, als die beiden Männer für den Ausbruch der Epidemie verantwortlich gemacht wurden, obwohl Lay und Hussey diesmal anscheinend mehr Verteidiger hatten.

Das Leben wurde zu einem einzigen Überlebenskampf. Hussey schildert, wie sie sich von einer Brühe aus gekochten Zweigen ernährten. Eines Tages, als Lugoma seinen Diener zum Fischen schicken wollte, fand er Hussey entkräftet in seiner Hütte liegen. Was mit ihm los sei, erkundigte sich Lugoma. Er sei vor Hunger zu geschwächt, um aufzustehen, erklärte ihm Hussey; worauf Lugoma ihm einen Fisch kochte, der ihn, wie Hussey schreibt, »nicht einmal halb sättigte«. Derweil musste Lay auf Mili Mili mit einer halben Kokosnuss täglich auskommen, bis er zum Dieb wurde. Einige von Luttuons Kokospalmen bogen sich fast unter der Last ihrer Früchte; nachts, wenn alles schlief, kletterte Lay auf die Bäume, steckte sich eine Kokosnuss am Stiel in den Mund, nahm eine in jede Hand und hangelte sich vorsichtig den Stamm hinunter, was etwa ebenso viel Geschick erforderte wie die Arbeit im Rigg. Er war ängstlich darauf bedacht, nur ja kein Geräusch durch eine fallende Kokosnuss zu machen, übertrieben ängstlich allerdings, denn herabfallende Kokosnüsse waren regelmäßige nächtliche Geräusche, an die jeder gewöhnt war – sie hätten niemandes Aufmerksamkeit erregt. Aber Lay wollte nicht das geringste Risiko eingehen. Er trug seine Beute in den Schutz eines dichten Gebüschs und tat sich Nacht für Nacht gütlich an ihnen, bis Luttuon eines Tages die Abnahme seines Kokosnussbestands auffiel. Von da an musste auch Lay wieder hungern. Weder Lay noch Hussey begründen, warum die normalerweise so reichlich vorhandenen Kokosnüsse nicht allen zur Verfügung gestanden haben sollen. Gewöhnlich ist die Lagune übersät mit schwimmenden Kokosnüssen, die der Wind von den Palmen rüttelt und die Flut ins Wasser hinausträgt. Manchmal, insbesondere nach einem Sturm, sind es so viele, dass man eine Untiefe oder sogar ein Riff vermutet, doch mühelos gleiten die Bootsrümpfe durch die bewegliche Masse.

Einmal wurde durch eine Kokosnuss sogar eine mittlere Krise heraufbeschworen: Lay hatte besagte Frucht von einem frischen Grab aufgelesen und sich dadurch den Unmut Anits zugezogen. Denn nach einem Begräbnis musste erst eine gewisse Zeit verstrichen sein, bevor ein Mann (niemals eine Frau) tun durfte, was Lay getan hatte. Eine Gruppe Eingeborener, die Lay bei seinem Vergehen ertappten, bedrohten ihn zwar nicht persönlich, warnten ihn jedoch, dass er im Wiederholungsfall nicht nur über sich, sondern über die ganze Insel Krankheit und Tod brächte. Angesichts des großen Geschreis beteuerte Lay, in Unkenntnis gehandelt zu haben – er habe nicht gewusst, dass er etwas Verbotenes tue –, und versprach reumütig, dergleichen nie wieder zu tun. Ihm fiel ein Stein vom Herzen, als sie endlich abzogen, denn innerlich hatte er sich schon auf großen Ärger eingestellt.

Nach vier Monaten endete die Dürreperiode, und es begann zu regnen. Die Eingeborenen versammelten sich in Mili Mili, um Anit mit ihren Gesängen um eine reiche Brotfruchternte zu bitten. Aus der Art und Weise, in der Hussey von diesem Ereignis berichtet, lässt sich schließen, dass er sich damals ebenfalls in Mili Mili aufhielt. Offenbar erschien es aber sowohl Lay als auch Hussey mit der Zeit immer unwichtiger, genau Buch über die einzelnen Fahrten zwischen Lukunor und Mili Mili oder das tägliche Geschehen zu führen. Inzwischen gehörten die beiden Weißen dazu, und die Eingeborenen machten sich nicht einmal mehr besondere Mühe, die beiden voneinander zu trennen. Wenn Lay von Paulding folgendermaßen zitiert wird: »[Der Oberhäuptling] behandelte mich in jeder Hinsicht ausgesprochen freundlich. Alle vierzehn Tage, oder mindestens einmal im Monat, wurde Huzzy [*sic*] zu mir oder ich zu ihm gebracht, und wir durften den Tag zusammen verbringen«, stimmt das zwar eindeutig nicht mit den Aussagen in Lays und Husseys Bericht *Narrative* überein, doch das muss kein Widerspruch sein, denn die meisten der dort geschilderten Episoden ereigneten sich während des ersten Jahres ihres Aufenthalts auf dem Atoll. Im zweiten Jahr hatte sich die Lage der beiden deutlich entspannt, und die freundliche, großzügige Behandlung, von der in Pauldings Bericht die Rede ist, könnte Realität geworden sein.

Eines Tages kam eine Gruppe Eingeborener von der im nordwestlichen Teil des Atolls gelegenen Insel Naalo (bei Lay heißt sie Alloo) nach Mili Mili, um dort mit den Häuptlingen Geschenke auszutauschen und an einem *bwiro*-Fest teilzunehmen. Da sie Lay noch nie zuvor gesehen hatten, umringten sie ihn neugierig, befühlten seine Haut und machten Witze über seine Hautfarbe und seine unversehrten Ohrläppchen, was Lay gewaltig auf die Nerven ging. Er reagierte ungehalten – zu Recht, wie er fand; und das war das eigentlich Interessante an der Sache. Denn es geschah keineswegs zum ersten Mal, dass die Eingeborenen ihn so ungeniert rüde behandelten, aber in der Anfangszeit seines Aufenthalts pflegte er solche Vorkommnisse jeweils als weiteres Beispiel für die exotische und unerklärliche Welt der Atollbewohner wegzustecken, nicht schlimmer und nicht besser als all die anderen merkwürdigen Ereignisse, die er tagtäglich beobachtete. Inzwischen aber war das Leben auf dem Atoll für Lay nicht mehr so exotisch und unerklärlich, und er war der Meinung, dass er, genau wie jeder andere auf dem Mili-Atoll, ein Recht auf Ungestörtheit und höfliche Behandlung hatte.

Von Zeit zu Zeit unterhielt Lay die Eingeborenen damit, dass er Musketen abfeuerte, einmal sogar die schwere Drehbasse von der *Globe*, was die Eingeborenen im ersten Moment in Angst und Schrecken versetzte, gleich darauf jedoch in übermütig ausgelassene Laune. Alltäglichen Details wie diesem widmet sich Lays und Husseys *Narrative* mit Beginn des zweiten Jahres auf dem Atoll immer häufiger. Es ist ganz aufschlussreich, dass die beiden Männer nun nicht mehr in erster Linie erzählen, was ihnen widerfuhr, sondern fast im Stil eines Reiseführers ihre Beobachtungen beschreiben. In Lays siebtem Kapitel klingt das beispielsweise so: Die Eingeborenen haben breite

Gesichter mit platten Nasen und breiten Mündern. Das Haar tragen sie lang und auf dem Kopf zu einem Knoten aufgesteckt, und die Männer haben lange Bärte. Sie tanzen gern und auf ähnliche Weise wie die Hawaiianer; sie baden oft, und auch die Kinder werden bereits vom Tag der Geburt an regelmäßig gebadet. Wenn jemand stirbt, brechen sie in Wehklagen aus, das zwei Tage und zwei Nächte lang ununterbrochen anhält, und pflanzen Kokospalmen am Kopf- und Fußende des Grabes. Wenn sie nicht arbeiten, besuchen sie sich, wobei sie sich bei der Ankunft ohne ein Wort der Begrüßung hinsetzen und schweigen. Nach einer Weile setzt ihnen der Gastgeber Speisen vor, und wenn alle Gäste gegessen haben, werden etwaige Speisereste »sorgfältig eingepackt und mit nach Hause genommen, und der Gastgeber würde es als Beleidigung betrachten, wenn sich seine Besucher über dieses Gebot der Höflichkeit und der Etikette hinwegsetzten«.[14]

Eines Tages wurde Hussey Zeuge eines Mordes.[15] Zwischen zwei Eingeborenen, mit denen er auf Fischfang war, kam es plötzlich wegen einer nichtigen Angelegenheit zu einer heftigen Auseinandersetzung. Plötzlich griff einer nach dem Speer des anderen, brach ihn über dem Knie entzwei und erstach mit der Spitze den Gegner. Die Eltern des Toten bahrten ihren Sohn auf einer Matte auf und »schienen«, wie Hussey mit ungewohntem Understatement schreibt, »den Verlust sehr zu beklagen«. Noch blutiger als diese Einzeltat drohte ein bevorstehender Krieg zu werden, von dem Hussey leider in viel zu komprimierter Form erzählt. Zwischen Luttuon, dem *iroojlaplap*, und seinem auf der Insel Naalo beheimateten Bruder Longerene herrschte seit einiger Zeit Zwietracht. Luttuon bestellte seinen Bruder zu einer Konferenz nach Mili Mili, die zum Abschluss eines Friedensvertrags zwischen den beiden führte. Doch schon auf der nächsten Seite seines Berichts schreibt Hussey, dass, wie er von aufgeregten Eingeborenen erfahren haben will, Luttuon mehrere nachgeordnete Häuptlinge von Naalo getötet habe,

Longerene geflohen sei und ein Kriegsausbruch unmittelbar bevorstehe. Luttuon zitierte Lay und Hussey zu sich und teilte ihnen mit, sie seien eingezogen, und zwar als Artilleristen. Sie fragten Luttuon, ob er Pulver für die Musketen habe, die sie auf seinen Wunsch hin drohend schwingen sollten. Obwohl das Pulver nicht zu gebrauchen war, trockneten die beiden es zum Schein mit großem Aufwand in der Sonne und schlossen sich am nächsten Morgen der Flotte aus fünfzehn oder sechzehn Kanus an, die mit 200 Eingeborenen nach Naalo segelte. Doch statt dort, wie geplant, in den Kampf zu ziehen, stellten sie fest, dass der Feind geflohen war – Hussey erwähnt an dieser Stelle den Namen Longerene zwar nicht, aber dieser war der Häuptling, den Luttuons Truppen verfolgten (der Friedensvertrag galt offenbar nicht mehr). Nach erfolgloser Verfolgung und ein paar Tagen Aufenthalt auf Naalo kehrten die Krieger nach Hause zurück. »Wir … haben von dem Krieg nie wieder etwas gehört«, so Hussey. Der ganze Vorfall ist so verkürzt zusammengefasst, dass sich von dem Geschehen kaum ein Bild machen, geschweige denn einschätzen lässt, was in Lay und Hussey vorging. Ahnten sie, dass sich das Ganze als reine Manöverübung entpuppen würde? Oder rechneten sie ernsthaft mit der Möglichkeit, zu töten oder getötet zu werden? Gewöhnlich nahmen die beiden alles sehr ernst, und der Krieg wirkte nicht gerade wie eine harmlose Sache; daher überrascht es, dass sie dieses aufregende Ereignis in ihrem Bericht eher beiläufig abhandeln.

*Etto amro pad ioon aneo* – seit langem sind wir auf der Insel. 22 Monate lang hing die Zukunft von William Lay und Cyrus Hussey an einem seidenen Faden, und dieser Faden war die *Globe*. Falls das Schiff einen Hafen erreichen würde und dort jemand über einen Plan und die nötigen Mittel verfügte, um ihre Rettung zu organisieren, dann hätten Lay und Hussey eine kleine Chance, nicht als die merkwürdigen, halb eingebürgerten Weißen (deren Haut mit jedem Jahr dunkler wurde) auf dem Atoll zu enden. Ein verbreitetes Südseeklischee ist der Schiffbrüchige, der sich – am Anfang vielleicht nicht unbedingt freiwillig – wie die Eingeborenen kleidet, ernährt und tätowieren lässt, der ihre Sprache lernt, an Stammeskriegen teilnimmt, ihre Kanus zu handhaben lernt, eine Eingeborene heiratet und mit der Zeit sogar Achtung und Einfluss unter den Eingeborenen gewinnt, und der nach zwanzig Jahren schließlich entdeckt wird, wenn ein Walfänger oder Kauffahrer ein Boot an Land schickt. Und sich retten lässt? Nicht immer – manchmal ist die Anpassungsfalle zugeschnappt, und der Weiße will nicht mehr zurück.

Lay und Hussey aber wünschten sich verzweifelt, zurückzukehren, und fragten sich immer wieder, wie es wohl der *Globe* ergangen sein mochte.

# SECHSTES KAPITEL

## DIE NACHRICHT

Als Gilbert Smith am 17. Februar 1824 mit seiner fünfköpfigen Besatzung auf der *Globe* in die Nacht hineinsegelte, traf er, bewusst oder zufällig, ein paar richtige Entscheidungen. An Bord befand sich ein Kompass, aber kein Quadrant, und Smith verstand genug von Navigation, um zu wissen, was es hieß, ohne Instrument zur Bestimmung der Sonnenhöhe unterwegs zu sein. Außerdem segelte das Schiff, sofern unter Deck keine Ersatzsegel gefunden wurden, ohne Großsegel, ohne Focksegel, ohne unteren und oberen Besan und mit nur einem einzigen Royalsegel. Aber in Anbetracht der Tatsache, dass sie nur zu sechst waren und sich Thomas, wenn man Smith glauben darf, als Drückeberger entpuppte, war es vielleicht nur zu ihrem Besten, dass sie nicht unter Vollzeug liefen. Gingen sie immer zu zweit Wache? Oder verlängerten sie die Wachen auf jeweils zwölf Stunden?

Die erste richtige Entscheidung, die Smith traf, nachdem die Ankertrosse gekappt und die *Globe* bereit war, in See zu stechen, war es, Kurs auf Osten zu nehmen und zunächst einmal denselben Weg zurückzufahren, den sie gekommen waren. Der entscheidende Unterschied bestand allerdings darin, dass die *Globe* diesmal im Dunkeln am Sporn von Knox, dem südwestlichen Ausläufer des Atolls, vorbeisegelte, einer Kette aus Inseln und tückischen Riffen, die zwar tagsüber leicht auszumachen sind, eine Umschiffung bei Nacht jedoch wenig ratsam erscheinen lassen. Nachdem sie das Mili-Atoll hinter sich gelassen hatten, folgten sie nicht ihrer alten Route durch die Gilbertinseln, sondern fuhren Richtung Süden und überquerten den Äquator. Ob es Glück war oder Klugheit, auf jeden Fall hatte Smith einen für sie günstigen Kurs gewählt, auf dem das Schiff vorbei an Samoa (damals unter dem Namen Navigatorinseln bekannt) Richtung Osten getrieben wurde. Smith hat keine Aufzeichnungen über mögliche Landfälle zwischen Samoa und Südamerika hinterlassen, aber seine östliche Route dürfte ihn bei leichter Kursabweichung nach Süden in die Nähe von Tahiti beziehungsweise nach Norden in die Nähe der Marquesas geführt haben.[1] Die Inseln boten sich als Zwischenstopps zum Auffüllen der Vorräte an, und wenn die *Globe* keine von ihnen anlief, konnte das nur heißen, dass Payne und Oliver bei der hektischen Entladung auf dem Mili-Atoll so viel Proviant und Wasser an Bord zurückgelassen hatten, dass sechs Männer damit 112 Tage[2] lang auskamen.

Die *Globe* konnte es sich sogar leisten, Proviant wegzugeben. Als sie am 5. Juni 1824 auf 34° 19' Süd die chilenische Küste etwa fünfzig Kilometer südlich von Valparaiso sichtete, wurde sie von einem chilenischen Schiff[3] angepreit, dessen Besatzung, wie der Kapitän erklärte, kurz vor dem Verhungern war. Auf diese Nachricht hin kam es zu einem Tausch, der einiges über die Versorgungslage an Bord des unterbemannten Walfängers sagt: Die *Globe* gab dem chilenischen Schiff 21 Säcke Brot und vier Fässer Pökelfleisch und erhielt von dem Chilenen dafür ein Schaf und ein Viertelscheffel Kartoffeln. Ferner schickte das chilenische Schiff zum Zeichen seines guten Willens ein paar seiner Leute auf die *Globe*, die beim Anlaufen des Hafens helfen sollten, und schenkte Smith einen Quadranten – eine großzügige Geste, wenn auch nicht sehr von Nutzen, denn, so Smith: »Eine große [Hilfe] waren sie [die ausgeliehenen Seeleute] uns nicht«; anscheinend hatte der Hunger sie zu sehr geschwächt. Und der Quadrant nützte ihnen nun auch nichts mehr. Die chilenische Küste lag gut sichtbar an Steuerbord, und bald würde im Norden Valparaiso in Sicht kommen – Instrumente zur Standortbestimmung brauchte die *Globe* jetzt keine mehr.

Am 7. Juni 1824, fast ein halbes Jahr nach der Meuterei, lief die *Globe* unter Seenotflagge in den Hafen von Valparaiso ein.[4] Der amerikanische Konsul, Michael Hogan, wurde benachrichtigt und kam in Begleitung mehrerer Herren an Bord, darunter Peter Dillon, ein Kapitän, der in einer berühmten Mission unterwegs war: Er sollte das Schicksal der seit langem vermissten La-Pérouse-Expedition aufklären. In seinem Buch über diese Fahrt erwähnt Dillon auch kurz die Ankunft der *Globe* in Valparaiso.

Der seidene Faden, Lays und Husseys Rettungsanker, hatte gehalten. Die Nachricht von der *Globe*-Meuterei war heraus, wenn auch nicht auf dem aktuellsten Stand, denn Smith und seine Besatzung berichteten von der Situation am Tag ihrer Abfahrt, als noch zwei der Meuterer und sieben Nichtmeuterer auf dem Mili-Atoll lebten.

Konsul Hogan verlor keine Zeit, sondern leitete umgehend Ermittlungen ein, um Gilbert Smiths Bericht nachzuprüfen. Zwei Tage nach der Ankunft des Schiffes ließ er Stephen Kidder und George Comstock unter Eid aussagen, eine Woche später, am 15. Juni, verhörte er Peter Kidder und Gilbert Smith und zwei Wochen darauf, am 30. Juni, Anthony Hanson und Joseph Thomas. Die eidliche Aussage von Smith war doppelt so lang wie die der anderen und ging ausführlicher auf Details ein, unter anderem von ihrer Fahrt nach der Flucht, aber im Großen und Ganzen erzählten alle Beteiligten, auch Joseph Thomas, dieselbe Geschichte. Am 11. August schickte Hogan Abschriften der Aussagen an Außenminister John Quincy Adams, an Kommodore Isaac Hull (den Oberbefehlshaber des Pazifikgeschwaders der Vereinigten Staaten)[5] in Callao und an die Strafverfolgungsbehörden in Nantucket, »um bis zur nötigen Aufklärung des Falles ein Auge auf den möglichen Mittäter Joseph Thomas zu haben«. Außerdem unterstellte Hogan die *Globe* seiner Aufsicht, bereitete ihre Rückfahrt nach Nantucket vor und ernannte Kapitän King zum Interimskommandanten des Schiffes. Am 15. August 1824 stach die *Globe* von Valparaiso aus in See.[6]

Nachrichten vom pazifischen Flottenstützpunkt in die Vereinigten Staaten brauchten vier Monate, was beträchtliche Unannehmlichkeiten für das Flottenkommando mit sich brachte, das bei jeder Eingabe acht Monate auf die Bewilligung warten musste, selbst bei so geringfügigen Angelegenheiten wie der Beförderung rangniedriger Offiziere oder der Genehmigung, Besatzungen in die Heimat vors Kriegsgericht zu schicken. Alle Schiffe, Kauffahrer und Kriegsschiffe, mit Nachrichten aus dem Pazifik brauchten in etwa dieselbe Zeit für die Fahrt. Die mitgebrachten Berichte erschienen umgehend in den heimischen Zeitungen und beinhalteten gewöhnlich die Zahl der erwirtschafteten Ölfässer, die auf See oder im Hafen getroffenen Schiffe samt deren bis dahin erbeuteten Ölmenge und außergewöhnliche Ereignisse, wie zum Beispiel schwere Sturmschäden an Schiffen. Die Nachricht von der Meuterei auf der *Globe* brauchte die üblichen vier Monate bis Nantucket, diesmal aber enthielt der Bericht von der Rückkehr eines Schiffes nicht die sonstigen Mengenangaben des mitgebrachten Öls (was durchaus möglich gewesen wäre, da die *Globe* immerhin noch 372 Fass Spermöl an Bord hatte). Am 25. Oktober 1824 veröffentlichte der Nantucketer *Inquirer*, wenn auch mit einigen Ungenauigkeiten (aber vermutlich weniger als erwartet), die erschütternde Nachricht:

> Wie die *Belle* meldete, lief Mitte Juni das Schiff *Globe* aus Nantucket unter dem Kommando von Bootssteurer Smith in Valparaiso ein. Vorausgegangen war eine Meuterei der Besatzung, bei der Kapitän Thomas Worth und die Maate Wm. Beatle

und John Lombard getötet wurden. Anschließend steuerten die Meuterer mit dem Schiff die Lord-Mulgraves-Inseln an, mit der Absicht, dort zu bleiben, und brachten alles hierfür Nötige an Land. Hier gerieten sie in Streit darüber, wer Kapitän sein sollte, erschossen den Anführer der Meuterei, einen Bootssteurer namens Comstock aus N. York, und erhängten anschließend den Steward, weil er angeblich nicht auf ihrer Seite stand. Während die meisten Besatzungsmitglieder an Land waren, brachten Smith und ein paar andere, darunter mehrere Schiffsjungen, die an Bord zurückgelassen worden waren (und anscheinend aus Angst mit den Meuterern paktiert hatten), das Schiff in ihren Besitz, kappten nachts die Trossen und verließen die Inseln. Später schlossen sie sich einem anderen Schiff an, dessen Offizier zu ihnen an Bord kam und sie nach Valparaiso brachte, von wo aus sie wenige Tage später unter dem Kommando von Thos. Raymond die Heimfahrt antreten sollte. Eigentlich hatten die Meuterer vorgehabt, das Schiff in Brand zu stecken. Bei der Ankunft in Valparaiso waren nur sechs Mann an Bord. Sie wurden vorläufig auf einem englischen und einem französischen Kriegsschiff unter Arrest gestellt, weil sich zu dem Zeitpunkt kein amerikanisches Schiff im Hafen aufhielt. Elf Mann wurden auf der Insel zurückgelassen.

22 Monate, also genau so lange wie die Zeit, die Lay und Hussey auf dem Atoll verbrachten, hatten die Nantucketer nicht die geringste Ahnung, dass manche aus der *Globe*-Besatzung auf Mili überlebt hatten und andere dort umgekommen waren. Fast zwei Jahre lang lebten die fünf Familien von Rowland Coffin, Columbus Worth, Rowland Jones, William Lay und Cyrus Hussey im Ungewissen über das Schicksal ihrer jungen Söhne und Verwandten. Irgendjemand hatte in die Musterrolle der *Globe* an den rechten Rand neben die betreffenden Namen geschrieben: »Auf den Lord-Mulgraves-Inseln.« Und

dort waren sie ja auch – sowohl die Lebenden als auch die Toten.

Am 14. November 1824, rund drei Wochen, nachdem der Artikel im Nantucketer *Inquirer* erschienen war, lief die *Globe* in den Hafen von Edgartown ein. Obwohl die Geschichte des Geschehens bis zum Moment der Flucht des Schiffes jetzt aus erster Hand zu haben war, wurde sie noch immer nicht vollständig und korrekt wiedergegeben. So schrieb der *Inquirer* am nächsten Tag:

> Die einzigen Namen von Überlebenden der Meuterei, die wir uns verschaffen konnten, sind folgende: Smith (ursprünglich Bootssteurer) und zwei Söhne von Kapitän Kidder aus Edgartown … Wie es außerdem heißt, wurde Kapitän Worth, während er in seiner Koje* schlief, von Thain, einem auf den Sandwichinseln angeheuerten Seemann, mit einer Axt getötet … Comstock, der ältere, wurde auf den Lord-Mulgraves-Inseln gehängt. Der jüngere Bruder wurde gezwungen, der Hinrichtung beizuwohnen, und anschließend wegen Protestierens mit Holzscheiten erschlagen.

Eine Woche später, am 22. November, schrieb der *Inquirer*: »In Anbetracht der vielen Falschmeldungen über die Meuterei an Bord des hier beheimateten Schiffes *Globe* und weil auch wir einen fehlerhaften Artikel abgedruckt haben, ist es uns ein besonderes Anliegen, unseren Lesern folgenden Bericht zu präsentieren, dessen Richtigkeit außer allem Zweifel steht.« Hierauf folgte eine vollständigere und im Wesentlichen genaue Schilderung des Geschehens.

In einem anderen Artikel berichtete die Zeitung, dass Joseph

* Im Original steht hier *birth* (Geburt), ein Druckfehler der Zeitung, auf den der Autor mit einem *sic* hinweist. Das englische Wort für Koje lautet *berth*.

Thomas am 18. November unter dem Verdacht des Mordes an den Offizieren dem Nantucketer Richter Josiah Hussey vorgeführt wurde. Thomas' Vernehmung wurde zuerst auf den 20. und dann auf den 22. verschoben, um auf Zeugen zu warten, die noch an Bord der *Globe* in Edgartown waren. Offensichtlich hatte man Thomas sofort nach Nantucket gebracht, bevor die *Globe* von Edgartown herüberkam. Möglich, dass George Comstock früher nach Nantucket übersetzen durfte. Gilbert Smith und die beiden Kidders dürften jedoch kaum erpicht darauf gewesen sein, ihre Familien auf Martha's Vineyard früher als unbedingt nötig zu verlassen; möglicherweise waren sie die letzten »Zeugen«, die für das Verhör von Joseph Thomas noch gebraucht wurden. Das Verhör dauerte ein oder zwei Tage und endete am 23. November damit, dass Thomas bis zu seinem Prozess, der für die nächste Sitzungsperiode des US-Berufungsgerichts im Mai anberaumt war, nach Boston in Untersuchungshaft musste. Knapp eine Woche später, am 29. November, wurde Joseph Thomas ins Bostoner Gefängnis eingewiesen; wie im Protokoll stand, lautete die Anklage auf »Mord auf hoher See an Bord des Schiffes *Globe*«. Eine Woche später, am 7. Dezember, war Thomas in der Liste anhängiger Strafverfahren nur noch als der Meuterei, nicht aber des Mordes Beschuldigter aufgeführt. Am Ende wurde er freigesprochen.[7]

Wie versprochen, schickte Konsul Hogan eine Abschrift von den Vernehmungen der sechs *Globe*-Flüchtlinge in Valparaiso an die Strafverfolgungsbehörden von Nantucket; Empfänger war vermutlich Richter Josiah Hussey. Ob das Schriftstück nun von der *Globe* oder einem anderen Schiff nach Nantucket gebracht wurde – auf alle Fälle befand es sich bei der Ankunft der *Globe* in den Händen des Richters, und der ließ als Erstes die Eigentümer der *Globe* Einsicht in die Vernehmungsprotokolle und Hogans Begleitschreiben nehmen. Einer der Besitzer, Gorham Coffin, war gleichzeitig der Onkel von Rowland Coffin, jenem auf Mili zurückgelassenen Seemann, den Gilbert Smith,

Peter Kidder, George Comstock und vermutlich noch andere verdächtigten, sowohl vor als auch nach dem Massaker mit den Meuterern gemeinsame Sache gemacht zu haben. Gorham Coffin war empört, als er las, was in den Vernehmungsprotokollen über seinen Neffen stand, noch mehr aber erzürnte ihn der Gedanke, dass das Dokument ans Außenministerium, an Kommodore Hull und, wie er annahm, an das Marineministerium geschickt worden war. Am 29. November, eine Woche nach Ankunft der *Globe* in Nantucket, drückte Coffin in einem Schreiben an Außenminister John Quincy Adams sein Bedauern darüber aus, dass »Mr Hogan die Verdächtigungen einiger Männer als Beweise für die Schuld eines sechzehnjährigen Waisenjungen gelten ließ«. Er wolle mit seinem Schreiben, so Coffin, »keinesfalls dessen Schuld beschönigen, wenn sich herausstellen sollte, dass er schuldig ist, sondern nur verhindern, dass aus böser Absicht irgendwelche falschen Behauptungen aufgestellt werden«.[8]

Coffins Wut auf Gilbert Smith erwies sich als dauerhaft und drückte sich in persönlichen Angriffen aus; man kann sich leicht ausmalen, wie die beiden bei ihren Begegnungen aneinander gerieten. Auch der Verlauf des Treffens zwischen Coffin und George Comstock lässt sich leicht ausmalen. Coffin wollte etwas Schriftliches, das seinen Neffen entlasten würde, und was er von George Comstock bekam, las sich wie eine abgesprochene Erklärung. Zwar nahm George darin keine seiner Verdächtigungen zurück, aber er lieferte Coffin eine Aussage, die, im ungünstigsten Falle, den Anklägern von Rowland Coffin unlautere Motive unterstellte: »Ich, George Comstock, bestätige hiermit, dass einige Besatzungsmitglieder ständig Neid auf Rowland Coffin schürten, weil er bis zum Tod des Kapitäns dessen Liebling war und danach der von Saml. B. Comstock.«[9]

Zwei Tage später, am 1. Dezember, schrieb Coffin an Marineminister Samuel L. Southard einen ganz ähnlichen Brief, dem er allerdings noch ein ziemlich geschwollen formuliertes

Plädoyer hinzufügte: »Justitia ist zwar streng, doch vielleicht hält ihre Schwester Tugend und Barmherzigkeit, mag sie auch zum Schweigen verdammt sein, schützend ihren Schild über jene, die unter einem drohend über ihren Köpfen schwebenden Schwert gezwungen waren, sich der Notwendigkeit zu beugen.« Dem Brief war ein Schreiben an Kommodore Hull beigelegt, das Southard, so Coffins Bitte, im Falle seiner Zustimmung weiterleiten möge. Das Schreiben an Hull drehte sich um dasselbe Thema wie die anderen Briefe, enthielt zusätzlich aber noch ein neues Detail: »[A]ls sie damit rechnen mussten, dass [das Schiff] in Brand gesteckt würde, hörte man ihn [Rowland Coffin] sagen, es stehe nicht in seiner Macht, die Tat zu verhindern, aber wenn er sich vorstelle, wie sehr man sie in der Heimat ächten würde, falls sie jemals wieder dorthin zurückkehren sollten, habe er ohnehin nicht den Wunsch, die Insel zu verlassen, jedenfalls nicht freiwillig.« Für Coffin ist dieses Unrechtsbewusstsein »Ausdruck einer sich hier zum ersten und einzigen Mal bei einem Besatzungsmitglied zeigenden edlen Gesinnung«.[10] Statt als Ausdruck edler Gesinnung kann man Rowlands Äußerung freilich auch als Reaktion darauf interpretieren, dass ihn ein paar Besatzungsmitglieder bedrängten, im Sinne von: »Du hast doch Einfluss auf die Meuterer – also unternimm irgendetwas.«

Am 22. Dezember schrieb Gorham Coffin einen Brief an Daniel Webster, in dem er den Ruf seines Neffen mit denselben Argumenten verteidigte wie in seinen früheren Briefen, etwa damit, dass die Besatzung eifersüchtig auf ihn war, weil er so hart arbeitete und weil er »mit dem Schiff verwandt« war (oder vielmehr mit dessen Besitzern). Darüber hinaus aber prangerte Coffin in diesem Schreiben den fehlenden Mut von Gilbert Smith an, da dieser nicht einmal den Versuch unternommen habe, die Meuterer unschädlich zu machen, und er äußerte die Bitte, ein Schiff zu den Lord-Mulgraves-Inseln zu entsenden, wo man, wie er annahm, die neun Überlebenden finden würde. Auf ziemlich abstruse Weise versuchte Coffin, Smiths Beschuldigungen gegen seinen Neffen zu entkräften, indem er Dinge anführte, die beweisen sollten, dass Rowland den Meuterern genauso ausgeliefert war wie die restliche Besatzung. So schrieb er zum Beispiel, dass Peter Kidder gegenüber Rowland Coffin beklagte, was sie doch für Narren seien, sich dem Regime der Meuterer zu beugen, worauf Kidder zu Oliver zitiert und gefragt wurde, ob er das gesagt habe; dabei ist offensichtlich, dass niemand anders als Rowland Coffin den Meuterern Kidders Worte zugetragen haben konnte. Gorham Coffins Bemühungen, diese Anschuldigungen zu widerlegen, waren jedoch so konfus, dass er genau das Gegenteil dessen bewirkte, was er eigentlich bezweckt hatte.[11]

Als die Nantucketer vom Schicksal der *Globe* erfuhren, war die Aufregung groß. Wenige Wochen nach der Ankunft des Schiffes in Nantucket schickten 142 »Händler und andere im Walfanggeschäft Tätige« eine Petition an Präsident James Monroe, in der sie sich zu den Vorgängen auf der *Globe* äußerten und den Präsidenten ersuchten, erstens, angesichts des ausgeweiteten Einsatzgebiets amerikanischer Schiffe die Seestreitkräfte im Pazifik zu verstärken, und zweitens, »die umgehende Entsendung eines Schiffes zu den Lord-Mulgraves-Inseln zu veranlassen, um die betreffenden Männer aufzuspüren«.[12] Die Unterschriftenliste las sich wie ein *Who is Who* des Nantucketer Walfangs.

Die Petition und ähnliche Eingaben verfehlten nicht ihre Wirkung. Zu tief saß der Schock nach der *Globe*-Meuterei. Im Sommer 1825 erhielt Kommodore Hull vom Marineministerium den Befehl, ein Schiff in den westlichen Pazifik zu schicken, um nach möglichen Überlebenden der *Globe* zu suchen.[13] Zwei Jahre zuvor, unmittelbar bevor die *United States* zu ihrer Pazifikfahrt in See stach, hatte Minister Southard den Kommodore angewiesen, nicht nur die südamerikanische Küste, sondern auch Hawaii zu schützen und über das Kap der Guten Hoffnung zurückzukehren,[14] ein Auftrag, der Hulls Flaggschiff angesichts des revolutionären Aufruhrs in Südamerika, der das amerikanische Pazifikkommando in Atem hielt, klar überfordert hatte. Den neuen Befehl, nach Mili zu segeln (sowie in einer anderen Angelegenheit nach Hawaii), konnte hingegen eines der kleineren Schiffe des Flottengeschwaders übernehmen. Zu diesem Zweck wählte Kommodore Hull den Schoner *Dolphin*[15] aus, der in der Biographie des damals noch als Offiziersanwärter mitfahrenden Charles Henry Davis folgendermaßen beschrieben wird: »Toppsegelschoner mit 180 Tonnen Verdrängung und 12 Kanonen, bisher als Tender des Flaggschiffs im Dienst … Sie [die *Dolphin*] war ein reines Beiboot der Fregatte und lediglich mit Sechspfündern bestückt.« Am 14. August 1825 stellte Hull an Bord der *United States* in Chorrillos, Peru, folgenden Befehl für Korvettenkapitän John Percival aus:

> Sir,
> laut Anweisung des Ehrenwerten Ministers der Marine, eines der kleineren Schiffe auf die Suche nach den Meuterern des amerikanischen Walfängers *Globe* zu den Mulgraves- oder Lord-Mulgraves-Inseln zu entsenden (vorausgesetzt, dass der dortige Einsatz der Streitkräfte von einem der mir unterstellten Schiffe nicht zu einer Schädigung unserer wirtschaftlichen Interessen führt und zu diesem Zeitpunkt kein anderer dringender Bedarf an den Ihrem Kommando unterstellten Marinesoldaten der *Dolphin* besteht), beauftrage ich Sie hiermit, das Schiff so schnell wie möglich zu überholen und für sechs Monate zu verproviantisieren und mit den erforderlichen Vorräten auszustatten, wobei die Besatzung einschließlich aller an Bord befindlichen Personen siebzig Mann nicht übersteigen darf.
> Da die *Dolphin* bei ihrer gegenwärtigen Besatzung unmöglich Vorräte für mindestens sechs Monate verstauen kann und eine frühere Rückkehr sehr fraglich ist, werden Sie dafür

sorgen, dass die Crew auf höchstens siebzig Mann verkleinert wird, indem Sie alle überzähligen Besatzungsmitglieder auf dieses Schiff versetzen … Sobald Sie Ihre Vorräte, wie angewiesen, eingeladen haben, werden Sie sich so schnell wie möglich mit der von Ihnen kommandierten *Dolphin* zu den Mulgraves- oder Lord-Mulgraves-Inseln begeben und alles in Ihrer Macht Stehende tun, um in Erfahrung zu bringen, ob sich die Meuterer der *Globe* noch auf der Insel aufhalten, und, falls es diesen Anschein haben sollte, die Ihnen am geeignetsten erscheinenden Maßnahmen ergreifen, um sie an Bord Ihres Schiffes zu holen und einzusperren, wobei Sie die Inselbewohner rücksichtsvoll und freundlich behandeln und nur im äußersten Notfall von Gewaltanwendung Gebrauch machen sollten. Falls sie die Meuterer jedoch nicht ausliefern wollen und Sie einige der Eingeborenenhäuptlinge in Ihre Gewalt bringen können, werden Ihnen deren Freunde zweifellos die gesuchten Männer im Tausch gegen die gefangenen Häuptlinge ausliefern. In dieser wie in allen anderen Angelegenheiten im Zusammenhang mit dieser Reise bleibt notgedrungen vieles Ihrem Ermessen und Ihrem Urteilsvermögen überlassen …

Wie Sie feststellen werden, verfügen die auf den Inseln zurückgelassenen Männer über zwei gute Boote und beträchtliche Vorräte. Daher ist es denkbar, dass sie die Insel, auf der sie ursprünglich gelandet sind, inzwischen verlassen haben. In diesem Fall müssen Sie unbedingt versuchen, in Erfahrung zu bringen, welchen Kurs sie genommen haben und wo sie sich möglicherweise aufhalten, und sich, sofern Ihre Vorräte und die Situation es zulassen, auf die Suche nach ihnen machen.

Sollten Sie das Glück haben, die Männer zu finden, werden Sie mit ihnen zu diesem Stützpunkt zurückkehren und unterwegs, vorausgesetzt, dass Ihre Vorräte es erlauben, die Sandwichinseln anlaufen …

> Falls Sie auf Ihrer Fahrt Inseln oder Untiefen oder irgendwelche anderen Gefahren entdecken, sollten Sie deren exakte Position mit allergrößter Sorgfalt ermitteln, desgleichen, ob es sich um bewohnte oder unbewohnte Inseln handelt, und ob sie bewaldet sind oder irgendwelche anderen Eigenschaften aufweisen, die unseren von Unternehmungsgeist erfüllten Bürgern wirtschaftliche oder andere Vorteile bieten könnten …[16]

Als sich der Auftrag der *Dolphin* in der Flotte herumsprach, meldeten sich sofort viele Freiwillige. Andrew Hull Foote,[17] Fähnrich auf der *United States* und Vetter von Kommodore Hull, schrieb am 12. August an einen Freund: »Gestern erhielt die *Dolphin* den Befehl, unverzüglich alle erforderlichen Vorbereitungen für eine Fahrt zu den Lord-Mulgraves-Inseln zu treffen, um dort mehrere Meuterer des amerikanischen Schiffes *Globe* festzunehmen. Es wird bestimmt eine herrliche Fahrt, und wir alle sind erpicht darauf, mitzufahren, Vorrang werden allerdings verdientermaßen ihre eigenen Offiziere haben.«

Die *Dolphin* hatte einen hervorragenden Kapitän. John »Mad Jack« Percival[18] (auch »Roaring Jack« genannt) stand in der Gunst Kommodore Hulls. Der im Jahr 1779 in Barnstable, Massachusetts, geborene Percival fuhr ab dem fünfzehnten Lebensjahr zur See und hatte sich bis 1797 bereits zum Zweiten Offizier in der Handelsschifffahrt hochgedient. Noch im selben Jahr wurde er in Portugal in die Royal Navy gepresst, wo er zwei Monate lang auf der H. M. S. *Victory* und anderen Schiffen diente, bevor ihm die Flucht gelang. Während seiner kurzen Dienstzeit in der englischen Marine befreundete sich Percival mit Kapitän Sir Isaac Coffin,[19] einem in Nantucket verwurzelten Bostoner, der sich während der amerikanischen Revolution auf die Seite der Loyalisten schlug und zum Admiral in der Royal Navy aufstieg, aber nie seine Liebe zu Nantucket verlor und sein Vermögen für die Gründung der Coffin School stiftete, die heute zwar keine Schule mehr ist, aber noch immer ein Wahrzeichen von Nantucket. Nach seiner Dienstzeit auf der USS *Delaware* und dem Erwerb des Leutnantpatents verließ Percival im Jahr 1801 die Marine und ging zur Handelsschifffahrt. Als er 1809 in die Navy zurückkehrte, war er als Segelmeister tätig und auf der Marinewerft in Norfolk stationiert. Er beteiligte sich aktiv am Krieg von 1812 und erwarb sich durch spektakuläre Erfolge Meriten, unter anderem durch die Kaperung eines englischen Begleitschiffes vor New York: Percival belud einen ausgeliehenen Fischkutter mit Vieh und Nahrungsmitteln, versteckte 32 Mann unter Deck, überwältigte im Handumdrehen die überraschte Besatzung des englischen Schiffes und schleppte die Beute in die Battery. Im Jahr 1814 wurde er der zum Pazifikgeschwader gehörenden USS *Peacock* zugeteilt und erwarb noch im selben Jahr das Offizierspatent. Verschiedene andere Einsätze folgten, unter anderem als Kommandant der *Porpoise* gegen westindische Piraten, bis er im Jahr 1823 zum Ersten Offizier auf Kommodore Hulls Flaggschiff, der *United States*, ernannt wurde.

Einige der Legenden, die sich um Percival rankten, klingen reichlich fantastisch, wie zum Beispiel die von einer Ozeanüberquerung in einem nur von ihm, einem älteren Seemann und einem Jungen bemannten Schiff; unterwegs erkrankten die beiden Männer schwer, und der Junge wurde von einer Welle über Bord gespült, was zur Folge hatte, dass das Schiff, weil niemand das Ruder übernehmen konnte, steuerlos auf dem Meer trieb – und trotzdem, wie von Zauberhand gelenkt, wohlbehalten im Hafen eintraf.

Geschichten wie diese dürften die Anziehungskraft, die Percival auf Schriftsteller wie Henry A. Wise (Künstlername »Harry Gringo«) ausübte, noch erhöht haben. So schuf Wise in seinen *Tales for the Marines* einen Helden nach dem Vorbild Percivals.[20]

Aber auch ohne solche Mythen war Percival eine schillernde

Gestalt. Leicht aufbrausend und von geradezu verletzender Offenheit, war er gleichzeitig diszipliniert, verantwortungsbewusst und gerecht. Er war Ende fünfzig, als Nathaniel Hawthorne ihm auf der Marinewerft in Charlestown begegnete und eine kurze Beschreibung von dieser Begegnung hinterließ, die, rückblickend betrachtet, ein treffendes Bild jenes Mannes zeichnet, der 23 Jahre zuvor auf die Suche nach den Meuterern in den Pazifik geschickt wurde. Hawthorne speiste gerade als Gast auf dem Zollkutter *Hamilton*, als dem Kapitän gemeldet wurde, dass Kapitän Percival an Deck eines neben dem Kutter vertäuten Hafentenders stehe und eine Zigarre rauche.

> Der Kapitän ließ ihm ein Glas Champagner bringen und wollte anschließend vom Steward wissen, wie Percival reagiert habe. »Nun, Sir, er meinte: ›Wozu lässt er mir denn diesen Mist bringen?‹ – hat's aber trotzdem getrunken.« Der Kapitän bezeichnete Percival als raubeinigen, alten Teufel, der aber im Grunde seiner Seele ein liebenswürdiger, herzensguter Mann sei. Wenig später meldete der Steward: »Kapitän Percival kommt an Bord, Sir.« – »Dann bitten Sie ihn in die Achterkajüte.« Kurz darauf erschien Kapitän Percival, ein weißhaariger, alter Herr mit hagerem, vom Wetter gegerbtem Gesicht, im blauen Quäkerrock mit angelaufenen Litzen und Messingknöpfen, graubrauner Hose und brauner Weste. Sein Gesichtsausdruck hatte etwas Exzentrisches, schwer zu sagen, ob beabsichtigt oder von Natur aus … Offenbar hat er sich bewusst eine raue Schale zugelegt, hinter der er seine Liebenswürdigkeit verbirgt … Er weiß durchaus um seine Eigentümlichkeiten, denn als ich ihn fragte, was er davon hielte, wenn ein Seeoffizier zum Marineminister ernannt würde, rief er: »Gott bewahre!« Ein alter Salzbuckel habe bekanntlich den Kopf voller Vorurteile und Schrullen, die sich nicht mehr austreiben ließen – hier verwies er ausdrücklich auf sich als Beispiel –, worin ich ihm nur beipflichten konnte.[21]

Percivals Erster Offizier auf der *Dolphin* war Hiram Paulding, Sohn des berühmten John Paulding, der im Jahr 1780 Major André, den Kontaktmann von Benedict Arnold und Sir Henry Clinton, gefangen genommen hatte. Hiram Paulding war Ende zwanzig, als Hull ihn für die Fahrt zur Rettung der *Globe*-Überlebenden zum Ersten Offizier ernannte, und zählte wegen seines frühen Eintritts in die Marine bereits zu den Veteranen der Navy. Im Jahr 1811 in den Rang eines Fähnrichs erhoben, kämpfte er im Krieg von 1812 und bewährte sich auf der *Ticonderoga* in der Schlacht am Lake Champlain. Später diente er auf der *Constellation* und der *Macedonian*, bevor er unter Kommodore Hull Offizier auf der *United States* wurde.[22]

Im Jahr 1824, ungefähr einen Monat, nachdem die *United States* in Callao vor Anker gegangen war, sandte Hull Paulding, der etwas Spanisch sprach, in einer diplomatischen Mission zum Hauptquartier von Simon Bolívar. Hauptzweck dieser Mission war es, Bolívars Unterstützung zu gewinnen, um einige Unstimmigkeiten auszuräumen, zu denen es zwischen dem Patrioten Admiral Guise und dem amerikanischen Geschwader gekommen war. Am 4. Juni segelte Paulding entlang der Küste nach Norden und erreichte nach zwei Tagen die Kleinstadt Huacho. Von hier aus musste er reiten, denn Bolívars Hauptquartier lag im Gebirge. (Das war am Tag, bevor die *Globe* in Valparaiso eintraf.) Seine strapaziöse Reise führte ihn auf Eseln und nicht selten entkräfteten Pferden über unwegsame Gebirgspfade. Unterwegs besuchte er eine Reihe von Provinzgouverneuren in ihren meist heruntergekommenen Häusern und erlebte einige unvergessliche Abenteuer, die er in seinem fesselnden, zehn Jahre später veröffentlichten Buch *A Sketch of Bolivar in his Camp* entsprechend zu würdigen wusste. Über seinen Empfang beim Gouverneur von Supe schreibt er:

> Der Gouverneur stellte mich einer Gesellschaft seiner jungen Freunde vor, die sich gerade zum Dinner versammelt hatten. Die *Ollapodrida* und eine gebratene Lammkeule standen bereits dampfend auf dem Tisch, und zu unserer nicht geringen Freude lud man uns herzlich zum Mitessen ein. Das Dinner wurde auf dem blanken Holz eines langen, grob gezimmerten Eichentisches serviert, an dessen Längsseiten Bänke aufgestellt waren, und mit drei Löffeln und ebenso vielen Messern und Gabeln ließen wir zehn uns ein fürstliches Mahl schmecken, dessen einzige Unannehmlichkeit darin bestand, dass man hin und wieder mit der Bitte um den Tausch eines Messers gegen einen Löffel, eines Löffels gegen eine Gabel und so weiter belästigt wurde. Wobei man eigentlich gar nicht von belästigen sprechen kann, wurde dadurch doch die Geselligkeit und Eintracht der Gesellschaft offensichtlich sogar noch gefördert. Besonders ergötzlich war es, wenn man im Besitz eines Messers war, für das eine der jungen Damen den Gebrauch ihrer Gabel oder ihres Löffels anbot.

Höhepunkt von Pauldings dreihundert Meilen weitem Gewaltritt war der herzliche Empfang, den ihm der Freiheitskämpfer in Huaras bereitete. Beeindruckt vom Charme, von der Intelligenz und dem politischen Weitblick seines Gastgebers und der herrlichen, das Hauptquartier umgebenden Gebirgskulisse, brachte Paulding bei einem Essen mit Bolívar und dessen Offizieren folgenden Trinkspruch auf den Revolutionär aus: »Auf den Sieg der Befreiungsarmee von Peru und den Washington des Südens. Möge der Ruhm sie ewig begleiten.«

Pauldings schriftstellerische Leistung kann sich durchaus sehen lassen. Sein *Sketch of Bolivar in his Camp* erschien im Jahr 1834, aber bereits drei Jahre früher hatte er ein Buch veröffentlicht über die Abenteuer, die er ein Jahr nach seinem Besuch bei Bolívar erlebte – *Journal of a Cruise of the United States Schooner Dolphin Among the Islands of the Pacific Ocean* *and a Visit to the Mulgrave Islands, in Pursuit of the Mutineers of the Whale Ship Globe.** Völlig zu Recht wurde Hiram Paulding mit seinem Vetter James Kirke Paulding verglichen, der nicht nur ein produktiver Schriftsteller und Freund Washington Irvings, sondern auch Marineminister unter Präsident Van Buren war.[23] Kennzeichnend für beide Schriftsteller ist ihr flüssiger Stil und ihre genaue, auf Übertreibung und Wichtigtuerei verzichtende Darstellung.

Am 18. August 1825 stach die *Dolphin* vom peruanischen Chorrillos aus zu ihrer Rettungsmission in See, doch anders als ein Rettungsfahrzeug jagte sie nicht auf dem schnellsten Weg zum Einsatzort. Fast zwei Wochen lang segelte Percival noch an der Küste entlang und lief verschiedene Häfen an, um die Schiffsverpflegung zu ergänzen. Dabei fanden die Männer während des Zwischenstopps bei den Lobos-Inseln sogar genügend Zeit, um zur Entspannung ein wenig auf Seelöwenjagd zu gehen: »Der Lärm unseres Anlandens hatte sie [die Seelöwen] aufgeschreckt, und nachdem wir ihnen den Weg zum Wasser abgeschnitten hatten, robbten sie in wilder Flucht die Klippen hinauf, um auf die andere Seite zu gelangen, und veranstalteten dabei ein Gebrüll wie eine Meute wild gewordener Mastiffs. Doch bevor sie auf der anderen Seite hinunterrutschen konnten, holten wir sie ein und schlachteten etliche von ihnen wahllos ab.«[24]

Am 26. August, im Hafen der peruanischen Stadt Paita, »beluden wir das Deck mit Schweinen, Geflügel und Gemüse«, womit die Verproviantierung abgeschlossen schien, was freilich nicht hieß, dass nicht noch Platz für über hundert Riesenschildkröten von den Galapagosinseln gewesen wäre, wo das Schiff zwei Wochen nach der Abfahrt von Paita eintraf.

* Bericht über eine Fahrt des amerikanischen Schoners *Dolphin* durch die Inselwelt des Pazifischen Ozeans und den Aufenthalt auf den Lord-Mulgraves-Inseln auf der Jagd nach den Meuterern des Walfängers *Globe.*

Während des dreiwöchigen Aufenthalts auf den Marquesas gewannen Percival und Paulding einen Eindruck von den aus dem Kampf ums Dasein zwischen Taipi- und Happah-Stämmen hervorgegangenen Eingeborenen, dem Benehmen »dieser wilden Damen« (Originalzitat Paulding) und der relativ kultivierten Wesensart dieser Menschen. In vieler Hinsicht nimmt Pauldings *Journal* Herman Melvilles *Taipi* vorweg, jenen Roman, der Nukahiva, die Hauptinsel des Archipels, zum ewigen Inbegriff des tropischen Paradieses machte.[25]

Bei den nächsten, allesamt kurzen Zwischenstopps der *Dolphin* sollte das anders sein. Caroline Island war unbewohnt und allenfalls seiner hohen Brandung und der Hai verseuchten Gewässer wegen erwähnenswert. Die Eingeborenen des zu den Tokelau-Inseln nördlich von Samoa gehörenden Nukunono (»Duke of Clarence Island«) erwiesen sich als diebisch und feindlich, waren aber mit Pistolenschüssen leicht zu erschrecken, während die Bewohner des benachbarten Atafu (»Duke of York Island«) nicht nur Diebe, sondern obendrein auch noch Betrüger waren, die eine listige Methode ersonnen hatten, um den weißen Besuchern ein und dasselbe Fischernetz zwei- oder dreimal zu verkaufen.[26]

Die *Dolphin* segelte jetzt auf Parallelkurs zu der von der *Globe* nach der Meuterei eingeschlagenen Route, wenn auch bedeutend südlicher. In der Nähe der Ellice-Inseln nahm sie Kurs auf Norden und kämpfte sich durch schlechtes Wetter und widrige Strömungen.[27] Am 9. November erreichte das Schiff die Gilbertinseln und ankerte bei Nikunau (»Byron's Island«). Hier musste sich die Besatzung gegen eine enternde Schar dreister Diebe zur Wehr setzen, die sie zur Erleichterung der Schiffsführung ohne größeren Zwischenfall wieder loswurden; allerdings geriet eine Landungscrew auf der Flucht von der Insel in der fast unüberwindbaren Brandungszone in Lebensgefahr. Auf der benachbarten Insel Tabiteuea (»Drummond Island«) verhielten sich die Eingeborenen zunächst sehr zurückhaltend, was sie aber nicht davon abhielt, alles zu stehlen, was nicht niet- und nagelfest war, sogar einen Matrosenhut. Andere Diebstähle wogen freilich schwerer. Und bald würde das Schiff frisches Trinkwasser benötigen. Unter normalen Umständen hätte die *Dolphin* eine Crew zum Brunnengraben an Land geschickt, bei der Dreistigkeit der Eingeborenen schien das jedoch nicht ratsam.

Das Wetter verschlechterte sich, Sturmböen kamen auf, und die Strömungen wurden immer unberechenbarer. Die *Dolphin* war nur noch wenige hundert Meilen von ihrem Ziel entfernt, aber das Kurshalten erwies sich als äußerst schwierig, und nachts trieb das Schiff dieselbe Strecke wieder zurück, die es tagsüber so mühsam aufgekreuzt war. Endlich, am 19. November, schallte der Ruf »Land ho!« aus dem Ausguck – drei Monate, nachdem die *Dolphin* in Chorrillos zu ihrer beispiellosen Rettungsmission aufgebrochen war.

Abb. 1 Thomas Worth, Kapitän der *Globe.*

Abb. 2 Ankunft der *Globe* beim Mili-Atoll, Frontispiz von William Comstock, *The Life of Samuel Comstock, the Terrible Whaleman.*

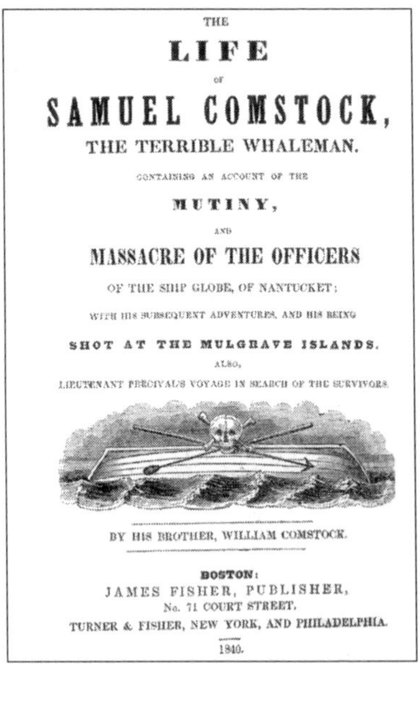
THE
LIFE
OF
SAMUEL COMSTOCK,
THE TERRIBLE WHALEMAN.
CONTAINING AN ACCOUNT OF THE
MUTINY,
AND
MASSACRE OF THE OFFICERS
OF THE SHIP GLOBE, OF NANTUCKET;
WITH HIS SUBSEQUENT ADVENTURES, AND HIS BEING
SHOT AT THE MULGRAVE ISLANDS.
ALSO,
LIEUTENANT PERCIVAL'S VOYAGE IN SEARCH OF THE SURVIVORS.

BY HIS BROTHER, WILLIAM COMSTOCK.

BOSTON:
JAMES FISHER, PUBLISHER,
No. 71 COURT STREET.
TURNER & FISHER, NEW YORK, AND PHILADELPHIA.
1840.

Abb. 3 Titelblatt von *The Life of Samuel Comstock, the Terrible Whaleman.*

Abb. 4 »Verbissener Kampf zwischen Comstock und dem Neger«, aus: *The Life of Samuel Comstock, the Terrible Whaleman.*

Abb. 5 »Erbitterter Kampf zwischen Chicochee und der Indian Queen«, aus: *The Life of Samuel Comstock, the Terrible Whaleman.*

Abb. 6 »Comstock ersticht Lumbert«, aus: *The Life of Samuel Comstock, the Terrible Whaleman.*

Abb. 7 »Humphries' Hinrichtung«, aus: *The Life of Samuel Comstock, the Terrible Whaleman.*

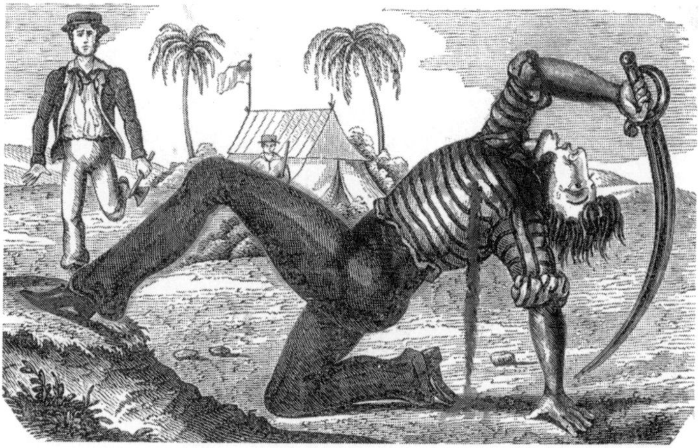

Abb. 8 »Der Tod von Samuel Comstock«, aus: *The Life of Samuel Comstock, the Terrible Whaleman.*

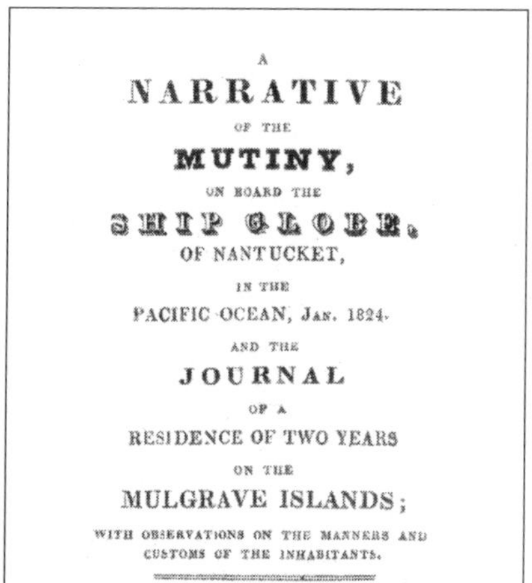

A
NARRATIVE
OF THE
MUTINY,
ON BOARD THE
SHIP GLOBE,
OF NANTUCKET,
IN THE
PACIFIC OCEAN, JAN. 1824.
AND THE
JOURNAL
OF A
RESIDENCE OF TWO YEARS
ON THE
MULGRAVE ISLANDS;
WITH OBSERVATIONS ON THE MANNERS AND CUSTOMS OF THE INHABITANTS.

BY WILLIAM LAY, OF SAYBROOK, CONN. AND CYRUS M. HUSSEY, OF NANTUCKET:
The only Survivors from the Massacre of the Ship's Company by the Natives.

NEW-LONDON:
PUBLISHED BY WM. LAY, AND C. M. HUSSEY.

1828.

Abb. 9 Titelblatt von Lays und Husseys Buch *A Narrative of the Mutiny, on Board the Ship Globe, of Nantucket.*

Abb. 10 Hiram Paulding, Erster Offizier der *Dolphin*.

Abb. 11 John Percival, Kapitän der *Dolphin*.

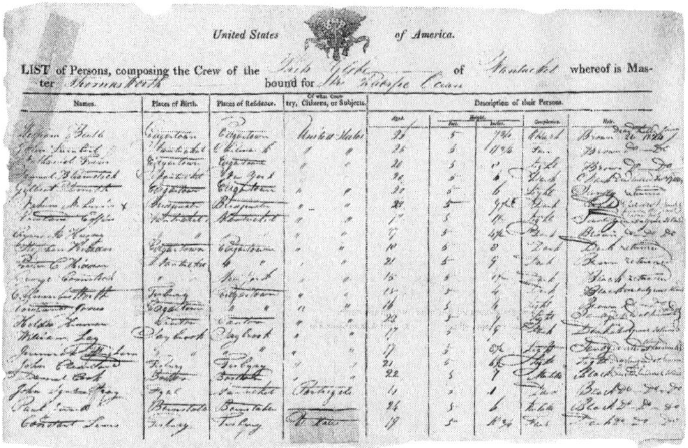

United States of America.

LIST of Persons, composing the Crew of the Ship Globe of Nantucket whereof is Master Thomas Worth bound for the Pacific Ocean

| Names. | Places of Birth. | Places of Residence. | Of what Country, Citizens, or Subjects. | Description of their Persons. Ages. | Height. Feet. | Inches. | Complexion. | Hair. |
| --- | --- | --- | --- | --- | --- | --- | --- | --- |

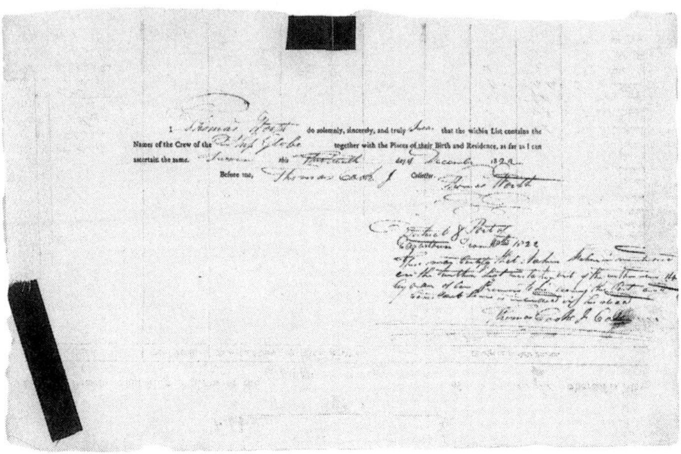

I Thomas Worth do solemnly, sincerely, and truly swear that the within List contains the Names of the Crew of the Ship Globe together with the Places of their Birth and Residence, as far as I can ascertain the same. Sworn this thirteenth day of December 1822.

Before me, Collector. Thomas Worth

Abb. 12 Musterrolle der *Globe.*

Abb. 13 Josiah Macy, Kapitän der *Edward*, des ersten Schiffes, auf dem Samuel Comstock arbeitete.

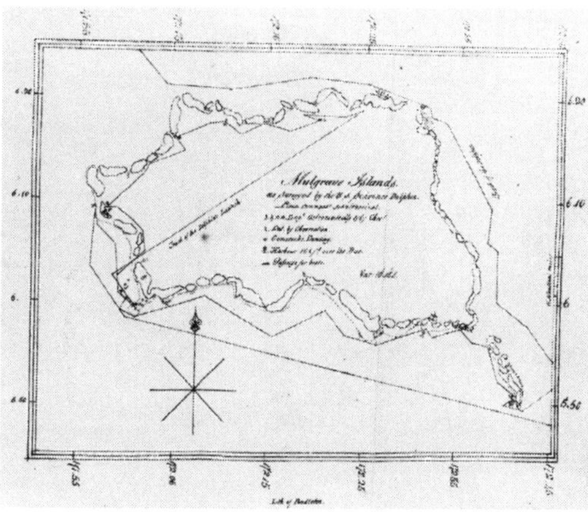


Abb. 14 Die Lord-Mulgraves-Inseln (Mili-Atoll) nach einer Vermessungsskizze des U.S. Schoners *Dolphin*, aus: Paulding, *Journal of a Cruise of the United States Schooner Dolphin.*

Abb. 15 Ein Kanu und Eingeborene der Lord-Mulgraves-Inseln, aus: Arthur Phillip, *The Voyage of Governor Phillip to Botany Bay with Contributions by Other Officers of the First Fleet and Observations on Affairs of the Time by Lord Auckland.*

Abb. 16 »Ansicht der South Street von der Maiden Lane, New York City, aus gesehen«, gemalt 1828 von Williams James Bennett. Der Kai, von dem aus der dreizehnjährige Samuel Comstock 1815 zu seiner ersten Fahrt auf der *Edward* in See stach.

# SIEBTES KAPITEL

## DOLPHIN

Zögernd näherte sich die *Dolphin* dem Mili-Atoll. Nach dem ersten Sichten am späten Nachmittag lavierte das Schiff einige Stunden unschlüssig hin und her und stand schließlich seewärts ab für die Nacht. Aller Wahrscheinlichkeit nach befand sich die *Dolphin* vor Jelbon (»der östlichsten der Lord-Mulgraves-Inseln«,[1] wie Paulding schrieb), der Heimat von Luttuons Schwiegersohn Luckiair, der rund ein Jahr zuvor Lay von Mili Mili zu einem einwöchigen Besuch auf die Insel mitgenommen hatte.

Am Morgen des 20. November ging die *Dolphin* an der Leeseite im Westen der Insel vor Anker, knapp 200 Meter vor der Brandungslinie. Um halb zehn ließ sich Kapitän Percival von einem der Kutter an Land bringen, wo es zur ersten Begegnung mit den Eingeborenen kam. »Ausgesprochen liebenswürdig und gastfreundlich« fand Paulding sie, bereit, den Besuchern jeden Wunsch zu erfüllen. Der erste Wunsch war Wasser für das Schiff, das schon bald aus etlichen Brunnen sprudelte.

Die eigentliche Arbeit auf Jelbon begann am nächsten Tag, dem 21. November. Einige Besatzungsmitglieder wurden zum Auffüllen und Transportieren der Wasserfässer abkommandiert, andere in Erkundungstrupps eingeteilt. Unterdessen ging die Kontaktpflege mit der Inselbevölkerung weiter: Mehrere Eingeborenen wurden aufs Schiff eingeladen, wo sie sich tadellos zu benehmen wussten. Dem besonderen Anlass entsprechend hatten sie sich festlich herausgeputzt, trugen *marmars*, Blumenkränze und Armbänder, und hatten sich zusammengerollte Blätter in die Ohrlöcher gesteckt. Sie stahlen nicht nur nichts, sondern zeigten höfliches Interesse am Schiff und waren bestrebt, sich trotz der Sprachbarriere mit ihren Gastgebern zu unterhalten, wobei sie sich, wie Paulding schreibt, »viel Mühe gaben, sich verständlich zu machen«.

In der Zwischenzeit wurden die Erkundungstrupps an Land fündig. Sie entdeckten eine Wal-Lanze, Segeltuchfetzen und andere Relikte aus den Beständen der *Globe*. Als man diese Dinge den Eingeborenen an Bord zeigte, verflog augenblicklich ihre Lust an der Unterhaltung. Alle noch so klar formulierten Fragen prallten an den ausdruckslosen Mienen der kurz zuvor noch so gesprächigen Insulaner ab. Was Dummstellen betraf, entpuppten sie sich als wahre Meister.

Dennoch zog die Schiffsführung der *Dolphin* aus den gefundenen Gegenständen keine voreiligen Schlüsse über den Landeplatz der *Globe*. Zu Recht, denn in den seit der Plünderung des *Globe*-Lagers vergangenen Monaten konnten die Beutestücke ohne weiteres durch einfachen von-Hand-zu-Hand-Tausch von dem im äußersten Westen des Atolls gelegenen Lager bis ans östliche Ende gelangt sein.

Am 22. November, dem dritten Tag der Besucher auf Jelbon, begann das anfänglich herzliche und entspannte Verhalten der Insulaner gegenüber den Fremden umzuschlagen. Was sie verstimmte, war nicht nur die Neugier der Weißen wegen der Lanze und des Segeltuchs, sondern vor allem die Beharrlichkeit, mit der die Erkundungstrupps die Insel durchkämmten, als hätten sie einen Durchsuchungsbefehl. Paulding, der ein Gespür für die Stimmung der Eingeborenen besaß, witterte Gefahr. Einige der noch am Vortag bewohnten Hütten waren plötzlich verlassen, und, was noch verräterischer war, ein großes Kanu, das am Abend noch am Ufer gelegen hatte, war über Nacht verschwunden.

Vor allem das Verschwinden des Kanus beunruhigte die Schiffsführung der *Globe* – zu Recht, denn höchstwahrscheinlich war es unterwegs nach Mili Mili, um den *iroojlaplap* von der Ankunft des Schiffes zu informieren, und vermutlich legte es auf dem Weg dorthin auch einen Zwischenstopp auf Lukunor ein, wo Hussey lebte, der auf diese Weise von dem Schiff erfuhr. Die überraschende Nachricht löste in Hussey dieselben Ängste und Hoffnungen aus wie die inzwischen über ein Jahr zurückliegende Ankunft des unbekannten Schiffes. »Der Leser kann sich kaum eine Vorstellung von meinen Gefühlen machen«, schrieb er. Wie die Besatzung des Kanus berichtete, handelte es sich bei dem Schiff um einen beidseitig mit Kanonen bestückten Zweimaster mit hundertköpfiger Besatzung (was reichlich übertrieben war). Sie seien selbst an Bord des Schiffes gewesen, erzählten die Eingeborenen und zeigten die Perlen, die sie geschenkt bekommen hatten, und die Männer an Bord hätten anders ausgesehen als Lay und Hussey – und seien »frech und unverschämt« gewesen.

Schlagartig war Hussey klar: Das war die Navy – ihre Rettung, vorausgesetzt, die gefährliche Operation glückte. Dass die ganze Sache äußerst riskant war, dessen war sich Hussey nur zu bewusst. Alles Mögliche konnte passieren. Was die Rettung eindeutig gefährdete, war die Feindseligkeit, oder genauer gesagt, die Unberechenbarkeit der Eingeborenen, und das galt auch für die friedlichen Gäste, die zwei Tage zuvor die *Dolphin* besucht hatten. Hussey kannte ihren Wankelmut viel zu gut, als dass er sich vom gesitteten Auftreten der freundlichen Eingeborenen hätte täuschen lassen, wenn er bei ihrem Empfang an Bord des Schiffes in Jelbon dabei gewesen wäre. Wenn sie schon unter ganz normalen Umständen so wankelmütig waren, wie viel unvorhersehbarer wäre dann erst ihre Reaktion auf den Anblick dieses großen, bedrohlichen, unbekannten Schiffes? Egal, ob die Weißen an Bord aufrichtig und freundlich oder tatsächlich »frech und unverschämt« waren, was immer auch damit gemeint war, all das hatte nichts zu sagen. Sie stellten trotzdem eine große, unbekannte Macht dar, und alles Unbekannte erscheint bekanntlich stets größer, als es in Wirklichkeit ist.

Nun kam es sowohl für Lay als auch für Hussey darauf an, ihren ganzen Verstand zusammenzunehmen, um zu verhindern, dass die Eingeborenen die bevorstehende Rettung durchkreuzten. Sie mussten der sich ständig verändernden Mischung aus Aberglauben, irrationalen Ängsten, Reflexen, Gefühlen und Launen irgendetwas entgegensetzen, wobei mit Logik hier nicht viel auszurichten war. Die Art und Weise, wie sich die beiden Seeleute mit den Eingeborenen auseinander setzten, unterschied sich erheblich voneinander: Lay ging clever vor, Hussey schonungslos offen. Wenn zum Beispiel die Kanufahrer Hussey erzählten, sie würden das Schiff in ihre Gewalt bringen und jeden an Bord töten, entgegnete er, dass sie beim geringsten Versuch, etwas gegen das Schiff zu unternehmen, sofort erschossen würden. Immerhin handele es sich um ein Kriegsschiff, das sollten sie nicht vergessen. Ihre einzige Hoffnung bestehe darin, Freundschaft zur Besatzung des neuen Schiffes zu halten.

Ob die Männer aus Jelbon auch nur in Erwägung zogen, seinen Rat dem *iroojlaplap* auszurichten oder nicht, auf jeden Fall segelte das Kanu nach Mili Mili weiter. Dort traf es am nächsten Morgen, dem 23. November, in aller Frühe ein, und binnen kurzem hatte sich bei allen, bis hin zu Lay, die Nachricht herumgesprochen, dass vor einer der östlichen Inseln ein Schiff aufgetaucht war. Sofort hielten die Häuptlinge eine Zeremonie zur Anrufung Anits ab. (Lay kannte den Zweck der Zeremonie, durfte aber nicht daran teilnehmen.) Die Frage, die dem Gott gestellt wurde, lautete: Sollten sie das Schiff entern, und zwar immer in kleinen Gruppen, bis sie 200 Mann an Bord waren, und dann die Weißen töten? Anit bejahte. Luttuon befahl hundert Männern, auf zwei Kanus verteilt, nach Jelbon zu segeln.

Lay bat darum, sie begleiten zu dürfen, was zunächst abgelehnt wurde, bis ihm ein schlagendes Argument einfiel: Er überzeugte die Häuptlinge davon, dass das Schiff auf keinen Fall aus seinem Land stammen könne, da es ein Zweimaster sei und kein amerikanisches Schiff nur zwei Masten fahren würde. Da folglich die Besatzung aus einem unbekannten Land komme, spreche sie auch Lays Sprache nicht. Schließlich willigten die Häuptlinge ein, Lay mitzunehmen. Sie hofften, er könnte ihnen als Spion dienen, aber gleichzeitig stellte er auch ein Risiko dar: Falls es ihm gelänge, mit den Leuten vom Schiff Kontakt aufzunehmen, konnte er ihnen etwas über das Massaker verraten. Die beiden Kanus stachen in See und erreichten Lukunor erst nach Einbruch der Dunkelheit. Am nächsten Morgen stießen weitere Kanus dazu, und die Zahl der Krieger erhöhte sich auf 200.

Auch wenn die unterschiedlichen Quellen in der Chronologie dessen, was die *Dolphin* im Mili-Atoll erlebte, nicht völlig übereinstimmen,[2] ist der Ablauf der Ereignisse der folgenden Woche ziemlich klar. Das Bild, das sich ergibt, zeigt zwei zwischen Hoffnung und Verzweiflung schwankende Seeleute, eine mutige, systematisch und eiskalt vorgehende Rettungsmannschaft und eine wild gewordene Horde konfuser, von der Situation völlig überforderter Insulaner.

Inzwischen traf die *Dolphin* Vorbereitungen zum Ankerlichten und Verlassen der Insel Jelbon. Vom Masttopp aus sahen die Ausguckposten einen Teil der zum Sporn von Knox gehörenden Inseln im Süden und eine Inselkette im Westen. Die Wasserfässer waren verstaut und die Besatzung hatte einige kleinere Reparaturen am Schiff vorgenommen. Paulding, der Erste Offizier, machte sich Notizen zur Flora und Fauna der Insel – die Ratten waren sehr zutraulich und hatten Haarbüschel an den Schwänzen. Kapitän Percival befahl, Kurs auf die westlichen Inseln zu nehmen. Die erste Insel, der sich das Schiff näherte, dürfte Lukunor[3] gewesen sein, so dass die *Dol-*

*phin*, ohne es zu wissen, dem Kanu folgte, wenn auch auf der Seeseite der Inselkette, während die Eingeborenen durch die Lagune segelten.

Westlich von Jelbon hatte die *Dolphin* etwa ein Dutzend winziger Inseln passiert, die alle vom Schiff aus mühelos überblickt werden konnten. Lukunor, knapp fünf Meilen westlich von Jelbon, machte dagegen allein vom Aussehen her ein Anlanden erforderlich. Noch ahnte freilich niemand auf der *Dolphin* etwas von dem bevorstehenden Drama, denn weder wusste der Kapitän, dass Hussey auf Lukunor lebte,[4] noch ahnte er, dass dort der *iroojlaplap* zu seinem Empfang eine Streitmacht um sich scharte, die, nebenbei bemerkt, den einzigen anderen Überlebenden der *Globe* mitbrachte.

Als der Kapitän am östlichen Ende von Lukunor an Land ging, sah er ein paar Insulaner, die jedoch, anders als sonst, nicht neugierig näher kamen, sondern fast alle wegrannten. Die wenigen, die blieben, waren scheu und nicht im Entferntesten so gesellig wie ihre Nachbarn auf Jelbon. Percival und Paulding waren verblüfft – die Insulaner schienen einer anderen Welt anzugehören.

Percival ahnte nicht, dass sich die Situation seit dem Vortag völlig gewandelt hatte. Die gesamte Bevölkerung war durch die Ankunft des zum Krieg bereiten *iroojlaplap* und seine Deutung des Schiffsbesuchs in Alarmstimmung versetzt worden. Percival war bei einem Volk gelandet, das sich zum Kampf rüstete. Die einzige Ausnahme in dieser spannungsgeladenen Situation bildete ein einzelner Eingeborener, der, wie Paulding schilderte, mit dem Kanu vom Ufer zum Schiff paddelte, an Bord ging, sich umsah und nach kurzer Zeit wieder wegfuhr. Er schien einfach nur neugierig zu sein, in Wirklichkeit aber war seine Neugier offizieller Natur – er war ein von Luttuon geschickter Spion, und auf die von ihm gemachten Angaben zur Besatzungsstärke stützte der *iroojlaplap* seine strategische Planung. Wie Paulding einige Tage später von Lay erfuhr, blieb er nicht der einzige Spion. Die Eingeborenen nutzten jede Gelegenheit, um an Bord zu kommen, und von diesen vorgeblich freundschaftlichen Besuchen kehrten sie mit detaillierten Beschreibungen sowohl der Ausrüstung als auch der Besatzung an Land zurück.

Nach kurzem Aufenthalt auf der Insel bestieg der Kapitän wieder das Boot, in dem er an Land gekommen war, und fuhr, gefolgt von der *Dolphin*, entlang der Küste Lukunors Richtung Westen. Am westlichen Ende der Insel stieß er auf die Lukunor-Passage, eine der beiden Haupteinfahrten in die Lagune. Kapitän Percival steuerte das Boot durch die Passage in die »riesige Binnensee«, die, gesäumt von Korallenriffen, ruhig dalag. Er sah, dass sich aus einiger Entfernung mehrere große Kanus näherten, doch aus Furcht, sie zu vertreiben, versuchte er gar nicht erst, Kontakt zu ihnen aufzunehmen, sondern machte kehrt, fuhr durch die Passage zurück und ging am Westende der Insel an Land. Hier entdeckte er vier große, auf den Strand gezogene Kanus, zu denen wenig später weitere stießen; in Letzteren erkannte er die großen Kanus aus der Lagune. Was er jedoch nicht wusste, war, dass in einem dieser Kanus Luttuon, der *iroojlaplap*, saß, der mit seinem Gefolge gekommen war, um ihn und das Schiff zu observieren.

Aber auch die Gegenseite ging auf Erkundung. Als Kapitän Percival zwischen den Kanus umherlief, erspähte er auf einigen ihrer Plattformen sowohl Deckel von Seekisten der *Globe*-Besatzung als auch Eschenholzspieren und Segeltuch. Nervös beobachteten die Eingeborenen Percivals Herumschnüffeln. Zwar gaben sie sich ihm gegenüber betont gleichgültig, untereinander aber verfielen sie immer wieder in aufgeregtes Getuschel. Als aus der Begleitmannschaft des Kapitäns jemand fragend auf einen der Seekistendeckel zeigte, erntete er von den Eingeborenen nur ausdruckslose Blicke und ein paar unverständliche Worte.

Während einige aus der *Dolphin*-Truppe die Kanus inspizierten, durchstreiften andere den angrenzenden Hain aus Kokospalmen und Brotfruchtbäumen und mischten sich unbekümmert unter die Eingeborenen. Unter den Bäumen standen mehrere auffallend schmucke Hütten, die die Aufmerksamkeit der Weißen weckten. Um eine der Hütten hatte sich eine große Schar von Eingeborenen versammelt. Die Hütte war knapp 3,5 Meter hoch und mit einem begehbaren Dachgeschoss versehen, das durch den erhöhten, aus Blättern und Stöcken geflochtenen Boden vor Blicken geschützt war. Aus irgendeinem Grund nahmen die Männer von der *Dolphin* diese Hütte nicht so gründlich unter die Lupe wie einige der anderen. Warum sie ausgerechnet diese Hütte übergingen, konnte niemand sagen, aber als sie später erfuhren, was sich auf dem Dachboden befand, waren sie froh, dass sie nicht auf einer Besichtigung bestanden hatten. Denn dort oben saß, bewacht von einer Frauenschar, William Lay. Der *iroojlaplap* hatte ihn dorthin verbannt und ihm befohlen, nicht den geringsten Laut von sich zu geben, solange die Männer von der *Dolphin* in der Nähe waren, und nicht zu versuchen, sein Versteck zu verraten.[5] Im Falle seines Ungehorsams hatten die Frauen den Befehl, ihn zu töten.

Seine Rettung schien greifbar nah. Qualvolle Stunden vergingen. Lay konnte hören, was die Seeleute bei den Hütten sagten, und erfuhr aus ihren Gesprächen, von welchem Schiff sie kamen und weswegen sie hier waren – seinetwegen.

Am Abend, als die Schiffsbesatzung an Bord zurückgekehrt war, ließ Luttuon Lay zu sich rufen und unterzog ihn einer ausführlichen Befragung über das Schiff. Gleich nach seiner Ankunft auf der Insel hatte Luttuon bereits Hussey aufgesucht und ausgefragt. Weder Lay noch Hussey erwähnen, dass sie zu jener Zeit Kontakt miteinander hatten, aber wie Lay später gegenüber Paulding äußerte, hatten sowohl er als auch Hussey gewusst, dass das Schiff nach ihnen suchte, und Pauldings Formulierung legt nahe, dass die beiden Männer die Zeit, in der

Lay auf Lukunor war, gemeinsam verbrachten und miteinander reden durften. Hussey erklärte Luttuon, dass er, ohne das Schiff gesehen zu haben, nicht viel darüber sagen könne, aber was er dem Häuptling sagte, teilte er ihm auf die für ihn typische unverblümte Weise mit und nicht mit der Eloquenz des einfallsreichen Lay.

Daher hörte Luttuon von den beiden zwei völlig verschiedene Geschichten. Das Schiff, so erklärte Hussey, könne nur wegen ihm und Lay gekommen sein und werde alles Nötige tun, um seinen Auftrag erfolgreich auszuführen. Als Luttuon erwiderte, dass er in diesem Fall am besten beide töten sollte, damit niemand verraten könne, dass die Eingeborenen die anderen Weißen getötet hätten, entgegnete Hussey, da die Kriegsschiffsbesatzung bereits wisse, dass sie noch am Leben seien, müssten die Eingeborenen damit rechnen, dass die mächtige Seestreitmacht aus Rache für ihren Tod alle Bewohner der Insel töten würde. Ein schlagenderes Argument hätte auch Lay nicht einfallen können, und Luttuon ging ratlos von dannen. Wie Paulding berichtet, erfüllten die wiederholten Erklärungen von Lay und Hussey, »dass wir unbesiegbar seien, und dass es quasi keine Stelle gebe, die wir mit unseren Sechspfündern nicht erreichen könnten«, die Eingeborenen mit großer Sorge. »Sie redeten ihnen sogar ein, wir könnten mit unseren paar Kanonen die Inseln versenken, woran man wieder einmal sieht, wie leicht der Mensch etwas glaubt, was er nicht versteht, solange es ihm von einer überlegenen Intelligenz suggeriert wird – selbst wenn es in krassem Gegensatz zur Natur oder zur Vernunft steht.«

Was die Eingeborenen in den Kanus am meisten verunsicherte, war die beispiellose Dreistigkeit der Besucher. Zwar hatten die Männer vom Schiff bisher noch nicht mit Gewaltanwendung gedroht, aber dass sie sich einfach erkühnten, die Inseln zu betreten, war beunruhigend genug. Niemand wusste, was sie als Nächstes tun würden. Der Häuptling beschloss, die Insel zu verlassen und sich möglichst weit außer Reichweite des

Schiffes zu begeben, und zwar so schnell wie möglich. Deshalb segelten sie noch in tiefster Nacht hinaus in die Lagune und nahmen Lay mit. Zu welcher Insel man Lay brachte, sagt er nicht, aber vermutlich handelte es sich um Tokewa im Norden des Atolls.

Am nächsten Morgen versuchte Kapitän Percival, mit dem Schiff durch die Lukunor-Passage zu fahren. Doch der Versuch, die *Dolphin* in die Lagune zu warpen, misslang und wurde wieder aufgegeben – glücklicherweise, denn auch wenn sich dadurch die Suche beschleunigt hätte, wäre es so gut wie unmöglich gewesen, mit dem Schoner die Korallenriffe sicher zu umschiffen. Die Hauptstrategie des Kapitäns bestand darin, das Atoll im Uhrzeigersinn zu umrunden, wenn nötig, bis sämtliche Inseln erfasst waren. Dieses Vorhaben hätte sich allerdings spätestens im äußersten Norden des Atolls, wo die Inseln keine Kette, sondern eine unübersichtliche Gruppe bildeten, als schwer durchführbar erwiesen, so weit aber sollte sich die Suche nicht hinziehen.

Der Kapitän wies Leutnant Homer an, mit einem zwölfköpfigen Trupp die Inseln zu Fuß zu durchkämmen; am Westufer der Lukunor-Passage beginnend, sollten sie in westlicher Richtung vordringen. Da man nicht wusste, wie viele Unterwasserriffs den Fußmarsch der Truppe unterbrechen würden, schickte Percival ihnen ein Begleitboot mit, das an der Küste entlangfuhr und die Männer bei Bedarf von einer Insel zur nächsten übersetzte. Ein weiteres Boot, das am Abend zur Ablösung ausgesandt wurde, kehrte unverrichteter Dinge zurück, da die Truppe von Leutnant Homer schneller als erwartet vorwärts kam und vermutlich bereits mindestens die lang gezogene Insel Enajet[6] erreicht hatte. Wie Paulding berichtet, holte sie am nächsten Morgen ein mit Vorräten beladenes Boot zehn Meilen westlich von ihrem Ausgangspunkt bei Lukunor ein. Die Eingeborenen, denen der Streiftrupp unterwegs begegnete, waren freundlich und schenkten den Männern Kokosnüsse. An einer Stelle war Leutnant Homer auf einen Fausthandschuh mit den Initialen »R. C.« gestoßen. Auf dem Schiff wurden die Initialen mit der Musterrolle der *Globe* verglichen und als die von Rowland Coffin identifiziert, jenes jungen Seemanns, der verdächtigt wurde, von der bevorstehenden Meuterei gewusst zu haben, und für dessen Verteidigung sich sein Onkel, Gorham Coffin, so ins Zeug legte.

Während die *Dolphin* der Fußtruppe folgte, ging ihr Erster Offizier Paulding an Land, wo er auf verlassene Hütten und einige wenige, aber freundliche Eingeborene stieß. Er hatte seine Muskete mitgebracht und erlegte damit zur großen Begeisterung der beeindruckten Eingeborenen ein paar Sandschnepfen, die er am Strand entdeckt hatte. Allerdings erschoss Paulding auch einen kleinen weißen Kranich, was er »hinterher sehr bereute«, als er erfuhr, dass die Kraniche gezähmte Vögel waren und von den Eingeborenen wie ein Schatz gehütet wurden.

Am nächsten Tag, dem 26. November, holte die *Dolphin* die Marschtruppe ein, die mittlerweile die lang gezogene, wie ein Bumerang geformte Insel Arbar erreicht haben musste. Das Schiff lud Vorräte für die Männer aus und fuhr vor ihnen weiter. Um drei Uhr nachmittags erreichte die *Dolphin* Mili Mili, die bisher breiteste Insel im Atoll, und ging nahe der Stelle, wo die *Globe* geankert hatte, vor Anker. Paulding war beeindruckt vom »friedlichen und romantischen Anblick« der unter Kokospalmen und Brotfruchtbäumen verstreuten Hütten. Das Ankermanöver verlief problemlos, ebenso das Ausbooten. Als sich wenig später herausstellte, dass sie an derselben Stelle ankerten wie die *Globe*, erkannten sie, dass die *Globe* im ganzen Atoll keine bessere Stelle hätte finden können, um an Land zu gehen und ein Lager zu errichten.

Auch der Zeitpunkt ihrer Ankunft in der »Hauptstadt« des Mili-Atolls kam ihnen sehr gelegen, wenn auch aus traurigem Anlass: Die *Dolphin* brauchte eine Grabstätte. Der Schiffsarzt Benjamin Wells, der sich schon seit der Abfahrt aus Peru unpässlich gefühlt hatte – Erkrankung der Leber lautete seine Selbstdiagnose –, starb am 27. November nachmittags um Viertel vor fünf. Bis zwei Tage vor seinem Tod hatte er die Schiffsbesatzung verarztet, was bei einer an normalen Tagen zwischen zehn und fünfzehn schwankenden Zahl von Kranken oder Verletzten weiß Gott keine leichte Aufgabe war. Bei der Besatzung war Wells, laut Paulding, sehr beliebt, denn sie rechnete es ihm hoch an, dass er sie trotz seines eigenen Leidens weiter pflegte. Am nächsten Morgen, dem 28. November, wurde am Fuß eines Brotfruchtbaums ein Grab ausgehoben. Jeder, der auf dem Schiff abkömmlich war, reihte sich in die Trauergemeinde ein, die an Land ging und den Schiffsarzt mit militärischen Ehren der Erde übergab. Um die Trauernden hatten sich leise einige Eingeborenen geschart, die das Geschehen fasziniert verfolgten, beim Abfeuern der Salutschüsse über dem Grab jedoch in schallendes Gelächter ausbrachen. Empört drehten sich die um das Grab versammelten Besatzungsmitglieder zu den Störenfrieden um und scheuchten sie ein Stück zurück, worauf diese den weiteren Verlauf der Zeremonie schweigend und aus gebührendem Abstand beobachteten. An Kopf- und Fußende des Grabes pflanzten die Weißen Samen von Orangen-, Zitronen- und Flaschenbäumen ein, und in den Stamm des Brotfruchtbaums schnitzten sie Rang und Namen von Schiffsarzt Wells und den Namen der *Dolphin*. Anschließend wurde ein Messingschild mit denselben Angaben sowie Wells' Alter und Todestag an den Baum genagelt.[7] Wie der Zufall es wollte, wurde der Schiffsarzt in unmittelbarer Nähe der *Globe*-Gräber bestattet, was die Männer von der *Dolphin* damals freilich noch nicht wussten.

Der Streiftrupp durchkämmte Arbar und die dazwischen liegenden Inseln und setzte am Tag von Wells' Begräbnis nach Mili Mili über. Am östlichen Ende der wie ein Dreieck geformten Insel entdeckten die Männer auf dem Boden verstreute Teile der Schiffsausrüstung: Stofffetzen, Reste von Segeltuch, Spieren und Tauwerk, einen Fingerhut und Dauben von zertrümmerten

Pökelfleischfässern. Ein Stück weiter stießen sie auf ein Skelett, das unter einer dünnen Sandschicht begraben war – »vermutlich die sterblichen Überreste von Comstock, dem Anführer der Meuterer«, so der Eintrag im Logbuch der *Dolphin* –, und auf eine Kiste mit ein paar spanischen Talern. Hier schlugen sich die Eingeborenen, die den Erkundungstrupp bisher begleitet hatten, plötzlich seitwärts in die Büsche; nur hin und wieder sah man noch einen Schatten durchs Unterholz huschen. Da es allmählich dunkel wurde, gingen die Männer nur noch ein kleines Stück weiter und übernachteten in einer verlassenen Hütte, die sie entdeckt hatten. Am nächsten Tag, dem 29. November, brachen sie in aller Frühe auf. Sie hatten das westliche Ende der Insel schon beinahe erreicht und waren im Begriff, sich nach Norden zu wenden, als sie sich plötzlich einer ihnen zahlenmäßig haushoch überlegenen Schar Eingeborener gegenübersahen, die mit Steinen und Speeren bewaffnet waren. Die ganze Bewaffnung des Suchtrupps bestand aus einer Pistole pro Mann, deren Munition, wie eine rasche Überprüfung ergab, nass und unbrauchbar war. Daraufhin befahl Leutnant Homer seiner Truppe, zu der Hütte zurückzukehren, in der sie die Nacht verbracht hatten, aber als sie dort hinkamen, mussten sie feststellen, dass die Hütte verschwunden war. Außerdem fehlte das große Kanu, das in der Nacht neben der Hütte gelegen hatte. Weit und breit war keine Spur von einem Eingeborenen zu sehen. Homer beschloss, mit seiner Truppe an Ort und Stelle zu bleiben, und schickte zwei Boten zum Schiff zurück.

Die Boten informierten die Schiffsführung nicht nur über die bedrohliche Lage, in der sich der Suchtrupp gegenwärtig befand, sondern auch über die am Vortag gemachte Entdeckung. Erst jetzt erfuhren Kapitän Percival und seine Offiziere von den zertrümmerten Fässern und anderen Überresten der *Globe*. Mit dieser Entdeckung war die Frage nach dem Standort des *Globe*-Lagers geklärt; wo sich die überlebenden Seeleute der *Globe* inzwischen aufhielten, lag jedoch nach wie vor im

Dunkeln. Nach Kapitän Percivals Informationen mussten neun von ihnen noch irgendwo auf dem Atoll stecken.

Das plötzliche kriegerische Auftreten der Eingeborenen war Besorgnis erregend und rätselhaft. Paulding vermutete – und die anderen Offiziere dachten offenbar ebenso –, dass die Eingeborenen, wenn sie die *Dolphin*-Besatzung töten wollten, schon mehrfach Gelegenheit dazu gehabt hätten. Bisher aber hatten sie sich stets freundlich verhalten. Aus welchem Grund rüsteten sie nun auf einmal zum Krieg? Die Offiziere kamen zu dem Schluss, dass die Meuterer mit den Eingeborenen zusammenlebten, gemeinsame Sache mit ihnen machten und sie überredet hatten, die Fremden anzugreifen.

Die Boten waren kurz nach zwölf Uhr mittags am 29. November an Bord der *Dolphin* gekommen; um vier Uhr schickte der Kapitän eine Barkasse zur Unterstützung der Fußtruppe an Land. An Bord befanden sich zwei Offiziere und elf Mann Besatzung sowie die beiden Boten. Durch diesen Einsatz blieben knapp über vierzig Mann auf der *Dolphin* zurück, das absolute Minimum, das der Kapitän im Falle eines Angriffs durch die Eingeborenen zur Verteidigung des Schiffes für nötig hielt.

Die vom Ersten Offizier Paulding befehligte Barkasse war mit Vorräten für fünf Tage und Nachschub für Leutnant Homers Truppe eingedeckt.[8] Sie fuhr durch eine Riffpassage in die Lagune und näherte sich dem Lager des Suchtrupps von der Binnenseeseite der Insel. Pauldings Bootscrew ging an Land und aß gemeinsam mit Homers Männern zu Abend. Zurück an Bord der Barkasse, stellte Paulding fest, dass der Suchtrupp nicht nur die ihm zugedachten Waffen und Munition ausgeladen hatte, sondern auch die für die Barkasse bestimmten. Daraufhin blieb ihm nichts anderes übrig, als wieder an Land zu gehen und zum Suchtrupp zurückzukehren, ja, er musste sogar die Männer und selbst das Gebüsch nach versteckten Waffen durchsuchen. Bei extrem ungünstigem Wind mussten Paulding und einer seiner Fähnriche schließlich auch noch zu den Ruderriemen greifen und durch die Dunkelheit pullen, denn die normalerweise spiegelglatte Lagune war gefährlich aufgewühlt. Es war eine unfreiwillige und kraftraubende Vorbereitung für einen Gefechtstag, und dass es zum Kampf kommen würde, schien immer wahrscheinlicher.

Der nächste logische Schritt des Streiftrupps hätte eigentlich darin bestanden, weiter in den Norden von Mili Mili vorzurücken, dann über die schmale Passage nach Malka überzusetzen und immer weiter Richtung Norden vorzustoßen, bis die Männer die Insel Naalo erreichten. Derselben Route hätte nach dem ursprünglichen Plan der Atollumrundung auch die Barkasse folgen müssen. Aber aus irgendeinem Grund, den Paulding in seinem *Journal* mit keinem Wort erklärt, nahm er Kurs auf den Nordosten der Lagune. Alles, was er zu seiner Route sagt, ist, dass der Wind drehte, was ihm ermöglichte, auf eine am Horizont auftauchende, acht bis zehn Meilen entfernte Insel zuzuhalten, wo er einen Zwischenstopp einlegen und seine Crew frühstücken lassen wollte. Es war der Morgen des 30. November.

Sie hatten etwas mehr als die Hälfte der Strecke zur Insel zurückgelegt, als sie merkten, dass sie nicht die Einzigen waren, die diesem Kurs folgten. Aus dem Windschatten der zuletzt von ihnen passierten Inseln kamen zwei Kanus gepullt, die rasch Fahrt aufnahmen, an ihnen vorbeischossen und genau an der von Paulding angepeilten Stelle anlegten. Im selben Moment sahen sie, dass von der Insel zwei Kanus ablegten und genau auf die Barkasse zuhielten. Paulding war abgelenkt, da die schwierige Umschiffung der hier besonders tückischen Riffe seine volle Konzentration erforderte – einer der Gründe, die dafür sprechen, dass es sich bei besagter Insel um Tokewa gehandelt haben muss, denn südlich von Tokewa erstrecken sich bis weit in die Lagune hinein Riffe, die für ihre Gefährlichkeit allgemein berüchtigt sind. Bei den auf Abfangkurs liegenden Kanus handelte es sich offenbar um eine Art Küstenwache der

Insulaner; an Bord waren zwanzig Eingeborene, bewaffnet mit den mittlerweile zu ihrem normalen Erscheinungsbild gehörenden Speeren und Steinen. Als sie die Barkasse passierten, ging Paulding längsseits, um sich einen besseren Überblick über Boote und Besatzungen zu verschaffen, was ihm und seiner Crew »eine Menge böser Blicke« seitens der Eingeborenen eintrug. Paulding beobachtete, wie die Kanus umkehrten und zur Insel zurückfuhren, wo sich mittlerweile eine Flotte von zwanzig Booten eingefunden hatte – alles *walaps*, die größten Kanus, von denen jedes zwischen zwanzig und vierzig Mann aufnehmen konnte. Es war dieselbe Flotte, mit der Luttuon die Insel Lukunor verlassen hatte, als die *Dolphin* dort aufgetaucht war und die Weißen damit begonnen hatten, überall herumzuschnüffeln, und somit war es auch die Flotte, die Lay zu seinem neuen Aufenthaltsort brachte.

Auf Parallelkurs zu den beiden von der Insel gekommenen Kanus hatte Paulding klar erkennen können, dass sie drei Mal so schnell waren wie sein Boot. Folglich hatte er auf dem Wasser keine Chance, die *Globe*-Meuterer einzuholen; mit den Eingeborenenkanus konnten sie ihn jederzeit aussegeln. Angestrengt grübelte er über eine Strategie nach, mit der sich die Überlegenheit der zwanzig Kanus neutralisieren ließe. »Daher beschloss ich, sämtliche Kanus, die sich dort befanden, in meinen Besitz zu bringen, auch wenn sich die Eingeborenen widersetzen würden und uns nichts anderes übrig bliebe, als es auf ein Kräftemessen mit ihnen ankommen zu lassen.« Kräftemessen bedeutete schlicht und einfach: dreizehn Mann mit Pistolen gegen 200 mit Speeren und Steinen. Paulding erkannte, dass es sich bei der Menge, auf die er zusteuerte, nicht nur um Inselbewohner handeln konnte, dazu waren es zu viele; sie mussten aus irgendeinem Grund von anderen Inseln gekommen sein. Also überlegte Paulding weiter: »Doch bevor ich es zum offenen Bruch mit ihnen kommen lassen wollte, wozu die Beschlagnahme ihrer Kanus zwangsläufig führen musste, beschloss ich, an Land zu gehen und ihre Hütten und die Umgebung zu durchsuchen.« Mit mehr Understatement lässt sich dieser wagemutige Entschluss kaum beschreiben. Denn bei der Durchsuchung der Eingeborenenhütten wären die Männer jederzeit angreifbar gewesen. Aber jede Chance musste genutzt werden. Die Lage spitzte sich zu, als die Eingeborenen begannen, Frauen und Kinder vom Strand zu den Hütten zu schicken, was, wie Paulding mit geradezu grotesker Untertreibung bemerkt, »von einem gewissen Misstrauen uns gegenüber zeugte«.

Die Barkasse steuerte durch die Brandung aufs Ufer zu. Die 200 Männer, denen sich Pauldings Truppe gegenübersah, hatten sich knapp siebzig Meter vom Ufer entfernt versammelt. Alle saßen. Plötzlich löste sich aus der Schar der Krieger eine dunkelhäutige Gestalt in Eingeborenenkleidung, das lange Haar auf dem Kopf zu einem Knoten aufgesteckt, und blieb auf halbem Weg zwischen Eingeborenen und Boot stehen. Alle Augen in der Barkasse waren auf diese Person gerichtet. Die ganze Szene mutete beinahe feierlich an.

Dann begann die Gestalt zu sprechen: »Die Indianer wollen euch töten. Kommt nicht an Land, wenn ihr euch nicht verteidigen könnt.« Pauldings Erstaunen war, wie er es ausdrückte, unbeschreiblich. Das muss einer von den *Globe*-Leuten sein, dachte er, auch wenn sich der Mann mit dem dunkelhäutigen, von Kokosöl glänzenden Körper und dem traditionellen Lendenschurz aus geflochtenem Bast optisch nicht von den Eingeborenen unterschied.

Der Mann wiederholte seine Warnung mehrmals und erklärte, was die Eingeborenen vorhatten. Die Männer aus dem Boot sollten aufgefordert werden, an Land zu kommen und sich zu den Eingeborenen zu setzen, die auf ein Zeichen hin aufspringen und sie mit Steinen erschlagen wollten. Das glaubte Paulding ihm zwar aufs Wort, aber irgendwie machte ihn die ganze Situation stutzig. Hatte er es hier mit einem der Meuterer zu tun oder mit einem unschuldigen Besatzungsmitglied? Unter den neun Männern der *Globe*-Besatzung, die nach Pauldings Kenntnisstand auf dem Atoll lebten, befanden sich mindestens zwei Meuterer. Wieso hatte man den Kerl bei der Suche nicht entdeckt? Und falls er unschuldig war, warum versuchte er dann nicht, zum Boot zu rennen und bei seinen Landsleuten Schutz zu suchen?

»Wie heißt Ihr?«, fragte Paulding. »William Lay«, antwortete der Mann, »von der *Globe.*« Die *Dolphin* hatte Namen und Beschreibungen von den auf den Inseln vermuteten Seeleuten bekommen, und zumindest von Statur und Jugend her passte Lay zu der Beschreibung, die Paulding kannte. Paulding forderte ihn auf, zum Boot zu kommen, aber Lay erklärte, das könne er nicht, die Eingeborenen hätten ihm verboten, weiter zu gehen als bis zu der Stelle, wo er jetzt stehe. »Rennen Sie, wir geben Ihnen Deckung«, befahl Paulding. Wenn er das versuchen würde, entgegnete Lay, würden ihn die Eingeborenen zu Tode steinigen, bevor er das Boot erreichte.

Bis hierhin hatte sich die ganze Szene sozusagen nach Lays Drehbuch abgespielt. Als der *iroojlaplap* die Ermordung der Männer im Boot plante, hatte Lay, in seiner Rolle als Berater, Luttuon erklärt, dass es am besten sei, wenn sich die Eingeborenen im Hintergrund hielten und ihn, Lay, die Männer aus dem Boot locken lassen würde, indem er sie aufforderte, an Land zu kommen und sich zu den Eingeborenen zu setzen, wo es ein Leichtes wäre, sie zu töten. Luttuon gefiel die Idee, doch zuerst musste er Anits Zustimmung einholen. Um herauszufinden, ob der Gott mit dem Plan einverstanden war, wurde ein Büschel Stroh zusammengebunden und dann versucht, die Halme aus dem Bund herauszuziehen, ohne dass sie sich ineinander verhedderten.[9] Gelang dies, war der Gott einverstanden, andernfalls konnte die Zeremonie an einem anderen Tag wiederholt werden, bis dahin aber verweigerte der Gott seine Zustimmung. In dieser entscheidenden Angelegenheit nun hatte der Gott das Vorhaben gebilligt, und nachdem Luttuon Lay mit Kokosöl eingeschmiert hatte, schickte er ihn los, um die Weißen in die Falle zu locken.

Paulding und seine Crew waren während der Unterhaltung mit Lay im Boot sitzen geblieben. Alles hing nun davon ab, wie der Erste Offizier auf Lays Auskunft reagieren würde. Als Erstes befahl er seinen Männern, in die Luft zu schießen – aus psychologischen Gründen – und sofort nachzuladen. Dann sprangen sie, das Überraschungsmoment ausnutzend, aus dem Boot und wateten durch das warme grüne Wasser zum Ufer. Paulding, noch immer im Zweifel, ob er es mit einem Unschuldigen zu tun hatte oder nicht, aber nicht gewillt, einen möglichen Meuterer entkommen zu lassen, schritt auf Lay zu, packte ihn mit der Linken und setzte ihm die gespannte Pistole auf die Brust. Er war sich durchaus bewusst, in welch unerträgliche Situation er Lay dadurch brachte, aber er vertraute darauf, dass Lay, sofern er unschuldig war, Schock und Schmach rasch überwinden würde. Auf jeden Fall durfte er nicht riskieren, ihn entwischen zu lassen.

»Wer seid Ihr?«, fragte Paulding erneut.

»Ich bin Euer Mann«, wiederholte Lay und brach in Tränen aus.

Paulding befahl Lay, den Eingeborenen zu sagen, falls einer von ihnen aufstehen oder einen Stein werfe, werde die Bootscrew alle töten. Lay versuchte etwas zu sagen, doch er war, wie Paulding es ausdrückte, so »außer sich vor Freude«, dass er nur ein für Paulding und vermutlich auch die Eingeborenen größtenteils unverständliches Gestammel aus Mikronesisch und Englisch hervorbrachte. Dann übermannte ihn die Angst. »Sie werden mich töten, sie werden mich töten!«, schluchzte er, bis Paulding ihm über den Mund fuhr und Klartext zu reden befahl. Da entschuldigte sich Lay und sagte, er wisse nicht, was er rede.

Verwirrt und mit wachsender Unruhe verfolgten die Eingeborenen das ganze Drama. Ein paar standen auf und begannen sich Lay und Paulding zu nähern. Sofort zielte Paulding mit seiner Pistole auf sie und befahl Lay, sie nochmals zu warnen, dass sie erschossen würden, falls sie aufstanden oder Steine warfen. Daraufhin zog sich die Gruppe wieder zurück, bis auf einen alten, unbewaffneten Mann, der unbeirrt weiterging. Lay bat Paulding, den Mann näher kommen zu lassen. Der Alte griff nach Lays Hand, umklammerte sie mit beiden Händen und wollte wissen, was die Leute im Boot mit ihm vorhätten. Als Lay ihm die Sache erklärte, war der Alte tief bewegt. Er war es gewesen, der Lay am Tag des Massakers vor nunmehr fast zwei Jahren das Leben gerettet hatte. Lay, ebenso gerührt wie sein Beschützer, umarmte den Alten und versprach ihm unter Tränen, sich bei ihm zu verabschieden, bevor er die Insel verließ.[10]

Paulding entging das Bewegende dieses Augenblicks keineswegs, aber er fragte sich besorgt, was die Eingeborenen unternehmen würden, sobald sich ihre Verwirrung über die Szene, die sich vor ihren Augen abspielte, gelegt hätte. Angesichts ihrer zahlenmäßigen Überlegenheit wäre es für sie ein Leichtes, die Weißen zu überwältigen, und das würden sie zweifellos auch versuchen. Alles, was seine Männer einem Angriff entgegenzusetzen hatten, war ein Pistolenschuss pro Kopf, denn noch ehe sie zum Nachladen kämen, wären die Eingeborenen schon über ihnen. Deshalb unterbrach Paulding die Unterhaltung zwischen Lay und dem alten Mann und trieb Lay eilig zum Boot. Fähnrich Charles Davis, der zu Pauldings Barkassencrew gehörte und es später zum Konteradmiral brachte, bezeichnete die Rettungsaktion als tollkühnstes Unternehmen seines Lebens.[11]

Lay weinte vor Freude und stellte in seiner Erregung immer wieder dieselben Fragen, auch wenn sie längst beantwortet waren. Wie ging es seinen Freunden? Niemand im Boot hatte je von ihnen gehört. Aus East Saybrook, Connecticut – kannte jemand die Gegend? Nein, bedauerndes Kopfschütteln.

Als er sich beruhigte, war er in der Lage, die Fragen nach den anderen Besatzungsmitgliedern der *Globe* zu beantworten. Alle, bis auf Hussey, waren tot. Zum ersten Mal erfuhr die Außenwelt von dem Massaker. Hussey, so Lay, befand sich auf einer luvwärts gelegenen Insel – würden sie auch ihn retten?, fragte er besorgt und war überglücklich, als Paulding seine Frage bejahte.

Im Verlauf der Fahrt gelang es Lay allmählich, Paulding die Gründe für das rätselhafte Verhalten der Eingeborenen gegenüber den Weißen zu nennen. Der Hauptgrund war, dass sie sich die von Lay und Hussey erteilten Ratschläge sehr zu Herzen genommen hatten. Die beiden jungen Männer hatten die Eingeborenen davon überzeugt, dass sie die Weißen unmöglich überwältigen konnten, und ihnen dringend geraten, den Weißen zu erlauben, sich nach Belieben auf den Inseln umzusehen, ihnen zu geben, was sie verlangten, und sie nach Möglichkeit versöhnlich zu stimmen. Diese Ratschläge, oder vielmehr Instruktionen, wurden auf dieselbe Weise befolgt wie Vorschriften von Kolonialmächten: Die Autorität des Gesetzgebers wurde zwar anerkannt, die Richtigkeit seiner Aussage gleichwohl in Zweifel gezogen. Während sich die Eingeborenen einerseits an Lays und Husseys Friedensvorschläge hielten, unterbreiteten sie andererseits ihren Ratgebern Vorschläge, wie etwa ein Loch in den Schiffsboden zu schlagen und das Schiff zu versenken, und alle, die nicht ertranken, zu töten, oder auch einen nächtlichen Angriff auf das Schiff zu unternehmen. Um diese Vorhaben zu verhindern, mussten Lay und Hussey ihre ganze Überzeugungskraft aufbieten.

Nach dem Zwischenfall am Strand entvölkerte sich Tokewa rasch wieder: Luttuon kehrte ins heimatliche Mili Mili zurück (wo die *Dolphin* vor Anker lag), und Paulding nahm Kurs auf Husseys Insel.[12] Im Bewusstsein, dass sich bei seinen Leuten nun, da die Anspannung, die sie während der Rettungsaktion bei Kräften gehalten hatte, abrupt nachließ, Hunger und körperliche wie nervliche Erschöpfung bemerkbar machen würde, ließ Paulding die Barkasse an einem in der Mitte der Lagune aus dem Wasser ragenden Riff festmachen, damit die Männer erst einmal in Ruhe essen konnten. Der Aufenthalt, für die Crew dringend notwendig, war für Lay eine einzige Qual. Er befürchtete, dass jede verlorene Minute nicht nur seine eigene Rettung gefährdete, sondern auch die Wahrscheinlichkeit erhöhte, dass Luttuon Husseys Rettung noch vereitelte. Hierfür hatte Paulding volles Verständnis; es war, so schrieb er, »schmerzlich« für ihn, Lays Angst mit ansehen zu müssen, und nachdem die Männer ihre Mahlzeit in aller Eile heruntergeschlungen hatten, gab er sofort den Befehl zum Aufbruch.

Zur Erleichterung aller im Boot sahen sie bei der Annäherung an Lukunor nur ein einziges Kanu am Strand liegen, und nichts deutete auf eine Menschenansammlung hin, ja, zuerst konnten sie überhaupt keine Menschenseele entdecken, bis Lugoma in Begleitung mehrerer älterer Frauen zum Strand herunterkam. Sie hatten sich aus Neugier dem fremden Boot genähert und waren völlig überrascht, als sie Lay sahen. Da er nach wie vor Eingeborenenkleidung trug, sah er für Lugoma wie immer aus. Als das Boot näherpullte, riefen die alten Frauen Lay zu, was er in dem Boot mit den Weißen mache? Und was die Weißen überhaupt wollten? Noch ehe Lay antworten konnte, sprang Paulding aus dem Boot, hielt den verdutzten Lugoma fest, bedrohte ihn mit der Pistole und befahl Lay, ihm zu sagen, falls man Hussey nicht auf der Stelle zu ihm bringe, werde er schießen. Lugoma flehte um Gnade und versprach Paulding, Hussey sofort zu holen. Als Hussey im Wald die Frauen seinen Namen rufen hörte, kam er zum Strand. »Sein ausgebleichtes Haar«, schrieb Paulding, »hing ihm in wirren Locken auf die Schultern, und er war so gut wie nackt, abgesehen von einem um seine Lenden gebundenen Fetzen Tuch.«

»Junger Mann«, fragte Paulding, »habt Ihr den Wunsch, in Eure Heimat zurückzukehren?«

»Ja, Sir. Ich wüsste nicht, warum ich mich vor einer Heimkehr fürchten sollte«, antwortete Hussey mit Tränen in den Augen.

Paulding, der immer noch auf Lugoma zielte, ließ die Pistole sinken, worauf Lugoma Paulding sofort anflehte, Hussey nichts zu Leide zu tun. Nachdem Paulding ihm versichert hatte, dass Hussey kein Haar gekrümmt werde, bat Lugoma inständig darum, man möge ihm Hussey nicht wegnehmen. Die alten Frauen stimmten in seine Bitten ein. Mit der Schilderung dieser ergreifenden Szene vermittelt Paulding den Lesern seines *Journals* einen aufschlussreichen Eindruck von Husseys »Familien«-Leben auf der Insel:

> Vor meinen Augen spielte sich eine interessante Szene ab. Von Kokospalmen und Brotfruchtbäumen eingerahmt, hatte sich eine pittoreske Gruppe auf dem leuchtend grünen Gras vor mehreren Hütten versammelt. Huzzy [*sic* durchgängig bei Paulding, der sich an der Aussprache orientierte] verdankte sein Leben dem Eingeborenenhäuptling und war seit zwei Jahren sozusagen dessen Sklave. Er war ihm für etliche Gefälligkeiten zu Dank verpflichtet, was er zum Teil durch seine Arbeit abgegolten hatte, was in manchen Fällen aber auch durch rüde Behandlung kompensiert worden war. Gleichwohl blieb seine Position gegenüber dem Häuptling eine heikle. Allein die Rettung seines Lebens erlegte ihm eine Verpflichtung auf, die auch durch lange und treue Dienste nie ganz abgegolten werden konnte. Der Häuptling schien ihn ganz offensichtlich als seinen Sohn zu betrachten, und als der Moment unserer Abfahrt gekommen war und er sah, dass wir entschlossen waren, unseren Landsmann mitzunehmen, konnte er seine Tränen nicht mehr zurückhalten und klagte, er werde lange und bitterlich um ihn weinen. Er beschwor Huzzy, bald wieder zurückzukommen. Dann fragte er mich, ob ich ihn wiederbringen werde. Da ich keine andere Möglichkeit

> sah, mich dieser seltsamen und so flehentlich und herzergreifend vorgebrachten Bitte zu entziehen, versprach ich, ihn zurückzubringen, wenn seine Mutter der Rückkehr zustimmen würde.

Damit gab sich Lugoma schließlich zufrieden. Er nahm Hussey zur Seite und seufzte, wie schwer es ihm fallen werde, die Arbeit ohne seine Hilfe zu erledigen. Außerdem trug er ihm auf, bei seiner Rückkehr Äxte, Gewehre und – so die ungewöhnliche Bitte – »Kleidung, wie seine Landsleute sie trugen«, mitzubringen. Ungewöhnlich insofern, als hier zum ersten Mal festgehalten wurde, dass ein Bewohner des Mili-Atolls auch nur das geringste Interesse zeigte, sich wie ein Weißer zu kleiden. In Ozeanien kursierten damals Berichte über den Eingeborenenhäuptling, der eine geschenkte, abgelegte Uniform einige Male ostentativ trug, aber schon nach kurzer Zeit wieder zur bequemen Kleidung der Eingeborenen zurückkehrte. Möglich, dass Lugoma Trendsetter in Sachen Inselmode war. Paulding besann sich auf die mitgebrachten Geschenke (er selber empfing auch welche) – Ringe und Perlen für die Frauen und ein Klappmesser für Lugoma, ein geniales Geschenk. Höchstens über eine Axt hätte sich Lugoma noch mehr gefreut.

Hussey war sofort reisefertig, denn sein ganzes Gepäck bestand lediglich aus der Muskete, für die er kein Pulver mehr besaß, und der Bibel. Die faktisch unbrauchbare Muskete hatte Lugoma Hussey als Abschreckungswaffe gegen mögliche Feinde gelassen; die Bibel dagegen war den Insulanern stets ein unergründliches Geheimnis geblieben, aber anders als Lay hatte Hussey die seine dadurch retten können, dass er ihre Befürchtung, die Bibel bringe böse Geister ins Haus, mit der Drohung konterte, wenn sie es wagten, das Buch zu beschädigen, würde der Große Geist sie aus Rache dafür töten.

Dann machte Lugoma einen überraschenden Vorschlag, der aber akzeptiert wurde: Er wollte sie begleiten und seinen Sohn zum Schiff nach Mili Mili bringen. Es war bereits spät am Tag, als die Barkasse mit *Irooj* Lugoma, seinem Sohn und den beiden einzigen überlebenden Besatzungsmitgliedern des Walfängers *Globe* die Insel verließ. Endgültiger Bestimmungsort war die *Dolphin* in Mili Mili, doch zuerst legten sie einen Zwischenstopp bei einer Insel ein, wo sie auf Leutnant Homer und seine Männer stießen. Der Suchtrupp freute sich aufrichtig über die Nachricht von der Rettung der überlebenden *Globe*-Besatzungsmitglieder, wenngleich die Männer ein wenig enttäuscht waren, dass es nach dem langen, beschwerlichen Fußmarsch nicht ihnen vergönnt gewesen war, die Gesuchten zu finden.

Da Homers Truppe zur Überbrückung der Unterwasserriffs zwischen den Inseln ein eigenes Boot besaß, brauchte Paulding sie nicht an Bord der Barkasse zu nehmen. Auf welcher Insel sie die Fußtruppe trafen, schreibt Paulding zwar nicht, aber in Anbetracht der inzwischen verstrichenen Zeit könnte es das ganz im Nordwesten des Atolls gelegene Naalo gewesen sein oder eine kleine Insel westlich davon. Das Boot der Fußtruppe hätte nun eigentlich über die Lagune nach Mili Mili zur *Dolphin* zurückkehren können. Da Homer die Fahrt jedoch nur in Begleitung der Barkasse machen wollte, musste er sich Pauldings Plänen anpassen, und Paulding hatte nicht vor, auf direktem Weg nach Mili Mili zurückzufahren.

Pauldings Gedanken zu lesen ist ein Abenteuer für sich. Dank seiner raschen Auffassungsgabe und der beiden guten Lehrer, Lay und Hussey, lernte er binnen kurzem die den Reaktionen und Absichten der Eingeborenen zu Grunde liegende Wankelmütigkeit und Unlogik zu verstehen. Der Entscheidung, die er nun traf, war reifliche Überlegung vorausgegangen. Dass ihn Gefahr nicht schreckte, diese Eigenschaft hatte sich bewährt, als er mit einer Pistolenkugel pro Mann 200 Eingeborenen gegenüberstand; gleichzeitig aber bedeutete die Gewöhnung an Gefahr auch, dass er sie für einen ganz normalen Zustand hielt und auch unnötige Risiken einging. Anstatt zurück nach Mili Mili zu segeln, das er bei günstigem Wind in anderthalb Stunden hätte erreichen können, bestand er darauf, einen Zwischenstopp auf Tokewa einzulegen, und zwar aus keinem anderen Grund als dem, Lays Muskete einzusammeln, die sie bei ihrem überstürzten Aufbruch dort zurückgelassen hatten. Als sie sich der Insel näherten, sah Paulding dieselben Kanus am Ufer liegen, die er nur wenige Stunden zuvor hatte kapern wollen. Aber sie blieben nicht lange dort liegen. Als die Eingeborenen Pauldings Barkasse sahen, schoben sie alle Kanus ins Wasser und segelten davon. Doch anstatt sie – erleichtert – ziehen zu lassen, befahl Paulding die Verfolgung der Kanus. (Glaubte er, dass sich in einem davon die nutzlose Muskete befand?) Und als er merkte, dass ihn die Eingeborenen abermals aussegelten, ließ er eine Musketensalve über ihre Köpfe feuern. Damit erreichte er allerdings nicht, dass sie beidrehten, sondern, im Gegenteil, vor Angst noch schneller davonpreschten.

Am meisten erschrocken über das Krachen der Schüsse war Lugoma. Er deutete Pauldings unbesonnenes Schießen als Versuch, alle Häuptlinge zu töten, einschließlich ihn. Vergeblich versuchten Lay und Hussey, ihn zu beruhigen und davon zu überzeugen, dass Paulding sein Freund sei. Mehrmals stand er kurz davor, seinen Sohn zu nehmen und von ihrem Platz auf der Heckbank ins Wasser zu springen, was die Bootscrew jedoch jedes Mal verhindern konnte. Immer wieder beteuerte er Paulding seine Freundschaft und flehte ihn um Gnade an, worauf dieser ihm jeweils in aller Deutlichkeit und mit größtem Nachdruck klar zu machen versuchte, dass er seinerseits Lugomas Freund sei und nicht die Absicht habe, ihm auch nur ein Haar zu krümmen. Lugoma aber schien ihm gar nicht zuzuhören und bat immer wieder flehentlich um Gnade.

Inzwischen war es dunkel geworden, und Paulding befahl, dieselbe Stelle im Norden von Mili Mili anzulaufen, an der sie am Vortag Homers Suchtrupp getroffen hatten. Als sich die

Boote dem Strand näherten, bat Lugoma inständig, man möge ihn und seinen Sohn laufen lassen. Mittlerweile war er rund zwanzig Meilen von seiner Insel entfernt. Da Paulding fürchtete, Lugoma würde, falls er ihn gehen ließ, anderen Eingeborenen verraten, wo die Weißen kampierten, und sie angreifen, verweigerte er Lugoma den Wunsch. Unter den als Regenschutz aufgespannten Segeln versuchte die Gruppe zu schlafen, wobei sich Paulding damit abfinden musste, von Lugoma, der darauf bestanden hatte, neben ihm zu liegen, alle zehn Minuten dadurch geweckt zu werden, dass dieser ihm mit der Hand übers Gesicht strich und *hitera*[13] sagte – möglicherweise ein veraltetes Wort für *jera*, Freund, das Paulding jedes Mal für Lugoma wiederholen musste, damit ihm wenigstens ein paar Minuten Ruhe vergönnt waren.

Am nächsten Morgen, dem 1. Dezember, als sich die Boote anschickten, die Lagune zu verlassen und zur *Dolphin* zurückzukehren, verfing sich der Warpanker der Barkasse zwischen den Korallen und ließ sich nicht mehr herausziehen. Als Lugoma das Problem erkannte, befahl er seinem Sohn, zum Anker hinunterzutauchen und ihn aus seiner Verkantung zu lösen. Sofort sprang der Junge in das sechs Meter tiefe Wasser, befreite den knapp hundert Pfund schweren Anker und signalisierte der Barkasse noch beim Auftauchen, dass der Anker klar zum Einholen war – eine Aufgabe, die für den Jungen so alltäglich war wie das Losbinden der Leine des Familien*korkors* von Korallenüberhängen.

Vor der Einfahrt in die Riffpassage am nördlichen Ende von Mili Mili gab Lugoma, der immer noch fürchtete, Paulding würde ihn umbringen, dem Ersten Offizier zu verstehen, dass er das Boot hier verlassen wollte. Diesmal willigte Paulding ein. Abermals nahm Lugoma Abschied von Hussey, und Paulding gab ihm noch ein Geschenk mit. Diesmal bestand das Geschenk aus unterschiedlichem Saatgut, und nachdem Lay oder eher Hussey Lugoma übersetzt hatte, wie die Samen zu pflanzen und welche Früchte zu erwarten waren, fuhren die Boote weiter und überließen ihn und seinen Sohn sich selbst.

Um acht Uhr morgens gingen die Barkasse mit Lay und Hussey und das Boot von Leutnant Homers Fußtruppe längsseits des Schoners. Unter begeistertem Jubel wurden Retter und Gerettete von der *Dolphin*-Besatzung empfangen. Der Auftrag war ausgeführt. Lay und Hussey wurden die Haare geschnitten und die Bärte rasiert, sie bekamen amerikanische Kleidung und das in der Marine übliche Essen. Pauldings Meinung nach »hatten wir nun den Zweck unseres Aufenthalts erfüllt, und da die Inseln, abgesehen von ihrer ungewöhnlichen Formation und den eigentümlichen Gewohnheiten der Eingeborenen, alles in allem so gut wie nichts zu bieten hatten, waren wir froh, sie verlassen und wieder in die Zivilisation zurückkehren zu können«. Kapitän Percival schien freilich nicht dieser Ansicht zu sein: Mit dem Verlassen des Atolls hatte er es ebenso wenig eilig wie zu Beginn der Mission mit der Abfahrt von der Küste Perus, und so sollte noch eine geschlagene Woche vergehen, ehe die *Dolphin* in See stach.

Als Erstes hatte es sich der Kapitän in den Kopf gesetzt, alle Häuptlinge des Atolls zu einer abschließenden Besprechung in Sachen *Globe* einzuberufen, auf der die ganze Angelegenheit von Anfang an bis zum gegenwärtigen Stand der Dinge geklärt werden sollte. Am Morgen des 1. Dezember, kurz nach der Rückkehr der beiden Geretteten auf den Schoner, ließ der Kapitän *iroojlaplap* Luttuon durch dessen Mutter die Aufforderung zugehen, sich gemeinsam mit den anderen Häuptlingen zu einem Treffen mit ihm, Percival, einzufinden. Allem Anschein nach betraute der Kapitän Paulding und Lay mit der Einberufung der Versammlung, Letzteren nur wenige Stunden nach seiner Befreiung aus der zweijährigen Insel-Haft. Vermutlich ging Lay rasiert und neu eingekleidet an Land und verblüffte mit seinem neuen Aussehen die Eingeborenen, die ihn so lange als einen der ihren erlebt hatten.

Die beiden Männer marschierten quer über die dreieckige Insel zur Lagunenseite, wo sich in der Innenseite des von Mili Mili gebildeten Ellenbogens das Dorf des Häuptlings befand. Anders als Lay, der das Dorf gut kannte, sah Paulding es zum ersten Mal. Seine damalige Beschreibung trifft auch heute noch unverändert zu: »Es war kein besonders großer, aber ein malerisch lauschiger Ort. Die Hütten der Eingeborenen lagen verstreut in einem Hain aus Kokospalmen und Brotfruchtbäumen, der sich von der Inlandsee ungefähr hundert Meter landeinwärts erstreckte, wo er in ein 200 bis 300 Meter langes, undurchdringliches Dickicht überging, das sich durch die Mitte des kleinen Eilands zog.« Einwohnerschaft, Grundriss, Gebäude und kulturelle Gepflogenheiten (abgesehen von der Kleidung der Eingeborenen) des heutigen Dorfes ähneln dem damaligen Dorf des *iroojlaplap* so stark, dass man sich ins Mili Mili des 19. Jahrhunderts zurückversetzt glaubt.

Luttuon war nicht im Dorf; bis auf ein paar Frauen und Kindern begegneten Paulding und Lay niemandem. Luttuons Sohn Ladro führte sie durchs Dorf und wies sie auf die Ahnengräber hin, mit der Bitte, darauf zu achten, nicht versehentlich darüber zu laufen. Einen zwerghuhnähnlichen Vogel, auf den Paulding zeigte, machte Ladro ihm sofort zum Geschenk, mit der Begründung, dass sich diese Tiere »von unreinen Dingen ernährten« und daher von den Eingeborenen verschmäht würden.

Bei ihrem Spaziergang durchs Dorf zeigte Lay Paulding, wo er einmal einen spanischen Taler vergraben hatte. Er fand ihn tatsächlich wieder und nahm ihn zur Erinnerung mit. Sie trafen einen Eingeborenen, den Lay so gut kannte, dass er sich mit ihm eine Art Possenspiel lieferte, bei dem er einen kämpfenden Eingeborenen nachahmte, zur nicht geringen Beunruhigung von Paulding, der befürchtete, die »sowohl schreckliche als auch lächerliche« Farce könnte den Eingeborenen beleidigen. Lay wusste jedoch, was er tat, und der Eingeborene amüsierte sich köstlich. Am Abend war noch immer nichts von Luttuon oder den anderen Häuptlingen zu sehen.

Am nächsten Morgen, dem 2. Dezember, ging der Kapitän persönlich an Land und besuchte die Mutter des Oberhäuptlings, die ihn mit Ausflüchten wegen der Abwesenheit der Häuptlinge zu beschwichtigen versuchte und ihm versicherte, am Abend kämen sie auf alle Fälle. Percival forderte die Frau auf, erneut nach ihnen zu schicken, und drohte an, falls sie nicht spätestens am nächsten Tag erschienen, würde er sie suchen gehen, was sehr unangenehme Folgen für sie haben könnte. Das schüchterte die Mutter ein, und sie versprach, dass ihr Sohn am nächsten Tag zur Stelle sei. Die Drohung wirkte. Am Morgen des 3. Dezember fanden sich alle Häuptlinge am Strand der Ozeanseite beim Liegeplatz der *Dolphin* ein.

Dann begann das Gipfeltreffen, mit Lay und Hussey als Dolmetschern, und handelte eine umfangreiche Tagesordnung ab. Der Kapitän stellte sich als Vertreter des Oberhaupts seines Landes vor, das ihn geschickt habe, um die Männer von der *Globe* zu finden.[14] Was die von ihnen zu verantwortenden Morde betraf, so würden sie deshalb nicht dafür bestraft, erklärte Percival, weil es sich dabei um eine erstmalige, aus Unkenntnis begangene Straftat gehandelt habe. In Zukunft werde jedoch jeder Mord oder Angriff auf einen Weißen einen ernsten Vergeltungsschlag durch eine Seestreitmacht nach sich ziehen, bei dem alle Bewohner der Insel getötet und ihr gesamtes Hab und Gut zerstört würde. Vor Weißen, die künftig zu ihren Inseln kämen, bräuchten sie sich nicht zu fürchten. Wenn sie die Besucher gut behandelten, würden sie dafür belohnt werden. Stehlen, Lügen und sonstige Schandtaten aber seien unrecht und würden im Land der Weißen bestraft; auf Mord etwa stehe die Todesstrafe. Schließlich wurden die Eingeborenen aufgefordert, ein Walboot und eine Drehbasse von der *Globe* sowie Lays Muskete zurückzugeben, was sie bereitwillig akzeptierten. Luttuon erklärte das Grab des Schiffsarztes zum heiligen Ort und gelobte, es werde mit derselben Ehrfurcht behandelt wie die Gräber ihrer eigenen Ahnen. Als Belohnung für die Fürsorge, die sie Lay und Hussey hatten zukommen lassen, verteilte der Kapitän Geschenke, darunter Äxte, Kleidung, Perlen und Samen und außerdem – etwas aufregend Neues für die Eingeborenen – zwei junge Schweine, die allerdings, so schärfte man ihnen ein, nicht zum Essen, sondern zum Aufbau einer Zucht gedacht waren. Die Ferkel lösten helle Begeisterung bei den Eingeborenen aus und wurden von ihnen wie junge Hunde herumgetragen, ungeachtet der Kratzer und Schrammen, die die quiekenden, wild strampelnden Tiere ihren neuen, sie abgöttisch liebenden Besitzern beibrachten. Damit endete die Konferenz; die weißen Besucher zogen sich auf die *Dolphin* zurück und gewährten den beiden Dolmetschern eine wohlverdiente Ruhepause.

Die Abschlusskonferenz war die erste Begegnung zwischen der Schiffsführung und Luttuon gewesen, wenn man einmal von dem Zusammentreffen bei Lays Rettung absieht, bei dem es sich allerdings um kein Treffen im eigentlichen Sinne gehandelt hatte. Wie Paulding erwähnt, galt Luttuon als der seit Jahren bedeutendste Krieger des Atolls, wobei diese Information offenbar von Luttuon selbst stammte. Luttuon schilderte den Offizieren seine Abenteuer während eines Krieges, in dem er gezwungen war, Mili in einem Kanu zu verlassen, mit dem er nach vierzehntägiger Fahrt (»glaube ich«, schreibt Paulding) schließlich Arno erreichte, wo man ihm Asyl und Schutz gewährte. Nach Abstechern zu dreizehn verschiedenen Inseln, vermutlich nicht nur im Arno-Atoll, sondern auch im Majuro-Atoll, kehrte er mit einem Kriegsheer aus Arno nach Mili zurück, besiegte seine Feinde und war fortan dem Häuptling von Arno, dessen Tochter (oder, wie Paulding schreibt, Enkelin) er heiratete, tributpflichtig. Damit begann die Tributpflicht von Mili an Arno.

Wie Paulding schreibt, sollten Lay und Hussey mit der

Drehbasse in der Barkasse der *Globe* nach Arno geschickt werden – für wie lange, geht aus seinem Bericht allerdings ebenso wenig hervor wie eine Antwort auf die Frage, wer die Drahtzieher des Planes waren. Hussey hatte ihm offenbar von einem fallen gelassenen Plan Lugomas und anderer Häuptlinge erzählt, ihn und Lay nach Arno zu schicken, ein Vorhaben, das seine Urheber in erhebliche Schwierigkeiten gebracht haben dürfte.

Was Paulding an Luttuon am meisten beeindruckte, war dessen verblüffende Ähnlichkeit mit Simon Bolívar, den er anderthalb Jahre zuvor persönlich kennen gelernt hatte. »In Gedanken vertieft, drückte seine Miene dieselbe Sorge und Nachdenklichkeit aus; wurde er aber in ein angeregtes Gespräch verwickelt, strahlte dasselbe temperamentvolle Feuer aus seinem edel geschnittenen Gesicht und den blitzenden, dunklen Augen«, schreibt er über den *iroojlaplap.* Wenn beide in der gleichen Kleidung vor ihm stünden, überlegte Paulding, wäre es schwer zu sagen, wer von ihnen die südamerikanischen Patrioten und wer die »Indianer« der Südsee befehligte.

Nach dem Essen bat Paulding Lay, ihn in der Barkasse auf einer topographischen Erkundungsfahrt zu begleiten. Gegen vier Uhr nachmittags brachen sie auf, um zu verschiedenen Stellen in der Lagune zu segeln, raue See und Gegenwind zwangen sie aber gegen Mitternacht, den Anker auszuwerfen. In dieser Nacht erkältete sich Lay. Am nächsten Morgen, dem 4. Dezember, stellten sie fest, dass sie sich ganz in der Nähe des *Globe*-Lagers befanden, gingen an Land und gruben Comstocks sterbliche Überreste aus; Lay brachte Comstocks Schädel und Entermesser an Bord der *Dolphin*.

Vier oder fünf Tage verbrachten die Männer mit der Erforschung von Topographie, Flora, Fauna und Bevölkerung der Inseln, denn auch diese Aufgaben gehörten zu ihrer Mission. In der Zwischenzeit bot es sich an, das Schiff zu überholen, Holz zu schlagen und an Bord zu bringen und alle möglichen anderen Dinge zu erledigen, wie etwa den Häuptlingen die Dienste des Zimmermanns für die Reparatur eines Kanus zur Verfügung zu stellen. Der Zimmermann leistete so gute Arbeit, dass die Eingeborenen ihn unbedingt behalten wollten. Als ihnen das verwehrt wurde, baten sie ihn darum, ihnen wenigstens sein Werkzeug zu überlassen.

Die Erkundung der Insel wurde in zwei getrennten, vom Kapitän und von Paulding geleiteten Gruppen fortgesetzt. Noch am selben Tag, an dem Paulding und Lay Comstocks Schädel und Entermesser geborgen hatten, am Nachmittag des 4. Dezember, nahm der Kapitän Lay trotz dessen Erkältung auf eine Fahrt in den Nordwesten des Atolls, nach Naalo, mit. Die dortigen Bewohner waren äußerst freundlich und neugierig. Während ihres zweistündigen Aufenthalts führten Percival und Lay ein tiefgründiges Gespräch mit zwei *lerooj*, weiblichen Häuptlingen der Insel; um was es dabei ging, erwähnt Lay allerdings nicht. Es ist die einzige Stelle, an der in den Berichten der beiden Überlebenden der Kontakt zu den *lerooj* erwähnt wird, die auf den Inseln auch heute noch beträchtliches Ansehen und Macht genießen. Entgegen dem üblichen Brauch bekamen die Besucher keine Naturalien geschenkt, denn Naalo litt unter einer Hungersnot. Lay hatte, was ihm sehr wichtig war, auf Naalo Gelegenheit zu einem Treffen mit dem alten Paar, das wie Vater und Mutter zu ihm gewesen war; vermutlich handelte es sich dabei um die beiden Alten, die ihm am Tag des Massakers das Leben gerettet hatten. Ohne den Abschied von dem alten Mann auf dem dramatischen Höhepunkt der Rettungsaktion wenige Tage zuvor zu erwähnen, erklärte Lay dem Kapitän, wer die alten Leute waren, woraufhin der Kapitän sie mit Perlen und einem Taschentuch belohnte, ihnen für die Lay erwiesene Güte dankte und sie ermahnte, anderen Weißen ähnlich freundlich zu begegnen, eine in diesem Fall wohl überflüssige Anweisung.

Wie Paulding berichtet, geschah es bei einem Treffen mit

den Häuptlingen, dass sich der Kapitän mit ernster Miene bei Lay oder Hussey nach einem bestimmten alten Mann erkundigte, in dessen Gesicht sich, so der Kapitän, das Böse spiegele. Als der Alte merkte, dass über ihn gesprochen wurde, wollte er vom Dolmetscher wissen, was der Kapitän gesagt habe. Als er es erfuhr, sah man »blankes Entsetzen« auf seinem Gesicht. Er starb innerhalb von zwei Tagen.[15] Jeder Eingeborene, der die Geschichte hörte, glaubte, dass Kapitän Percivals Abneigung dem Alten den Tod gebracht hatte – eine Schlussfolgerung, die sich nicht nur mit Aberglauben erklären lässt, sondern die auch durch die moderne Psychologie gestützt wird und einen aufschlussreichen Einblick in Macht und Einfluss von Denken und Gefühl gewährt. Und das keineswegs nur in primitiven Gesellschaften.

Für wie machtvoll der Kapitän gehalten wurde, geht freilich weniger aus der allgemeinen Reaktion der Eingeborenen hervor als vielmehr aus einer Unterhaltung zwischen ihm und Luttuon, die vermutlich während Luttuons Besuch an Bord der *Dolphin* stattfand. Was Luttuon von Gott halte, wollte der Kapitän wissen. Obwohl Luttuon auf keine seiner Fragen eine klare Antwort gab, bohrte der Kapitän unbeirrt weiter, bis er schließlich die richtige Frage stellte: »Wer, glauben Sie, lässt es donnern?« Nach kurzem Überlegen antwortete Luttuon: »Sie können es, nehme ich an.«

Während der Kapitän und Lay auf Naalo weilten, brach auch Paulding zu einer Erkundungsfahrt auf, und zwar nach Lukunor und Umgebung. Er nahm Hussey mit, zum einen, weil er einen Dolmetscher brauchte, und zum anderen, um Hussey und Lugoma eine Freude zu machen. (Die zeitliche Abfolge in Pauldings Bericht, die ich hier übernehme, weicht stellenweise von Lays Chronologie ab; siehe Anmerkung.[16]) Am 4. Dezember fuhren Paulding, Hussey und eine Bootscrew los. Paulding erwähnt nicht, was sie unterwegs aufhielt, aber das Boot brauchte zwei Tage für die normalerweise nur wenige

Stunden dauernde Fahrt und traf erst am 6. Dezember in Lukunor ein, wo es freudig begrüßt wurde. Lugoma watete ihnen entgegen, bis zu den Hüften im Wasser, mit frisch gebratenem Fisch in den ausgestreckten Armen. Die alten Frauen stürzten sich auf Hussey, umarmten ihn und wollten ihn gar nicht mehr loslassen.

Stolz präsentierte Lugoma Paulding das Ergebnis der vor sechs Tagen erhaltenen und inzwischen eingepflanzten Samen: Der Boden war sorgfältig vorbereitet worden, und die Wassermelonensämlinge sprossen bereits aus der Erde. Außerdem führte er Paulding eine Fischfangmethode der Insulaner vor, an der dieser größtes Interesse bekundet hatte. Dabei legten die Eingeborenen einen Ring aus getrockneten und auf einer Schnur aufgezogenen Palmwedel um die Fische, die erstaunlicherweise nicht unter den hängenden Palmwedeln hindurchschwammen, was ohne weiteres möglich gewesen wäre, da die Wedel ein, zwei Meter über dem Grund hingen, und, sobald der Ring geschlossen war, einfach mit Netzen abgeschöpft werden konnten.

Lugoma lud die gesamte Bootsbesatzung ein, über Nacht an Land zu bleiben; die Hütten boten reichlich Platz, und Fisch gab es mehr als genug. Paulding nahm die Einladung an, wenn auch mit einigen Bedenken hinsichtlich der Sicherheit seiner Gruppe. Wollte Lugoma fünf Tage zuvor aus Furcht, von den Weißen ermordet zu werden, mit seinem Sohn aus Pauldings Boot springen, so war der Spieß nun umgedreht. Jetzt, auf der Insel eines angeblichen Freundes, waren es die Weißen, die, wie Paulding schrieb, »eine Falle oder ein Komplott« befürchteten. Aus der Ferne betrachtet, scheinen diese von beiden Parteien empfundenen Ängste und Sorgen nach Lage der Dinge unbegründet, dennoch waren sie nicht ganz unberechtigt. Seit ihrer Ankunft im Mili-Atoll hatten sich Schiffsführung und Besatzung der *Dolphin* aus Unkenntnis und schon fast sträflichem Leichtsinn ziemlich bedrohlichen Situationen ausgesetzt. Nur unzureichend oder überhaupt nicht bewaffnet, bewegten sie sich unter Eingeborenen, die ihnen nicht nur zahlenmäßig weit überlegen waren, sondern überdies feindlich gesinnt schienen und sich verdächtigerweise in einer unverständlichen Sprache unterhielten. Für die um das Atoll marschierende Suchtruppe war jede Insel ein neues Wagnis, denn sie wussten nie, ob und worin sich deren Bewohner von denen der letzten Insel unterscheiden würden. Trotzdem suchten Kapitän Percival und seine Besatzung nach Ausführung ihres Auftrags nicht etwa so schnell wie möglich das Weite, sondern riskierten mit ihren Aktionen sogar die erneute Gefangennahme von Lay und Hussey. Kapitän Percivals Entscheidung, die Häuptlinge zu einer Versammlung einzuberufen, die den Eindruck einer Staatsangelegenheit erweckte, erwies sich als klug und richtig, obwohl er keineswegs dazu verpflichtet gewesen wäre, schon gar nicht, als sich herausstellte, dass sich die Häuptlinge einer Teilnahme zu entziehen versuchten; Sicherheit, das wurde immer wieder deutlich, genoss bei der Schiffsführung keinen hohen Stellenwert.

Deshalb war Paulding trotz der entspannten und geselligen Atmosphäre, die während des eine Woche nach der Rettung stattfindenden Besuchs bei Lugoma herrschte, beim Gedanken an eine Übernachtung auf Lukunor nicht ganz wohl zu Mute. Die Frage war nur, wie er entsprechende Schutzmaßnahmen ergreifen konnte, ohne dass Lugoma davon Wind bekam. Er schickte drei Mann zum Schlafen aufs Boot und wies Lugoma an, niemanden in dessen Nähe zu lassen. Die Männer, die an Land übernachteten, holten ihre Waffen aus dem Boot und richteten eine abwechselnde Nachtwache ein. Als Lugoma den wachhabenden Posten sah und ihn fragte, ob er keinen Schlafplatz gefunden habe, bekam er nur die ausweichende Antwort, die Besucher wollten Lugomas Gastfreundschaft nicht überstrapazieren. Als der Häuptling schließlich herausfand, warum der Mann Wache stand, war er zutiefst gekränkt, und Hussey musste zwischen ihm und den Gästen vermitteln und erklären, dass sie uneingeschränktes Vertrauen zu ihrem Gastgeber hätten und sich vorbehaltlos auf seine Freundschaft verließen, dass es bei den Weißen jedoch Brauch sei, stets jemanden Wache stehen zu lassen. Erst als alle auf ihren Matten lagen, streckte sich Lugoma beruhigt aus, auf der einen Seite Frau und Tochter, auf der anderen Paulding neben sich.

Dass Lugoma eine bemerkenswerte Persönlichkeit war, blieb Paulding keineswegs verborgen. »Lugoma«, so schreibt er, »war etwa dreißig Jahre alt, mittelgroß und von stämmiger Statur, mit niedriger Stirn und flacher Nase; sein Gesichtsausdruck verriet Intelligenz und Tatkraft. Huzzy bezeichnete ihn als ausgesprochen leidenschaftlichen Menschen – unversöhnlich in seinem Hass und grimmig entschlossen gegenüber seinen Feinden, seinen Freunden aber aufrichtig zugetan – und bescheinigte ihm ein gutes Herz.« Wie Hussey Paulding erzählte, war der aufbrausende Lugoma oft so wütend auf ihn geworden, dass er sogar damit gedroht hatte, ihn zu töten; sobald jedoch sein Zorn verraucht war, hatte er seine harten Worte jedes Mal zutiefst bereut und Hussey geschworen, ihm niemals ein Haar zu krümmen. Einmal allerdings, als die beiden zusammen in einem Kanu arbeiteten, regte sich Lugoma so sehr über Hussey auf, dass er ihm einen Hieb mit dem Paddel versetzte. Außer sich vor Wut, war Hussey drauf und dran, zurückzuschlagen, als sich Lugoma entschuldigte und seinem Sklaven reumütig versprach, nie wieder die Hand gegen ihn zu erheben. Falls er es jemals wieder versuchen sollte, warnte Hussey daraufhin seinen Herrn, würde er ihn umbringen.

Paulding gefiel die Geschichte. Sie beseitigte, wie er schrieb, seine letzten Zweifel an der Glaubwürdigkeit einer anderen Geschichte, die er ebenfalls von Hussey gehört hatte. Lugomas Sohn hatte Hussey erzählt, dass die Eingeborenen fasziniert waren von einem Schiffsjungen der *Dolphin*, einem jungen Mulatten, den sie beim Spionieren auf dem Schoner oder beim Landgang des Jungen gesehen haben mussten. Lay und Hussey wussten bereits, welche Anziehungskraft der Junge auf die Eingeborenen ausübte, denn sie hatten eine Diskussion der Häuptlinge belauscht, bei der es darum ging, wer von ihnen nach dem Überfall auf das Schiff, bei dem mit Ausnahme des Jungen alle Besatzungsmitglieder getötet werden sollten, den Mulattenjungen als Schoßkind bekäme. Lugomas Sohn zufolge war Lugoma einer der Häuptlinge, die Anspruch auf den Jungen erhoben; er hatte vor, dem Jungen das Leben zu retten und ihn aufzuziehen, um ihn dann später, wenn er älter würde und seinen Reiz verlöre, zu töten.

Paulding und seine Bootscrew verbrachten eine sichere Nacht unter Lugomas Dach. Das einzig Störende war der heftige Regen, doch bis zum nächsten Morgen, dem 7. Dezember, hatte der Himmel wieder aufgeklart. Von Lukunor aus unternahm Paulding eine kurze Erkundungsfahrt zu einer seiner Beschreibung nach nur wenige Meilen entfernten Insel, die aber außer einem dichten Wald aus Redwoodbäumen nichts zu bieten hatte und laut Paulding vollkommen uninteressant war. Lugoma hatte Paulding erklärt, dass es bei der Insel besonders große Muscheln gebe, und sich erboten, sie dorthin zu begleiten und für sie zu tauchen, aber Paulding, der durch Lugomas Gesellschaft unnötige Verzögerungen befürchtete, lehnte ab. Die großen Muscheln und der Wald deuten eigentlich auf eine der Inseln am Nordrand der Lagune hin, zum Beispiel Bue, doch dann hätte die Fahrtzeit des Bootes länger dauern müssen.

Zurück auf Lugomas Insel, fiel Paulding eine Trommel auf, eine *aje*, wie Lay und Hussey sie bei der großen Zeremonie wenige Tage nach dem Massaker an der *Globe*-Besatzung gehört hatten. Sie erinnerte ihn an die Trommeln, die er auf Nukahiva gesehen hatte, wenngleich sie etwas kleiner war. Als sich Paulding nach dem Instrument erkundigte, organisierte Lugoma kurzerhand ein Konzert, bei dem seine Tochter die Trommel schlug, während er in der Pose eines Opernsängers – eine Hand ausgestreckt, die andere voller Inbrunst auf die Brust gepresst – dazu sang. Als sich Paulding, gedolmetscht von Hussey, nach dem Inhalt des Liedes erkundigte, antwortete Lugoma, es handele von dem Massaker an den Weißen, »ein Affront, mit dem ich nicht gerechnet hätte, schon gar nicht bei dem naiven Lugoma«. Worauf Paulding dem Häuptling zu verstehen gab, er habe genug Musik gehört.

Als sich Paulding und seine Crew anschickten, ins Boot zu steigen, versuchte Lugoma erneut, den Ersten Offizier davon zu überzeugen, Hussey bei ihm bleiben zu lassen: Niemand könne ihm so gut helfen wie Hussey; ohne Husseys Muskete sei er seinen Feinden wehrlos ausgeliefert, da könne er sich ja gleich die Kehle durchschneiden. Als er die Vergeblichkeit seiner Bemühungen einsah, bat er sie, ihm bei der Rückkehr nach Mili Kleider mitzubringen, wie jene, die sie trugen, womit eindeutig bewiesen war, dass sich Lugoma wie die Weißen kleiden wollte, selbst wenn er damit der Einzige im gesamten Atoll gewesen wäre. Außerdem sollte Paulding ihm Gewehre und Äxte mitbringen; zum Dank dafür würde der Wohltäter zum *irooj* von Lukunor ernannt werden und dürfte sich nach Belieben an allem Obst und Gemüse gütlich tun, dessen Samen er hier hinterlassen hatte.

Unter herzlichen Umarmungen verabschiedeten sich die alten Frauen noch einmal von Hussey. Da das Boot nach Mili Mili zurückfahren würde, bat Lugoma Paulding, drei Frauen mitzunehmen, die dem *iroojlaplap* Körbe mit Fisch bringen sollten. Paulding willigte ein, setzte die Frauen nachmittags an Land ab und kehrte anschließend zur *Dolphin* zurück.

Am nächsten Tag, dem 8. Dezember, erschienen Lugoma und sein Sohn abermals. Sie hatten Lukunor am Morgen in aller Frühe verlassen und vertäuten ihr Kanu auf der Lagunenseite. Der Schoner schickte ein Boot los, um sie abzuholen und zur *Dolphin* zu bringen. Die beiden betraten das Schiff zum ersten Mal, und Lugoma war von dem, was er sah, mehr als überwältigt; der Anblick des Schoners schüchterte ihn regelrecht ein, und trotz des freundlichen Empfangs, der ihm an Bord bereitet wurde, beschlich ihn erneut das Gefühl drohender Gefahr. Diesmal war es die Schiffsausrüstung, die dieselben Ängste in ihm weckte wie einige Tage zuvor die Musketenschüsse. Die bloße Demonstration von Macht, selbst in den Händen der liebenswürdigsten Menschen, war Ehrfurcht gebietend, ja Furcht einflößend, und ließ ihn erschaudern wie ein Kind neben einem fauchenden Ungetüm von Maschine. Seine Miene hellte sich jedoch auf, als er eine Axt, Stofftaschentücher und andere Geschenke erhielt. Vergesst nicht, dass ihr versprochen habt, wiederzukommen, ermahnte er sie, als er von Bord ging.

Gegen zwei Uhr nachmittags kam der Kapitän, der an Land gegangen war, um den *iroojlaplap* und zwei weitere Besucher aufs Schiff zu geleiten, mit dem Würdenträger zu einer offiziellen Besichtigungstour an Bord, die eine völlig andere Reaktion als bei Lugoma hervorrief: Luttuon zeigte kein besonderes Interesse an dem, was er sah, obwohl Kapitän Percival ihm eine denkbar ausführliche Vorstellung bot und ihm zu Ehren die Besatzung zum Geschützexerzieren antreten ließ. Zu guter Letzt wollte er für seinen Gast sogar eine Kanone abfeuern lassen, was den *iroojlaplap* in arge Verlegenheit stürzte, denn trotz seines Rufes als größter Krieger des Atolls fürchtete er sich vor dem Krachen eines Kanonenschusses. Als all seine Ausflüchte nichts nützten und die Stückgasten nur noch auf Pauldings Schießbefehl warteten, musste er schließlich zugeben, dass er – jawohl – Angst hatte.

Aus Anlass des offiziellen Besuchs hatten Luttuon und seine Begleiter Geschenke aufs Schiff mitgebracht, für den *jemmaan,*[17] wie sie den Kapitän nannten; eine sowohl passende als auch witzige Bezeichnung, denn *jemmaan* bedeutet nicht nur »Boss«, sondern trifft auch den saloppen Beiklang dieses Wortes. Schließlich gaben die Besucher zu verstehen, dass sie genug vom Schiff gesehen hatten und an Land zurückkehren wollten, worauf der Kapitän sie erlöste. Bevor sie von Bord gingen, fragte Luttuons Sohn Ladro, der seinen Vater begleitete, ob er wieder an Bord kommen und mitfahren dürfe. Paulding vermittelt dem Leser den Eindruck, als sei die Bitte an ihn, nicht an den Kapitän gerichtet worden, was darauf zurückzuführen sein dürfte, dass Paulding mehrmals mit dem Jungen zusammengetroffen war und ihm Geschenke gemacht hatte. Überraschenderweise bekam Ladro die Erlaubnis seines Vaters, aber Paulding war der Meinung, es wäre grausam, den jungen Mann – vermutlich für immer – aus seiner Heimat zu entführen, wo ihm dank des hohen Ranges seines Vaters ein gutes Leben garantiert war.

Am Abend desselben Tages, dem 8. Dezember, verließ die *Dolphin* Mili Mili und segelte Richtung Osten an der Küste entlang, vorbei an Arbar und Enajet. Bei Sonnenaufgang kam Jelbon in Sicht, jene Insel, vor der das Schiff zuerst geankert hatte. Von hier aus verlief die Route entlang der von den kleinen östlichen Inseln gebildeten Linie zuerst nach Norden und dann, nach Umrundung des nordöstlichen Winkels des Atolls, nach Westen. Bei Sonnenuntergang waren sie auf der Höhe von Tokewa, der Insel, auf der Paulding, wie er schreibt, Lay gerettet hatte.

Die letzte Woche auf dem Mili-Atoll stand für Paulding ganz im Zeichen ethnologischer Forschung, auch wenn er kein Ethnologe im eigentlichen Sinne war. Seine unverbildeten Beobachtungen erinnern an die ersten Reiseberichte von den Marshallinseln, die als Rohmaterial der Ethnologie gerade wegen des Verzichts auf deren wissenschaftlich trockene Herangehensweise besonders spannend zu lesen sind. Gilbert erwies sich mit seinen ausführlichen Aufzeichnungen aus dem Jahr 1788 als verkappter Wissenschaftler, Kotzebue auf seinen beiden Fahrten (1815–1818 und 1823–1826) und Chamisso auf der ersten Kotzebue-Fahrt nicht minder. Horatio Hale, der als

Ethnologe und Philologe an der amerikanischen Forschungsexpedition 1838–1842 teilnahm, war ein anerkannter Wissenschaftler. In der Entwicklungsgeschichte der Pazifikforschung, von reinen Beobachtungen bis zu streng wissenschaftlichen Untersuchungen, steuern Pauldings Beiträge ein beachtliches Kapitel bei.

Seine Aufzeichnungen enthalten Angaben zur Topographie (das Atoll setzt sich aus »Inselhaufen« zusammen), zur Botanik (die Inseln weisen keine große Vielfalt an Blumen und anderen Pflanzen auf; unter Kokospalmen und Brotfruchtbäumen wächst nichts anderes), zur Ernährung (Brotfrucht wird nicht konserviert, *bob* ist das Nahrungsmittel der Armen, Fisch gibt es saisonabhängig), zur Kleidung (die Kleidungsstücke der Männer erinnern an Pferdeschwänze), zu den Hütten der Eingeborenen (der Boden ist mit kleinen weißen Korallenstückchen bedeckt; ins obere Geschoss gelangt man durch eine kleine Öffnung in der Mitte des Bodens, die Ratten abhalten soll) und zu ihren Gebräuchen: Erkrankt jemand, versammeln sich die Freunde des Kranken und stimmen Betgesänge an, um den für die Beschwerden verantwortlichen Gott zu versöhnen. Die Toten werden aufgebahrt und erst dann beerdigt, wenn der Gestank eine Bestattung unumgänglich macht. Der merkwürdigste Aspekt bei den Totenritualen der Eingeborenen war für Paulding, dass »auf dem Höhepunkt des Trauerns und Wehklagens einige der Trauernden bewusst etwas sagen oder tun, das allgemeine Heiterkeit und unbändiges Gelächter auslöst, als sei die Trauer nur gespielt, eine kindliche Verstellung«. Sobald das Gelächter abgeebbt ist, wird die Trauerlitanei wieder aufgenommen, doch das Ganze wiederholt sich während der Prozession zum Grab, so oft irgendein Witzbold die Trauergemeinde zum Lachen bringt. Brautwerbung und Hochzeit finden in nüchterner Atmosphäre und ohne große Zeremonie statt; von den Vermählten wird Treue erwartet. Lay und Hussey erzählten Paulding die Geschichte von einem jungen Mann, der nach der Hochzeit feststellen musste, dass seine Braut bereits schwanger war; er wartete, bis das Baby geboren wurde, und schlug ihm mit einem Stein den Schädel ein; der Rat der Häuptlinge entschied in einem Prozess, dass das Mädchen ihn vorsätzlich getäuscht hatte, und sprach ihn frei.

Mit journalistischem Gespür und Eifer hielt Paulding die Lebensgewohnheiten der Bewohner des Mili-Atolls fest. Überdies waren seine Aufzeichnungen so ausführlich und präzise, dass sein im Jahr 1831 erschienenes *Journal* für die amerikanische Marine und andere Schiffe im Pazifik damals von ähnlichem Nutzen gewesen sein könnte wie heutzutage die von der Library of Congress zusammengestellten Länderstudien für die amerikanischen Streitkräfte.

Am 9. Dezember, zwei Stunden vor Sonnenaufgang, nahm die *Dolphin* Kurs auf die offene See und ließ das Mili-Atoll endgültig hinter sich, nachdem sie einen bis dahin in der Geschichte der amerikanischen Seefahrt beispiellosen polizeilichen Auftrag im Pazifik ausgeführt hatte. Und damit hatte sich genau das bewahrheitet, was Payne beim Anblick der fliehenden *Globe* befürchtet hatte. Man kann nur darüber spekulieren, was passiert wäre, wenn Payne nicht seine Ermordung durch die Eingeborenen provoziert hätte und zum Zeitpunkt, als die *Dolphin* bei Jelbon vor Anker ging, noch immer mit Oliver und den anderen auf der Insel gelebt hätte. Doch das war nun alles vorbei. Die Barkasse der *Dolphin* kehrte auch nie wieder zu Lugomas Insel zurück, und falls irgendjemand dem Häuptling die ersehnte amerikanische Kleidung vorbeibrachte, kann es nur ein anderes Schiff[18] gewesen sein. Und davon sollte es schon bald eine Menge geben. Bully Hayes,[19] der sagenhafte Pazifikabenteurer – von Tommy Lee Jones in der Verfilmung seiner Lebensgeschichte gespielt[20] –, ließ sich für kurze Zeit auf Mili nieder, und dasselbe taten zahllose Beachcomber, Händler und Schiffbrüchige.[21] Missionare kamen, gefolgt von deutschen Kaufleuten; zu der Zeit muss Lugoma allerdings schon ein alter

Mann gewesen sein. Aber der *jemmaan*, der es donnern lassen konnte, kehrte nie mehr zurück, ebenso wenig der Mulattenjunge.

Und auch Hussey kam nie wieder – vielleicht, weil es ihm seine Mutter nicht erlaubte.

# NACHWORT

## DER SCHATTEN DER GLOBE

Um zehn Uhr morgens, nach sechsstündiger Fahrt, hatte die *Dolphin* die 65 Meilen lange Strecke nach Arno (oder »South Pedder's Island«, so der Name in den Seekarten der *Dolphin*) zurückgelegt und auf der Suche nach einem Ankerplatz den nordöstlichsten Punkt erreicht, die rechte Schere des von seiner Form her an einen Krebs erinnernden Atolls.[1]

Die *Dolphin* war bei den Inseln der Liebe gelandet. Wenn man der schönen, von modernen marshallesischen Erzählern schmunzelnd vorgetragenen Insellegende glauben darf, beherbergte Arno früher einmal eine Universität für Liebeskunst,[2] in der junge Mädchen die Kunst erlernten, ihren Männern sinnliche Freuden zu schenken. Bei aller Belustigung, die die Vorstellung von einer solchen Ausbildung heutzutage auch hervorrufen mag: Mit der marshallesischen Kultur vertraute Ethnologen haben herausgefunden, dass diese Universität, oder was immer sie auch gewesen sein mag, kein Mythos war. Paulding verschweigt zwar den Namen der von Kapitän Percival angelaufenen Insel, doch wenn seine Beschreibung stimmt, muss es sich um Lonar gehandelt haben, ebenjene Insel, auf der die Schule der Erotik ihren Sitz hatte. Obwohl Percival und Paulding und ihre Dolmetscher hiervon mit Sicherheit nichts ahnten, fiel ihnen auf, dass die jungen Frauen während der gesamten Zeit, in der sich die *Dolphin*-Besatzung an Land aufhielt, den Blicken der Seeleute entzogen und in einem anderen Teil der Insel unter Verschluss gehalten wurden, was zwar theoretisch auf fast jeder Insel hätte geschehen können, aber durchaus auch Ausdruck einer erhöhten Sensibilität für die zwischengeschlechtliche Interaktion auf Lonar gewesen sein kann.

Auf jeden Fall war die Universität nicht der Grund für Kapitän Percivals Zwischenstopp im Arno-Atoll. Vielmehr wollte er Labuliet kennen lernen, den mächtigen Häuptling, dessen Reich mindestens die drei südlichsten Atolle der Ratak-Gruppe, Majuro, Arno und Mili, einschloss. Die Offiziere der *Dolphin* hatten auf Mili von ihm gehört und wussten, dass er Luttuons Schwiegervater (oder Großschwiegervater) war und mit Kriegsdrohungen die von ihm geforderten regelmäßigen Tributleistungen erzwang. Mit Hussey als Dolmetscher ging der Kapitän bei einem Dorf an Land, wo er von ein paar Eingeborenen empfangen und zum Oberhäuptling gebracht wurde. Labuliet saß auf einer Matte vor seiner Hütte. Paulding zufolge war er sehr alt und trug einen langen weißen Bart; Lay schätzte ihn auf siebzig. Ruhig und gelassen empfing Labuliet den unerwarteten Besuch. Da er im Kapitän sofort den höchsten Würdenträger der Gruppe erkannte, richtete er seine hauptsächlich durch Zeichen übermittelte Ansprache an ihn. Falls Hussey es nicht bereits wusste, hörte er beim ersten Wort, dass auf Arno dieselbe Sprache gesprochen wurde wie auf Mili. Kapitän Percival hatte Hussey angewiesen, sich nicht anmerken zu lassen, dass er die Sprache verstand, sondern aufmerksam zu lauschen, was Labuliet mit seinen Leuten besprach, und ihm hinterher zu berichten. Nachdem Hussey dem Kapitän das Gehörte – Labuliet sagte: »Lasst sie erst mal noch in Ruhe. Wartet bis morgen, mal sehen, was sie vorhaben. Sie werden sich hier umschauen, was es alles so gibt, ein wenig Tauschhandel treiben, zum Schlafen wieder auf ihr Schiff gehen und morgen wiederkommen« – gedolmetscht hatte, befahl Percival ihm, in der Inselsprache zu sprechen. Husseys Worte schlugen ein wie eine Bombe. Die Eingeborenen, Labuliet eingeschlossen, waren völlig entgeistert und verunsichert, als sie Hussey in ihrer Sprache sprechen hörten. Als sich der Häuptling von seiner Überraschung erholt hatte, erkundigte er sich, wo Hussey die Sprache gelernt habe. Hussey klärte ihn auf. »Ach, dann seid Ihr einer von den Weißen, von denen ich gehört habe«, sagte Labuliet. Er sei so neugierig auf die Weißen gewesen, dass er vorgehabt habe, nach Mili zu fahren, um sie mit eigenen Augen zu sehen. Ob der andere auf dem Schiff sei, wollte er wissen. Er bedaure, dass die beiden Männer nun wieder bei ihren Landsleuten seien, denn eigentlich habe er vorgehabt, sie von Mili auf seine Insel zu bringen, wo er sie, wie er versicherte, gut behandelt hätte.

Der Kapitän hatte Labuliet ein wertvolles Geschenk mitgebracht – eine Streitaxt. Das Geschenk war sogar so wertvoll, dass der Häuptling es nicht annehmen wollte, weil er nichts Gleichwertiges besaß, mit dem er sich revanchieren konnte. Alles, was er dem Kapitän schenken konnte, waren ein paar Matten, einige Kokosnüsse und etwas *bob*. Der Kapitän hätte gern mehr Verpflegung von der Insel mitgenommen, aber Labuliet erklärte, dass die wenigen Nahrungsmittel auf dem Atoll gerade für dessen Bewohner reichten. Aber nur wenige Meilen weiter westlich, so empfahl er ihnen, kämen sie zu einer anderen Inselgruppe, wo es Nahrung im Überfluss und nur wenige Bewohner gebe; damit dürfte er das nur rund zwanzig Meilen von Arno entfernte Majuro-Atoll gemeint haben, wo sich die heutige Hauptstadt der Marshallinseln befindet. Majuro wollte Percival jedoch nicht anlaufen.

Auf Percivals Frage, ob Labuliet jemals zuvor Weiße gesehen habe, antwortete der Alte, ja, aber das sei vor langer Zeit gewesen. Damals war ein großes Schiff gekommen, dessen Besatzung etwas Unvergessliches getan hatte, nämlich eine Schmiede an Land zu bringen. Für die auf Eisen versessenen Eingeborenen hätte es kein faszinierenderes Gerät geben können als jenes, mit dem man das Eisen sogar bearbeiten konnte. Kein Wunder, dass dieser Besuch in Erinnerung geblieben war. Diese Esse, die dem Schmied die Hitze lieferte, könnte auch für den Historiker einiges erhellt haben: Das große Schiff, das Labuliet gesehen hatte, könnte die von Otto von Kotzebue auf seiner Forschungsfahrt 1815–1818 befehligte *Rurik* gewesen sein, und bei dem Atoll, wo die Schmiede an Land gebracht wurde, könnte es sich um Wotje gehandelt haben. Adelbert von Chamisso schreibt in seiner Chronik von Kotzebues Forschungen, dass die Schmiede der *Rurik* am 24. Januar 1817 auf dem Atoll aufgestellt wurde,[3] neun Jahre vor dem Treffen von Percival und Labuliet auf Arno. Falls es tatsächlich bei Wotje war, wo Labuliet das Schiff sah, stellt sich die Frage, was er damals so weit entfernt von Arno machte? Die Antwort findet sich einige Seiten später in Chamissos Chronik: Labuliet, bereits 1817 ein Greis, war Herrscher des rund achtzig Meilen nördlich von Arno gelegenen Maloelap-Atolls (westlichen Forschern als »Gruppe Kaben« bekannt) und residierte damals auf der zu diesem Atoll gehörenden Insel Airik.[4] Irgendwann im Laufe der neun Jahre, die zwischen dem Besuch Kotzebues und der Ankunft der *Dolphin* lagen, muss sich Labuliets Reich von den nördlichen Inseln der Ratak-Gruppe auf die südlichen verlagert haben, was möglicherweise mit Luttuons Rolle während seines Exils, von dem er Percival und Paulding auf Mili erzählt hatte, zusammenhing. Demnach dürfte, so vermutet Paulding, Luttuons Aufgabe darin bestanden haben, die verschiedenen Inseln, auf deren Unterstützung der große Häuptling zur Konsolidierung seiner Macht angewiesen war, zu bereisen und eine vereinte Streitmacht für etwaige Kriege zu mobilisieren, denn mit den kleinen Truppen der einzelnen Inseln hätte Labuliet keine größere Schlacht gewinnen können. Anscheinend gelang es Luttuon bei seiner Mission, die südlichen Inseln für Labuliet zu unterwerfen, so dass dieser das Zentrum seines Reiches nach Arno verlegte.

Die Unterhaltung zwischen dem Kapitän und Labuliet dauerte ungefähr zwei Stunden. Das Thema, das dem alten Häuptling am meisten am Herzen lag, war das Wohlergehen seiner Tochter, die mit Luttuon verheiratet war und auf Mili lebte. (An einer früheren Stelle äußert Paulding die Vermutung, Luttuons Frau könne die Enkeltochter von Labuliet sein.) Lebte sie noch, und ging es ihr gut?, wollte Labuliet wissen, der schon seit einer Ewigkeit nichts mehr von ihr gehört hatte. Als der Alte erfuhr, dass sie lebte und gesund war, brach er schluchzend zusammen.

Es war bereits Abend, als der Kapitän und seine Begleiter Labuliet verließen und zu ihrem Boot gingen, das sie zum Schiff zurückbringen sollte. Als sie nur noch wenige Meter vom Ufer entfernt waren, kamen mehrere Eingeborenen zum Boot gerannt und erklärten, der Häuptling habe noch eine Matte als Geschenk für den Kapitän; Hussey solle zum Dorf zurückkehren, um sie zu holen. Der Kapitän, dem die Sache nicht geheuer war, lehnte das angebotene Geschenk höflich ab. Kurz darauf kamen drei weitere Eingeborenen angelaufen. Sie wiederholten die Forderung, Hussey müsse zurückkommen und die Matte holen, und fügten hinzu, andernfalls werde der Häuptling die Streitaxt zurückgeben, da er nicht so tief in der Schuld des Kapitäns stehen wolle. Daraufhin erklärte Percival ihnen kategorisch, er nehme niemals ein Geschenk zurück, und damit ließen er und seine Begleiter die Insulaner am Ufer stehen und steuerten das Boot durch die Brandung zum Schiff zurück. Paulding überlässt es dem Leser, negative Rückschlüsse hinsichtlich Labuliets Absichten zu ziehen. Auf jeden Fall wurden diese Absichten durchkreuzt, und die *Dolphin* konnte weitersegeln, ohne Hussey ein zweites Mal retten zu müssen.

Nachdem die *Dolphin* Arno verlassen hatte, erreichte sie nach einer weiteren kurzen Fahrt von etwa siebzig Meilen am 12. Dezember das Aur-Atoll (»Ibbetson's Island«). Bisher war das Schiff an der Ratak-Gruppe entlanggesegelt: von Mili, dem südlichen Ende, über die beiden nebeneinander liegenden Atolle Arno und Majuro bis zum kleinen Aur mit dem großen

Maloelap daneben. In nördlicher Richtung schlossen sich sieben Atolle von beträchtlicher Größe an, doch hier drehte die *Dolphin* nach Osten ab und nahm entsprechend ihrem ursprünglichen Fahrtauftrag Kurs auf Hawaii. Da die Ratak-Gruppe nicht in gerader Nordsüdrichtung, sondern von Nordwesten nach Südosten verläuft, hätte ein Weitersegeln entlang der Inselkette bis zum Bikar-Atoll am nördlichen Ende die *Dolphin* immer weiter nach Westen und von Hawaii weggeführt.

Das schmucke, idyllische Dorf auf Aur, wo Paulding an Land ging, hätte sich ebenso gut auf Mili oder Arno befinden können. Merkwürdigerweise war keine Menschenseele zu sehen. Erst als der Landtrupp das Dickicht durchstreifte, stieß er auf ein paar alte Leute, die sich dort versteckt hielten. Zunächst begegneten die Eingeborenen den Besuchern mit ängstlichem Misstrauen – wie sie sagten, hatten sie noch nie zuvor Weiße gesehen –, doch als ihnen ein paar einfache Geschenke angeboten wurden, wagten sie sich aus ihrem Versteck hervor und revanchierten sich bei den Weißen mit den üblichen Geschenken in Form von Matten, Kokosnüssen und *bob*.

Bei aller Ähnlichkeit, die zwischen den Bewohnern von Aur und jenen von Mili und Arno bestand, fiel den Besuchern sofort ein gewaltiger Unterschied auf: Die hiesige Bevölkerung schien hauptsächlich aus Alten zu bestehen und nicht so gesund wie ihre Nachbarn auf den anderen Inseln zu sein. Zum ersten Mal sah Paulding unter den Eingeborenen zahnlose Alte oder Krüppel. Als er sich nach dem Grund dafür erkundigte, bekam er, von seinem Dolmetscher übersetzt, folgende Antwort zu hören: Die Mädchen seien zu einem anderen Teil des Atolls gebracht worden, damit die Besucher sie nicht mit Geschenken in Versuchung führten. Wo all die jungen Männer steckten, blieb ein Geheimnis.

Kapitän Percival hatte mit seinem Boot eine andere Insel im Aur-Atoll angelaufen als Paulding, wo er dieselbe Erfahrung wie sein Erster Offizier machte: Auch er traf nur ein paar alte

Eingeborene an, während sich die meisten Inselbewohner irgendwo versteckt hielten. Percival war nicht bereit hinzunehmen, dass man ihm aus dem Weg ging, und genau wie auf Mili, als die Häuptlinge nicht zu der von ihm angeordneten Versammlung erschienen, ließ er den Bewohnern durch die Alten ausrichten, falls sie sich nicht seinen Unwillen zuziehen wollten, hätten alle unverzüglich in ihre Hütten zurückzukehren. Binnen kürzester Zeit war das Dorf wieder bevölkert. Gegen fünf Uhr nachmittags kehrten Percival und Paulding in mit Früchten beladenen Booten von ihren jeweiligen Inseln zum Schiff zurück.

Die Fahrt nach Hawaii dauerte einen Monat. Unterwegs führte die *Dolphin* an verschiedenen Stellen, an denen Walfänger – fälschlicherweise, wie sich herausstellte – Riffe bemerkt haben wollten, einige Tiefenmessungen durch. Ferner fand ein exzellentes Weihnachtsdinner statt, auf der die fette, mit *bob* gemästete Schildkröte verspeist wurde, die seit Tausenden von Meilen über das Deck der *Dolphin* gekrochen war. Am 12. Dezember ließ der Schoner Aur und das restliche Mikronesien endgültig hinter sich im Westen. An diesem Punkt verschwinden auch Lay und Hussey aus Pauldings *Journal* und mutieren zu normalen Besatzungsmitgliedern. Nachdem die *Dolphin* nach Nordosten abgedreht war, führte die Route durch Polynesien, wo kein Marshallesisch mehr gesprochen wurde und die Schiffsführung die beiden Dolmetscher nicht länger brauchte.

Einen Monat, nachdem die *Dolphin* Aur verlassen hatte, passierte sie zunächst Nihoa, eine der westlichen Inseln des hawaiischen Archipels, dann Niihau, Kauai und schließlich, am 12. Januar 1826, Oahu. Am 16. Januar ging sie bei Honolulu vor Anker. Für Lay und Hussey dürfte es ein vertrauterer Anblick als für alle anderen an Bord der *Dolphin* gewesen sein, hatten sie mit der *Globe* doch ziemlich lange Zeit in Honolulu gelegen; für die Marine war es dagegen völlig neues Territorium, denn mit der *Dolphin* lief das erste Kriegsschiff der Vereinigten Staaten in den Hafen von Honolulu ein.

Die *Dolphin* kündigte ihre Ankunft mit Kanonenschüssen an, weshalb sich, was nicht weiter verwunderlich war, zu ihrer Begrüßung rasch eine Menschenmenge am Ufer versammelte, darunter die amerikanischen Kaufleute und der Inselmob – Hunderte von Eingeborenen, zum Teil splitternackt, zum Teil mit einem Tapa-Tuch, einem Baumwollhemd, einer alten Hose oder nur einer alten Jacke bekleidet. Sie bedrängten die Ankömmlinge so sehr, dass sich die Offiziere bei ihrem Landgang regelrecht durch das Gewühl kämpfen mussten. Da Hawaii als eine jener Gegenden im Pazifik beschrieben wurde, die in jüngster Zeit spürbare zivilisatorische Fortschritte gemacht hatten, war Paulding nicht im Geringsten auf das barbarische Panorama gefasst, das sich seinen Augen darbot. »Auf den ersten Blick«, so schreibt er, »fällt der Vergleich zwischen [den Eingeborenen von Hawaii] und den Eingeborenen der Marquesas oder Lord-Mulgraves-Inseln eindeutig zu Ungunsten Ersterer aus.«

Fünfzig Jahre zuvor waren all diese Inseln noch unbekannt und auf keiner Karte verzeichnet gewesen. Wäre die *Dolphin* damals gekommen, wäre sie vermutlich genauso empfangen worden wie Kapitän Cooks *Resolution* und *Discovery*, und Kapitän Percival wäre, wenn er Wert darauf gelegt hätte, als der prophezeite Gott Lono verehrt worden. Erst im Jahr 1778 erfuhr die Welt von der Existenz der hawaiischen Inselgruppe (und ein Jahr später von der Ermordung Kapitän Cooks bei Kealakekua auf der großen Insel[5]). Im Jahr 1786 besuchten die ersten Europäer nach Cook die Inseln, und 1789 traf das erste amerikanische Schiff, die *Columbia*, ein. Zwanzig Jahre später, im Jahr 1819, kamen die ersten amerikanischen Walfänger, die *Equator* und die *Balaena*,[6] nach Hawaii, und wenige Monate später, im März 1820, folgten die ersten Missionare.[7] Hawaii machte eine rasante Entwicklung durch und wurde von Mächten verändert, die sich erst später – oder nie – nach Mikronesien ausbreiteten.

Während des viermonatigen Aufenthalts der *Dolphin* in Hawaii drängten sich unzählige Schiffe im Hafen, darunter auch die *Lyra*, ebenjenes Schiff, mit dem die *Globe* in der Nacht der Meuterei gemeinsam unterwegs gewesen war. Für die *Lyra*, die noch immer von Kapitän Reuben Joy befehligt wurde, war es die erste Fahrt seit damals. Als Kapitän Joy im Mai 1825 nach New Bedford zurückkehrte, sprach noch immer alles über die *Globe*, die seit sechs Monaten wieder in Nantucket war, so dass es nicht schwer für ihn gewesen wäre, herauszufinden, was in jener Nacht geschehen war, als die *Globe* das Signal zur Wende gab, bei Sonnenaufgang jedoch verschwunden war. Auch Lay und Hussey unternahmen offenbar keinen Versuch, sich mit Kapitän Joy zu treffen. Vielleicht erschien allen Beteiligten eine Auffrischung ihrer Erinnerungen an jene Nacht zu schmerzlich; schließlich war Kapitän Worth ein guter Freund von Kapitän Joy gewesen.

Ebenfalls im Hafen lag die *Winslow*,[8] deren Kapitän Owen Chase im Jahr 1820 Obermaat auf der *Essex* war, als diese als erstes Schiff gezielt von einem Wal versenkt wurde. Durch Chases Bericht vom Untergang der *Essex*, der im Jahr 1821 erschien, wurde dieser beispiellose Vorfall weit über die Grenzen von Nantucket hinaus bekannt. Es ist schon ein denkwürdiger Zufall, dass sich der Autor dieses berühmten Berichts von der Katastrophe des Schiffbruchs und dem Überlebenskampf der Besatzung zur selben Zeit im Hafen von Honolulu aufhielt wie die Autoren, deren Bericht vom Drama der *Globe* und dem Überlebenskampf ihrer Besatzung zur Verbreitung der *Globe*-Geschichte beitrug.

In Honolulu lernten Lay und Hussey Hochwürden Hiram Bingham[9] kennen, den Leiter der hawaiischen Mission. Mr Bingham wollte Marshallesisch lernen, denn er hatte die Absicht, seine Missionstätigkeit auf Mikronesien auszudehnen, und die beiden geretteten Seeleute dürften die ersten potentiellen Lehrer gewesen sein, die ihm über den Weg liefen. Die Ergebnisse dieser Begegnung sind in Anhang C beschrieben.

Zur damaligen Zeit fanden radikale, von innen bewirkte Veränderungen auf den Inseln statt, und noch ehe die *Dolphin* Honolulu wieder verließ, war sie selbst zum Akteur bei diesen Veränderungen geworden. Nach dem Tod von Kamehameha im Jahr 1819 wurde das differenzierte System des *kapu* oder Tabus (das unter anderem gemeinsames Essen von Männern und Frauen im selben Zimmer verbot) abgeschafft, was im Leben der Menschen ein verwirrendes moralisches Vakuum hinterließ. Mit der Ankunft von Hiram Bingham und der Aufnahme seiner missionarischen Tätigkeit im Jahr darauf begann sich dieses Vakuum zu füllen. Mit der Bekehrung von Kaahumanu, der mächtigsten Frau des Archipels, zum Christentum im Jahr 1823 wurde ein neuer, strenger moralischer Kodex erlassen, der ebenso verbindlich war wie *kapu.*

Als die *Dolphin* nach Hawaii kam, galt Kaahumanus neuer Moralkodex bereits, und innerhalb kurzer Zeit geriet der Schoner damit in Konflikt.[10] Dabei ging es um *hookamakama*, Prostitution. Sexuelle Tugendhaftigkeit gehörte zwar auch zu dem Bündel aus moralischen Regeln, die Kaahumanu ihrem Volk auferlegt hatte, aber der Begriff »Tugend« wurde weit ausgelegt, und die Gesetze wurden nicht konsequent durchgesetzt. In den Wochen vor und nach der Ankunft der *Dolphin* fand zum wiederholten Mal eine Untersuchung darüber statt, wie weit sich der Staat zum Aufseher der privaten Moral machen sollte. Dabei ging es aber offenbar nicht darum, bestimmte Vergnügungen zu unterbinden, deren sich die Seeleute bei ihrem Landgang und erst recht die an Land wohnenden Offiziere nach Belieben erfreuen konnten. Zum eigentlichen Streitpunkt wurden die Besuche von Eingeborenenmädchen auf im Hafen liegenden Schiffen, die seit langem Usus waren und nun plötzlich verboten wurden.

Percival musste sich von seinen Männern eine Flut von Beschwerden wegen der vorenthaltenen Dienste der Meerjungfrauen anhören, deren häufige Besuche das Leben auf dem Schiff erheblich versüßt hatten. Binnen kurzem schwang sich der Kapitän zum Fürsprecher seiner Leute auf. Mit dem harten Durchgreifen gegen *hookamakama* wurde in Percivals Augen seinen Leuten die Befriedigung eines menschlichen Grundbedürfnisses verweigert. Auf welche Weise er zunächst versuchte, seine Ansicht den hawaiischen Behörden und den Missionaren zu vermitteln, ist nicht bekannt, aber am 21. Februar notierte Elisha Loomis, ein Mitglied der Mission, folgenden Eintrag in seinem Tagebuch:

> Mit Scham und Bedauern haben wir das Benehmen von Kapitän P. seit seiner Ankunft auf unseren Inseln verfolgt. Ich kann mich nicht erinnern, hier jemals etwas erlebt zu haben, das dem Ruf Amerikas in den Augen der hiesigen Regierung ähnlich abträglich gewesen wäre. Wie wir kurz nach Kapitän P.s Ankunft erfuhren, reagierte er äußerst ungehalten auf das von den Häuptlingen erlassene Verbot von Frauenbesuchen auf den Schiffen und … erkundigte sich bei [Gouverneur] Boki, [Häuptling] Kaikioewa und anderen Würdenträgern, auf wessen Befehl hin die Frauen am Besuch der Schiffe gehindert würden. Als er erfuhr, es geschehe auf Geheiß des Königs und seiner Kuratorin Kaahumanu, beschimpfte er wutentbrannt die Missionare. Sie hätten Kaahumanu in ihrem Sinne beeinflusst, warf er ihnen vor, und drohte, ihre Häuser niederzubrennen. Für diesen Abend war ein Gespräch mit der Regierung angesetzt. Boki erklärte, auf Wunsch der Häuptlinge seien öffentliche Angelegenheiten schriftlich abzuwickeln, aber Kapitän P. fluchte und bestand auf einem Treffen mit ihnen; außerdem drohte er damit, sie unter Feuer zu nehmen, falls sie nicht seiner Forderung nachkämen und die geltenden Einschränkungen aufhöben. Sein Schiff sei zwar klein, aber voller

> Feuer. Falls sich Mr Bingham bei dem Treffen blicken ließe, werde er ihn erschießen. Außerdem drohte er, jeden Eingeborenen sofort zu erschießen, der versuche, einem seiner Männer ein eingeborenes Mädchen zu entreißen usw. usf. Einige der Häuptlinge begannen sich schon große Sorgen um unsere Sicherheit zu machen.[11]

Von den beiden Feuern, von denen in dem Tagebucheintrag die Rede ist, war das, was sich auf Percivals vor Lust brennendes Schiff bezog, einfach zu spannend, um nicht, wie in mehreren Berichten geschehen, weiterverbreitet zu werden.

Das für denselben Abend angesetzte Treffen wurde wegen heftigen Regens abgesagt und auf den Mittag des nächsten Tages, den 22. Februar, verschoben. Über dieses Treffen liegen mehrere Berichte vor; so schreibt etwa Loomis, dass Percival »ungewöhnlich aufgeräumt wirkte« und ganz vernünftig über die Behinderung oder Bestrafung der die Schiffe besuchenden Mädchen sprach. Eines der Lieblingsargumente von Percival – das die Missionare aber nicht gelten lassen wollten – lautete, dass im Vorjahr, als Lord Byron (ein Vetter des Dichters) mit der *Blonde* nach Honolulu kam, Frauen auf sein Schiff gelassen wurden. Ein anderer Bericht von dem Treffen zwischen Percival und den Häuptlingen stammt von Bingham (den Percival ausdrücklich vom Treffen ausgeschlossen hatte), der von Kaahumanu erfuhr, wer was gesagt hatte. Aus den verschiedenen Berichten hat die Historikerin Linda McKee, anerkannte Spezialistin zum Thema Percival und Missionare, das Wesentliche des hitzigsten Teils der Debatte rekonstruiert:

> Percival: »Wer hat auf den Inseln das Sagen?«
> Kaahumanu: »Der junge König.«
> Percival: »Und wer bestimmt, was er sagt?«
> Kaahumanu: »Ich.«
> Percival: »Und wer entscheidet für dich?«

Kaahumanu (ehrfürchtig): »Mein Gott.«

Percival (wütend mit dem Finger auf sie zeigend): »Du lügst, du verdammte alte Schlampe! Mr Bingham entscheidet für dich!«

Vier Tage später, am 26. Februar, bekam Paulding zufolge die übliche Anzahl Seeleute der *Dolphin* Landgang (laut Bingham waren es doppelt so viele wie sonst). Ein Teil der *Dolphin*-Leute rottete sich, vermutlich in Kneipen, mit Matrosen von anderen Walfängern zusammen, und wenig später machte sich die um einiges angewachsene Schar auf den Weg zum Haus von Kalanimoku, wo gerade der von Bingham geleitete und von Kaahumanu, Gouverneur Boki und anderen Gläubigen besuchte Sonntagsgottesdienst beginnen sollte. Die Seeleute forderten drohend die Aufhebung des Prostitutionsverbots, und einige von ihnen begannen die Fensterscheiben des Hauses einzuschlagen. Aus Sorge um seine Familie lief Bingham zu seinem in der Nähe gelegenen Haus, wo er feststellte, dass seine Frau bereits von dem Aufruhr wusste und zum Schutz vor Demonstranten die Tür verschlossen und damit auch ihren Gatten ausgesperrt hatte. Auf dem Rückweg zu dem Haus, in dem sich seine Gemeinde versammelt hatte, lief er einem Haufen aufgebrachter Seeleute in die Arme und entging nur knapp einer Schlägerei, weil zufällig mehrere von ihm bekehrte Eingeborene in der Nähe waren. »*Aole anei oukou malama mia ia'u?*« – Wollt ihr mir nicht zu Hilfe kommen?, rief er ihnen zu. Das ließen sie sich nicht zweimal sagen, wobei sie so brutal gegen die Angreifer vorgingen, dass einer der Seeleute beinahe getötet worden wäre. Der Aufruhr fand ein rasches Ende, als der sofort bei Ausbruch der Ausschreitungen herbeigerufene Percival mit seinem Rohrstock auf die Menge losging und seine zu den Demonstranten gehörenden Besatzungsmitglieder verdrosch und festnahm.

Percival entschuldigte sich bei Bingham, versprach, die Schäden an den Häusern zu reparieren (sowohl bei Binghams als auch bei Kalanimokus Haus waren die Fensterscheiben eingeschlagen), nahm Bingham mit an Bord, damit er die Übeltäter identifizierte, und schrieb einen Brief an die anderen Kapitäne im Hafen, in dem er vorschlug, die Zahl der für Landgang beurlaubten Seeleute zu reduzieren.

Auch wenn sich Percival in puncto Prostitution an Bord zum Fürsprecher seiner Besatzung gemacht hatte und das auch bleiben sollte, konnte er als strenger Vorgesetzter keine Verstöße gegen die Disziplin dulden, und das Randalierertum seiner Leute war in seinen Augen nichts anderes als eine Schande für die Vereinigten Staaten von Amerika. Im Logbuch der *Dolphin* findet sich für den nächsten Tag folgender Eintrag:

> Bestraft wegen schlechten Benehmens an Land wurden folgende Männer: Wm. P. Smith, 19 Peitschenhiebe mit der neunschwänzigen Katze; Wm. Miller, 30 Peitschenhiebe; Phineas Blodget, 30 Peitschenhiebe …

Wochen später fasst Elisha Loomis in einem Tagebucheintrag vom 8. April zusammen, was ihm von verschiedenen Seiten über eine Rede Percivals an die Häuptlinge zugetragen wurde:

> Während eines Dinners, das Kapitän P. vor wenigen Tagen den Häuptlingen gab, äußerte Ersterer, dass außer ihm keiner der Anwesenden wisse, was rechtens sei. Hören Sie gut zu, forderte er sie auf. Dann nahm er eine Bibel, las daraus etwas über David und Salomo vor und stellte abschließend fest, dass David ein schlechter Mensch war – immerhin ermordete er zahlreiche Menschen usw. –, Salomo dagegen ein guter – er hatte tausend Frauen, woran niemand Anstoß nahm –, wozu auch, schließlich war es nicht verwerflich, viele Frauen zu haben. Wieso die Häuptlinge eigentlich immerzu von Ehe sprachen, wollte er wissen. Salomo war doch auch nicht ver-

> heiratet gewesen und so weiter. Wie Hannah Holmes mir kürzlich erzählte, setze Kapitän P. alles daran, ihre Schwester dazu zu bringen, zu ihm zu ziehen. Zwar sei er bereits in Amerika verheiratet, aber im Landesinneren, wohin er gelegentlich reisen müsse, habe er eine zweite Frau und in Frankreich eine dritte, und hier, auf Hawaii, könne er gut noch eine weitere gebrauchen, nämlich sie.[12]

Am Tag nach dem Aufruhr hob Gouverneur Boki das Verbot der Mädchenbesuche auf den Schiffen auf. Wenige Tage später schrieb Levi Chamberlain, wie Loomis ein Mitglied der Mission, in sein Tagebuch: »Wie es heißt, ist Kapitän P. jetzt *maha*« – ein Wort, das »erleichtert« oder »beruhigt« bedeutet, ein Ausdruck für das Gefühl, das sich einstellt, wenn man ein lästiges Hindernis aus dem Weg geschafft hat. Und Chamberlain schreibt weiter: »Triumphiere nicht über mich, o mein Feind, denn wenn ich falle, werde ich mich wieder erheben. Der Herr sorgt dafür, dass die Feinde des Herrn von ihrem eigenen Erfolg besiegt werden, so dass sich das, was sie für *ihren* Triumph halten, am Ende als Triumph von Tugend & Religion und als *Niederlage* des *Satans* erweisen könnte.«[13]

Welche Rolle spielten William Lay und Cyrus Hussey inmitten all dieses Aufruhrs? Wahrscheinlich waren sie nur Zuschauer. Der Gesamteindruck, den ihre Geschichte bis dato von ihrem Charakter vermittelt, deutet jedenfalls eher darauf hin, dass sie nicht zu den Demonstranten für *hookamakama* gehörten. Ein heutiger Bewohner des Mili-Atolls hat sich erkundigt, ob es Hinweise darauf gebe, dass Lay und Hussey während ihres Aufenthalts auf dem Atoll Kinder gezeugt hätten, denn es gibt dort in der Tat einige blauäugige Insulaner. Es ist allerdings so gut wie sicher, dass sie es nicht taten. Und was die blauen Augen betrifft, so hat das Atoll seit damals eine Menge Besucher mit dieser Eigenschaft beherbergt. Wie die Missionare berichteten, nahmen trotz des Konflikts, der zwischen ihnen und dem Kapitän und der Besatzung der *Dolphin* bestand, etliche Offiziere und Leute aus der Mannschaft an den Sonntagsgottesdiensten teil. Dort scheinen Lay und Hussey besser hinzupassen als in eine Horde grölender Radaubrüder.

Percivals Befehle enthielten eine Reihe von ihm zu erledigender Geschäfte – offiziellere und wichtigere als Prostitution –, unter anderem das Eintreiben ausstehender Beträge aus amerikanischen Handelsbeteiligungen, die sich auf eine beträchtliche Summe beliefen.[14] Daneben kümmerte er sich um die Reparatur des Schiffes, und am 11. Mai 1826 segelte die *Dolphin* von Honolulu aus nach Süden zu den Australinseln und der Insel Rapa, wo sie wichtige Zwischenstopps einlegte, freundlich von den Eingeborenen empfangen wurde und beträchtliche Vorräte für die letzte Etappe ihrer Reise, die Fahrt nach Südamerika, bunkern konnte. Am 14. Juni, als sich die *Dolphin* Tubuai näherte, begegnete sie dem Nantucketer Walfänger *Loper* und teilte ihm mit, sie habe die *Globe*-Überlebenden Lay und Hussey an Bord. Mit dieser Nachricht traf die *Loper* am 19. Oktober 1826 in Edgartown ein. Zwei Tage später schrieb der *Inquirer*:

> DONNERSTAG, 19. [Oktober]. *Ar.* Ein Leichter aus Edgartown meldet vom selbigen Tag die Ankunft von: Schiff Loper, Starbuck, Heimathafen Edgartown; letzter Hafen Otaheite, vor 4 ½ Monaten, im Juni, von dort ausgelaufen, mit voller Ladung Spermöl für Levi & Jos. Starbuck. Schiff Lima, Swain, Heimathafen Edgartown, mit 1500 Fass Öl. Die Lima meldet … Globe, Swain, 350 … Der U.S. Schoonor [*sic*] Dolphin lag in Otaheite, als die Loper auslief, an Bord befanden sich zwei überlebende Besatzungsmitglieder der Globe.

Zwar verortete die Meldung die *Dolphin* irrtümlich in Tahiti, das die *Dolphin* überhaupt nicht anlief, sondern weit südlich umfuhr, doch sie enthielt die Nachricht mit der Aufklärung des Schicksals der letzten *Globe*-Besatzungsmitglieder, auf die Nantucket so lange gewartet hatte. Von den Nachrichten, die die *Loper* der *Dolphin* übermittelte, dürfte für Lay und Hussey wohl am verblüffendsten jene Meldung gewesen sein, derzufolge die *Globe* in denselben Gewässern unterwegs war wie sie. Man kann nur darüber spekulieren, wie ihnen beim Anblick ihres ehemaligen Schiffes zu Mute gewesen wäre – oder in dem Moment, in dem ihnen bewusst geworden wäre, wie viel Zeit seit ihrer verhängnisvollen Fahrt auf der *Globe* vergangen war, wenn der Walfänger nun schon seit einem ganzen Jahr wieder unterwegs war.

Am 23. Juli erreichte die *Dolphin* Valparaiso – Auftrag ausgeführt. Paulding, der die *Globe* in seinem Bericht während des letzten halben Jahres nicht einmal erwähnte, schließt sein *Journal* mit folgendem Eintrag: »Der Nutzen [unserer Fahrt] wird gerade bei unseren im Walfang beschäftigten Landsleuten noch lange nachwirken, und auch wenn wir etliche Härten und Entbehrungen auf uns nehmen mussten und vielen Gefahren ins Auge blickten, schätzen wir uns glücklich, dass wir als Werkzeug in den Händen der Vorsehung und unserer Regierung bewiesen haben, dass auch im fernsten Winkel der Erde kein Verbrechen ungesühnt bleibt und dass selbst in noch so gefahrvollen Situationen kein Grund zur Verzweiflung besteht.« Das mag etwas abstrakt und pathetisch klingen, ist aber unbestreitbar richtig.

Wie aus einem Logbucheintrag der *Dolphin* vom 26. August hervorgeht, erging an alle Besatzungsmitglieder, die auf die in die Heimat bestimmte Fregatte *United States* versetzt werden wollten, die Aufforderung, sich namentlich zu melden; 39 Mann ließen sich registrieren, darunter William Lay und Cyrus Hussey. Das Logbuch der *United States* listet im Eintrag vom 2. September 34 Versetzte als Neuzugänge auf, unter ihnen wieder Lay und Hussey. In keinem der beiden Logbücher werden die zwei Männer nach ihrer Rettung auf Mili in irgendeiner Form gegenüber ihren Bordgenossen hervorgehoben. Sehr zum Verdruss von Kommodore Hull verzögerte sich die Abfahrt der *United States* seit Monaten, weil ihr Ersatz, die *Brandywine*, noch nicht eingetroffen war. Am 16. Dezember 1826 lief die *United States* schließlich aus Callao aus und erreichte Valparaiso am 6. Januar 1827. Am 23. Januar stach sie von Valparaiso aus in See und war am 22. April vor Sandy Hook. Sie ging im Hudson River vor Anker, begann mit dem Löschen der Ladung und dem Ausbezahlen der Besatzung und wurde am 30. April in die Marinewerft verholt. Nach vier Jahren und vier Monaten in der Ferne kehrten Lay und Hussey in die Heimat zurück.

Doch bevor die beiden Männer von Bord gehen durften, mussten sie sich erst noch einigen Vernehmungen unterziehen; allerdings hatte das Ganze eher formalen Charakter, denn gegen keinen von ihnen bestand auch nur der leiseste Verdacht. Noch während die *United States* im Hudson vor Anker lag, also noch ehe sie zur Marinewerft verholt wurde, wandte sich Francis Macy, ein Freund der Familie Hussey, an Kommodore Hull und bot seine uneingeschränkte Unterstützung für die beiden Seeleute an. In einem Brief an Husseys Vater vom 27. April 1827 schreibt er:

> Ich ersuchte den Kommodore, Cyrus die Erlaubnis zu geben, mich an Land zu begleiten, was er jedoch wegen der besonderen Situation der beiden jungen Männer ablehnte. Auch hatte er selbst seit der Ankunft noch keinen Fuß an Land gesetzt, äußerte aber die Bereitschaft, alles in seiner Macht Stehende zu tun, um den beiden zu helfen. Heute Morgen haben wir uns an den zuständigen Amtsrichter gewandt, um Cyrus unter Berufung auf die Habeaskorpusakte vom Schiff zu holen. Der Richter teilte uns mit, dass er die eidliche Erklärung von Hussey benötige, bevor er einer Haftprüfung zustimmen könne, aber sobald diese abgegeben sei, sehe er keine Schwierigkeiten mehr. Daraufhin begaben wir uns mit einem Begleiter an Bord der Fregatte, wo wir glücklicherweise den Kommodore

> persönlich antrafen, der uns kurzerhand erlaubte, Cyrus auf unsere persönliche Verantwortung mit an Land zu nehmen. Er ist jetzt bei uns zu Hause, und ich hoffe, in ein bis zwei Tagen seine völlige Freilassung erwirken zu können. Kommodore Hull ist der Überzeugung, dass die Vereinigten Staaten nichts dagegen unternehmen werden und dass er vom Marineministerium die Anweisung bekommen wird, beide unverzüglich freizulassen. Bis das geschieht, wird Cyrus bei uns bleiben, und ich versichere dir, sowohl Mrs Macy als auch ich freuen uns, ihm in der momentanen Situation helfen zu können. Kommodore Hull und der Erste Offizier Percival loben sowohl Cyrus als auch Lay in den höchsten Tönen, und die Aussicht, diese beiden jungen Männer wohlbehalten bei ihren Eltern und Freunden abzuliefern, wird sie, davon bin ich überzeugt, ebenso mit Befriedigung erfüllen wie uns unsere augenblickliche Unterstützung für sie. Solltest du es für notwendig erachten, uns im Hinblick auf Cyrus irgendwelche besonderen Anweisungen zu geben, kannst du dich darauf verlassen, dass mein Bruder und ich alles in unserer Macht Stehende tun werden, um dir zu helfen. Cyrus hat siebzehn Monate in der Marine der Vereinigten Staaten gedient und sich dabei erstklassig geführt, was für seine Freunde eine große Genugtuung sein dürfte, hat er dadurch doch die Sympathie und Hochachtung der gesamten Schiffsführung erworben.[15]

Am 14. Mai schrieb Kommodore Hull an Marineminister Southard, dass er Hussey und Lay erlaubt habe, bis zu ihrer Vernehmung Ende Mai nach Nantucket beziehungsweise Saybrook zu gehen.[16] Am 10. Mai, kaum dass er in Saybrook eingetroffen war, schrieb Lay an Hussey:

> Lieber Freund, oder gewissermaßen auch Bruder, ich greife zur Feder, um dir mitzuteilen, dass ich gut in Say Brook angekommen bin und es all meinen Freunden gut geht. Ich

> möchte dich bitten, für mich in Erfahrung zu bringen, ob ich irgendeinen Anteil an dem Öl, das die *Globe* mitgebracht hat, erwarten kann? Ich bitte dich darum, zu den Eignern zu gehen und für mich dasselbe zu tun, was du für dich selbst tätest, und falls mir etwas zusteht, es mir persönlich mit nach New York zu bringen, wenn du kommst. Hier gibt es nichts Neues, was ich dir schreiben könnte, deshalb grüße ich dich ganz herzlich in Erinnerung an unsere gemeinsame Zeit und in der Hoffnung, dass wir nie vergessen, welche Gefahren wir durchgemacht haben, und dass wir jetzt unter Freunden und in einem christlichen Land leben, in Eile, hochachtungsvoll der Deine.[17]

Belege darüber, ob Lay und Hussey ihre Anteile am Gewinn aus dem Ölgeschäft erhielten, scheint es nicht zu geben, die ihnen zustehende Lay an 372 Fässern dürfte es freilich kaum wert gewesen sein, dafür zum Hafen hinunterzugehen und nachzufragen. Die eigentliche Bedeutung des Briefes liegt darin, dass der Überlebende hier auf einzigartig authentische, nicht durch einen Ghostwriter vermittelte Weise seine Gefühle gegenüber dem Gefährten ausdrückt – allerdings, und das ist wiederum bemerkenswert, in Ton und Ausdrucksweise dem Text des Ghostwriters, der die *Narrative* zusammenstellte und ein guter Zuhörer gewesen sein muss, verblüffend ähnlich.

Am 20. Mai schrieb Kommodore Hull persönlich an Cyrus Hussey:

> Auf Anweisung des Marineministers bin ich verpflichtet, Euch den Behörden zu übergeben, weil Ihr das Schiff verlassen habt. Deshalb empfehle ich Ihnen, in Gegenwart eines Freundes Richter Thompson Euren Fall vorzutragen und ihn nach seiner Meinung zu fragen beziehungsweise sich von ihm vernehmen zu lassen, sofern er dies für angebracht hält. Ich würde in Eurer Situation alles daransetzen, von der zuständigen

> Behörde freigesprochen zu werden, damit Euch nicht im Nachhinein irgendetwas angehängt werden kann. Ich hoffe, dass Ihr Eure Freunde wohlbehalten angetroffen habt und den Rat beherzigt, den ich Euch so oft gegeben habe. Ihr habt angesehene Freunde und dürft getrost einer höheren Seemannslaufbahn entgegensehen.
> Wenn Ihr Euren Vater seht, richtet ihm aus, dass ich seinen Brief erhalten habe und ihm für seine Grüße danke.
> Wenn das Wenige, das ich getan habe, um Euch Eurer Familie und Euren Freunden zurückzugeben, den Ihren Trost und Erleichterung verschafft hat, fühle ich mich durch ihre herzlichen Grüße mehr als belohnt.[18]

Der Brief ist interessanterweise an Hussey c/o Nathan Comstock, Front Street 191, adressiert, Comstocks Geschäftsadresse. Hussey war nach einem kurzen Besuch bei seiner Familie in Nantucket für die Gerichtsanhörung Ende Mai nach New York zurückgekehrt, wo er, statt wieder bei Francis Macy zu wohnen, Gast bei den Comstocks gewesen sein könnte. Falls dem so war, worüber mögen sie gesprochen haben? Der Comstock'sche Haushalt war groß: Einschließlich der Kinder von Nathans zweiter Frau Anne wohnten dort mindestens acht junge Comstocks. Falls auch William noch bei der Familie lebte, wäre es sogar noch einer mehr. George, der im väterlichen Geschäft seines Vaters anfangen sollte, wo er sich mindestens zwei Jahre lang um Rechnungen und Korrespondenz kümmerte,[19] wohnte ebenfalls im Haus. Es war eine *Globe*-Familie, über die ständig der Schatten desjenigen schwebte, der gar nicht anwesend war – Samuel.

Hussey war bereit, über die *Globe* zu sprechen – ein Jahr später sollte sein gemeinsam mit Lay verfasstes Buch *Narrative of the Mutiny, on Board the Ship Globe, of Nantucket* erscheinen. Wollten die Comstocks überhaupt, dass er von dem tragischen Geschehen erzählte? Oder dass George davon erzählte? Auch

George war bereit, darüber zu reden und zu schreiben. Und gesetzt den Fall, Nathan wollte nichts davon hören: Haben die Kinder, deren Neugier groß gewesen sein muss, ihre Fragen unterdrückt? Hat sich keine der Schwestern nach Samuels *Blick* erkundigt?

Als das *Globe*-Abenteuer endgültig abgeschlossen war, gingen alle Beteiligten ihrer Wege. George ließ sich schließlich in Kalifornien nieder, Lay und Hussey blieben noch kurze Zeit in Kontakt. Die Offiziere Percival und Paulding fuhren wieder zur See, die *Globe* ging wieder auf Fahrt, und William trat aus den Kulissen ins Rampenlicht.

George arbeitete zunächst einige Jahre lang als Sekretär und Buchhalter seines Vaters, ehe er diese Aufgaben seinem jüngeren Bruder Thomas überließ. George war zwei Mal verheiratet, das erste Mal mit seiner Cousine Lucy Comstock; die beiden Kinder aus dieser Ehe starben noch als Säuglinge. Seine zweite Hochzeit mit Mary Hollins aus Newcastle in England fand in New Orleans statt; da das erste Kind im Jahr 1847 in Louisiana geboren wurde und das zweite (von insgesamt dreien) 1853 in San Francisco, ist anzunehmen, dass George (wie so viele Nantucketer) vom Goldrausch nach Westen gelockt wurde. Er starb im Jahr 1855 und hinterließ drei Kinder, von denen das älteste acht Jahre alt war.

Geld, das für Owen Chase nach eigenem Bekunden einer der Beweggründe war, seinen Bericht vom Schiffbruch der *Essex* zu schreiben, könnte für die beiden Überlebenden der *Globe*-Katastrophe das Hauptmotiv für ihr Buch gewesen sein – vermutlich, weil sie dringend welches brauchten. Die treibende Kraft hinter der Veröffentlichung ihres gemeinsamen Berichts war Lay. Sein vom 24. September 1827 datierter Brief an Hussey über die Veröffentlichung des Buches zeigt, dass er geschäftlich ebenso geschickt vorging wie bei seinen Diskussionen mit Luttuon:

> Ich greife zur Feder, damit du weißt, wie ich vorankomme und welche Vereinbarungen ich mit dem Drucker getroffen habe. Wm. Bolles aus New London wird ein Buch mit 150 beschrifteten Seiten im Zwölftelbogenformat auf gutem Papier drucken und binden, und zwar zum Preis von 18 Cents für die ersten 3000 Exemplare, einen Shilling für alle weiteren und 12 ½ Cents für die kartonierten, wobei er sich mit einer Anzahlung in Form von Büchern einverstanden erklärt hat und uns zur Bezahlung der restlichen Summe eine angemessene Frist einräumt. Ich zweifle nicht im Geringsten daran, dass wir 3000, wenn nicht sogar 5000 Stück mit großem Profit oder sogar schon in Subskription verkaufen werden. Lass das Werk so schnell wie möglich Korrektur lesen und komm dann unverzüglich damit hierher, denn ich möchte noch in diesem Herbst damit fertig werden und die Bücher in den Vertrieb bringen. Ich erwarte dich mit dem Bericht spätestens am 15. Oktober, wenn nicht schon früher. Falls Cyrus M. zurzeit auf See sein sollte, erwarte ich, dass sein Vater in dieser Angelegenheit kommt und wir die Sache gemeinsam erledigen. Ich möchte deine Meinung zum Druck [hier bricht das Fragment ab][20]

Zu schade, dass der Name des Ghostwriters nicht erwähnt wird; höchstwahrscheinlich wurde das Buch in Nantucket geschrieben, auch wenn insgesamt vier Fünftel des Berichts von Lay stammen. Während des Sommers müssen Lay und der Ghostwriter gelegentlich zusammen am Text gearbeitet haben. Lays Bitte, dass Hussey senior die Arbeit am Buch übernimmt, falls »Cyrus M. … auf See sein sollte«, war gar nicht so abwegig, denn Cyrus war tatsächlich auf See, als der Brief eintraf.

Hussey ging am 13. September 1827 auf dem von Kapitän Samuel Bunker befehligten Nantucketer Walfänger *Alexander* wieder auf Fahrt. Keine vier Monate waren seit seiner Rückkehr vergangen, weshalb sich sein Beitrag an dem gemeinsamen Buch zwangsläufig auf das beschränkte, was der Ghostwriter innerhalb dieser Zeit festhielt. Fünf Tage, nachdem Hussey in See gestochen war, schrieben seine Schwester Margaret und sein Vater ihm liebevolle Briefe, die die neuesten Nachrichten (der letzten fünf Tage!) enthalten und von auffallender Sehnsucht zeugen. Briefe an Walfänger, die seit zwei oder drei Jahren auf See sind, fallen nicht selten sehr bewegend aus, aber dass jemand bereits nach fünf Tagen das Bedürfnis verspürt, zu schreiben »du fehlst mir sehr«, verrät ausgesprochen starke Gefühle. Margarets Brief ist überaus rührend. Sie entschuldigt sich für ihre Schrift: »Ich bin das Schreiben nicht gewöhnt, aber vielleicht verbessere ich mich beim Schreiben an dich. Bestimmt würdest du lieber einen Brief mit schönen geraden Zeilen lesen, aber die wirst du hier, wie du siehst, nicht sehen« – alles in tadellos geraden Zeilen geschrieben. »Bestimmt würdest du«, fährt sie fort, »viel lieber einen Brief von einem Erwachsenen bekommen als von mir, weil die über wichtigere Sachen schreiben können.«[21] Weit gefehlt, Margaret.

Irgendwann wechselte Hussey das Schiff und fuhr auf dem Nantucketer Walfänger *Congress* weiter. Die *Congress* war schon ein Jahr länger unterwegs als die *Alexander* und würde daher aller Voraussicht nach früher zurückkehren. Dem war auch so, am 2. Mai 1829 traf die *Congress* wieder in Nantucket ein, mit 2507 Fass Öl und einer traurigen Nachricht. »Mr Hussey starb im Jahr 1829 mit 24 Jahren vor Kap Hoorn«, schrieb der Historiker Fred Sanford in einem Kommentar in Lays und Husseys *Narrative*. »Er war auf dem Schiff ›Congress‹ aus Nantucket und befand sich auf dem Heimweg von einer anderen Fahrt.«[22] Offenbar bedurfte die Geschichte der *Globe* zum Abschluss noch einer letzten Absurdität. Der junge Mann, der wie durch ein Wunder beim Massaker auf einer Insel verschont blieb, der seiner Hinrichtung durch die Anbeter Anits entging und der dem *iroojlaplap* ausreden konnte, ihn zu töten, stirbt einen ganz gewöhnlichen Tod auf See – ein zwar tieftrauriges, aber auch banales Schicksal.

Berichten aus Martha's Vineyard zufolge »lebte und starb Gilbert Smith in Frankreich«,[23] das ihn für den Aufbau der französischen Walfangflotte angeworben hatte. An einen weiteren Vineyarder, Rowland Jones, einen der getöteten *Globe*-Matrosen, erinnert ein Grabstein auf dem West-Side-Friedhof in Edgartown, dessen Inschrift mit den folgenden Zeilen endet:

> Fern der Heimat, fern all seiner Freunde und Lieben
> starb dieser Junge durch der Wilden Hand.
> Weder Vatermitleid noch Muttertränen ihm blieben,
> damit er Trost in schwerster Stund fand.

*Dolphin*-Kapitän »Mad Jack« Percival wurde 1831 zum Kommandanten und 1841 zum Vollkapitän befördert; er befehligte die *Erie* vor Brasilien, die *Cyane* im Mittelmeer und die *Constitution* auf einer Fahrt um die Welt. Er starb im Jahr 1862.[24] Der Erste Offizier der *Dolphin*, Hiram Paulding, diente sich durch die verschiedenen Ränge empor und beendete seine Marinelaufbahn als Konteradmiral. Er fuhr auf der *Constellation* und anderen Schiffen, befehligte die Fregatte *St. Lawrence*, war Leiter der Washingtoner Marinewerft und kämpfte bei verschiedenen Einsätzen im Bürgerkrieg. Er starb im Jahr 1878.[25]

Die *Globe* ging rund sieben Monate nach ihrer Rückkehr nach Nantucket unter Kapitän Reuben Swain II. wieder auf Fahrt; am 13. Juni 1825 lief sie mit dem Ziel Pazifik aus. Das war zwei Monate, bevor die *Dolphin* zu ihrer Rettungsmission in See stach; insofern segelte die *Globe* gewissermaßen im Kielwasser des Rettungsschiffs, und wenn Kapitän Swain auf ein Abenteuer aus gewesen wäre, hätte er die *Dolphin* im Moment der Rettung überraschen können. Allerdings ist kaum anzunehmen, dass Kapitän Swain auf Abenteuer erpicht war. Die *Globe* kehrte jedenfalls im Mai 1828 mit 2105 Fass Öl nach

Nantucket zurück, was – mit einer Ausnahme – in etwa dem üblichen Ertrag ihrer Fahrten entsprach.

Bei der Rückkehr des Schiffes erwarb Kapitän George Macy, der auf die Umwandlung und den Verkauf alter Walfänger spezialisiert war, eine Beteiligung an der *Globe*, belud sie mit einer Ladung Holz, das er nach Madeira oder (nach der Erinnerung von Kapitän Macys Sohn) zu den Kapverden brachte und dort gegen anderes Frachtgut austauschte, das wiederum für verschiedene südamerikanische Häfen, darunter Buenos Aires und Montevideo, bestimmt war. Obermaat auf dieser Fahrt war Stephen Kidder, dem zusammen mit Smith und anderen mit der *Globe* die Flucht vom Mili-Atoll geglückt war. Vor der Küste Südamerikas wurde die *Globe* von Piraten geentert, die Geld und ein paar Kleinigkeiten mitnahmen. Im Jahr 1830 wurde die *Globe* nach einer zweijährigen Fahrt verkauft und im Hafen von Santos, Brasilien, abgewrackt.[26] Vielleicht ein sentimentaler Moment – fragt sich nur, für wen.

Und William? Das vollständige Werk von William Comstock ist offenbar nach wie vor verschollen. Verschiedentlich als in Brooklyn lebender Reporter und »unbedeutender Autor, dessen Beiträge in einigen Zeitschriften der fünfziger Jahre erschienen«, bezeichnet[27] (obwohl die meisten der nachweislich von ihm geschriebenen Texte aus anderen Jahrzehnten stammen), wird William aber immerhin als eine von Melvilles Quellen anerkannt;[28] ferner hat er urkomische Satiren verfasst. Möglicherweise ist er identisch mit William Comstock, dem Autor verschiedener zu Enthaltsamkeit und Mäßigung aufrufender Geschichten.[29] In einer Literaturgeschichte findet er Erwähnung in einem etwas umfassenderen Eintrag zu seinem Sohn Augustus, der unter dem Pseudonym Roger Starbuck vornehmlich Seefahrergeschichten (Augustus soll auf mehr als eine Walfangfahrt gegangen sein) und Western schrieb.

In gewisser Weise trat Augustus in die Fußstapfen seines Vaters William, wobei er freilich, anders als sein Vater, eher den

Markt für Unterhaltungsliteratur bediente. Nicht, dass William diese Art von Literatur verachtet hätte, aber die Themen, denen er sich widmete, waren zu unterschiedlich, um in eine bestimmte Sparte zu passen.[30]

Williams im Jahr 1838 erschienenes Buch *A Voyage to the Pacific, Descriptive of the Customs, Usages, and Sufferings on Board of Nantucket Whale-Ships* entstand aus einer Serie von acht Artikeln über den Walfang, die im Jahr 1835 in *The Boston Pearl and Literary Gazette* veröffentlicht wurden.[31] Abgesehen von der Aufmerksamkeit, die dem Buch als einer von Melvilles Quellen für seinen Roman vom Weißen Wal zuteil wurde, verdient es Beachtung als anschauliche Darstellung des menschlichen Dramas Walfang. Fesselnd und ausgesprochen geistreich geschrieben, ist es auf entschieden höherem Niveau angesiedelt als die so genannte Unterhaltungsliteratur.

Seine Artemus-Ward-Karikatur *Betsey Jane Ward … Hur Book of Goaks* ist herzerfrischend komisch, und das mit »The Travelling Show« überschriebene Kapitel gehört zum Lustigsten, was jemals über Nantucket geschrieben wurde. Schon *The Terrible Whaleman* enthält zahlreiche boshafte Bemerkungen über Nantucket, in *Betsey Jane Ward* aber wimmelt es nur so davon.

In gewisser Hinsicht führt Williams geistige Beweglichkeit allerdings auch zur Verunsicherung des an der eigentlichen Aussage von *The Terrible Whaleman* interessierten Lesers. Denn das Buch stellt weder eine einfache Fortsetzung von *A Voyage to the Pacific* dar noch eine aus, wie William vorgeworfen wurde, falsch verstandener Loyalität gegenüber seinem Bruder verfasste Verteidigungsschrift. Im Vorwort des Buches erhellt William zum ersten Mal, welche Gründe ihn dazu bewogen, sich mit dem Leben seines Bruders zu befassen:

> Vor einigen Jahren traf der Autor dieses Werkes in Providence zufällig William Lay. Er lud den jungen Mann in sein Gast-

haus ein, worauf dieser ihn noch am selben Abend mit seinem Besuch beehrte. Bei dieser Gelegenheit äußerte Mr Lay, dass er nicht besonders zufrieden mit der Ausgabe des Globe-Berichts sei, den er zu jener Zeit gerade verkaufte. Weder er noch Hussey hätten auch nur ein einziges Wort davon geschrieben; stattdessen hätten sie einem aus Nantucket stammenden Schriftsteller den Sachverhalt geschildert, der – für die lächerliche Summe von fünfzig Dollar – das Ganze in seine jetzige Form gebracht habe. Dieser Ghostwriter sei in vielerlei Hinsicht auf die Zusammenarbeit und Unterstützung der Meutereiopfer angewiesen gewesen, wodurch die »einfache, ungeschminkte Geschichte« der jungen Männer leider an vielen Stellen durch Effekthascherei verzerrt und etliche Fakten entsprechend den gängigen Vorurteilen verdreht worden seien. Er, Lay, beabsichtige jedoch, eine zweite – korrigierte – Auflage herauszubringen, sobald die erste verkauft sei, und biete daher dem Autor des vorliegenden Werkes ebenfalls fünfzig Dollar an, um die Fehler und Mängel des Ghostwriters zu korrigieren. Da der Autor wenige Wochen nach diesem Gespräch außer Landes reiste, kam er leider nicht mehr dazu, das Vorhaben von Mr Lay in die Tat umzusetzen, doch er hofft, mit dem folgenden Bericht der Öffentlichkeit eine Schilderung von der Meuterei vorzulegen, die wahrheitsgetreuer ist als alle bisher bekannten.[32]

Wohl gilt: »Nirgends soll Mord Freistatt haben«,[33] und dennoch mögen auch die gemeinsten Taten eine mildernde Betrachtung verdienen. Vermutlich erhöht es noch den Schrecken einer Horrorgeschichte, wenn den Tätern jeder erdenkliche Fehler, den die menschliche Vorstellungskraft ersinnen kann, angehängt wird, und der Historiker betrachtet einen Mörder gewöhnlich als geeignetes Objekt, an dem er seine Eloquenz erproben kann, als ideale Zielscheibe für die spitzesten Pfeile in seinem Köcher. Doch auch wenn die Verderbtheit eines solchen Subjekts seine berechtigte Entrüstung hervor-

> ruft, sollte er gleichwohl ein wenig Achtung vor der bedauernswerten menschlichen Kreatur entwickeln und nicht mit dem unausgegorenen Durcheinander seiner widerlichen Fantasie aufwarten, jenem bunt zusammengewürfelten Konglomerat aus widersprüchlichen Lastern, die seine Spezies noch niederträchtiger erscheinen lassen, als sich der Teufel je einfallen lassen könnte. Wenn ein rücksichtsloser, unerschrockener Schurke zum Feigling und ein scharfsinniger Intrigant zum Ignoranten gestempelt wird, ist es nicht weiter verwunderlich, wenn der normale Menschenverstand ebenjenes Entsetzen teilt, das der Schriftsteller eigens für den Leser erfunden hat. Die Beschreibung des Anführers der Meuterei in Lays & Husseys Bericht ist nichts anderes als ein Zerrbild und sein Steckbrief in der Verbrecherkartei ein plumper Abklatsch davon.

Hier lässt William eine achtstrophige Version von Henry Glovers Gedicht »Der junge Meuterer« folgen, einschließlich jener Strophe, die der Nantucketer *Inquirer* bei der Veröffentlichung des Gedichts strich, weil sie ihm zu heikel erschien. (Zu Text und Geschichte des Gedichts siehe Anhang E.) Was auch immer William zum Abdruck der umstrittenen Strophe bewogen haben mag – mit Sicherheit ging es ihm weder um blinde Verteidigung noch um das Gegenteil, eine unkritische Anklage. Die umstrittene Strophe lautet folgendermaßen:

*Er stürzt in den Sand – herzzerreißend sein Schrei,*
*Als zur Hölle er fährt in Verzweiflung und Pein,*
*Die glasigen Augen vor Schrecken geweitet,*
*Sein letzter Schrei sich als Echo ausbreitet –*
*Doch vergeblich die Hoffnung auf Gnade von Gott,*
*Der junge Meuterer stirbt einen düsteren Tod.*

Zwischen die Schilderung von Samuels Kindheits- und Jugendjahren und seinem Aufbruch nach Nantucket, wo er auf der

*Globe* anheuerte, fügt William das Omen ein, das als Überschrift und Motto über dem dritten Kapitel des vorliegenden Buches steht, sowie einige Gedanken, die einem anderen Buch zu entstammen scheinen. Das mag verblüffen, zumal dadurch die Handlung zum Stillstand gebracht und der Eindruck erweckt wird, als zögere Samuel einen Moment lang, bevor er auf jenem Walfänger anheuert, um dessen tragisches Schicksal der Leser doch von vornherein weiß. An der bis dahin pathetischsten Stelle seiner Geschichte schreibt William:

> Spüren wir nicht, dass es in unserem Innersten Gefühle gibt, die sich nie entfalten konnten, die, eingezwängt in unsere sterblichen Körper, wie General Burgoyne nach mehr Ellbogenfreiheit rufen? Jene tiefsinnigen, hehren Empfindungen, die von einer ganz bestimmten Art von Musik geweckt werden und die Seele an die Pforte des Paradieses führen – aber keinen Schritt weiter! Als würde ein Geist zu uns sprechen, dessen Worte wir nicht verstehen – vielleicht beschleicht uns eine leise Ahnung, doch sie lässt uns unausgefüllt. Wie Tantalus steigt uns der Duft der Früchte in die Nase, aber wir können sie nicht erreichen. Beim Klang der äolischen Harfe bestürmt uns ein Meer von Ideen, doch bevor es unsere Füße erreicht, weicht es zurück. Im Bruchteil einer Sekunde reisen wir im Geist tausend Jahre zurück, aber von unserem Gedächtnis im Stich gelassen, vermögen wir nichts zu erkennen. Die Tore zu einer gewaltigen Stadt scheinen geöffnet, doch wenn wir hineinblicken, ist alles dunkel, und wir sehen weder Paläste noch Türme. Wir glauben an das Übernatürliche, weil wir entschlossen sind, diesen unbeschreiblichen Gefühlen eine gegenständliche Form zu geben – um greifbar zu machen, was form- und stofflos ist.
>
> Doch auf der Suche nach dem Herrlichen, dem Außergewöhnlichen, sollten wir jenen Teil nicht übersehen, der für uns tatsächlich erreichbar ist und täglich von uns wahrgenommen

> wird, wenn auch unbeachtet und ungenutzt. Brauchen wir Erscheinungen? Gibt es etwas Schöneres und Geheimnisvolleres als das, was die Schöpfung uns bietet? Aus heiterem Himmel werden wir in eine Welt geworfen, in der Schönes und Großartiges im Überfluss vorhanden ist. Welche Rolle spielt es, ob die Erscheinung zu uns kommt oder wir zur Erscheinung gehen? Es bleibt stets eine Erscheinung. Angenommen, ein halbwegs kultivierter Mensch hätte fünfzig Jahre lang mutterseelenallein irgendwo außerhalb des Universums existiert, jenseits der Anziehungskraft eines anderen Planeten, in völliger Schwerelosigkeit. Er hätte nie eine andere Materie gesehen als die, aus der er selbst besteht. Und dann taucht eines Tages diese unsere Erde vor seinen staunenden Augen aus den Tiefen des Äthers auf, umhüllt von ihrer dicken, weichen Decke aus Millionen von Wolken. Dann reißt die Wolkendecke plötzlich auf, und er erblickt Felsen, Bäume, wogende Meere und tosende Wasserfälle. Der Gesang von Myriaden von Vögeln dringt an sein Ohr, ein leuchtend bunter Blütenteppich ziert Tal und Hügel, verschlungene Weinranken tragen golden leuchtende Trauben – wohin er auch blickt, sieht er verschwenderische Fülle und Schönheit. Wäre er nicht restlos überwältigt? Würde er angesichts all dieser üppigen Pracht nach etwas noch Schönerem verlangen? Und doch neigen wir dazu, all diese Wunder, von denen wir umgeben sind, zu übersehen, weil diese erstaunlichen Erscheinungen so sehr mit unserem ganzen schwerfälligen Denken verwoben sind, dass wir sie stillschweigend zu einem Teil von uns selbst erklären, eigenhändig von uns erschaffen, und dabei vergessen, dass schon ein einziges Sandkorn nicht weniger Wunder in sich birgt als Ossians Himmelsflamme und die jauchzenden Geister des Sturms.

Der nächste Satz, der auf diesen mit so viel Pathos vorgetragenen Absatz folgt, beginnt mit: »Um zu unserem Helden zurückzukehren …« Aber eigentlich hatten wir ihn gar nicht verlassen. Denn in gewisser Weise erinnert Samuel an die Gestalt, die, gehalten von der eigenen Schwerkraft, irgendwo außerhalb des Universums steht – sozusagen die Apotheose des Narziss. Was wäre geschehen, wenn die Erde vor seinen erstaunten Augen aufgetaucht wäre? Wenn ihm der Anblick dieser unvergleichlichen, wie von Zauberhand geschaffenen Erscheinung vergönnt gewesen wäre und er das, was ist, hätte sehen können? Und was, wenn wir es können? Ist die Welt, die vor uns auftaucht, durch die traurige Gestalt, die selbstverloren inmitten von Vogelgezwitscher und Blütenpracht steht, weniger wundervoll? Entscheidend ist, was real ist. Mag der Meuterer auch unergründlich und anomal sein, er ist real. Und deshalb seltsam, verblüffend, erstaunlich – ein Wesen voller Wunder. Genau das war der schreckliche Walfänger für seinen Bruder.

In den alten Walfänger-Logbüchern endeten die täglichen Einträge gewöhnlich mit dem Satz: »Und damit endet es.« Diese Worte senken sich wie ein Vorhang über das brutale, aufregende, ermüdende, befriedigende, frustrierende, gefährliche, tragische, unvorhersehbare Leben auf einem Walfänger. Auf einem davon senkt sich der Vorhang über Bluttaten und einen einsam dahinsegelnden Geist – ein gespenstisches Szenario. Und damit endet es.

# ANHANG A

## DIE BESATZUNG DER GLOBE

In der Musterrolle der *Globe* sind alle Offiziere und Besatzungsmitglieder registriert, die bei der Abfahrt von Martha's Vineyard an Bord waren. Wie im dritten Kapitel erwähnt, erklärt sich der Name »Pray« (in manchen Dokumenten auch »Prass«) für einen Seemann aus Fayal vermutlich aus einer Verballhornung von Braz, seinem tatsächlichen, in Portugal recht verbreiteten Namen. Die letzte Spalte der Liste fehlte ursprünglich natürlich; sie stellt eine vorläufige Aktualisierung der Besatzung dar, entsprechend dem Kenntnisstand in der Zeit zwischen der Ankunft der von Gilbert Smith befehligten *Globe* in Südamerika und dem Eingang der von der *Dolphin* mitgebrachten Nachricht von nur zwei Überlebenden auf der Insel. Daher weist die Liste Samuel Comstock als tot aus, während Rowland Coffin und Columbus Worth noch auf der Insel vermutet werden. Natürlich enthält die Musterrolle auch nicht die in Honolulu angemusterten Ersatzleute.

## LISTE DER BESATZUNGSMITGLIEDER DES SCHIFFES GLOBE AUS NANTUCKET, DIE UNTER KAPITÄN THOMAS WORTH IN DEN PAZIFIK BESTIMMT IST

| Name | Geburtsort | Wohnort | Staatsangehörigkeit | Alter | Größe | Hautfarbe | Haarfarbe | |
|---|---|---|---|---|---|---|---|---|
| William Beetle | Edgartown | Edgartown | Vereinigte Staaten | 26 | 1,72 m | Dunkel | Braun | Ermordet am 26. Januar 1824 |
| John Lumbert | Nantucket | Chilmark | " | 25 | 1,82 m | Hell | Braun | dito |
| Nathaniel Fisher | Edgartown | Edgartown | " | 20 | 1,73 m | Weiß | Braun | dito |
| Samuel B. Comstock | Nantucket | New York | " | 20 | 1,68 m | Dunkel | Dunkel | Ermordet am 17. Februar 1824 |
| Gilbert Smith | Edgartown | Edgartown | " | 20 | 1,68 m | Weiß | Rotblond | Zurückgekehrt |
| Nahum Mahurin | Bridgewater | Bridgewater | " | 23 | 1,77 m | Dunkel | Braun | Nicht an Bord bei Auslaufen besagten Schiffes |
| Rowland Coffin | Nantucket | Nantucket | " | 17 | 1,56 m | Weiß | Rotblond | Auf Lord-Mulgraves-Inseln |
| Cyrus M. Hussey | " | " | " | 17 | 1,63 m | Dunkel | Braun | dito |
| Stephen Kidder | Edgartown | Edgartown | " | 18 | 1,73 m | Dunkel | Dunkel | Zurückgekehrt |
| Peter Kidder | Nantucket | " | " | 21 | 1,75 m | Dunkel | Braun | Zurückgekehrt |
| George Comstock | " | New York | " | 15 | 1,63 m | Dunkel | Schwarz | Zurückgekehrt |
| Columbus Worth | Tisbury | Edgartown | " | 15 | 1,63 m | Dunkel | Schwarz | Auf Lord-Mulgraves-Inseln |
| Rowland Jones | Edgartown | " | " | 16 | 1,63 m | Weiß | Braun | dito |
| Holden Henman | Canton | Canton | " | 23 | 1,75 m | Weiß | Blond | Desertiert auf Sandwich Islands |
| William Lay | Saybrook | Saybrook | " | 17 | 1,75 m | Dunkel | Dunkel | Auf Lord-Mulgraves-Inseln |
| Jeremiah Ingham | " | " | " | 17 | 1,74 m | Weiß | Rotblond | Desertiert auf Sandwich Islands |
| John Cleveland | Tisbury | Tisbury | " | 21 | 1,69 m | Weiß | Blond | Entlassen auf Sandwich Islands |
| Daniel Cook | Boston | Boston | " | 22 | 1,70 m | Mulatte | Schwarz | Desertiert auf Sandwich Islands |
| John Ignt. Pray | Fayal | Nantucket | Portugal | 14 | 1,55 m | Dunkel | Schwarz | dito |
| Paul Jarrett | Barnstable | Barnstable | Vereinigte Staaten | 24 | 1,68 m | Mulatte | Schwarz | dito |
| Constant Lewis | Tisbury | Tisbury | " | 19 | 1,80 m | Hell | Schwarz | dito |

# ANHANG B

## GEORGE COMSTOCK, »BERICHT«

George Comstocks Bericht von der Meuterei, der hier zum ersten Mal in voller Länge veröffentlicht wird, schildert das Geschehen von der Abfahrt der *Globe* bis zu ihrer Ankunft am Mili-Atoll. Es ist der wichtigste Bericht über die Meuterei und die Quelle für den diesen Zeitraum behandelnden Teil von Lays und Husseys Buch *A Narrative of the Mutiny, on Board the Ship Globe, of Nantucket*, der sich stellenweise wie eine Wiedergabe von Georges Bericht liest.

Das Verblüffende an Georges Bericht sind die präzisen Längen- und Breitenangaben nach der Ermordung der Schiffsführung. Derartige Positionsbestimmungen finden sich in Logbüchern und Schiffsjournalen, woraus sich schließen lässt, dass George entweder selbst mit der Führung dieser Bücher betraut war oder die Informationen bei dem dafür zuständigen Besatzungsmitglied abschrieb. Wenn Samuel, wie vermutet wurde, der Einzige an Bord war, der sich mit Navigation auskannte – obwohl auch Gilbert Smith offensichtlich etwas davon verstand –, dann wäre es denkbar, dass sich George täglich die Positionsbestimmungen seines Bruders notiert hat, womöglich sogar auf dessen Befehl. Fest steht jedoch, dass Georges Bericht nicht mit Wissen oder Erlaubnis von Samuel geschrieben wurde; George könnte ihn während der Heimfahrt verfasst und dabei die Längen- und Breitenangaben eingefügt haben.

Die folgende Abschrift von George Comstocks »Bericht von

der Meuterei und dem Geschehen an Bord des Schiffes *Globe* aus Nantucket nach dem Auslaufen aus Edgartown« wurde von Thomas Heffernan in der Bibliothek der Nantucket Historical Association (NHA) angefertigt und anschließend mit der aus dem Jahr 1882 stammenden Abschrift von Isaac Sherwood Coffin verglichen, die sich, genau wie das Originalmanuskript, im Besitz der NHA befindet. Bei dem Coffin'schen Text handelt es sich um eine maschinengeschriebene Fassung, die Coffins Tochter, Helen Coffin Buchanan, von der Abschrift ihres Vaters erstellt hat.

Manche Wörter oder Buchstaben im Manuskript gingen verloren, weil die Ränder des Textes im Laufe der Zeit brüchig wurden und immer mehr zerfledderten. Wenn an einigen Stellen Buchstaben oder Wörter eingefügt wurden, erschlossen sich diese entweder aus Buchstabenfragmenten oder dem Zusammenhang. Kursive Einschübe in eckigen Klammern zeigen der Klärung dienende Ergänzungen Heffernans an.

*Blatt 1 Vorderseite (Rückseite ist leer)*

## VORWORT
[spiralförmige Schrift]

Bevor ich meinen Bericht beginne, möchte ich eine kurze Erklärung sowohl zur Wahrheit als auch zur Aussichtslosigkeit eines Unternehmens wie des hier geschilderten abgeben. Es ist meine Absicht, das Geschehen niederzuschreiben, und zwar alles genauso, wie es sich zugetragen hat, nach bestem Wissen und Gewissen, ohne Beschönigung und ohne Übertreibung. Da ein Land, das von solchen Gesetzen und verdienten Führern regiert wird wie Amerika, derartige Verbrechen (will sagen: Ermordung der Schiffsführung, Übernahme des Schiffes, Flucht in ein anderes Land und Entladen der Fracht) unmöglich durchgehen lassen kann, ist hier die ganze Härte des Gesetzes gefordert. Denn andernfalls lebten Seekapitäne und Seeoffiziere ständig in der Gefahr, offen beleidigt oder umgebracht zu werden. Allerdings stelle ich mit Erleichterung fest, dass sich solche Fälle nur äußerst selten ereignen, falls sie überhaupt schon jemals auf einem amerikanischen Schiff vorgekommen sind, wovon ich bisher noch nie gehört habe. Doch es scheint, als habe sich in einer schicksalhaften Stunde der Teufel dieser Individuen bemächtigt und sie dazu gebracht, eine so niederträchtige Tat zu begehen. Denn was den Bootssteurer betrifft, so wurde er von der Schiffsführung besser behandelt als jedes andere Besatzungsmitglied. Aber er konnte keine Ruhe geben, die ungeheuerliche Tat wurde geplant und ausgeführt, und es verging nicht mal ein Monat, bis er selbst dran glauben musste. Es scheint, als habe er sich einfach seinen Sünden überlassen und selbstherrlich gehandelt, um zu sehen, wie schnell er seine

Selbstzerstörung herbeiführen konnte, die schnell erfolgte, nachdem er sein Herz im Blut Unschuldiger getränkt hatte und in Gottlosigkeit und Verdammnis gesunken war.

Bevor wir uns nun dem Bericht zuwenden, möge der Leser für das Wohl Amerikas und die Unabhängigkeit der Vereinigten Staaten beten. Lang lebe unser Gesetz!

*Blatt 2 Vorderseite*

## BERICHT VON DER MEUTEREI UND DEM GESCHEHEN AN BORD DES SCHIFFES GLOBE AUS NANTUCKET NACH DEM AUSLAUFEN AUS EDGARTOWN

Das Schiff *Globe* aus Nantucket (das Schiff, auf dem die Meuterei stattfand) gehörte den Händlern Messr. Michele & Son sowie weiteren an oben genanntem Ort ansässigen Personen.

Wir liefen am 15. Dezember 1822 aus Edgartown aus, aber weil wir uns den Besanbaum absegelten, mussten wir zurückkehren, um uns einen neuen zu beschaffen. Während wir im Hafen vor Anker lagen, setzte sich einer von unseren Leuten, Nahm Mahurin, ab; als Ersatz für ihn wurde Constant Lewis angeheuert. Am 19. lichteten wir den Anker und drehten bei Holmes Hole noch mal bei, wo wir bis zum Morgen lagen und um 9 Uhr die Segel setzten. Nachdem wir unseren Lotsen im Sund abgesetzt hatten, stachen wir am 1. Januar in See. Bald gerieten wir in einen schweren Sturm, aber da wir ein gutes Schiff hatten und der Wind günstig für uns stand, preschten wir unter dicht gerefftem Großmars- und Focksegel vorwärts. Der Sturm dauerte 48 Stunden, während denen wir ständig Gefahr liefen, von Monsterseen überrollt zu werden, aber dank hervorragender Handhabung des Ruders überstanden wir ihn unbeschadet. Am 9. Januar passierten wir die Kapverden, die wir in 25 Meilen Entfernung in SW peilten. Am 17. Januar überquerten wir bei schönem Wetter den Äquator. Am 29. sichteten wir Pottwale, verfolgten sie und erlegten einen, der uns 75 Fass einbrachte. Nachdem wir seinen Speck ausgebraten hatten, schütteten wir die Reffs aus den Segeln, die wir während dem Trankochen eingebunden hatten. 23. Februar. Falklandinseln gesichtet. Einen ganzen Tag Flaute. Am 1. März Schiff *Lyra* aus New Bedford gesichtet und gesprochen. Sie ist seit 72 Tagen auf See, wir seit 71. Am 5. März Kap Hoorn umrundet und Kurs nach Norden genommen. Sichteten nur noch einmal Wale bis zu den Sandwichinseln, die wir am 1. Mai 1823 frühmorgens ausmachten. Um 4 Uhr nachmittags erreichten wir Owyhee. Der Ausguckposten meldete Grindwale am Leebug voraus, doch durchs Fernrohr stellten wir fest, dass es Kanus waren. Wir waren noch etwa 10 Meilen vom Land entfernt. Da es fast windstill war, lagen wir unter mäßig viel Tuch auf Einlaufkurs. Gegen Abend erreichten uns die Kanus und brachten uns Kartoffeln, Zuckerrohr, Yamswurzeln, Kokosnüsse, Bananen und Fisch, wofür wir mit kleinen Eisenringen bezahlten. Nachdem sie die Schiffslänge und -breite in Faden vermessen hatten, verschwanden sie wieder. Nachts waren wir vor Karakakoon, [dort,] wo Kapitän Cook getötet wurde.

*Blatt 2 Rückseite*

Bis Mitternacht standen wir seewärts ab, dann hielten wir wieder auf Land zu. Das wiederholten wir den ganzen Tag und die folgende Nacht hindurch. Nachdem wir unsere Vorräte mit Kürbissen, Schweinen, Kartoffeln, Melonen, Kochbananen, Bananen und Kokosnüssen aufgefüllt hatten, nahmen wir Kurs auf Woahoo, das wir am nächsten Tag erreichten. Bis zum Abend standen wir vor dem Hafen auf und ab, und dann nahmen wir Kurs auf die japanische Küste, im Konvoi mit der *Palladium* aus Boston und der *Pocahontus* aus Falmouth, von denen wir uns zwei Tage, nachdem wir gemeinsam einen Pottwal gejagt hatten, wieder trennten. Als wir Japan erreichten, sichteten wir nur sehr wenige Wale, und so ging es die ganze Saison hindurch weiter. Während wir in den japanischen Gewässern kreuzten, machten wir 550 Fass Öl und sahen folgende Schiffe: *Sea Lion, George Porter, Marcus, Enterprise, Paragon, Phoenix, Princess Mary* aus London und *Lyra* aus New Bedford. Bis auf die *Marcus* stammten alle Schiffe aus Nantucket. Nachdem wir die *Lyra* wiedergetroffen hatten, taten wir uns zusammen, um gemeinsam unser Glück zu versuchen und das von da an eingenommene Öl miteinander zu teilen. Nachdem wir noch kurze Zeit vor der japanischen Küste gekreuzt waren, nahmen wir Kurs auf die Sandwichinseln, wo wir neue Vorräte an Holz, Wasser, Gemüse usw. fassten. Nachts, während wir hier lagen, desertierten 6 von unseren Leuten. 2 von ihnen wurden geschnappt und in Eisen gelegt, aber einer von ihnen hatte so schlanke Hände, dass er aus den Ketten schlüpfte und auch den anderen befreite. Als Ersatz wurden Silas Paine, John Oliver, Thomas Linneston, ein Indianer namens Anthony Hanson, ein Woahoo-Indianer und William Humphrey, ein schwarzer Steward, angeheuert. Nachdem alles erledigt war, verließen wir die Insel, für einige zum letzten Mal, aber wer ahnte schon, was nur zu bald schon geschehen sollte; nur einer blickt in die Herzen der Vermaledeiten, die eine so ungeheuerliche Tat planten und ausführten. Wir segelten nach Süden und kreuzten kurze Zeit auf ungefähr 2 Grad Süd auf der Suche nach Walen. Dann gingen wir wieder auf Nordkurs, Richtung Fanny's Island [die Insel Fanning]. Während wir vor der Insel kreuzten, die wir am nächsten Tag anlaufen wollten, ereignete sich ein abscheulich barbarischer, an Grausamkeit kaum zu überbietender Vorfall. Es war Sonntag, die Sonne ging in herrlicher Pracht auf und ergoss ihre warmen Strahlen über die unglücklichen Sterblichen, denen dieser Anblick auf Erden nie wieder vergönnt sein sollte.

Gegen 7 Uhr wurden wir zum Frühstück geschickt und begaben uns ins Mannschaftsdeck, während sich die Offiziere in die Achterkajüte zurückzogen. Bevor ich fortfahre, möchte ich kurz etwas über das Essen an Bord und die Behandlung der Besatzung durch die Offiziere sagen. Als wir 5 Tage auf See waren, wurden unsere Fleischrationen gekürzt, wobei die uns zugeteilten Mengen erheblich schwankten; manchmal bekamen wir genug für zwei Crews, an anderen Tagen nicht mal halb so viel, wie wir gebraucht hätten. Das war aber nicht die Schuld unseres Kapitäns, der 3 Fass Fleisch pro Monat für uns vorgesehen hatte, was auf Walfängern allgemein üblich ist, sondern die des Stewards, der ungleiche Portionen verteilte. Der Steward aber schob die Schuld auf unseren Kapitän, weshalb diejenigen Besatzungsmitglieder, die immer einen Grund zum Murren suchten, ein großes Geschrei machten. Doch nichts geschah, bis wir von der japanischen Küste wieder zu den Sandwichinseln zurückkehrten. Von da an hatten wir bis zur Meuterei reichlich

*Blatt 3 Vorderseite*

Vorräte an Bord. Eine Sache bleibt freilich zu erwähnen. Wenn wir zu den Mahlzeiten unter Deck gingen, schafften wir es kaum, das Essen hinunterzuschlingen, bevor der Zweite Maat kam und brüllte: »Ja, wo bleibt ihr denn, verdammt noch mal! Los, dalli, dalli, an die Arbeit, oder soll ich euch Beine machen!« Wenn wir dann nicht augenblicklich aufsprangen, erschien fluchend der Obermaat oder der Kapitän und drohte, Hackfleisch usw. aus uns zu machen, falls wir nicht augenblicklich an Deck wären. So ging das die ganze Zeit. Die in Woahoo angeheuerten Besatzungsmitglieder waren, bis auf einen, ein barbarischer Haufen, der es nicht wert war, zu sterben oder zu leben. Mit ihrem ständigen Gemurre über das Essen, die Behandlung usw. schadeten sie uns erheblich.

Dann kam eines Tages der Kapitän ins Mannschaftsdeck und beorderte uns unter den üblichen Flüchen und Drohungen an Deck. Als wir nach oben kamen, befahl er uns, die Fockrahen anzubrassen. Während wir dabei waren, sagte er zu einem der Männer sinngemäß so was wie: »Wenn du das nächste Mal beim Hochkommen nicht einen Schritt zuzulegen geruhst, werd ich dich prügeln, dass dir Hören und Sehen vergeht.« Der Angesprochene erwiderte, wenn er das wagte, werde er es büßen, worauf der Kapitän mit der Faust nach ihm schlug, aber der Mann wich dem Schlag aus und rannte nach vorn. Der Obermaat verfolgte ihn und brachte ihn zum Kapitän, der ihn am Kragen packte, sich einen 2½-Zoll-Tampen schnappte und auf ihn einzuprügeln begann. Wir versammelten uns achtern. Einige waren dafür, den Kapitän aufzufordern, mit der unmenschlichen Auspeitscherei aufzuhören, aber niemand traute sich. Einer der Bootssteurer forderte uns auf, unseren Bordgenossen zu rächen, er würde auch mitmachen. Aber wir wollten keinen Streit mit der Schiffsführung vom Zaun brechen. Nachdem der Kapitän den Rücken des Ausgepeitschten fürchterlich zugerichtet hatte, schickte er den Mann zum Mannschaftsdeck. Etliche von uns beschlossen, von Bord zu gehen, sobald wir Fanny's Island anliefen; ich auch. Zwar hat der Kapitän mich immer ausgesprochen gut behandelt, und ich hatte keinen Grund zur Klage. Aber da absehbar war, dass es zum Krach zwischen Besatzung und Schiffsführung kommen würde und ich mit dem Streit und der ganzen Aufregung nichts zu tun haben wollte, beschloss ich, das Schiff zu verlassen. Wir vereinbarten, in der Wache des Bootssteurers, der später diese schändliche Tat verübte, in einem der Boote an Land zu fliehen und uns im Wald zu verstecken, bis das Schiff wieder abfuhr, falls man uns nicht vorher entdeckte. Ein bedeutsameres Ereignis durchkreuzte jedoch unseren Plan. Es wurde Abend. Die Sonne ging unter, für einige vielleicht zum letzten Mal. Ach, wie vergänglich sind doch die Momente des armen Sterblichen. Ich glaube, die Sonne ging unter, um das blutige Drama nicht mit ansehen zu müssen. Unbemerkt machten sich diese elenden, barbarischen, hinterhältigen, heimtückischen Mörder, wie sie nach der schrecklichen Tat erzählten, ans Werk. Einer der Bootssteurer spleißte die Sprietsegelschot, als ein anderer zu ihm kam und ihm von einem Kampf zwischen Engländern und Franzosen erzählte, bei dem die Engländer den Franzosen prophezeiten, dass eine der beiden gegnerischen Parteien den Aufgang der Sonne, die sie gerade hätten untergehen sehen, nicht mehr erleben würde. Diese Geschichte,

*Blatt 3 Rückseite*

so erklärte er ihm, sei auf ihn gemünzt. Da irrte er freilich, denn der Bootssteurer wurde später gerettet, worauf ich zu gegebener Zeit noch zu sprechen kommen werde. Wir segelten jetzt in Begleitung der *Lyra* aus New Bedford, deren Kapitän fast den ganzen Tag auf unserem Schiff gewesen war. Abends kehrte er auf sein Schiff zurück, nachdem er mit unserem Kapitän vereinbart hatte, um 12 Uhr auf ein Lichtsignal hin über Stag zu gehen. Um 10 Uhr begann unsere Wache. Smith, dessen Wache endete, rief uns (die mittschiffige Bootscrew) zur Ablösung. Vielleicht sollte ich dem Leser an dieser Stelle kurz die auf Walfängern übliche Praxis von Nachtwache usw. erklären:

Gewöhnlich führt ein Walfänger drei Boote mit (obwohl einige auch vier, fünf oder sechs und andere wiederum nur zwei haben). Wir gehörten zu der Schiffsklasse, die drei Boote mitführt. Wenn kein Öl an Bord ist, die Besatzung also nicht rund um die Uhr mit Trankochen beschäftigt ist, gehen der Kapitän, der Obermaat und der Zweite Maat im Allgemeinen keine Wache.

Normalerweise sind jedem Boot sechs Mann zugeteilt. Drei Mann bleiben an Bord des Schiffes, während die anderen die Wale verfolgen. Um die Wale zu sichten, steht auf jeder Bramsaling (vorausgesetzt, die Bramstengen sind aufgeriggt), mit Ausnahme des Besanmastes, ein Mann, der in alle Richtungen Ausschau hält. Sobald diese Männer etwas entdecken, das wie eine Nebelwolke vom Wasser aufsteigt und schnell verweht, wissen sie, dass es sich um einen Wal handelt, und melden an Deck: »Da bläst er!«, jedes Mal, wenn sie ihn blasen sehen. Das Schiff hält sofort auf den Wal zu, es sei denn, der Wal befindet sich in Luv. In diesem Fall werden die Boote ausgesetzt und pullen zu der Stelle, wo er zum letzten Mal gesichtet wurde. Wenn die Boote die Stelle erreicht haben, an der sie den Wal zum letzten Mal gesehen haben, steht der Bootssteurer, der die Harpune wirft, auf und hält Ausschau nach ihm. Entdecken sie den Wal, pullen sie auf ihn zu und schleudern die Harpune, falls der Wal sie nicht vorher entdeckt und abtaucht. Dann ist es äußerst ungewiss, ob sie den Wal kriegen oder nicht. Wenn aber der Bootssteurer ihn mit der Harpune trifft, weicht das Boot danach sofort zurück, denn wenn der Wal getroffen wird, schlägt er wild mit seiner Fluke um sich. Erst wenn er ruhig auf dem Wasser liegt, pullen sie heran und bohren ihm die Lanze in den Leib. Wenn ein Wal sehr wendig und schnell ist, schleudern sie manchmal eine Harpune, an der ein Treibanker befestigt ist, um ihn zu bremsen.

[Skizze von Walen und Walfanggerät]

*Blatt 4 Vorderseite*

Dann kommt ein zweites Boot angepullt und harpuniert ihn usw.

Anschließend werden die erlegten Wale längsseits geschleppt und festgemacht, bis sie eingeschnitten sind (d. h. der Speck, um ihn abzuwickeln), was so bald wie möglich geschieht, dann wird alles Öl ausgeschöpft und der Rest geht über Bord oder wird verbrannt.

Nach dieser kleinen Einführung in Sachen Walfang, die dem Leser einen Einblick in die Hintergründe dieser Meuterei geben soll, fahre ich nun mit dieser traurigen Geschichte fort.

Die zuvor erwähnten Bootssteurer teilen die Wache so unter sich auf, dass jeder ein Drittel der Nacht mit seiner Bootscrew an Deck bleibt. Smith hatte anscheinend die erste Wache und rief uns, d.h. die mittschiffige Bootscrew, danach zur Ablösung. Weil ich mit ein paar anderen an Bord blieb, wenn die Boote ausgesetzt wurden, gehörte ich zu keiner Bootscrew. Aber ich ging Wache mit dem Bootssteurer des mittschiffigen Boots, namens Comstock. Der andere Bootssteurer (der Dritte Maat), der den Teil der Nachtwache von 2 Uhr bis 6 Uhr morgens hatte, hieß Fisher (er wurde getötet). Da ich die Ablösung für den Rudergänger war, übernahm ich das Ruder, um von 10 Uhr abends bis Mitternacht Ruderwache zu gehen. Gleich, als ich das Ruder übernahm, kam der Bootssteurer und befahl mir, die Segel vollzuhalten, und weil es meine Pflicht war, Befehle auszuführen, ohne sie zu hinterfragen, denn der Befehl konnte ja vom Kapitän persönlich kommen, gehorchte ich. Er kam noch mehrere Male zu mir und beschimpfte mich, weil ich zu hoch am Wind segelte, aber ich ignorierte seine Flüche, bis meine Ruderwache abgelaufen war. Dann nahm ich die Rassel, um zu signalisieren, dass es Zeit für meine Ablösung war, aber kaum hatte ich angefangen, sie zu schütteln, da kam Comstock zu mir und sagte, wenn er noch einen verd… Ton von mir hören würde, könnte ich was erleben. Überrascht und erschrocken wie ich war, und weil er nicht damit rechnete, begann ich wieder zu rasseln, doch im nächsten Moment fiel er mir in den Arm, ein Bruder vom selben Fleisch und Blut zwar, aber nicht im Herzen, denn andernfalls hätte er diesen heimtückischen Plan verworfen, um nicht für immer mein Leben zu ruinieren; aber so rechnete er wohl kaum damit, dass ich jemals nach Hause zurückkehren und von diesen tragischen Dingen berichten würde. Dann zündete er eine Laterne an und ging ins Zwischendeck hinunter. Ich fand sein Benehmen äußerst erschreckend und überlegte, was ich in dieser Situation machen sollte, doch als ich gerade wieder nach der Rassel greifen wollte, in der Hoffnung, mit dem Schütteln jemanden aufzuwecken, kam der Bootssteurer wieder an Deck und legte etwas Schweres auf die Hobelbank am Seitendeck,

*Blatt 4 Rückseite*

das, wie ich später herausfand, ein Entermesser war (ein etwa 2 Fuß langes und 2 Zoll breites Messer mit einer scharfen, spitzen zweischneidigen Klinge, mit dem der Walspeck in mehrere große Stücke zerhackt wird, um ihn besser an Bord hieven zu können. Das Messer hat diese Form [*Zeichnung eines Messers*]. Danach stieg er, glaube ich, in die Kuhl hinunter, denn ich sah ihn erst wieder, nachdem er die Morde begangen hatte, weshalb ich den Vorfall so wiedergebe, wie er ihn mir erzählt hat, und nach dem, was ich selbst gehört habe.

Anscheinend ging er zur Achterkajüte hinunter, gefolgt von Silas Paine aus Sag Harbour, John Oliver aus Shields, Engl., Wm. Humphries (Steward) aus Philadelphia und Thomas Linmeston [Lilliston], der allerdings nur bis zum Seitendeck mitging und dann zum Vorschiff lief, weil er nichts mehr mit der Ermordung der Offiziere zu tun haben wollte. Wie er später erzählte, hatte er nicht geglaubt, dass sie es tatsächlich tun würden, und hatte nur mitgemacht, um nicht als Feigling dazustehen (wie er es ausdrückte), aber als er merkte, dass es ihnen ernst war, stieg er aus, und ich glaube, er hätte sich nicht einmal im Traum vorgestellt, jemals in die Achterkajüte einzudringen. Begleitet von diesen Schurken, schlich Sam Comstock in die Achterkajüte, so leise, als hätte ich ihn vom Ruder aus nicht gesehen. Das erste Geräusch, das mir sagte, dass sie ihr Werk begonnen hatten, war ein Axthieb, den ich an Deck deutlich hörte, und mit dem, wie ich später erfuhr, Comstock den Kapitän erschlug, der in einer Hängematte schlief, weil es ihm in der Kajüte zu warm war. Mit dem ersten Hieb hackte er ihm fast den Kopf ab, dann schlug er noch mal zu und lief zu Paine, der allem Anschein nach mit dem Entermesser bereitstand, um den Obermaat zu erstechen, sobald Comstock den Kapitän erledigt hatte, was im Handumdrehen geschehen war. Aber Paines Messer [blieb am Knochen stecken], was den Obermaat aufweckte, und der begann sofort zu schreien: »Was? Was? Was? Was soll das? O Paine, o Comstock, tötet mich nicht. War ich nicht immer …« – »Doch«, unterbrach Comstock ihn hier, »du warst schon immer ein elender Dreckskerl und hast überall Lügenmärchen über mich erzählt, oder stimmt's etwa nicht? Pech für dich, aber jetzt ist es zu spät, um um Gnade zu betteln.«

Der Obermaat packte Comstock an der Gurgel und schlug das Licht aus. Comstock verlor seine Axt und krächzte, weil Beedle, der Obermaat, ihm die Luft abwürgte, nach einer neuen. Paine tastete suchend auf dem Boden herum und fand durch Zufall eine Axt und gab sie Comstock,

*Blatt 5 Vorderseite*

der Beedle damit den Schädel spaltete. Der Obermaat fiel in die Pantry, wo er stöhnend liegen blieb, bis Comstock ihm den Rest gab. Der Steward hielt während der ganzen Zeit die Laterne, und Oliver war mal hier und mal da und schlug zu, wo und wann es sich ergab. Der Zweite und der Dritte Maat hatten alles gehört, gaben aber keinen Mucks von sich, in der Hoffnung, verschont zu bleiben. Nachdem Comstock den Obermaat getötet hatte, ließ er eine Wache vor der Tür des Zweiten Maats zurück und kam an Deck, um die Laterne am Feuer vom Kompasshaus anzuzünden. Da fragte ich ihn, ob er Gilbert Smith, dem anderen Bootssteurer, etwas antun werde. Ja, sagte er, er werde ihn umbringen; ob ich wüsste, wo er steckte. Ich sagte, ich hätte ihn nicht gesehen (obwohl er nach achtern gekommen war und mit mir gesprochen hatte), aus Angst, er würde ihn töten oder suchen, wenn ich die Wahrheit sagte. Er merkte, dass ich weinte, und wollte wissen, weshalb. Ich antwortete, ich hätte Angst, sie würden mir was tun. Worauf er drohte, das würden sie auch, wenn ich nicht mit dem dummen Gequatsche aufhörte. Aus Angst um mein Leben hielt ich den Mund, zumal ich zu diesem Zeitpunkt dachte, er hätte sein ruchloses Werk größtenteils getan. Dann kehrte er mit der Laterne zur Achterkajüte zurück und bereitete den Angriff auf den Zweiten und Dritten Maat vor. Nachdem er zwei Musketen geladen hatte, feuerte er mit einer durch die Tür in die Richtung, wo er die Männer vermutete. Dabei schoss er Fisher in den Mund. Anschließend fragte er, ob er einen von ihnen getroffen habe, und Fisher antwortete, ja, er sei am Mund getroffen. Mr Lumber fragte Comstock, ob er ihn töten wolle (das war noch vor dem Schuss auf Fisher), worauf Comstock lachend antwortete, nein, nein, keine Sorge. Daraufhin öffneten sie die Tür, und Comstock, der sich mit seiner Muskete auf Lumber stürzte, stolperte und fiel auf den Boden der Kammer. Lumber packte ihn am Kragen, doch Comstock gelang es, sich zu befreien. In diesem Moment bekam Fisher die Muskete zu fassen und hielt Comstock das Bajonett an die Brust, aber Comstock befahl ihm, es runterzunehmen. Fisher gehorchte, in der Hoffnung, verschont zu werden. Dann packte Comstock die Muskete und stach mehrmals auf Mr Lumber ein. Dann sagte er zu Fisher, er brauche sich keine Hoffnungen zu machen, auch er müsse sterben (und zwar auch wegen der Schmach, die er ihm vor den Augen der Besatzung der *Enterprise* aus Nantucket zugefügt hatte. Damals war Folgendes geschehen: Comstock hatte Fisher zu einem Ringkampf herausgefordert. Fisher ließ sich darauf ein, und muskulös, wie er war, hatte er leichtes Spiel mit Comstock. Aus Wut über diese Demütigung versetzte Comstock Fisher einen Schlag, was der sich nicht gefallen ließ und den Angreifer unsanft zu Boden schlug.

Damals hatte Comstock gedroht, dafür werde Fisher noch bluten müssen, was dieser längst vergessen hatte, womit er aber jetzt konfrontiert wurde), und zwar jetzt und wie ein Mann.

### *Blatt 5 Rückseite*

Fisher drehte sich um und sagte, er sei bereit. Comstock setzte ihm die Mündung der Muskete an den Kopf und schoss. Fisher war sofort tot. Lumber flehte um sein Leben, aber Comstock rief: »Ich bin der blutige Rächer. An dieser Hand klebt Blut«, und rammte ihm abermals das Bajonett in den Leib. Dann bat Lumber um Wasser, aber Comstock sagte: »Ich geb dir gleich Wasser«, und stach so lange auf ihn ein, bis er ihn für tot hielt. Dem Bericht der Meuterer zufolge scheint Comstock, der Bootssteurer, derjenige gewesen zu sein, der alle umbrachte oder ihnen zumindest den Rest gab. Anschließend kamen sie an Deck und befahlen alle Mann an Deck zum Segelsetzen. Vom Lärm waren sowieso alle wach geworden. Dann setzten sie ein Licht, als Wende-Signal für die *Lyra*, blieben selbst aber auf dem alten Kurs. Um die *Lyra* abzuhängen, wurden alle Reffs ausgeschüttet, Bramsegel und Außenklüver usw. gesetzt. Doch bevor ich hier fortfahre, will ich kurz davon berichten, was Smith erlebte (Smith war der andere Bootssteurer, der eigentlich auch getötet werden sollte), der, von dem Lärm aufgeweckt, an Deck kam und annahm, es gebe irgendwelche Misshelligkeiten zwischen Comstock und dem Kapitän. Doch wie groß war sein Entsetzen, als er zur Achterkajüte kam und durch die Tür Comstock mit dem Entermesser in der Hand sah und die grässlichen Worte hörte: »Ich bin der blutige Rächer. An meinen Händen klebt Blut.« In seiner Not eilte er runter ins Mannschaftsdeck und fragte die Besatzung, was er tun solle. Einige rieten ihm, sich im Vorpiek zu verstecken, andere, aufzuentern, er aber wies sowohl das eine als auch das andere zurück und erwiderte, er werde den Meuterern unerschrocken entgegentreten, und wenn er sterben müsste, würde er sie bitten, ihm eine halbe Stunde zum Beten zu gewähren. Einer der Meuterer kam zum Vorschiff und rief die Besatzung zum Segelsetzen an Deck. In dem Bewusstsein, dass jeder Widerstand zwecklos war, wenn sie nicht getötet werden wollten, gehorchten die Männer. Comstock rief: »Wo ist Smith?« Worauf sich dieser sofort mit »Hier« meldete und vor Comstock trat, der ihm die blutverschmierten, todbringenden Arme um den Hals legte und fragte: »Du bist doch auf unserer Seite, oder?« Und Smith antwortete: »Na klar.« Er werde alles tun, was von ihm verlangt werde. (In der gegenwärtigen Situation war das das Beste.) Dann warfen die Meuterer den Kapitän und den Obermaat über Bord. Der Obermaat lebte noch, als man ihn ins Meer warf, und im Körper des Kapitäns steckte noch das mit einer Axt hineingetriebene Entermesser, das ihn vom Bauch bis zum Hals durchbohrte. Außerdem war sein Schädel grauenvoll zerhackt.

*Blatt 6 Vorderseite*

Dann befahlen die Meuterer, Mr Lumber und Fisher aus dem Achterdeck zu holen. Nachdem Fisher ein Seil um den Hals geschlungen worden war, wurde er an Deck geschleift. Bei Lumber banden sie ein Seil um die Füße, doch als sie ihn über die Reling hievten, klammerte er sich am Schandeck fest, und während er dort an seinen Händen hing, stöhnte er: »Comstock, du hast doch gesagt, du würdest mich verschonen«, aber Comstock trat so lange gegen seine Finger, bis er losließ und ins Meer fiel. Kaum im Wasser, schwamm er so schnell weg, dass wir schon nach einer Minute nichts mehr von ihm sahen. Die Meuterer befahlen, ein Boot auszusetzen, um ihn zu verfolgen, doch weil ihnen anscheinend einfiel, die Besatzung könnte mit dem Boot zur *Lyra* fahren, nahmen sie den Befehl sofort wieder zurück. Inzwischen hatte die *Lyra* ihr Licht zum Übersstaggehen gesetzt. Wir signalisierten ebenfalls, blieben aber auf dem alten Kurs und setzten alle Segel, denn es wehte nur eine schwache Brise. Das Tagebuch von hier bis zu den Lord-Mulgraves-Inseln gibt die Dinge in der Reihenfolge wieder, wie sie sich abspielten.

*26. Jan. 1824*

Um 2 Uhr nachts schwacher Wind aus Ostsüdost, der bis 2 Uhr mittags stetig zunahm. Heute Reinigung des Achterdecks, ein einziges Bild von Blut und Verwüstung. Wände, Tisch und Boden der Achterkajüte, alles war voll gespritzt mit Blut und Gehirn von Kapitän und Maaten und musste gereinigt oder zum Abwaschen hinauf an Deck gebracht werden.

5° 50' N Breite
159° 13' W Länge

[*Schnörkelverzierung rechts neben den Breiten- und Längenangaben*]

*27. Jan.*

Während der letzten 24 Stunden zunächst mäßiger, dann abflauender Wind aus Ost; später teilweise Flaute. Waren damit beschäftigt, die insgesamt 15 Musketen und Pistolen zu reinigen, Kisten für die Kartuschen zu zimmern usw.

3° 34' Breite
160° 45' W Länge

*28. Jan.*

Gutes Wetter und leichte Brise aus Nord zu West. Heute wurde der schwarze Steward für das folgende Vergehen gehängt. Nach der Übernahme des Schiffes durch die Meuterer wurde ich zum Steward ernannt, und meine Arbeit rief mich zur Achterkajüte. Beim Eintreten überraschte ich den ehemaligen Steward und jetzigen Zahlmeister dabei, wie er eine Pistole lud. Als ich ihn fragte, wozu er die Pistole lade, antwortete er mir, er habe etwas ganz Merkwürdiges gehört und wolle dagegen gewappnet sein. Ich ging sofort zu Comstock und unterrichtete ihn von dem Vorfall in der Achterkajüte, worauf er zu Paine, den neuen Obermaat, ging und ihn aufforderte, ihn in die

*Blatt 6 Rückseite*

Achterkajüte zu begleiten, wo Humphreys noch immer mit der Pistole stand. Comstock fragte ihn, was er mit der Waffe vorhabe, worauf er antwortete, er habe etwas gehört, das ihn um sein Leben fürchten lasse. Comstock erwiderte, in einem solchen Fall habe er unverzüglich zu ihm zu kommen und ihn zu informieren, bevor er anfange, Pistolen zu laden, und wollte wissen, was genau er denn gehört habe. Darauf gab Humphreys nur verdächtige Antworten, bis er schließlich behauptete, dass Gilbert Smith (der Bootssteurer, der verschont blieb) und Peter Kidder (ein ausgesprochen ängstlicher Mensch) vorhätten, das Schiff in ihre Gewalt zu bringen. Die Geschichte klang zwar an den Haaren herbeigezogen, aber trotzdem wurden Gilbert Smith und Kidder gerufen und gefragt, ob sie einen solchen Plan ausgeheckt hätten. Sie verneinten und versicherten, derartige Absprachen habe es zwischen ihnen nie gegeben. All dies geschah am Abend. Am nächsten Morgen mussten sie vor einem vierköpfigen Gericht erscheinen. Der Gefangene saß zwischen 6 Mann, deren Bajonette auf seine Brust gerichtet waren, um zu verhindern, dass er floh. Smith und Kidder saßen auf einer Kiste hinter ihm. Dem Gefangenen wurden ein paar Fragen gestellt, die er nur leise und wenig glaubwürdig beantwortete.

Dann hielt Comstock folgende Ansprache: »Allem Anschein nach hat sich Wm. Humphreys einer verräterischen und niederträchtigen Tat schuldig gemacht, indem er eine Pistole lud, mit der Absicht, Paine und mich zu erschießen. Auf frischer Tat ertappt, wurde er angeklagt, und nun wird das Gericht sein Urteil verkünden – Schuldspruch oder Freispruch. Wird er schuldig gesprochen, soll er an einer 8 Fuß von der Fockrah ausgebrachten Leesegelspiere gehängt werden; wird er aber freigesprochen, sollen Smith und Kidder an selbigem Galgen baumeln.« Humphreys' Tod war jedoch bereits in der Nacht zuvor heimlich besiegelt worden. Dementsprechend sprach das Gericht ihn schuldig. Also nahm man ihm die Uhr, die er von Kapitän Worth gekauft hatte, aus der Tasche, setzte ihm eine Mütze auf und führte ihn zum Bug, wo man ihm befahl, sich auf die Reling zu setzen, und ihm die Mütze über die Augen zog. Alle Mann mussten an dem als Henkersstrick dienenden Seil mit anpacken, und in dem Moment, wo Comstock die Schiffsglocke anschlug, mussten wir mit dem Seil nach achtern rennen und ihn zur Fockrah hochziehen. Humphreys wurde erklärt, wenn er noch etwas zu sagen habe, solle er das tun, aber dazu wurden ihm nur 14 Sekunden gewährt. Er begann folgendermaßen: »Als ich zur Welt kam, hätte ich nie gedacht, dass ich jemals so enden würde …«

*Blatt 7 Vorderseite*

Aber dann schlug die Schiffsglocke, und er wurde zur Rah hochgezogen und starb sofort, ohne zu zucken oder zu stöhnen. Nachdem er ein paar Minuten dort oben gehangen hatte, wurde er abgeschnitten, doch die Leine verhedderte sich im Rigg, so dass er längsseits mitgeschleppt wurde. Erst als ein Läuferhaken (auch Speckhaken genannt) geholt und an ihm festgemacht wurde, um ihn zu versenken, konnte die Leine gekappt werden. Da man sich daran erinnerte, dass er seine Seekiste stets verschlossen hatte, wurde sie gesucht und geöffnet, wobei 16 Dollar in Münzen zum Vorschein kamen, die er aus der Truhe des Kapitäns gestohlen hatte. Auf diese Weise endete bereits das Leben von einem der Meuterer, so, wie es solchen Bösewichten halt immer ergeht.

3° 31' Breite
161° 54' Länge

*29. Jan.*
Während der letzten 24 Stunden durchgängig stürmischer Wind Richtung Norden, Toppsegel gerefft. Vorderes Stag vom Großmast ging über Bord.

[*Großer Kreis vor den Breiten- und Längenangaben*]

3° 41' N Breite
164° 30' W Länge

*30. Jan.*
Während der letzten 24 Stunden frische Brise aus Nord zu West; liegen seit 9 Uhr auf Westkurs.

3° 49' Breite
167° 16' Länge

*31. Jan.*
Heute den ganzen Tag günstiger Wind und gutes Wetter und leichte Brise aus Nord zu West. Waren damit beschäftigt, Enter[piken] usw. herzustellen, um uns zu verteidigen, falls wir einem Schiff begegnen; müssen tun, was uns unser neuer Kapitän befiehlt. Wind aus Nord zu Ost.

3° 37' N Breite [*Schnörkelverzierung*]
170° 06' W Länge

*1. Feb.*

Schönes Wetter, Wind bläst Richtung Norden, heute mit demselben wie gestern beschäftigt; Westkurs

3° 34' N Breite [*Schnörkelverzierung*]
172° 44' W Länge

*2. Feb.*

Schönes Wetter und Wind aus Süden

1° 5' N Breite
175° 54' W Länge

*3. Feb.*

Leichte Brisen aus Nordost zu Nord; Kurs Südwest zu West

2° 7' N Breite
176° 32' W Länge

*4. Feb.*

Dasselbe Wetter, aber Wind bläst Richtung Norden; Kurs West zu Süd

1° 50' N Breite
178° 47' W Länge

*5. Feb.*

Den ganzen Tag stürmischer Wind aus allen Richtungen

1° 35' N Breite
179° 10' O Länge

*6. Feb.*

Stürmisch und regnerisch. Während der Nacht unter 3 doppelt gerefften Toppsegeln gelaufen, Land kann nicht mehr weit entfernt sein

1° 54' N Breite
177° 31' O Länge

[*Am Ende der Seite Verzierungen oder Zeichnung*]

*Blatt 7 Rückseite*

*7. Jan.* [*sic*]
Die letzten 24 Stunden zunächst trüb und stürmisch, später aufgeklart; um 2 Uhr nachts angeluvt (Wind kam aus Ostnordost). Um 6 Uhr morgens Vollzeug gesetzt und auf Kurs West zu Süd gegangen. Um 8.30 Uhr morgens eine Insel der Kingsmills-Gruppe in Peilung West zu Süd gesichtet. Auf die Insel zugehalten und Kanus längsseits genommen, die allerdings außer ein paar selbst gemachten Perlen nichts anzubieten hatten. Ehe ich fortfahre, will ich kurz die Inselbewohner beschreiben.

Bei der Annäherung an die Insel sahen wir auf einem schmalen, vielleicht 300 Fuß breiten Sandstrand immens viele Kokospalmen und andere Bäume wachsen. Als wir am Ufer entlangsegelten, sahen wir mehrere Insulaner und ein oder zwei Hunde. Die Eingeborenen ernähren sich von einer Art Brotfrucht und gelben Blüten mit süßlichem Geschmack, die sie ganz fein zerstoßen, sowie kleinen, etwa 6 Zoll langen Fischen. Sie tätowieren sich und machten einen ziemlich feindseligen Eindruck, deshalb segelten wir weiter an der Küste entlang. Am Abend luvten wir an und hielten wieder auf die offene See zu, indem wir mit kurzen und langen Schlägen gegen den Wind aufkreuzten.

*8. Feb.*
Frischer, stürmischer Wind aus Nord. Verließen die Insel Knogs [Knox], die zur Kingsmills-Gruppe gehört. 1° 27' N Breite, 175° 14' O Länge. Am Morgen Wasserstraße zwischen Knogs [Knox], Marshallinseln und Gilbertinseln durchfahren. Dann angeluvt und bei Marshallinseln ein Boot an Land geschickt, Bootscrew ging aber nicht an Land, weil die Inselbewohner feindlichen Eindruck machten und Sachen aus dem Boot zu stehlen versuchten, sondern feuerte nach dem Abstoßen eine

Gewehrsalve auf die Eingeborenen ab, von denen vermutlich einige verletzt wurden. Dann setzte das Boot Segel und verfolgte ein Kanu mit zwei Männern, auf die gezielt geschossen wurde. Das Eingeborenenkanu drehte bei, und als unsere Leute es einholten, sahen sie, dass einer der Insassen verwundet war. Der Ärmste hielt einen mit Perlen gefüllten Bastkorb hoch, den er diesen grausamen, brutalen amerikanischen Barbaren anbot, und hob die Hände, um uns zu zeigen, dass er uns alles schenken würde, was sie besaßen, wenn wir ihn nicht töteten. Oh, wie

*Blatt 8 Vorderseite*

hartherzig müssen solche erbärmlichen Schurken sein, für die kein Name, keine Bezeichnung auch nur annähernd schlimm genug ist. Wenn es schon für die Redlichen kaum Rettung gibt, wohin und wozu werden dann diese niederträchtigen Erdenbewohner verdammt? Nicht die Hölle noch alle vorstellbaren Qualen sind furchtbar genug für sie. Da lag nun dieser arme Mann in seinem Blut auf dem Boden des Kanus, und ach, sein Auge brach, als er wohl diese Welt verließ, die ihm genauso teuer war wie jenen, die sein Blut vergossen. Aber wenn der Teufel einen gepackt hat, wird auch der Allerklügste vergeblich auf Entkommen sinnen. Verlassen wir lieber diesen traurigen Ort. Dann wurde das Boot wieder an Bord gehievt, und wir setzten Segel und nahmen Kurs auf die Lord-Mulgraves-Inseln.

*9. Feb.*

Verließen um 4 Uhr nachmittags die fünf Inseln auf 1° 48' N Breite, 175° O Länge, die 12 Meilen entfernt in östlicher Peilung lagen; keine besonderen Vorkommnisse an diesem Tag.

*10. Feb.*

Zunächst frischer Wind aus Ostnordost und etwas stürmisch. Als wir Gegenwind bekamen, wurden die Meuterer gereizt und schikanierten uns.

4° 40' Breite
174° 10' O Länge

*11. Feb.*

Zunächst frischer Wind aus Nord. Um halb eins mittags Land in Nordnordost gepeilt, 12 Meilen entfernt. Darauf zugehalten, Kanus begegnet; außerdem Boot an Land geschickt, das ein paar Frauen und Mädchen und eine große Menge an Kokosnüssen, etwas Fisch und so weiter mitbrachte. In dieser Nacht standen wir seewärts ab, und am 12. Feb. steuerten wir die Insel wieder an, brachten die Mädchen an Land und segelten auf der Suche nach einem Ankerplatz an der Südküste des Atolls entlang; erkundeten die Landschaft, um zu sehen, ob sich der Boden zum Anbau eignet, schien aber alles sehr karg. Nachdem wir die ganze Nacht abgestanden hatten, segelten wir am nächsten Tag, dem 13. Feb., an der Küste entlang. Abends liefen wir eine flache, schmale Insel an, um dort an einer geeigneten Stelle zu ankern. Ein Mann wurde zum Loten in die Rüsten geschickt. Er rief 12 Faden aus. Bekamen den Befehl, Anker klar zum Werfen zu machen, aber bei der nächsten Lotung hatten wir keinen Grund mehr. Wir liefen noch näher an die Insel, bis wir regelmäßig Grund loteten, und ließen bei 7 Faden Wassertiefe den Anker rund 300 Fuß vom Land entfernt auf ein Korallenriff fallen. Das Boot wurde ausgesetzt und brachte achtern den Warpanker aus, damit das Schiff nicht schwoite. Die Segel wurden aufgetucht, das Schiff vermurt, und bis auf eine Ankerwache zogen wir uns alle zum Schlafen zurück. Aber der Bestie ist keine Ruhe vergönnt, schon gar nicht der menschlichen, und so lagen wir da und beklagten unser Schicksal, obwohl wir froh über die Aussicht waren, endlich

*Blatt 8 Rückseite*

an Land zu kommen (denn damit rechneten wir nun fest). Den nächsten Tag, den 14. Feb., brachten wir mit der Suche nach einem anderen Ankerplatz zu. Am Morgen wurde ein Boot ausgesetzt und fuhr Richtung Osten. Am Mittag kam die Bootscrew zurück und berichtete, sie hätten einen ganz guten Ankerplatz entdeckt, allerdings sei dort kein Strand, sondern Fels. Nach 2 Uhr nachmittags wurde ein Boot nach Westen geschickt, das am Abend jedoch unverrichteter Dinge zurückkehrte. Nun wurde beschlossen, trotz der unregelmäßigen Wassertiefen an unserem gegenwärtigen Ankerplatz anzulanden.

ENDE

# ANHANG C

## LAYS UND HUSSEYS MARSHALLESISCHES WÖRTERVERZEICHNIS

Eine der bemerkenswertesten Leistungen der beiden auf einer entlegenen Insel gefangenen *Globe*-Überlebenden bestand im Erlernen der auf Mili gesprochenen Sprache, die sie schließlich so gut beherrschten, dass selbst die Eingeborenen den zwei Seeleuten Lob zollten. Der untrüglichste Beweis für ihre Sprachkenntnisse ist das Wörterverzeichnis, das sie nach ihrer Rettung zusammenstellten – es kann erst nach der Rettung gewesen sein, da es auf Mili nichts zum Schreiben gab.

Horatio Hale, der als Ethnologe und Philologe an der amerikanischen Forschungsexpedition 1838–1842 teilnahm, schreibt, dass »bei ihrer [Lays und Husseys] Ankunft auf Oahu Hochwürden Mr Bingham, Missionar in Honolulu, ein Verzeichnis all jener Wörter der Eingeborenensprache anlegte, an die sie sich noch erinnern konnten«. Dahinter steckte Binghams Absicht, seine Missionarstätigkeit eventuell auf Mikronesien auszudehnen. Hale erfuhr von diesem Studium des Marshallesischen durch Bingham selbst, der Syntax, Rechtschreibung und Aussprache der Wörter in einer kurzen Untersuchung analysierte, auf die sich Hale stützt. Laut Hale hielt Bingham seine Untersuchung für »sehr unvollständig«, ein Urteil, das Hale sofort relativiert: »wobei die Mängel, wie gerechtigkeitshalber betont werden muss, auf die eingeschränkten Sprachkenntnisse der beiden Männer zurückzuführen sind, die nicht viel mehr als ein paar Brocken der im täglichen Umgang mit den Eingeborenen gebräuchlichsten Redewendungen erlernt haben«. Eine unerträgliche Äußerung, noch dazu, wenn sie von einem Philologen stammt, der anhand der sowohl in Lays und Husseys *Narrative* als auch in Pauldings *Journal* (beides Berichte, die Hale, wie er zu verstehen gibt, kannte) als problemlos geschilderten Verständigung nicht nur hätte erkennen können, dass die beiden Männer fließend die Sprache der Eingeborenen sprachen, sondern auch, dass ihr Wörterverzeichnis weit über die gebräuchlichsten Redewendungen des Alltags hinausging, und der eigentlich hätte merken müssen, dass die in Lays und Husseys *Narrative* aufgeführten Wörter, ebenso wie die von Bingham notierten, nur zufällig ausgewählte Beispiele aus einem wesentlich größeren Wortschatz sind.

Das von Bingham erstellte Wörterverzeichnis ist in Hales Publikation (S. 431–434) abgedruckt. Es ist kürzer als das von Lay und Hussey; die beiden Verzeichnisse überlappen sich nur teilweise. Wahrscheinlich hätten Lay und Hussey ihre Liste noch beträchtlich verlängern können (was sie möglicherweise für Bingham taten), aber vermutlich wollten sie ihren Lesern nur eine Auswahl an Wörtern präsentieren, um einen Eindruck von Aussehen und Klang der Sprache zu vermitteln. Ob Bingham Zugang zu anderen Quellen hatte, auf die er sich bei seiner Untersuchung der mikronesischen Sprache stützen konnte (wie etwa das Wörterverzeichnis im zweiten Band von Kotzebues *Entdeckungsreise in die Südsee*), ist nicht bekannt. Sein Gespräch mit Hale über die Sprache fand erst zehn Jahre nach seiner Begegnung mit Lay und Hussey statt. Was Hale von Binghams Grammatik und Wörterverzeichnis abdruckte, könnte das Ergebnis umfangreicher Studien gewesen sein, die Bingham nach dieser Begegnung durchführte. Die beiden Seeleute dürften jedoch seine ersten Lehrer gewesen sein. Das Wörterverzeichnis von Lay und Hussey wurde mit Abos *The Marshallese Dictionary* (siehe Bibliographie) verglichen und mit

Alfred Capelle erörtert, einem der Herausgeber von Abos Wörterbuch, der Lay und Hussey große Genauigkeit und Sorgfalt bescheinigte. Das Wörterverzeichnis wirft nicht nur ein Licht auf die allgemeinen Sprachkenntnisse der beiden Männer, sondern auch auf die Themen, über die sie sich mit den Eingeborenen unterhielten.

Die beiden Abbildungen zeigen Auszüge aus Lays und Husseys »EIN VERZEICHNIS der von den Eingeborenen der Lord-Mulgraves-Inseln benutzten Wörter und Redewendungen mit ihren jeweiligen Erklärungen und zum besseren Verständnis des Lesers entsprechend ihrer Aussprache geschrieben und in Silben getrennt«.

Abb. 17 und 18: EIN VERZEICHNIS der von den Eingeborenen der Lord-Mulgraves-Inseln benutzten Wörter und Redewendungen mit ihren jeweiligen Erklärungen und zum besseren Verständnis des Lesers entsprechend ihrer Aussprache geschrieben und in Silben getrennt.

166

| | | | |
|---|---|---|---|
| A long time | Et tow | Musketoe | To cotch up |
| Yourself | Gnay | Fear | Cwurd |
| Sleepy | Mit tegee | Giving | Hi dir inge |
| Victuals | Cuck con | A rope | Tow |
| Scrape | Goo tock | Wind | Gut to |
| Build | Ae | Rain | Woot |
| Hold on | Coppy dirty | Lay down | Bah boo |
| Man | Mum marn | Get up | Der ry cock |
| Woman | Civ rah | Not good | Nah nah |
| Boy | Lod rick | Very good | En no |
| Girl | Lid rick | Talking | Com el tah to |
| An infant | Hi d r ry | Fighting | Tarr yin ia |
| Black | Eg gil ly mit | Kill | Mon ny |
| White | Em mew it | Smoke | Bout |
| Red | Em mirt | Sand | Boak |
| Drink | E rauck | Diveing | Doo lock |
| Fingers | Jan thort | Digging | Cob e coob |
| A bird | Paw o | Bury | Col ly boo ny |
| A knife | Noad rick | Sewing | Thil thil |
| Begging | Angue ot | Eat | Mong ah |
| Work | Derry bol | Singing | Al lil |
| An adze | Jal tosk | Sun | Al |
| A nail | Mer ry | Moon | Al lung |
| Grass | Oo joo et | Star | E jew |
| Leaves | Bel ty bal | Sky | Lid ere lung |
| Counting | Bun ne bun | Sun down | Doo lock Al |
| One | Jew on | Sun rise | Tuck in Al |
| Two | Roo ah | To-day | Raun ene |
| Three | Te lew | Yesterday | In nay |
| Four | A men | To night | Boon ene |
| Five | Ri lim | Tomorrow | Geen a raun |
| Six | Dil je mo [on | Puking | Mum mit |
| Seven | Dil jil je ma jew | A blanket | Cawd |
| Eight | Ad je no [on | A costume | Ene |
| Nine | Ad dil y mo jew | Fuel | Con ny |
| Ten | Dongue ole | Land | Yin ny |

167

| | | | |
|---|---|---|---|
| A bottle | Buck ah | Bailing | An ain |
| Cutting | Boo way | Mast | Cod jew |
| Fastening | Geal ing | A saw | Dir re ban |
| Stealing | Mid dart | A sword | Jah jav |
| A rat | Kid dir rick | A handle | Je jow er |
| Hair | Co coa no bot | Running | Tit thurt |
| Ear | Lou dil lyg nu | A musket | Boo wat |
| Eyes | Mid dat | A cannon | Bac ca |
| Nose | Baw thurt | Powder | Bow on ope |
| Mouth | Loung ing [ad | Fire | Kid ja ick |
| Chin | Chim in ny gne | Hewing | Jick e jick |
| Chief | Tam moon | A house | Imm |
| Forward | A marn | Fish | Ikk |
| Egg | Lip | Stone | Buck ah |
| Drift | Pay lock | Head | Bor run |
| Paddle | Aun arn | Hand | Bon |
| I know | E del lah | Foot | Nane |
| Yes | Ing ah | A shark | Bac co |
| No | Aub | A spear | Mor ry |
| Backside | Al by gin | Cocoanuts | Koree |
| Playing | Cook ke ry | Breadfruit | Mah |
| Medicine | Oo noe | Go | Wy lum |
| Whale | Rat | Come | Wy to |
| A louse | Git | Very large | El lip |
| Strong | Mad jo jow | Scar or cut | Gin net |
| Enough | Em mut | Thunder | Daw roort |
| Thread | Uer | Lightning | Dar rum |
| Forget | Mer no lock wy | Lizard | Cid re be lin |
| See | Lal ly | | |

| | |
|---|---|
| A canoe, or any vessel | Woa or Wah |
| Put it down there | Lickitin i genny |
| Throw it away | Jow lock y |
| I am thirsty | E mar row |
| Give me some drink | Letto lim ma dirick |
| Finger nails | Og guck |
| Your father | Gim mum |

# ANHANG D

## DIE FAMILIE COMSTOCK

Die beste Quelle für genealogische Informationen über die Familie stellt John Adams Comstocks *A History and Genealogy of the Comstock Family in America* dar, die sowohl die Anfänge der englischen Familiengeschichte als auch die Stammbäume der amerikanischen Comstocks enthält. Eine weitere wichtige Quelle bildet Cyrus Ballou Comstocks *A Comstock Genealogy: Descendants of William Comstock of New London, Conn. Who Died After 1662*; ebenfalls sachdienlich sind die Barney Records und Folger Records in der Nantucket Historical Association sowie Volkszählungslisten und William Wade Hinshaws *Encyclopedia of American Quaker Genealogy* (Ann Arbor 1940). Wie so oft in weit verzweigten Stammbäumen weisen diese Aufzeichnungen Lücken und Widersprüche auf. Die folgenden Angaben stammen, sofern nicht anders erwähnt, aus dem Buch von John Adams Comstock.

Die Abstammungslinie von William Comstock, dem ersten Siedler:

William$^{1}$ (ca. 1595–ca. 1683)
Samuel$^{2}$
Samuel$^{3}$
Samuel$^{4}$
David$^{5}$
Samuel$^{6}$
Nathan$^{7}$ (1776–1859)

Nathan heiratete zwei Mal; mit seiner ersten Frau, Elizabeth Emmett (1782–1818), hatte er folgende Kinder:

Samuel Laut den beiden Comstock-Stammbäumen im September 1802 geboren; nach den Nantucket Vital Records am 8. Oktober 1802 geboren.

William Lebte sämtlichen Angaben zufolge vom 24. April 1804 bis zum 20. November 1882.

George Geboren 1808 (nach Barney Records und Volkszählungslisten am 29. Januar 1808); gestorben am 28. Oktober 1855.

Thomas 1810–1855

Phebe 1812–1820

Lucy Geboren 1805 (Barney Records), 1806 (Volkszählungslisten)

Martha 1814–1892

Elzabeth Anne 1810–1855

Mit seiner zweiten Frau, Anne Merritt, hatte er:

Nathan
John Merritt
Louisa
Mary
Sarah

Zur Beantwortung einer gelegentlich gestellten Frage: Samuel Comstock war ein Vetter siebten Grades von Henry T. P. Comstock, nach dem die Comstock Lode* benannt wurde, und ein Vetter sechsten Grades von Anthony Comstock, dem berühmten Kämpfer gegen das Laster.

* Gold- und Silberader

# ANHANG E

## »DER JUNGE MEUTERER«

Das Gedicht »Der junge Meuterer« stammt von Henry Glover (1804–1825), mit großer Wahrscheinlichkeit ein ehemaliger Spielkamerad von Samuel Comstock. Eine achtstrophige Version des Gedichts druckte William Comstock im Vorwort seiner Biographie über Samuel nach, »um zu zeigen, was diejenigen über die Sache [die Meuterei] dachten, die den Protagonisten dieses Buches vor seiner Fahrt auf der *Globe* näher kennen gelernt hatten«. Das Gedicht war brandaktuell, denn es entstand zwischen dem 25. Oktober 1824, als der erste Bericht über die *Globe*-Meuterei im Nantucketer *Inquirer* erschien, und dem 29. November, als der *Inquirer* eine aktualisierte Version der Geschichte veröffentlichte. Auch wenn die Sprache des Dichters metaphorischer und sein Standpunkt ein anderer als der des Durchschnitts-Nantucketers gewesen sein mag, dürfte das Gedicht die Reaktionen der damaligen Inselbewohner, als sie die Nachricht von der Meuterei erfuhren, treffend eingefangen haben; manche Ausdrücke könnte Glover sogar wörtlich so übernommen haben, wie er sie auf der Straße hörte.

Die bekannten Versionen des Gedichts variieren in der Länge zwischen sieben und zwölf Strophen und sind im anapästischen Tetrameter verfasst (vergleichbar mit »*T'was the Night Before Christmas*«*). Abgesehen von der unterschiedlichen An-

* Von Erich Kästner gibt es eine deutsche Version dieses Gedichts mit dem Titel *Als der Nikolaus kam* [A. d. Ü.].

zahl Strophen unterscheiden sich die sechs bekannten Versionen des Gedichts nur in der Interpunktion und einigen unerheblichen Formulierungen. Die autoritativste Version könnte jene sein, die sich im Besitz der Nantucket Historical Association (NHA) befindet und im Einband die Inschrift aufweist: »Überreicht durch den Autor Henry Glover/Peleg Mitchell jr.« Sie ist acht Strophen lang, genau wie die von William Comstock in *The Terrible Whaleman* abgedruckte Version, und enthält wie diese die heikle Strophe über Samuels ewige Sühne. (Unerklärlich ist, wieso William das Gedicht einem »Kapitän Coffin« zuschreibt.) Zwei handschriftliche Versionen, beide sieben Strophen lang, wurden anscheinend aus dem *Inquirer* vom 29. November 1824 abgeschrieben. Eine ist mit der Anmerkung versehen: »Kopie von Mrs K. Starbucks Abschrift [aus dem *Inquirer*], angefertigt von M. E. S. am 7. November 1896.« Interessanter ist die zweite, von Margaret Cary und George H. Cary unterschriebene. Margaret ist Cyrus Husseys Schwester, die ihrem Bruder, wie im Nachwort berichtet, fünf Tage, nachdem er zu seiner letzten Fahrt aufgebrochen war, einen Brief schrieb. George H. Cary ist ihr Sohn und Cyrus Husseys Neffe. George wurde 1847 geboren, 23 Jahre nach der Meuterei auf der *Globe*. Die Unterschriften von Mutter und Sohn unter der Abschrift des Gedichts legen die Vermutung nahe, dass Margaret den Zeitpunkt für gekommen hielt, ihrem Sohn von der Meuterei auf der *Globe* zu erzählen, und ihn zu diesem Zweck auf das Gedicht aufmerksam machte.

Das im Folgenden abgedruckte Gedicht ist die zwölfstrophige, von William C. Folger kopierte und kommentierte Version. »Diese von mir kopierten Zeilen«, so schreibt er, »erschienen, wenn ich nicht irre, im Pawtucket Chronicle.« Diese Version wurde hier nur deshalb ausgewählt, weil sie die umfassendste ist. Da die kürzere Version des Gedichts bereits kurz nach Bekanntwerden der Nachricht von der Meuterei im *Inquirer* erschien, ist anzunehmen, dass das zwölfstrophige Gedicht eine spätere Erweiterung der ursprünglichen Fassung darstellt. Die ersten vier Strophen entsprechen dem Original. Bei der zehnten Strophe handelt es sich um jene, die (wie im Nachwort erörtert) der *Inquirer* wegließ.

*Über den Höhlen des Meeres das Schiff schoss dahin,*
*Wo Korallen aufleuchten, so rot wie Rubin,*
*Wo der blaue Saphir schmückt Gewölbe aus Grün,*
*Wo Najaden sich tummeln und Seejungfrauen ziehn,*
*Nichts ahnend von kommendem Trübsal und Schmerz,*
*Vom Teufel, der saß in des jungen Meuterers Herz.*

*Über stürmische Meere das stolze Schiff jagte,*
*Bis die erste der fernen Südinseln aufragte,*
*Wo, wie seit langem sie hofften, ihnen endlich gelang*
*Mit dem Leviathan der ersehnt große Fang.*
*Doch nicht der Wal ein grausiges Ende dort fand,*
*Sondern sie durch des jungen Meuterers Hand.*

*Wie groß ihr Entsetzen, als in der Mitte der Nacht*
*Ein Schrei und ein Schlag künden von Mörder Macht,*
*Und die, die sich wähnten in sicherem Schlaf,*
*Fanden bald darauf in den Wogen ihr Grab.*
*Meeresseufzen ihr Requiem, Hängematt' ihre Bahr'*
*Ihre Träger des jungen Meuterers Anhängerschar.*

*Doch nur kurz war die Zeit dieser grausamen Bande*
*Und gezählt ihre Tage in dem wildfremden Lande;*
*Weggespült von einer Welle derselbigen Flut,*
*In die schon geflossen der Unschuld'gen Blut.*
*Und bitter und kurz war die grausame Lust,*
*Des Teufels in des jungen Meuterers Brust.*

*Leuchtend hell ging sein Stern auf, schien strahlend und klar,*
*Und versprach einen Tag, der noch glanzvoller war,*
*voll Ruhm und voll Freude. Doch er versank in der Flut,*
*In Verderbtheit, Verblendung, Verdammung und Blut.*
*Verfemt und entehret, er düster verglüht,*
*Als er übers Grab des jungen Meuterers zieht.*

*Trotz bartloser Wangen sein Gemüt war schon hart,*
*Er erkannte keinen Herrn an, beugte sich keiner Macht.*
*Trotz bartloser Wangen ein Seemann er war,*
*Vertraut mit dem Dolch, die Stimme bellend und klar,*
*Ein nie weinendes Auge und ein furchtloses Herz,*
*Der junge Meuterer verachtete jeglichen Schmerz.*

*Doch nun an einsamer Insel Gestade er liegt,*
*Und nur die Wellen singen sein Klagelied,*
*Wenn die tosende Brandung rollt über die Stätte,*
*An der ein Felsen verweist auf sein nasses Bette,*
*Wo liegen, mit einem Herzen, das die Furcht nie gekannt,*
*Die zerstückelten Gebeine des jungen Meuterers im Sand.*

*Da liegt er am Strand, in seinem nasskalten Grab,*
*Und schrecklich und schwarz war der Tod, den er starb.*
*Keine Mutter um ihn trauert, kein Freund um ihn weint;*
*Dort, wo fern der Heimat zu schlafen er scheint.*
*Nur der Wind pfeift, und Sturmvögel schießen herab,*
*Über des jungen Meuterers sandiges Grab.*

*Ein Helfershelfer dort neben ihm ruht,*
*Sein Schädel gespalten, vergossen sein Blut.*
*Die Schreie der Opfer stiegen auf bis zu Gott,*
*Bis ihre Tode gesühnt durch des Mörders Tod.*
*Doch niemand trauerte, als der Anführer starb,*
*keine Träne fiel auf des jungen Meuterers Grab.*

*Er stürzt in den Sand – herzzerreißend sein Schrei,*
*Als zur Hölle er fährt in Verzweiflung und Pein,*
*Die glasigen Augen vor Schrecken geweitet,*
*Sein letzter Schrei sich als Echo ausbreitet –*
*Doch vergeblich die Hoffnung auf Gnade von Gott,*
*Der junge Meuterer stirbt einen düsteren Tod.*

*Nun liegt er am Strand, dort, wo Muscheln und Tang*
*zeigen deutlich die Hochwasserlinie an.*
*Sie gruben ein Grab, wo letzte Ruhe er fand,*
*Schaufelten auf seine blutige Brust nassen Sand*
*Und rollten einen Felsblock, der einsam dort stand,*
*wo sich das Grab von dem jungen Meuterer befand.*

*In zukünft'gen Jahren werden Seeleute schildern*
*Diese Schauergeschichte in grausigen Bildern,*
*Um die einsamen Nachtwachen sich zu vertreiben,*
*Wenn in der Nähe jener einsamen Insel sie weilen;*
*Und ihr Seezeichen dort soll von nun an allein*
*Der schwarze Fels auf dem Grab des jungen Meuterers sein.*

Am Ende des Gedichts fügt William C. Folger folgende Anmerkung an: »Der Autor, Henry Glover, Sohn von Kapitän Benjamin & Judith Bunker Glover, wurde am 6. März 1804 geboren und starb am 30. August 1825 in Port-au-Prince, Santo Domingo. Ein hochbegabter, viel versprechender junger Mann, starb er in seinem 22. Lebensjahr.« Soweit man weiß, war Glover der Erste, der die Geschichte der *Globe* literarisch verwertete. Während sich Lay und Hussey noch bemühten, ihre Erfahrungen möglichst rasch in Buchform auf den Markt zu bringen, war Henry Glovers Gedicht bereits gedruckt; zum Zeitpunkt seines Todes lebten Lay und Hussey noch auf dem Mili-Atoll.

Die Cary-Fassung des Gedichts befindet sich in der Bibliothek der NHA, Collection 74, Folder 14. Die Versionen Mitchell, »M. E. S.« und William C. Folger befinden sich ebenfalls im Besitz der NHA, Collection 43, Folder 4. Das Material zu Glover und seinem Gedicht wurde größtenteils durch die Nachforschungen von Elizabeth Oldham zu Tage gefördert.

# ANMERKUNGEN

## EINLEITUNG

1 **Nako und das Leben nach dem Tod:** Tobin, S. 195, Anmerkung 1. Nadikdik, oder Knox, ist der aus kleinen Inseln bestehende südöstliche Ausläufer des Mili-Atolls, und Nako ist sozusagen die südlichste Insel davon.

## ERSTES KAPITEL – BRÜDER

1 **Die Familie Comstock zog** im Jahr 1811 nach New York; vermutlich zogen sie am 1. Mai um. Der 1. Mai war *der* Umzugstag in New York, da an diesem Tag die Mietverträge ausliefen. Das genaue Alter der Kinder zum Zeitpunkt des Umzugs hängt vom Tag des Umzugs ab.

2 **Die Anfänge des Nantucketer Walfangs:** Starbuck, S. 12–36.

3 **Schiffsregister:** Starbuck, Band 1, passim.

4 **Blätterschürzen:** Anderson, S. 73; Langsdorff, I, S. 92–95.

5 **Samuels Kindheit:** Wenn nicht anders erwähnt, stammen Informationen und Anekdoten aus Comstock, W. (1840).

6 **Stammbaum der Comstocks:** siehe Anhang D.

7 **Quaker-Monthly-Meeting-Schule:** Zu Nathan siehe Klain (S. 122). Derselbe zitiert auf S. 10 einen Brief aus dem Jahr 1780 von Moses Brown, der sich für die Gründung einer Quäkerschule in Nantucket einsetzte: »Ich hatte ja keine Ahnung, dass ausgerechnet hier in Neuengland Freunde den Wunsch nach oder einen Sinn für höhere Bildung haben, sind wir doch, verglichen mit anderen Menschen, ein

ungebildeter Haufen. Nur die Wenigsten, ich glaube höchstens fünf oder sechs Teilnehmer unserer jährlichen Versammlungen, kennen eine Fremdsprache, und viele können noch nicht einmal ihren Namen schreiben.«

8 **Die »Große Mary«, Vorfahrin von Samuel:** Mary Coffin Starbuck war die Mutter von Jethro Starbuck, dem Vater von Mary Starbuck, der Mutter von E. Mitchell, der Mutter von Elizabeth Emmett, Samuels Mutter.

9 **Die dominierende Rolle der Quäker:** Leach, S. 97.

10 **Barker:** *Appleton's Cyclopedia of American Biography* (New York 1888), I, S. 165. Der Nantucketer Genealoge Dwight Beman hat die Verwandtschaft von Barker und den Comstocks zurückverfolgt: Elizabeth Emmetts Großmutter mütterlicherseits, Hepzibah Barnard, war eine Cousine ersten Grades von Sarah Folger, der Mutter von Jacob Barker.

11 **Lambert:** Still, S. 74 f.

12 ***Beaver*:** Fairburn, Band I, S. 504 f.

13 **Nine Partners School:** Barbour, S. 150 f.

14 **Lebenslauf Lucretia Mott:** Cromwell, S. 15–21.

15 **New York:** Die wichtigsten Quellen für die Beschreibung der Stadt sind Burrows, Ellis, Lamb, Lankevich und Still.

16 **Five Points:** Anbinder, S. 13–20 und passim.

17 **Greenwich Village:** Der Umzug der Comstocks während der Epidemie wird in Comstock, W. (1840), S. 65 erwähnt.

18 **Adressen der Comstocks:** Longworth; Mercein.

19 **Walfangprodukte:** *New York City Mercantile and Manufacturers' Business Directory for the Year Ending May 1, 1857* (New York 1857), S. 220 f.

20 **Liverpool:** Still, S. 63 f.

21 **Melville:** Melville 1967, S. 121.

22 **Melville:** Melville 1967, S. 196.

23 **Melville:** Melville 1967, S. 201.

24 **Josiah Macy:** Macy, S. 171–185.

25 **Morrell:** Morell, S. xix.

26 ***Beaver*:** Fairburn, Band IV, S. 2161 f.

27 ***George*:** Logbuch in New Bedford Historical Society, International Marine Archives und Mikrofilm in der Nantucket Historical Association (NHA). Während die *George* vor der chilenischen Küste kreuzte, kam es zu gelegentlichen Begegnungen und gegenseitigen Besuchen mit dem Walfänger *Essex*, der auf seiner nächsten und berühmten letzten Fahrt als erstes Schiff von einem Wal versenkt wurde. An Bord der *Essex* waren George Pollard jr. und Owen Chase, die auf jener tragischen Fahrt Kapitän und Obermaat sein sollten, und von deren dreimonatigem Überlebenskampf auf See die Welt durch Owen Chases *Narrative of the Most Extraordinary and Distressing Shipwreck of the Whale-Ship Essex* erfuhr. Die erwähnten Treffen (Gams) zwischen der *George* und der *Essex* fanden Wochen, bevor Samuel Comstock auf der *George* anheuerte, statt, weshalb er keine Gelegenheit gehabt haben dürfte, die beiden bald darauf so berühmten Seeleute kennen zu lernen.

28 **Brown und Murray:** Barbour, S. 150, 154, 162; Monaghan (1998), S. 35–56.

## ZWEITES KAPITEL – HAFENLEBEN UND EIN SINKENDER STERN

1 **Cotton und Lincoln:** Wären sie so unvernünftig gewesen und hätten Samuels Plan gegen den Obermaat unterstützt, hätten sie danach kaum mehr Karriere machen können. So aber wurde John Cotton im Jahr 1830 Kapitän des Nantucketer Walfängers *Loper* und John Lincoln 1829 Kapitän der *Japan*. Noch während Lincolns Zeit als Obermaat auf der *Japan* wurde ihm die Ehre zuteil, dass sein Kapitän eine der Gilbertinseln nach ihm benannte – Lincoln Island, das heutige Onotoa. Welche Ironie des Schicksals, wenn man bedenkt, wie sehr sich Samuel Comstock eine eigene Insel wünschte. Zu Lincoln siehe Stackpole, S. 344 f.; der Leser beachte jedoch, dass es sich bei Lincoln Island um Onotoa und nicht um Tamana handelt.

2 **Osterinsel:** Der *Inquirer* berichtet in seiner Ausgabe vom

18. April 1822 von dem Empfang, der der *Foster* auf der Osterinsel bereitet wurde; womöglich erschien Samuel dadurch die Insel als besonders geeignete Stätte zur Errichtung seines geplanten Königreichs: »Am 10. Januar verließ das von Kapitän Chase kommandierte Schiff Foster die Estherinsel *[sic]*. – Während seines Aufenthalts wurde er von den etwa 3000 bis 6000 Eingeborenen ausgesprochen höflich und zuvorkommend behandelt. – Sie waren in zwei feindliche Parteien gespalten, die sich häufig bekriegten, und wenn das der Fall war, massakrierten sie gewöhnlich sämtliche Gefangenen. – Sie brachten ihm Kartoffeln, Früchte und alle möglichen Erzeugnisse der Insel, egal, was er ihnen dafür gab. – Er schenkte ihnen verschiedene Sorten Saatgut und erklärte ihnen, soweit es möglich war, dessen Verwendung, wofür sie offenbar recht dankbar waren.«

3 ***Foster* preit *Globe* an:** Logbuch der *Globe* von 1820–1822, NHA, Collection 220, Logbuch 273. Zu diesem Zeitpunkt befanden sich beide Schiffe ein beträchtliches Stück nordwestlich der Insel Henderson, auf der die Überlebenden des von einem Wal versenkten Walfängers *Essex* zufällig nach einmonatiger Irrfahrt in offenen Booten gelandet waren. Die Schiffe konnten von den Männern auf der Insel nichts wissen, aber womöglich gab es eine ganz entfernte Verbindung zwischen der *Globe* und der *Essex*. Folgender Eintrag steht im Logbuch der *Globe* am 12. September 1821, als sich das Schiff auf 37° 58' nördlicher Länge und 173° 30' westlicher Breite befand: »Große Spiere gesichtet, 60 bis 70 Fuß lang, 4 Fuß Umfang, mit Mastkragen und Teilen des Kupferbeschlags. Wir zogen sie längsseits, aber da sie zu schwer war, um sie an Bord zu hieven, ließen wir sie liegen und nahmen Kurs auf Westen.« In den zehn Monaten, die seit dem Walangriff vergangen waren, hätten Wind und Strömung durchaus das wohl einzige bauliche Überbleibsel von der *Essex* bis zu jener Stelle nordwestlich von Hawaii treiben können, wo die *Globe* vergeblich versuchte, die riesige Spiere nach binnenbords zu holen.

4 **Erlegte Wale:** Das heißt, Samuels Boot *könnte* – und müsste aller Wahrscheinlichkeit nach auch – einen Wal erlegt haben; zumindest dürfte er es behauptet haben.

5 **Burrows:** Manchmal, wie zum Beispiel in William Comstocks *Terrible Whaleman*, auch Burroughs geschrieben. Siehe Pratt, S. 173.

6 **Vaterländische Fregatte:** Die Informationen zum Verkauf amerikanischer Kriegsschiffe an die Kriegsflotten der neu gegründeten südamerikanischen Staaten verdanke ich Robert Scheina vom Industrial College of the Armed Forces.

7 **William auf See:** William erwähnt den Namen seines Schiffes zwar nicht, aber es gibt Grund zu der Annahme, dass es sich um die gerade vom Stapel gelaufene *Maria* handelte, deren Kapitän George Washington Gardner vormals Kapitän auf der *Globe* gewesen war. Irgendwann im Spätsommer oder Frühherbst wurde die *Maria* von der Werft in Higganum, Connecticut, nach Nantucket gebracht (*Maria*, S. 1f.). In Comstock, W. (1840), S. 61, schreibt William: »Bald war für mich die Zeit gekommen, nach Nantucket zu fahren, da das Schiff, auf dem ich in den Pazifik fahren sollte, inzwischen dort eingetroffen war.« Der Satz deutet darauf hin, dass Williams Schiff nicht von einer Fahrt zurückkehrte, sondern aus der Werft kam. Die im Staatsarchiv befindliche Registrierkarte für Seemannsschutzbriefe listet unter anderem einen William Comstock, achtzehn Jahre alt, angeheuert in Nantucket, auf und trägt das Datum vom 18. Juli 1822. Über seine Reaktion auf die Nachricht, dass Samuel mit einem Walfänger auf See war, schreibt William in Comstock, W. (1840), S. 63: »Als ich im Pazifik von Kapitän George Washington Gardner erfuhr, dass er [Samuel] mit der *Globe* unterwegs war, wollte ich es zuerst nicht glauben.« Aus der Tatsache, dass Kapitän Gardner sein Kapitän war, lässt sich eindeutig der Schluss ziehen, dass er auf der *Maria* fuhr. Die *Maria* stach am 17. März 1822 in See, die *Globe* einen Monat später. Bei Begegnungen mit anderen Schiffen oder in Hawaii dürfte Kapitän Gardner mehrmals die Möglichkeit gehabt haben, etwas über sein altes Schiff, die *Globe*, zu erfahren, unter anderem auch die Namen ihrer Besatzungsmitglieder. Gut möglich, dass beide Schiffe während der Wintermonate in Hawaii waren, ohne dass die Brüder voneinander wussten. Denn andernfalls hätten sie sich ver-

mutlich dort getroffen, was William mit Sicherheit erwähnt hätte. Zur Zeit der Meuterei befand sich die *Maria* jedenfalls nicht allzu weit von der *Globe* entfernt bei den Line Islands.

## DRITTES KAPITEL – AN MEINEN HÄNDEN KLEBT BLUT

1 ***Globe*:** Aus dem Registerbrief der *Globe* im NHA, Collection 67: »… besagtes Schiff wurde in Scituate, in oben erwähntem Bundesstaat, gebaut … wie aus der Bescheinigung von [ ] Foster ersichtlich wird, dem verantwortlichen Zimmermann aus besagtem Scituate, unter dessen Aufsicht besagtes Schiff gebaut wurde. Und Charles Russell, der mit der Vermessung besagten Schiffes betraut war, hat bescheinigt, dass besagtes Schiff zwei Decks und drei Masten hat, dass seine Länge vier[undneunzig] Fuß, seine Breite [sechsundzwanzig] Fuß neun Zoll, seine Tiefe dreizehn Fuß viereinhalb Zoll und sein Gewicht zweihundertdreiundneunzig & 42/95 Tonnen beträgt, und dass es als Vollschiff getakelt ist, ein breites Heck hat und weder eine Heckgalerie noch eine Galionsfigur besitzt.« (Teilweise unleserliche Wörter stehen in eckigen Klammern.)

2 **Angaben zu Fahrten und Rekorderträgen der *Globe*:** siehe Starbuck.

3 ***Maria*:** Schiffstagebuch von George Washington Gardner jr., in NHA, Collection 335, Folder 956.

4 **Ahnenforschung in Martha's Vineyard:** Unterlagen hierzu in der MVH (Martha's Vineyard Historical Society). Sowohl der Kapitän als auch Obermaat Beetle waren frisch verheiratet. Worth hatte im Juli Hannah Mayhew, Beetle im September Eliza Pease geheiratet. Das traute Leben der beiden Ehepaare dauerte nur bis Dezember. Gut ein Jahr später waren beide Ehefrauen verwitwet. Hannah Worths Witwenschaft endete nach fünf Jahren, als sie mit Kapitän Worths Bruder John eine Leviratsehe einging.

5 **Die wichtigsten Quellen:** Augenzeugenberichte über die Meuterei von George Comstock, Lay und Hussey, Stephen Kidder;

eidliche Aussagen sowie die von William Lay und Cyrus M. Hussey am 5. beziehungsweise 7. Dezember 1825 gegenüber Kapitän John Percival gemachten Aussagen. Die eidl. Aussagen wurden vor Konsul Hogan gemacht, und zwar am 9. Juni 1824 (Stephen Kidder und George Comstock), am 15. Juni (Peter C. Kidder und Gilbert Smith) und am 30. Juni (Anthony Hanson und Joseph Thomas).

6 **Abfahrt der *Globe*:** Am 15. Dezember hatte die *Globe* sämtliche Vorräte eingeladen und segelte los, musste jedoch gleich darauf mit beschädigtem Besanbaum (unterste Rah am Besanmast) wieder umkehren. Die Reparatur dauerte nur vier Tage; danach fuhr die *Globe* für eine Nacht nach Holmes Hole (heute: Vineyard Haven), bevor sie am 20. Dezember erneut in See stach.

7 **Kaltes Wasser:** Die Anekdote, dass Samuel jedem schlafenden Wachgänger kaltes Wasser übergoss, stammt von William Comstock. Wenn William (wie in Anmerkung 7 zu Kapitel 2 unterstellt) auf der *Maria* arbeitete, wäre es denkbar, dass er einige der auf seinem Schiff gemachten Beobachtungen auf Samuel übertrug. So heißt es etwa in Gardners Journal *Maria* auf S. 3: »Entdeckten die Bootssteurer am Gangspill einen schlafenden Wachgänger, übergossen sie ihn mit einem Eimer Wasser, als Warnung an alle, während der Wache an Deck wach zu bleiben.«

8 **Meinungsverschiedenheit mit Comstock:** S. Kidder, eidl. Aussage.

9 **Trunkenheit des Kochs:** G. Comstock, eidl. Aussage.

10 **Route der *Globe*:** Comstock, G.

11 **Vor Hawaii:** William schildert ein nächtliches Liebesabenteuer Samuels mit einer Hawaiianerin, die er entgegen der Befehle des Kapitäns (aber mit dessen Duldung, als bekannt wurde, dass Comstock der Übeltäter war) an Bord geschmuggelt hatte. Vollends unglaubwürdig wird Williams Geschichte durch den angeblichen Auftritt von »Lady Comstock« am nächsten Morgen an Deck, zum Dank für ihren Besuch mit rosa Laken und einer Schottenmütze ausstaffiert, die Samuel für eben solch einen Anlass in seiner geräumigen Seekiste mitführte.

12 **Eisen:** Hezel (1983), S. 39. Browning, S. 32, vermutet, dass das erste Eisen, mit dem die Insulaner in Berührung kamen, die im Treibholz schiffbrüchiger spanischer Schiffe steckenden Bolzen waren.

13 **Begegnungen mit anderen Schiffen:** Comstock, G. Andere Schiffe berichteten von Begegnungen mit der *Globe*: so die *Iris* (im *Inquirer* vom 16. Februar 1824) im Mai 1823 in Oahu, Ölmenge unbekannt; die *George Porter* (im *Inquirer* vom 30. August 1824) im Juni 1823 vor Japan mit 250 Fass Öl; die *Ganges* (im *Inquirer* vom 5. April 1824) im Oktober in Oahum mit 600 Fass. Möglicherweise war die Fässerzahl in Oahu im Mai »unbekannt«, weil Kapitän Worth verschweigen wollte, dass seine Ausbeute erst 75 Fass betrug.

14 **Lumbert:** Der Abdruck des Briefes erfolgte mit frdl. Genehm. der Martha's Vineyard Historical Society.

15 **Payne und Humphreys:** Unterschiedliche Schreibweise der Namen; die hier übernommene Form entspricht der in den meisten Quellen gewählten Schreibweise.

16 **Herkunft der Neuzugänge:** Die meisten Berichte geben wie George Comstock für Payne Sag Harbor an, Gilbert Smith dagegen nennt Rhode Island (eidl. Aussage). Smith und Stephen Kidder nennen Philadelphia für Humphreys, Thomas jedoch New Jersey (eidl. Aussage). Nach Smith kommt Hanson aus Barnstable, Hanson selbst gibt aber Falmouth an (eidl. Aussage).

17 **Thomas:** Thomas wurde als Steward angeheuert, später jedoch durch Humphreys ersetzt (Thomas, eidl. Aussage). Stephen Kidder, Peter C. Kidder und George Comstock äußern in ihren eidl. Aussagen ihr Misstrauen gegenüber Thomas.

18 **Hogan:** Brief vom 11. August 1824, in NA (National Archives), Record Group 59, M146, Verzeichnis 1.

19 **Comstock fühlt Lay auf den Zahn:** Comstock, W. (1840), S. 76.

20 **Thomas:** In seiner eidl. Aussage zitiert Thomas Comstocks Äußerung über einen früheren Meutereiversuch. Ferner sagte er aus, er sei drei oder vier Tage vor der Meuterei ausgepeitscht worden, was mit keinem der anderen Berichte übereinstimmt.

21 **Rowland Coffin:** Misstrauen gegenüber Rowland Coffin äußerten sowohl Peter C. Kidder als auch George Comstock und Gilbert Smith in ihren eidl. Aussagen. Smith erklärte: »Rowland Coffin wusste davon, denn ungefähr zwei Tage nach den Morden sagte er mir, wenn Comstock ins Vorderkastell gekommen wäre [ ], um darüber zu reden, hätte er [ ] Bescheid gesagt. Besagter Coffin steckte danach ständig mit den Meuterern zusammen und trug ihnen alles zu, was im Vorschiff geredet wurde.« Später legte sich Coffins Onkel Gorham Coffin energisch ins Zeug, um seinen Neffen zu verteidigen (siehe 6. Kapitel).

22 **»›Wie viele von denen‹ …«:** Dieser von George Comstock in seinem Bericht erwähnte Vorfall taucht in unterschiedlichen Wortlauten auch in den anderen Berichten auf.

23 **»Du glaubst bestimmt …«:** Comstock, W. (1840), S. 95.

24 **Columbus Worth:** Smith, eidl. Aussage.

25 **Angriff auf den Kapitän:** Comstock, W. (1840), S. 82.

26 **Hatte George Smith gesehen?:** Möglicherweise widersprüchliche Darstellung in der Abfolge des Geschehens. George sagte, er habe seinen Bruder angelogen, als er behauptete, nicht zu wissen, wo Smith war, da er ihn gesehen hatte. Vermutlich traf Smith George am Ruder an, als er das erste Mal an Deck kam, obwohl er die Begegnung mit George erst erwähnt, als er das zweite Mal hinaufkam.

27 **Smiths Logis:** Laut Smiths vor Konsul Hogan gemachter Aussage war er vor der Meuterei achtern untergebracht und danach im Mannschaftslogis auf dem Vorschiff. »Achtern« könnte bedeuten, dass er ursprünglich im Zwischendeck wohnte (wie Hanson, der Koch); es bedeutete keinesfalls, dass er bei der Schiffsführung im Hüttendeck schlief.

28 **Groll gegen Beetle:** Smith, eidl. Aussage.

29 **Neu ernannte Offiziere:** Stephen Kidder, Smith und Thomas nennen Humphreys als Zweiten Maat und Zahlmeister (eidl. Aussagen). George wird von Smith und George als Steward bezeichnet (eidl. Aussagen).

30 **Unterschrift und Siegel:** Smith, eidl. Aussage.

31 **Datum von Humphreys Hinrichtung:** Laut Hanson wurde Humphreys einen Tag nach der Meuterei verhaftet, laut Thomas zwei Tage später (eidl. Aussagen); in Stephen Kidders Bericht (siehe Bibliographie) ist von vier oder fünf Tagen die Rede.

32 **Verhör durch Comstock:** Kidder, S., S. 34.

33 **Auswahl der Richter:** Smith, eidl. Aussage.

34 **Handschlag:** George Comstock, eidl. Aussage.

35 **Zahl der Geschworenen:** Smith und Stephen Kidder machten diese Angaben in ihren eidl. Aussagen. In seinem Bericht spricht Stephen Kidder von vier Geschworenen, nennt aber nicht ihre Namen. L&H sprechen, ebenso wie Comstock, W. (1840), von zweien, wobei William Comstock mit an Sicherheit grenzender Wahrscheinlichkeit die 4 in Georges »Bericht« als 2 gelesen hat – der sie in der Tat zum Verwechseln ähnlich sieht. In dem von Paulding (S. 144) rekonstruierten Bericht Lays ist von zwei Geschworenen, Rowland Coffin und Payne, die Rede; verschiedene Details in dieser neunseitigen Zusammenfassung der Meuterei sind allerdings ungenau.

36 **Humphreys' Hinrichtung:** Der ausführlichste Augenzeugenbericht stammt von Stephen Kidder (siehe Kidder, S.).

37 **Sanduhr:** Macy, S. 171–185.

38 **Fünfzehn Minuten:** Kidder, S.

39 **Dass die Leiche längsseits mitgeschleppt wurde,** beschreibt William Comstock in Comstock, W. (1840), S. 92.

40 **P. Kidder:** Eidl. Aussage.

41 **Schiffsvorräte über Bord:** Kidder, S.; eidl. Aussagen von Thomas und Smith.

42 **Schwarze Farbe:** Kidder, S., S. 35; Comstock, W. (1838), S. 59–62. In *The Terrible Whaleman* schildert William an dieser Stelle einen grotesken Vorfall, bei dem Samuel Comstock zwei streitende Besatzungsmitglieder zwingt, sich mit Pistolen zu duellieren, die er, ohne ihr Wissen, mit Platzpatronen geladen hatte. Die betont witzig geschriebene Anekdote klingt reichlich absurd und wäre vor dem tragischen Hintergrund völlig fehl am Platze, wenn sie kein so typisches Beispiel für Samuels Launen wäre.

43 **Hanson:** eidl. Aussage.

44 **Westkurs:** Die Tatsache, dass die *Globe* am 5. Februar 1824 die heutige internationale Datumsgrenze überquerte, hat keinerlei Einfluss auf die Datierung der Ereignisse in den Berichten, denn zu Beginn des 19. Jahrhunderts hielten sich Reisende aus Westen und Osten während der gesamten Fahrt, egal, wo sie sich gerade befanden, an die in ihrer Heimat geltenden Kalender, obwohl die Datumsgrenze durchaus bekannt war. An manchen Orten, wie den Philippinen, wo sich Schiffe aus Ost und West trafen, wurde die eintägige Datumsdifferenz gelegentlich im Logbuch notiert.

45 **Umrüstung zum Kriegsschiff:** Comstock, G.

46 **Zahllose Pottwale:** Kidder, S.

47 **Marshallinsel:** Gilbert, T., S. 32: »Bei der Benennung der südlichsten Insel der Inselgruppe ließ ich Kapitän Marshall den Vorrang, der es für angemessen hielt, sie Gilbertinsel zu nennen, worauf ich die mittlere Marshallinsel nannte.« Zu den Verdiensten von Marshall und Gilbert siehe 4. Kapitel.

48 **Nördliche Ausläufer der Gilbertinseln:** George Comstocks präzise Breiten- und Längenangaben widersprechen an diesem Punkt der Lay von Paulding (S. 143) in den Mund gelegten Aussage, wonach die *Globe* auf direktem Weg von Tabiteuea (»Drummond Island«) nach Mili segelte; laut George kreuzte sie dagegen zunächst noch weiter nördlich bei den Gilbertinseln, bevor sie Kurs auf Mili nahm.

49 **Männer und Frauen:** Kidder, S., eidl. Aussage.

50 **Ankerplatz:** Comstock, G.

## VIERTES KAPITEL – KEIN REICH VON DAUER

1 ***Rolla*:** Hezel (1979), S. 115.

2 ***Awashonks*:** Heflin, S. 210–218.

3 **Entdeckung der Insel:** Sharp (1985), Hezel (1983), Beaglehole. Was ein amerikanischer Walfänger im Jahr 1824 über den Pazifik wusste beziehungsweise nicht wusste, geht am deutlichsten aus dem »Report of J. N. Reynolds of Facts Obtained at Nantucket of South

Seas and Pacific Ocean« hervor, einem vier Jahre nach der *Globe*-Meuterei geschriebenen Bericht, der sich auf Interviews mit Nantucketer Kapitänen stützt und präzise Details über eine überraschend große Zahl von Inseln enthält, ganz zu schweigen von den Hunderten, damals noch unerforschten Inseln.

4 **Spanier und Portugiesen:** Hezel (1983), S. 14–17. Alonso de Salazar war der erste Europäer bei den Marshallinseln. Auf seiner Fahrt mit der *Santa Maria de la Victoria* sichtete er im Jahr 1526 eine Insel, vermutlich Taongi. Im Jahr 1529 lief Saavedra verschiedene Inseln an, bei denen es sich der Beschreibung zufolge um Eniwetok oder Bikini gehandelt haben müsste; in den nächsten vierzig Jahren wurden vermutlich folgende Inseln von im Gebiet der nördlichen Marshallinseln segelnden spanischen Schiffen gesichtet oder besucht: Wotje, Kwajelein, Ujelang, Lib, Mejit, Likiep, Ailuk, Jemo und Wotho.

5 **Benennung der Lord-Mulgraves-Inseln:** Phillip, S. 171, 364 f.

6 **»Erste Flotte«:** Phillip, Gilbert.

7 **»Äußere Passage«:** Hezel (1983), S. 65, 82.

8 **Erste Besiedlung der Inseln:** Bellwood (1979), ders. (1978).

9 **Begegnung mit den Bewohnern des Mili-Atolls:** Gilbert, S. 35–39. Bei Phillip (S. 171) wird ein Eingeborener beschrieben, der ein Kreuz trägt, was in dem ausführlicheren und wichtigeren Bericht Gilberts allerdings mit keinem Wort erwähnt wird. Das Kreuz ist kein Beweis für frühere Kontakte zwischen den Bewohnern des Mili-Atolls und Europäern. Es könnte ebenso gut bei den ersten Kontakten der Spanier 200 Jahre zuvor nach Mikronesien gelangt und dann durch viele Hände nach Mili am südlichen Zipfel der Ratak-Gruppe gewandert sein.

10 **Taifune:** Ennaanin, S. 173–180.

11 **Ortsnamen im Mili-Atoll:** Rupekoj, Bokbar und Bokdikdik heißen auf Karten, die während der japanischen Ära angefertigt wurden, Rubegeshi, Bukubaru und Bokurigirikki. Bokdikdik wird auch heute noch als Verlängerung von Mili Mili betrachtet, und wie aus den *Globe*-Berichten hervorgeht, galt es damals offenbar tatsächlich als

ein Teil von Mili Mili. Der Name Mili Mili kam auf dieselbe Weise zu Stande wie New York, New York. Jede Insel des Atolls hätte ein »Mili« an ihren Namen hängen können, was aber normalerweise nur gemacht wurde, um, wie im Fall von Mili, den Ort vom Atoll zu unterscheiden oder auch gleichnamige Orte verschiedener Atolle: Wenn es beispielsweise auch im Jaluit-Atoll ein Naalo gäbe, könnte man von Naalo Mili und Naalo Jaluit sprechen. Das dreieckige Mili Mili ist die breiteste Insel des Atolls; es bot immerhin genügend Platz für drei von den Japanern in die Tarofelder geschlagene Landepisten, von denen heute nur noch Überreste zu sehen sind.

12 **Bau eines Schweinepferchs:** Gorham Coffin an Daniel Webster (22. Dezember 1824) in NHA, Collection 74, Folder 11.

13 **Schiff in Brand stecken:** Kidder, S., S. 36.

14 **Schwert:** Kidder, S., S. 37.

15 **Anker:** Um das Jahr 1992 wurde etwas nördlich von Mili Mili vor der Küste ein Anker entdeckt, was sofort zu der Vermutung führte, es handele sich um den Anker der *Globe*. Laut Ramsey Reimers, dessen Unternehmen Robert Reimers Enterprises in diesem Gebiet die Vermessung der Tauchgründe durchführte, war angeblich noch die Trosse am Anker befestigt. Da aber die Trossen der *Globe* anscheinend keine Ketten, sondern aus Hanf waren, ist es unwahrscheinlich, dass sie die lange Zeit unbeschadet überstanden hat. Zu den Trossen der *Globe* siehe Worth Papers, NHA, Collection 129, Buch 8, S. 2 f.

## FÜNFTES KAPITEL – ETTO AMRO PAD IOON ANEO

1 **Luttuon (Ludjuan in L&H):** Hiram Paulding zitiert in seinem *Journal* (S. 149) Lay: »Ich wurde in die Obhut des Alten gegeben, der [mir das Leben] gerettet hatte. Er war so arm, dass ich meistens nicht mal von dem einfachsten Eingeborenenfraß genug zu essen bekam … Schließlich hatte der Oberhäuptling Mitleid mit mir und nahm mich bei sich auf; von da an hatte ich immer genügend zu essen und konnte mir aussuchen, ob ich arbeiten wollte oder nicht,

ganz nach Lust und Laune.« In diesem wie auch in mehreren anderen Punkten stimmen die Darstellungen von Lay und Hussey (L&H) und Paulding nicht überein; in diesem Fall ist die Glaubwürdigkeit von L&H, bei denen durchgängig Luttuon (Ludjuan) als Lays Herr bezeichnet wird, entschieden größer. Möglicherweise war Lays Beziehung zu bestimmten Eingeborenen komplexer, als aus den Berichten hervorgeht. Dass Hussey Lugoma zugewiesen wurde, wird von Dadashi Lometo angezweifelt, dem gegenwärtigen Senator Milis in der *Nitijela* (marshallesisches Parlament) und Assistenten des Präsidenten der Marshallinseln. Lometo, der seine Abstammung auf Longerene zurückführt, jenen Bruder Luttuons, der in L&H im Zusammenhang mit dem »Krieg« auf Naalo erwähnt wird, behauptet, dass nach der Familienüberlieferung Hussey ein Mündel von Longerene und nicht von Lugoma war. Diese Behauptung ist nicht von der Hand zu weisen. Auch die Vorstellung, es könne sich um ein und denselben Namen handeln, scheint in Anbetracht der vielen unterschiedlichen Schreibweisen von marshallesischen Namen durch europäische und amerikanische Besucher nicht zu weit hergeholt. Dagegen spricht auch nicht die Verknüpfung von Longerene mit Naalo im Kriegsbericht in L&H. Wie Erwin Bollong, der gegenwärtige *iroojlaplap* des Mili-Atolls, in einem Interview vom 21. Juli 2001 erklärte, lebte Longerene in Arbar und Lukunor. Falls er in Lukunor lebte, das in L&H als Lugomas Insel bezeichnet wird, spräche das ebenfalls für die Vermutung, dass Longerene und Lugoma ein und dieselbe Person waren. Dem widerspricht allerdings, dass Longerene in einem der beiden Hussey zugeschriebenen Kapitel in L&H im Zusammenhang mit dem Krieg auf Naalo als eigenständige Person eingeführt wird. Pauldings Aussage zu diesem Thema ist eindeutig; nachdem er Lugoma das erste Mal erwähnt hat, fügt er erklärend hinzu: »so hieß Huzzys Herr«. In Anbetracht all dessen bin ich davon ausgegangen, dass Lugoma Husseys Herr war.

2 **Kochen:** Das Kochen in der Erde ist eine im Pazifik sehr verbreitete Methode. Wie sie auf Hawaii praktiziert wird, beschreibt Paulding (S. 208 f.).

3 **Lukunor:** Eigentlich Lukwon-wod; hier wird jedoch der anglisierte Name benutzt, weil er bei den Marshallesen verbreitet ist.

4 **Jelbon:** In einigen Karten und Berichten heißt die Insel Chirubon; Lay nannte sie »Dillybun«, Hussey »Dilabu«.

5 ***Jekaka* und *bob*:** Sowohl in L&H als auch anderswo: *chaka-ka* und *bup*.

6 **Kanus:** Diese Angaben stammen größtenteils von Alson Kelen, dem Leiter von Waan Aelon in Majel (Kanus der Marshallinseln), einer Organisation in Majuro, die sich dem Bau klassischer marshallesischer Kanus verschrieben hat und auch selbst Bootsbauer ausbildet.

7 **Mikronesische Religion:** Eine hervorragende Einführung in dieses Thema bieten Haynes und Wuerch.

8 **Hale:** Hale (S. 87–90) und Frazer (S. 83) zitieren Lay und Paulding. Gestützt auf Chamisso, zeichnet Frazer ein ganz ähnliches Bild der Gottesverehrung: »Die Bewohner von Radack verehren einen unsichtbaren Gott im Himmel, dem sie einfache Opfergaben in Form von Früchten darbringen, und kennen weder Tempel noch Priester. In ihrer Sprache bedeutet Gott *Iageach*, und sein Name ist *Anis.* Vor wichtigen Vorhaben, etwa einem Krieg, werden ihm in einer feierlichen Zeremonie unter freiem Himmel Opfer gebracht. Einer der Anwesenden, aber nicht der Häuptling, weiht die Früchte dem Gott, indem er sie mit ausgestreckten Armen emporhält und den Gott mit *Gieien Anis mne jeo* anruft. Das letzte Wort wird von der versammelten Menge wiederholt. Auf mehreren Inseln wachsen heilige Bäume, Kokospalmen, in deren Krone *Anis* hinabsteigt. Am Fuß eines solchen Baumes liegen vier Balken, die ein Viereck bilden. Es scheint aber nicht verboten zu sein, den von Balken umschlossenen Raum zu betreten und die Früchte zu essen.«

9 **Vorstellung von der höchsten Gottheit:** In Übereinstimmung mit Erdland schreibt Frazer (S. 83): »Mit dem Wort *anij* werden sowohl böse Geister bezeichnet, die dem Menschen schaden, als auch Erlebnisse, die ihn in Angst und Schrecken versetzen; im weiteren Sinne dient es außerdem zur Beschreibung von Schreckgestalten

aller Art, wie Seeungeheuern und giftigen Fischen.« Eine gründliche und lesenswerte Einführung in dieses Thema bietet Tobin. Das Inselpantheon wäre jedoch nicht vollständig ohne die *noniep* – die freundlichen, ja fast nachbarschaftlichen kleinen Wesen, die den *menehune* auf Hawaii ähneln. Tobin hat marshallesische Märchen und Sagen gesammelt, die oftmals an Ovids *Metamorphosen* denken lassen und zum Teil vom Wechselspiel zwischen Menschen und Geistern handeln. Siehe hierzu auch den Eintrag zu Bwebwenatoon in der Bibliographie.

10 ***Riab***: Schreibweise in L&H: *Reab.*

11 **Fischvergiftung:** Die Ciguatera-Vergiftung wird durch ein Toxin hervorgerufen, das aus Dinoflagellaten stammt und über Rifftiere oder sich von Rifftieren ernährende Fische in die menschliche Nahrungskette gelangt. Ob ein bestimmter Fisch zu einer bestimmten Zeit oder in einem bestimmten Gebiet giftig ist und ein anderer nicht, hängt von der von ihm gefressenen Planktonmenge ab. Innerhalb weniger Stunden nach Verzehr des Fisches treten unterschiedliche Vergiftungssymptome auf, darunter in der Regel Erbrechen und Durchfall. Makrelenvergiftung (von Fischen wie Tunfisch, Bonito, Makrele und anderen) wird durch biogene Amine in verdorbenem Fisch verursacht. Zu den Symptomen gehören Kopfschmerzen, Schwindel, Krämpfe im Magen-Darm-Bereich, Schluckbeschwerden und gelegentlich auch Schwellungen. Die Beschwerden halten gewöhnlich mehrere Stunden an. Die Epidemie könnte aber auch andere Ursachen als Fischvergiftung gehabt haben (etwa ernährungsbedingte Mangelkrankeiten oder Nierenversagen); insbesondere ansteckende Hautentzündungen könnten zu so extremen Gesichtsschwellungen, wie den von Lay und Hussey beschriebenen, führen, greifen aber normalerweise nicht auf die Extremitäten über. Für all diese Informationen bin ich Dr. Scott Norton zu großem Dank verpflichtet.

12 **Oberhäuptling:** Chamisso (S. 281) erwähnt einen Vorgänger von Labuliet namens Lathete, der über die südlichen Inselgruppen der Ratak-Kette – Majuro, Arno und Mili – herrschte; mithin dürften diese Atolle auch zu Labuliets Reich gehört haben.

13 *Coquille*: Hezel (1979), S. 116. Im Jahr 1824 besuchte ein amerikanischer Walfänger, die von Kapitän George Joy befehligte *Boston*, Ebon im Südwesten von Mili, während ein anderer Walfänger, die *Maro* unter Kapitän Richard Macy, das ein ganzes Stück westlich von Mili gelegene Ujae anlief. Nichts deutet darauf hin, dass es sich bei einem der beiden um das vor Mili gesichtete Schiff gehandelt haben könnte. Die Berichte von Lay (L&H, S. 57 f.) und Hussey (L&H, S. 93) über das Sichten des Schiffes stimmen nicht völlig überein.

14 **Etikette:** Im Jahr 1999 nahm der Autor des vorliegenden Buches an einem Gartenfest auf dem Majuro-Atoll teil, bei dem sich rund achtzig Gäste auf die von Lay beschriebene Weise versammelten, ein üppiges Mahl verzehrten und am Ende alle, ohne Ausnahme, die Reste der aufgetragenen Speisen in Styroporbehältern mit nach Hause nahmen. Dass es eine grobe Unhöflichkeit gewesen wäre, die Essensreste nicht mitzunehmen, verstand sich von selbst.

15 **Mord:** Laut Paulding (S. 172) wohnte Lay der Hinrichtung eines Mannes bei, der irgendeines Vergehens beschuldigt wurde; bis zuletzt wehrte sich der Delinquent kämpfend und fluchend gegen seine Mörder.

## SECHSTES KAPITEL – DIE NACHRICHT

1 **Route der *Globe*:** Dillon, Bd. 2, S. 104 ff.

2 **112 Tage:** Zählt man jeweils Abfahrts- und Ankunftstag mit, ist Smiths Berechnung ungenau.

3 **Chilenisches Schiff:** Smith, eidl. Aussage.

4 **Ankunft in Valparaiso:** Smith, eidl. Aussage; Dillon, Bd. 2, S. 104 ff.

5 **Hull und Pazifikgeschwader:** Maloney, S. 364–396.

6 ***Globe* verlässt Valparaiso am 15. August 1824:** *El Correo de Arauco* (Viernes 27 de Agosto de 1824), No. 27. Relacion de los buques que han entrado y salido de la bahia de Valparaiso en el presente mes de Agosto. Salidas: Dia 15. La fragata ballenera Globo Norte-

americana, con destino a aquellos Estados: su cargamento aceite de ballena [(Freitag, 27. August 1824), Nr. 27. Meldung der in diesem August im Hafen von Valparaiso ein- und ausgelaufenen Schiffe. Ausgelaufen am 15.: der nordamerikanische Walfänger *Globe*, mit einer Ladung Walöl in die Vereinigten Staaten bestimmt].

7 **Joseph Thomas:** Gesammelte Berichte des US-Berufungsgerichts, »Gefangene im Gefängnis von Boston ... Mai, Juni 1825«; Prozessliste des US-Berufungsgerichts, Bd. 5 (Mai 1822–Oktober 1833), »Liste anhängiger Strafverfahren, Dezember 1824«; *Inquirer* (22. und 29. November, 13. Dezember 1824; 30. Mai 1825).

8 **Gorham Coffin an J. Q. Adams:** NHA, Collection 15, Folder 71.

9 **George Comstocks Erklärung:** Übertragen in den Brief an Adams.

10 **Coffin an Southard und Hull:** NHA, Collection 15, Folder 71.

11 **Coffin an Daniel Webster:** NHA, Collection 74, Folder 11.

12 **Petition:** NHA, Collection 15, Folder 71.

13 **Befehl, Schiff zu entsenden:** Maloney, S. 397.

14 **Befehle von Southard:** Maloney, S. 372.

15 ***Dolphin*:** Maloney, S. 397.

16 **Befehle von Hull an Percival:** *Report: the Committee on Naval Affairs, to whom was referred the petition of John Percival* ... 2. Sitzung des 22. Amerikanischen Kongresses. Beiliegend zur Klageschrift HR 731 (9. Februar 1833), S. 3 ff.

17 **Foote:** National Archives (NA), Area files, M625, roll 282, Item 008.

18 **John Percival:** Siehe die in Kürze erscheinende Biographie von James H. Ellis. Maloney passim, *Dictionary of American Biography*, Long, Trayser, Westcott.

19 **Isaac Coffin:** Amory, Booker.

20 **Wise:** *Tales for the Marines* (Boston, New York 1855). Wie Ellis in seiner in Kürze erscheinenden Percival-Biographie andeutet, diente Percival außerdem als Vorbild für Melvilles »Mad Jack« in

*Weißjacke*, James Micheners Kapitän Hoxworth in *Hawaii* und Edwin L. Sabins »Mad Jack Percy« in *Pirate Waters*.

21 **Hawthorne:** Hawthorne, S. 71 f.

22 **Paulding:** Meade, *Dictionary of American Biography*.

23 **James Kirke Paulding:** Reynolds.

24 **Seelöwenjagd:** Paulding, S. 14 f.

25 **Marquesas:** Paulding, S. 29–71; Erhellendes zu Pauldings Beobachtungen aus heutiger Sichtweise findet sich bei Dening.

26 **Kleinere Inseln:** Paulding, S. 72–103.

27 **Widrige Strömungen:** Paulding, S. 106 f.

## SIEBTES KAPITEL – DOLPHIN

1 **Östlichste der Lord-Mulgraves-Inseln:** Jelbon ist die östlichste Insel, wenn man vom südöstlichen Ausläufer Knox absieht. Allerdings wird die Knox-Gruppe oft als eine eigenständige, nicht zum Mili-Atoll gehörende Einheit betrachtet, und da es sich bei den in Pauldings *Journal* erwähnten Inseln im Süden, die (bei der Abfahrt der *Dolphin* von Jelbon) vom Masttopp aus zu sehen waren, nur um die Knox-Inseln gehandelt haben kann, deutet alles darauf hin, dass das Schiff nicht dort, sondern nördlich davon ankerte.

2 **Chronologie:** Da Pauldings Bericht über die Zeit auf Mili, insbesondere seine Schilderung der Rettung, der ausführlichste und von der zeitlichen Abfolge her schlüssigste ist, orientiert sich dieses Kapitel, wenn nicht ausdrücklich anders erwähnt, an ihm. Die unterschiedliche Datierung der Ereignisse zwischen dem 22. und dem 24. November ist etwas verwirrend. Der 22. November war der Tag, an dem die *Dolphin* Jelbon verließ, in Lukunor eintraf und die Insel zu erforschen begann. Laut Lay erreichte die Nachricht von der Ankunft des Schiffes Mili Mili am 23. November und löste Luttuons Mobilmachung aus. Verlegte man den Auftritt des bei Paulding erwähnten, von Luttuon gesandten Spions und die am Strand von Lukunor entdeckten vier Kanus vom 22. auf den 23. November, ließen sie sich mit Luttuons Ankunft auf Lukunor in Verbindung brin-

gen und somit besser in die ganze Geschichte integrieren. Laut Lay verließ Luttuon mit seinen Kriegern Mili Mili am 23. November, demselben Tag, an dem sie von der Ankunft des Schiffes erfuhren, und erreichten ihr Ziel (Lukunor) erst in der Dunkelheit. Folglich hätten sie an diesem Tag keine Zeit mehr gehabt, einen Spion auf die *Dolphin* zu schicken oder eines der anderen ihrem ersten Tag auf Lukunor zugeordneten Vorhaben auszuführen; diese scheinen eher am 24. November stattgefunden zu haben, als sich das Geschehen auf der Insel zuspitzte – die Eingeborenenflotte war in Bereitschaft, die Männer von der *Dolphin* entdeckten Teile aus den *Globe*-Beständen in den Kanus, Lay wurde in der Hütte versteckt und am Abend in Luttuons Kanu nach Tokewa gebracht. Die Hauptbeschäftigung der *Dolphin*-Besatzung zwischen dem 24. und dem 26. November bestand darin, dem Vordringen von Leutnant Homers Streiftrupp zu folgen. Kleinere Unstimmigkeiten, wie beim Fund von Rowland Coffins Handschuh – laut Paulding am 25., nach dem Logbuch der *Dolphin* aber erst am 27. November –, lassen sich vermutlich einfach damit erklären, dass sich die Verfasser bei den endgültigen Versionen ausschließlich auf Notizen stützten. Dieses Kapitel orientiert sich an Pauldings Chronologie der Tage vor und nach der Rettung – mit einer Ausnahme: Paulding schreibt (S. 118), dass der Streiftrupp einen Tag nach der Beerdigung des Schiffsarztes nach Mili Mili kam; die Beerdigung des Schiffsarztes fand (laut Paulding und Logbuch) am 28. November statt. Der Streiftrupp muss jedoch am Tag der Beerdigung, also am 28. November, eingetroffen sein, denn an diesem Tag entdeckten die Männer die Trümmer des *Globe*-Lagers und übernachteten in einer verlassenen Hütte, bevor sie am nächsten Tag (dem 29. November) zwei Boten zum Schiff schickten, um Hilfe anzufordern. Der Verfasser des L&H-Berichts präsentiert, vor allem in Lays Teil, eine unmögliche Chronologie: Danach wurden sowohl Lay als auch Hussey am 29. November gerettet und noch am selben Tag auf die *Dolphin* gebracht. Auch das Logbuch der *Dolphin* weist hier einen Widerspruch auf, indem es die Ankunft der Barkasse, in der Lay und Hussey zum Schiff gebracht wurden, auf den 30. November legt, was unvereinbar mit dem Logbucheintrag ist, demzufolge die Barkasse am 29. November ausgesandt wurde, denn die Barkasse fand Lay und Hussey am nächsten Tag, dem 30., und kehrte nach einem nächtlichen Zwischenstopp erst am 1. Dezember zum Schiff zurück. Der Eintrag im Logbuch vom 29. November mit der Entdeckung des vermutlich von Comstock stammenden Skeletts ist korrekt.

3 **Lukunor:** Die Ost-West-Ausdehnung der Insel ist etwas kürzer, als von Paulding angegeben.

4 **Husseys Wohnort:** Dass Lukunor Husseys Wohnort war, geht aus zahlreichen geographischen Hinweisen in L&H hervor, unter anderem aus der Beschreibung von Lukunor (»Luj-no-ne-wort«) als »der Ort, wo Hussey lebte« (L&H, S. 52).

5 **Aus L&H lässt sich schließen, dass Lay einen kurzen Blick von dem Schiff erhaschte**, bevor man ihn einsperrte.

6 **Enajet:** Verbreitete Schreibweise; präziser ist Anejet.

7 **Gedenktafel des Schiffsarztes:** Davis (S. 37) berichtet, dass die USS *Narragansett* bei ihrem Zwischenstopp in Mili im Jahr 1872 feststellte, dass das Grab des Schiffsarztes in Ehren gehalten wurde und nach wie vor unter Tabu stand.

8 **Vorräte für fünf Tage:** Laut Logbucheintrag vom 29. November war die Barkasse mit einem Fünftagevorrat für zehn Mann ausgerüstet.

9 **Strohhalmziehen:** Paulding (S. 174) beschreibt das Ritual, das seinen Angaben zufolge vollzogen wurde, bevor Lay seinen Plan ausführen durfte.

10 **Die Rettung:** Lay und Hussey weichen in ihrem Bericht in etlichen Punkten von Paulding ab: 1. schreiben sie, dass Lay mit hundert der gewieftesten Eingeborenen, denen er zuvor eingeschärft hatte, einen friedlichen Eindruck zu erwecken, zum Strand hinabkam; 2. legen sie Paulding die Floskel: »Ich bin auf Ihrer Seite« in den Mund; 3. schreiben sie, dass Lay zu Paulding rannte; 4. saßen ihnen zufolge dreizehn Mann und zwei Offiziere im Boot; und 5. schreiben sie, dass Paulding mit seiner Pistole auf den Alten gezielt habe.

11 **Tollkühnstes Unternehmen:** Davis, S. 31 f. Wie aus dem

Logbucheintrag vom 21. November hervorgeht, war Fähnrich Davis eine Woche zuvor wegen Müßiggangs während der Wache bestraft worden.

12 **Husseys Insel:** Aus den Berichten geht nicht eindeutig hervor, wo sich Hussey am Tag der Rettung aufhielt, aber die Aussagen in L&H (S. 65, 102 f.) und Paulding (S. 132) deuten stark darauf hin, dass Hussey auf Lukunor blieb, als Lay mit Luttuons Flotte fortgebracht wurde.

13 ***Hitera*:** Ein merkwürdiges Wort, das von Klang und Gebrauch her an *eidara* erinnert: »Die Männer, erst nur wenige, kamen uns zögernd mit grünen Zweigen entgegen; wir brachen auch grüne Zweige; der schon oft gehörte Friedensgruß ›Eidara!‹ ward uns zugerufen, und wir erwiderten ihn auf gleiche Weise« (Chamisso, S. 246). Ein Wörterverzeichnis in Kotzebue (1821), Bd. 2, S. 419, übersetzt *eidara* mit »gut«. Im modernen Marshallesisch ist weder *hitera* noch *eidara* gebräuchlich. Seine heutige Entsprechung könnte, wie Alfred Capelle und Byron Bender, die Herausgeber des *Marshallese English Dictionary* (Abo), vermuten, das Wort für Freund – *jera* oder das Verehrung ausdrückende *l'ojera* – sein.

14 **Percivals Ansprache:** Nach Pauldings Bericht, ergänzt durch die ausführlichere Version in L&H.

15 **Der alte Mann:** Von der Beschreibung der Situation her klingt es so, als habe Percival sein traumatisches Urteil beim Abschlussgipfeltreffen mit Luttuon und den anderen Häuptlingen gefällt (weil sowohl Lay als auch Hussey als Dolmetscher anwesend waren). Doch wenn das der Fall gewesen wäre, hätte das Schiff Mili bereits vor dem Tod des Alten verlassen, und niemand hätte davon erfahren.

16 **Keine Übereinstimmung:** Paulding schreibt, dass er am 4. Dezember mit Hussey nach Lukunor fuhr, wo er am 6. Dezember eintraf, bei Lugoma übernachtete und am 7. Dezember mit Hussey nach Mili Mili zurückkehrte. Am nächsten Morgen kam Lugoma laut Paulding zu einem letzten Besuch nach Mili Mili und wurde an Bord des Schoners empfangen. Am Nachmittag stattete Luttuon dem

Schiff einen offiziellen Besuch ab. Anschließend lichtete die *Dolphin* die Anker und verließ Mili. In L&H ist Hussey am 6. Dezember als Dolmetscher des Kapitäns noch in Mili Mili, und die Abfahrt von Mili ist mit dem 7. statt mit dem 8. Dezember datiert. Im Logbuch ist das Abfahrtsdatum als 8. Dezember angegeben (was dadurch belegt wird, dass das Schiff am Tag vor der Abfahrt Fässer mit Inselwasser bunkerte).

17 ***Jemmaan*:** Paulding schreibt das Wort »Tamon«.

18 **Spätere Schiffe:** Zwanzig Jahre nach der Ankunft der *Globe* im Mili-Atoll »lief am 12. Dezember [1844] der von Kapitän Edouard Hyenne befehligte französische Walfänger *Angelina* aus Le Havre Mili an. Drei Kanus kamen mit Geschenken für Schiffsführung und Besatzung zum Schiff hinaus. Überzeugt von der Freundlichkeit der Insulaner, gingen der Kapitän und der Obermaat mit zwei Bootscrews an Land. Aber die Männer wurden nie wiedergesehen, und man nahm an, dass sie massakriert wurden. Nachdem die *Angelina* acht Tage vor der Insel gelegen hatte, während ihre Boote die Küste auf der Suche nach den Vermissten abfuhren, kehrte sie nach Honolulu zurück« (Hezel, 1979, S. 119).

19 **Bully Hayes:** Hayes' Schiffe – die *Leonora,* deren Kapitän er war, und die *Neva,* die ihm gehörte – liefen Mili im Jahr 1871 wiederholt zu Handelszwecken an (Hezel, 1979, S. 129).

20 **Verfilmung:** Der 1983 gedrehte Film heißt *Die Insel der Piraten.*

21 **Beachcomber, Händler und Schiffbrüchige:** Aufgelistet in: *Beachcombers, Traders & Castaways in Micronesia,* http://www.micsem.org/pubs/articles/historical/bcomber/pohnpei.htm (letzter Zugriff auf diese Website im Mai 2004).

## NACHWORT – DER SCHATTEN DER GLOBE

1 **Die Details zur Fahrt von Mili nach Hawaii** stammen von Paulding oder, wenn entsprechend angegeben, aus dem *Dolphin*-Logbuch oder anderen Quellen.

2 **Universität für Liebeskunst:** Im Sommer 1950 besuchte Leonard Mason, damals Außerordentlicher Professor für Ethnologie an der Universität Hawaii, Arno im Rahmen eines Forschungsprojekts zur ökonomischen und sozialen Situation auf dem Atoll. Er wurde von einem graduierten Studenten aus Hawaii begleitet. Von der einzigartigen Lehranstalt erzählten ihm zwei Frauen auf einer der östlichen Inseln des Atolls, denen er Stillschweigen über die Einzelheiten ihres Treffens gelobte. »Es war eine hochinteressante Erfahrung«, erzählte Mason fünfzig Jahre später, »aber ich habe das Geheimnis, wie verlangt, bewahrt.«

3 **Schmiede:** Chamisso, S. 259.

4 **Labuliet:** (»Lebeuliet«), Chamisso, S. 279.

5 **Cook und die hawaiische Geschichte:** Eine gute Einführung in die Geschichte Hawaiis bietet Tabrah; die klassische stammt von Kuykendall. Siehe außerdem Kuykendall & Day, Daws, Webb sowie Loomis.

6 ***Equator* und *Balaena*:** Starbuck, I, S. 225; Blackman, S. 188.

7 **Missionare:** Bingham, S. 283–304.

8 **Welche Walfänger damals im Hafen von Honolulu lagen**, geht aus den Depeschen des US-Konsulats in Honolulu hervor, zitiert aus Gast, S. 96.

9 **Bingham und Lay und Hussey:** Hale, S. 87, 431–434.

10 **Konflikt mit Missionaren:** Die gründlichste Auseinandersetzung eines Außenstehenden mit diesem Thema bietet McKee.

11 **Loomis:** Tagebuch von Elisha Loomis, im Besitz der Hawaiian Mission Children's Society Library, Eintrag vom 21. Februar 1826. Abdruck mit frdl. Genehm. der Hawaiian Mission Children's Society Library (HMCSL).

12 **Loomis:** Tagebuch von Elisha Loomis, Eintrag vom 8. April 1826. Abdruck mit frdl. Genehm. der HMCSL.

13 **Chamberlain:** Levi Chamberlains Tagebuch im Besitz der Hawaiian Mission Children's Society Library, Eintrag vom 28. Februar 1826. Abdruck mit frdl. Genehm. der HMCSL.

14 **Handelsbeteiligungen:** Gast, S. 77–94.

15 **Francis Macy:** NHA, Collection 74, Folder 11.

16 **Hull an Southard:** NA, Record Group 45; NHA, Collection 74, Folder 11.

17 **Lay an Hussey:** NHA, Collection 74, Folder 10.

18 **Hull an Hussey:** New York Historical Society, Hull Collection, Rolle 1.

19 **George arbeitet im väterlichen Geschäft:** Die Geschäftskorrespondenz aus der Zeit 1828–1829 trägt George Comstocks Unterschrift, NHA, Collection 334.

20 **Lay an Hussey:** NHA, Collection 74, Folder 10.

21 **Margaret:** NHA, Collection 74, Folder 10.

22 **Husseys Tod:** Kommentar von Sanford in der Erstausgabe von L&H in NHA; *Inquirer*, 9. Mai 1829.

23 **Gilbert Smith:** Banks, S. 228; *Vineyard Gazette*, 5. Juni 1966.

24 **Percival:** Ausführlich in der in Kürze erscheinenden Biographie von James Ellis; *Dictionary of American Biography*.

25 **Paulding:** Meade. *Dictionary of American Biography*.

26 ***Globe*:** William H. Macy, Leserbrief, *Inquirer*, 27. September 1890.

27 **»Unbedeutender Autor«; Zuschreibung von Betsey Jane Ward:** Don C. Seitz, *Artemus Ward: A Biography and Bibliography* (New York 1919), S. 338.

28 **William als eine von Melvilles Quellen:** F. DeWolfe Miller, »Another Chapter in the History of the Great White Whale«, in: Henry Murray und Howard Vincent (Hg.), *Melville and Hawthorne in the Berkshires* (Kent, Ohio: Kent State University Press, 1968), S. 109–117; Joel Myerson, »Comstocks White Whale and *Moby-Dick*«, *American Transcendental Quarterly* 29 (1976), S. 8–27; Robert R. Craven, »›Roger Starbuck‹ (Augustus Comstock) and *Moby-Dick*«, *Melville Society Extracts* (November 1981), S. 1–5, und »Two New Sightings of the White Whale«, *Melville Society Extracts* 63 (September 1985), S. 12–16.

29 **Weitere Werke Williams:** William ist eindeutig der Autor von *Mysteries of New York* (1845). Lyle Wright bezeichnet in *American Fiction* William als Autor von »The Village Slander«, eine kurze

moralische Skizze in dem Erzählband *Tales and Takings* (New York 1856). Der Autor von *American Plays*, Frank Pierce Hill, schreibt William das Drama *The Intolerants* zu; das Stück wurde 1827 veröffentlicht, als William 23 Jahre alt war. Dass diese intellektuell überaus anspruchsvolle Auseinandersetzung mit der Kirchengeschichte und den Kirchenvätern aus der Feder eines so jungen Autors stammen soll, ist zwar erstaunlich, aber keineswegs unvorstellbar. Die beiden zu Enthaltsamkeit aufrufenden Stücke *Rum* und *The Drunkard* könnten ebenfalls das Werk William Comstocks sein.

30 **Zu William und Sohn Augustus:** siehe Albert Johannsen, *The House of Beadle and Adams*, Band 2 (University of Oklahoma Press, 1950–1962), S. 62 ff.

31 **William in *The Boston Pearl and Literary Gazette*:** Die Serie aus acht Artikeln erschien wöchentlich vom 18. Juli bis 5. September 1835; die ersten beiden Artikel waren mit »The Art of Whaling« überschrieben, die restlichen mit »Whaling in the Pacific.«

32 **William als Mitautor von L&H:** In seinem Buch *Im Herzen der See* erwähnt Nathaniel Philbrick einen studierten Nantucketer namens William Coffin jr. als wahrscheinlichen Ghostwriter von Owen Chases *Der Untergang der Essex* und fügt hinzu: »Jahre später dann machte er den Ghostwriter für Obed Macys viel gelobte Geschichte Nantuckets; auch spricht einiges dafür, dass er an einem Bericht über die berüchtigte Meuterei auf der *Globe* mitschrieb« (Philbrick, S. 256). Erstaunlicherweise schreibt William Comstock in seinem Vorwort zu *The Terrible Whaleman* das Gedicht »Der junge Meuterer« einem gewissen Kapitän Coffin zu – obwohl Glover allgemein als Verfasser des Gedichts galt.

33 **»Nirgends soll Mord Freistatt haben«:** Hamlet, Akt IV, Szene 7.

# LITERATURVERZEICHNIS

Neben dem in diesem Buch zum ersten Mal in voller Länge abgedruckten Bericht von George Comstock (Anhang B) sind Lays und Husseys *A Narrative of the Mutiny, on Board the Ship Globe, of Nantucket* und das *Journal* von Paulding die wichtigsten Werke, die Auskunft über das Geschehen auf der *Globe* geben. Aus der Sekundärliteratur über die *Globe* ragen die unten genannten Werke von Edouard Stackpole heraus, einschließlich seines Vorworts zur New Yorker Ausgabe des Buches von Lay und Hussey.

## ARCHIVE

| | |
|---|---|
| MVH | Martha's Vineyard Historical Society |
| NA | National Archives |
| NHA | Nantucket Historical Association |

## BIBLIOGRAPHIE


Abo, Takaji, Bender, Byron W., Capelle, Alfred und DeBrum, Tony, *Marshallese-English Dictionary*, Honolulu 1976.

Amory, Thomas Coffin, *The Life of Admiral Sir Isaac Coffin, Baronet*, Boston 1886.

Anbinder, Tyler, *Five Points*, New York 2001.

Anderson, Charles Roberts, *Melville in the South Seas*, New York 1939; New York/Dover 1966.

Banks, Charles Edward, *The History of Martha's Vineyard, Dukes County, Massachusetts*, Bd. 3, Edgartown, Mass., 1966.

Barbour, Hugh (Hg.), *Quaker Crosscurrents: Three Hundred Years of Friends in the New York Monthly Meetings*, Syracuse, N.Y., 1995.

Beaglehole, J. C., *The Exploration of the Pacific*, Stanford, Ca., 1966.

Beegel, Susan, »›Mutiny and Atrocious Butchery‹: The *Globe* Mutiny as a Source for Pym«, in: *Poe's Pym: Critical Explorations*, Richard Kopley (Hg.), Durham, N.C., 1992, S. 7–19, 277–280.

Bellwood, Peter, *Man's Conquest of the Pacific: The Prehistory of Southeast Asia and Oceania*, New York 1979.

– *The Polynesians: Prehistory of an Island People*, London 1978.

Bingham, Hiram, *A Residence of Twenty-One Years in the Sandwich Islands*, Rutland, Vt., 1981.

Blackman, William Fremont, *The Making of Hawaii: A Study in Social Evolution*, New York 1899.

Booker, Margaret Moore, *The Admiral's Academy*, Nantucket, Mass., 1998.

Browning, Mary A., »Traders in the Marshalls«, in: *Micronesian Reporter* 20 (1972), S. 32–38.

Burrows, Edwin G. und Wallace, Mike, *Gotham: A History of New York City to 1898*, New York 1999.

Bwebwenatoon: Downing, Jane, Spennemann, H. R. und Bennett, Margaret, *Bwebwenatoon Etto: A Collection of Marshallese Legends and Traditions*, Majuro (Republic of the Marshall Islands Ministry of Internal Affairs Historic Preservation Office) 1992.

Chamisso, Adelbert von, *Reise um die Welt*, Berlin 1975.

Comstock, George, »Narrative of the Mutiny capture and transactions on board of the Ship Globe of Nantucket after Sailing from Edgartown« (Bericht von der Meuterei und dem Geschehen an Bord des Schiffes *Globe* aus Nantucket nach dem Auslaufen aus Edgartown), unveröffentlichtes Manuskript, NHA, Collection 15, Folder 71. Abschrift: Anhang B des vorliegenden Buches.

Comstock, John Adams, *A History and Genealogy of the Comstock Family in America*, Los Angeles 1949.

Comstock, William, *Mysteries of New York*, Boston 1845.

– *The Life of Samuel Comstock, the Terrible Whaleman*, Boston/ New York 1840.

– *A Voyage to the Pacific, Descriptive of the Customs, Usages, and Sufferings on Board of Nantucket Whale-Ships*, Boston 1838.

– Betsey Jane Ward [Pseud.], *Betsey Jane Ward (Better Half to Artemus) Hur Book of Goaks with a Hull Akkownt of the Coartship and Maridge to A4said Artemus, and Mister Ward's Cutting-Up with the Mormon Fare Secks*, New York 1866.

Cromwell, Otelia, *Lucretia Mott*, Cambridge 1958.

Davidson, Louis B. und Doherty, Eddie, *Captain Marooner*. Vorwort William McFee, New York 1952.

Davis, Charles H. [jr.], *Life of Charles Henry Davis, Rear Admiral, 1807–1877*, New York 1899.

Daws, Gavan, *Shoal of Time: A History of the Hawaiian Islands*, New York 1968.

Dening, Greg, *Islands and Beaches: Discourse on a Silent Land, Marquesas 1774–1880*, Honolulu 1980.

Dillon, Peter, *Narrative and Successful Result of a Voyage in the South Seas: Performed by Order of the Government of British India, to Ascertain the Actual Fate of La Pérouse's Expedition*, 2 Bde., London 1829.

Eidliche Aussage(n), gemacht vor U.S. Konsul Michael Hogan, Valparaiso (9., 15., 30. Juni), in NA, Record Group 59, M146, Rolle 1.

Ellis, Edward Robb, *The Epic of New York City*, New York 1966.

Erdland, August, *Die Marshall-Insulaner: Leben und Sitte, Sinn und Religion eines Südsee-Volkes*, Münster 1914.

Fairburn, William Armstrong, *Merchant Sail*, 6 Bde., Center Lovell, Maine: Fairburn Marine Educational Foundation, 1945–1955; nachgedr. Gloucester, Mass., 1992.

Finney, Ben R., *Voyage of Rediscovery: A Cultural Odyssey through Polynesia*, Berkeley, Ca., 1994.

Frazer, James George, *The Belief in Immortality and the Worship of the Dead*, London 1968. (Dt. *Mensch, Gott und Unsterblichkeit: Gedanken über den menschlichen Fortschritt*, Leipzig 1932.)

Gast, Ross H., *Contentious Consul: A Biography of John Coffin Jones*, Los Angeles 1976.

Gilbert, Thomas, *Voyage from New South Wales to Canton in the Year 1788*, London 1789; nachgedr. Ridgewood, N.J., 1968.

Hale, Horatio Emmons, *Ethnography and Philology*, als Serie erschienen: *United States Exploring Expedition During the Years 1838–1842, under the Command of Charles Wilkes, U.S.N.*, Bd. 6, Philadelphia 1846; nachgedr. Ridgewood, N.J., 1968.

Hawthorne, Nathaniel, *The American Notebooks*, Hg. Claude M. Simpson, Columbus 1972.

Haynes, Douglas und Wuerch, William L., *Micronesian Religion and Lore: A Guide to Sources, 1526–1990*, Westport, Conn., 1995.

Heflin, Wilson, »Herman Melville's Whaling Years«, Dissertation, Vanderbuilt University 1952.

Hezel, Francis X., S.J., *The First Taint of Civilization: A History of the Caroline and Marshall Islands in Pre-Colonial Days, 1521–1885*, Honolulu 1983.

– *Foreign Ships in Micronesia: A Compendium of Ship Contacts with the Caroline and Marshall Islands 1521–1885*, Saipan (Marianen) 1979.

Hoyt, Edwin Palmer, *Mutiny on the Globe*, New York 1975.

*Inquirer*, Nantucket *Inquirer*.

Kidder, Stephen, von Stephen Kidder unterzeichnete Erklärung im Journal von Obed Macy, NHA, Collection 96, Journal 4, S. 34–40.

Klain, Zora, *Educational Activities of New England Quakers*, Philadelphia 1928.

Kotzebue, Otto von, *Entdeckungsreise in die Südsee und nach der Berings-Straße zur Erforschung einer nordöstlichen Durchfahrt, unternommen in den Jahren 1815, 1816, 1817 und 1818 auf Kosten des Grafen Rumanzoff auf dem Schiffe Rurick unter dem Befehle des Lieutenants der Russisch-Kaiserlichen Marine Otto von Kotzebue*, Weimar 1821.

– *Neue Reise um die Welt in den Jahren 1823, 24, 25 und 26*, Weimar/St. Petersburg 1830.

Kuykendall, Ralph S., *The Hawaiian Kingdom*, 3 Bde., Honolulu 1938–1967.

Kuykendall, Ralph S. und Grove Day, A., *Hawaii: A History*, Englewood Cliffs, N.J., 1961.

Lamb, Martha J. und Mrs. Burton Harrsion, *History of the City of New York: Its Origin, Rise, and Progress*, 3 Bde., New York 1877.

Langdon, Robert, *A Gazeteer of Obsolete/Alternative Names of the Pacific Islands with Their Current Equivalents and A Gazeteer of Current Names of the Pacific Islands Islands with Their Obsolete/Alternative Names*, Canberra 1976, Exzerpt aus *Pambu* 42 (Jan./März 1976).

Langsdorff, Georg H. von, *Voyages and Travels in Various Parts of the World during the years 1803, 1804, 1805, 1806 and 1807*. 2 Bde., London 1813–1814. (Dt. *Bemerkungen auf einer Reise um die Welt in den Jahren 1803 bis 1807*, Frankfurt a. M. 1812.)

Lankevich, George J., *American Metropolis: A History of New York City*, New York 1998.

Lay, William und Hussey, Cyrus M., *A Narrative of the Mutiny, on Board the Ship Globe, of Nantucket*, New London 1828; nachgedr. *A Narrative of the Mutiny on Board the Whaleship Globe*, Edouard A. Stackpole (Hg.), New York 1963. Die Quellenangaben in diesem Buch beziehen sich auf die New Yorker Ausgabe.

Leach, Robert J., *Quaker Nantucket*, Nantucket, Mass., 1997.

Lewis, David, *We, the Navigators: The Ancient Art of Landfinding in the Pacific*, Honolulu 1994.

Logbuch des U.S. Schoners *Dolphin* (1824–1827), Bd. 1, NA, Record Group 24.

Long, David F., *»Mad Jack«: The Biography of Captain John Percival, U.S.N., 1779–1862*, Westport, Conn., 1993.

Longworth, David et al., *Longworth's American Almanack, New York Register, and City Directory: for the … Year of American Independence*, New York 1797–1843.

Loomis, Albertine, *Grapes of Canaan: Hawaii 1820*, New York 1951; Woodbridge, Conn., 1998.

Macy, Silvanus J., *Bibliography of the Macy Family 1635–1868*, Albany, N.Y., 1868.

Maloney, Linda [McKee], *The Captain from Connecticut: The Life and Naval Times of Isaac Hull*, Boston 1986

Maloney, Linda M., »The U.S. Navy's Pacific Squadron, 1824 to 1827«, in: Robert William Love, jr. (Hg.), *Changing Interpretations and New Sources in Naval History*, New York 1980, S. 180–191.

*Maria*, Von George Washington Gardner jr. geführtes Schiffstagebuch der Fahrt der *Maria* im Jahr 1822, NHA, Collection 335, Folder 956.

McKee, Linda, »›Mad Jack‹ and the Missionaries«, *American Heritage* 22 (April 1971), S. 30–37, 85 ff.

Meade, Rebecca Paulding, *The Life of Hiram Paulding, Rear-Admiral, U.S.N.*, New York 1910. *Dictionary of American Biography.*

Melville, Herman, »Redburn: Seine erste Reise«, in: *Redburn, Israel Potter und sämtliche Erzählungen*, München 1967.

Mercein, William A., *Mercein's City Directory, New-York Register, and Almanac, for the Forty-Fifth Year of American Independence*, New York 1820.

Mitchill, Samuel, L., *The Picture of New-York, or, The Traveller's Guide Through the Commercial Metropolis of the United States*, New York 1807.

Monaghan, Charles, »Lindley Murray, American«, in: Ingrid Tieken-Boon van Ostade (Hg.), *Two Hundred Years of Lindley Murray*, Münster 1996, S. 27–43.

– »The Murrays of Murray Hill: A New Yorker Quaker Family Before, During and After the Revolution«, *Quaker History* 87/1 (1998), S. 35–56.

Morell, Benjamin, jr., *A Narrative of Four Voyages, to the South Sea, North and South Pacific Ocean, Chinese Sea, Ethiopic and Southern Atlantic Ocean, Indian and Antarctic Ocean*, New York 1832.

MVV, *Vital Records of Edgartown, Massachusetts, to the Year 1850*, Boston (New England Historic Genealogy Society) 1906.

Olson, James S. (Hg.), *Historical Dictionary of the Spanish Empire, 1402–1975*, Westport, Conn., 1992.

Paulding, Hiram, *Journal of a Cruise of the United States Schooner*

*Dolphin Among the Islands of the Pacific Ocean and a Visit to the Mulgrave Islands, in Pursuit of the Mutineers of the Whale Ship Globe*, Honolulu 1970.

Philbrick, Nathaniel, *Im Herzen der See*, München 2000.

Phillip, Arthur, *The Voyage of Governor Phillip to Botany Bay with Contributions by Other Officers of the First Fleet and Observations on Affairs of the Time by Lord Auckland.* Mit einer Einleitung von James J. Auchmuty, London 1970. (Dt. *Arthur Phillips Reise nach der Botany-Bay*, Hamburg 1791.)

Pigafetta, Antonio, *Mit Magellan um die Erde: Ein Augenzeugenbericht der ersten Weltumsegelung 1519–1522*, Hg. Robert Grün, mit einem Vorw. von Dieter Lohmann, Stuttgart/Wien 2001.

Pratt, Fletcher, *The Navy, a History*, Garden City, New York, 1941.

Reynolds, *Report of J. N. Reynolds of Facts Obtained at Nantucket of South Seas and Pacific Ocean*, NA, Record Group 45.

Reynolds, Larry, *James Kirke Paulding*, Boston 1984.

Sharp, Andrew, *Ancient Voyagers in Polynesia*, Berkeley, Ca., 1964.

– *The Discovery of the Pacific Islands*, Westport, Conn., 1985.

Spennemann, Dirk, H. R., *Ennaanin Etto: A Collection of Essays on the Marshallese Past*, Majuro (Republic of the Marshall Islands Ministry of Internal Affairs Historic Preservation Office) 1992.

Stackpole, Edouard A., »Vorwort« in: William and Hussey, Cyrus M., *A Narrative of the Mutiny on Board the Whaleship Globe*, Edouard A. Stackpole (Hg.), New York 1963.

– *Mutiny at Midnight: The Adventures of Cyrus Hussey of Nantucket Aboard the Whaleship Globe in the South Pacific from 1822 to 1826*, New York 1939.

– *The Sea-Hunters*, Westport, Conn., 1972.

– *The Mutiny on the Whaleship Globe: A True Story of the Sea*, ohne Erscheinungsort 1981.

Starbuck, Alexander, *History of the American Whale Fishery From Its Earliest Inception to the Year 1876*, 2 Bde., hg. vom Autor, 1878, nachgedr. New York 1964.

Still, Bayrd, *Mirror for Gotham: New York as Seen by Contemporaries from Dutch Days to the Present*, New York 1956, nachgedr. Westport, Conn., 1980.

Tabrah, Ruth, *Hawaii: A Bicentennial History*, New York 1980.

Tobin, Jack, *Stories from the Marshall Islands*, Honolulu 2001.

Trayser, Donald G., *Barnstable: Three Centuries of a Cape Cod Town*, Hyannis 1939.

Webb, Nancy und Webb, Jean Francis, *The Hawaiian Islands: From Monarchy to Democracy*, New York 1958.

Westcott, Allan, »Captain ›Mad Jack‹ Percival«, in: *United States Naval Institute Proceedings* 61/3 (März 1935), S. 313–319.

## ZUR SCHREIBWEISE MARSHALLESISCHER WÖRTER

Die Schreibweise der marshallesischen Wörter in diesem Buch orientiert sich an Abo, ebenso die von Ortsnamen, sofern nicht, wie beispielsweise bei Lukonor (statt Lukwon-wod) eine andere Form gebräuchlich ist. Auf Landkarten findet man noch viele marshallesische Ortsnamen aus der Zeit, als die Inseln japanisches Mandatsgebiet waren (1914–1943), als Jelbon Chirubon und Malka Madekai hieß. Andere Abweichungen sind, sofern vorhanden, kenntlich gemacht. Der Name Mili tauchte immer wieder in den unterschiedlichsten Schreibweisen auf, heute zum Beispiel gelegentlich in der wissenschaftlich präziseren Form Mile, die sich bisher jedoch nicht durchsetzen konnte.

# DANKSAGUNG

Mein aufrichtiger Dank gilt »Bata Rich« McAuliff, S.J.; Chugi, Beverly, Ben und Emi Chutaro; Alfred Capelle, UN-Botschafter der Republik Marshallinseln; und Fran Hezel, S.J., Leiter des Mikronesischen Seminars, deren Hilfe und Freundschaft für mich eine enorme und unerwartete Belohnung für die Arbeit an diesem Buch waren. Großen Dank schulde ich außerdem *ri-Majel*; Dadashi Lometo, Senator des Mili-Atolls; Ramsey Reimers; Jessica Reimers; Peter Fuchs; Alson Kelen, Spezialist für marshallesische Auslegerkanus; Erwin Bollong, *iroojlaplap* des Mili-Atolls; sowie Kuniga Lometo Bollong für die mir erwiesene Gastfreundschaft auf Mili.

In Hawaii erfreute ich mich der Hilfe von Robert Kiste, Byron Bender, Jack Tobin und Leonard Mason und des geradezu sprichwörtlichen Entgegenkommens folgender Bibliothekarinnen und Bibliothekare: Karen Peacock, Nancy Morris, Lynette Furuhashi und Ross Togashi. Mein besonderer Dank gilt Marilyn Reppun von der Hawaiian Mission Children's Society Library, einem wahren Kleinod für Forscher. Ferner möchte ich Charlene Avallone und Chip Hughes sowie den Mitarbeitern des Staatsarchivs von Hawaii und des Bishop Museums herzlich danken.

Für die Hilfe zu Nantucket danke ich ganz besonders Elizabeth Oldham und Betsy Lowenstein sowie Nathaniel Philbrick, der mir am Egan Institute zur ersten Möglichkeit einer öffentlichen Diskussion über die *Globe* verhalf und mich auf unterschiedlichste Weise unterstützte. Danken möchte ich auch

Frank Milligan, Niles Parker und Ralph Marie Henke von der Nantucket Historical Association sowie Dwight und Mimi Berman, Helen Winslow Chase und Robert Leach. Bei der Martha's Vineyard Historical Society danke ich Matthew Stackpole, Jill Bouck, Catherine Mayhew und Peter Van Tassel und beim Penobscot Marine Museum in Maine Renny Stackpole.

Von unschätzbarem Wert war für mich die sachkundige Beratung in medizinischen und psychologischen Fragen durch Dr. med. Milton Viederman, Dr. med. Douglas Price, Dr. med. Scott Norton und Dr. med. Marjorie Scandizzo. Die gründliche und fundierte Charakterstudie über Samuel Comstock, an der mich Dr. Viederman teilhaben ließ, definierte scharfsinnig und einfühlsam zugleich die Grenzen der Erkenntnis über die Psyche des Meuterers.

In den Staatsarchiven von Washington und Waltham danke ich Jack Saunders, Rebecca Livingston, John Vandereedt und Stanley Tozeski.

Viele andere, denen ich zutiefst zu Dank verpflichtet bin, sind, in alphabetischer Reihenfolge, Janet Baldwin vom Explorer's Club; Lester Baltimore; Robert R. Craven; Lee Descoteaux; Mary K. Bercaw Edwards; James H. Ellis; Christopher Ferguson; Tina Furtado von der New Bedford Free Public Library; Rebecca Garnett; Jill Gidmark; Kate Giordano von der Public Library in Portsmouth, N.H.; Linda Guerreiro; Martin Haas; Warwick Hirst, Kustos der Manuskripte an der State Library of New South Wales; Alice Hudson von der New York Public Library Map Division; Dean King; Kate Lennon vom USS *Constitution* Museum; Robert Madison; Linda Maloney; Neil Miller; Gale Munro vom Naval Historical Center; Trudi Neubauer und die Mitarbeiter der Adelphi University Library's Inter-library Loan Division; Patricia O'Donnell von der Swarthmore Friends Historical Library; Jean Powers von der Massachusetts Historical Society; Laura Reitano; Gloria Roberson; Robert Scheina vom Industrial College of the Armed Forces;

Sandy Shryock von der Maine Historical Society; Brian Sieling von der Smithsonian Institution und Darlene Waller von der Connecticut Library.

Besonderer Dank gebührt Alfred Capelle, Fran Hezel, S.J., Nathaniel Philbrick, Sebastian Junger, Lester Baltimore, Martin Haas und Dr. med. Milton Viederman, die sich die Zeit nahmen, das Manuskript zu lesen.

Zutiefst dankbar bin ich meinem Agenten Chris Calhoun, meinem Herausgeber Starling Lawrence und seinem Assistenten Morgen Van Vorst, die mich auf jede erdenkliche Weise dabei unterstützten, meinen Plan von einem Buch über die *Globe* in die Tat umzusetzen. Ebenfalls sehr dankbar bin ich Bill Swainson und Pascal Cariss vom Bloomsbury Verlag für ihre Freundlichkeit und ihre Ratschläge zur englischen Ausgabe des Buches.

Und ganz besonders bedanken möchte ich mich schließlich bei zwei goldenen Gliedern in der Kette, an denen dieses Buch hing, Elizabeth Fitton und Mary Beth Keane.

# BILDNACHWEIS

1. Thomas Worth, Kapitän der *Globe.* Mit freundlicher Genehmigung der Martha's Vineyard Historical Society.

2. Frontispiz: Der Walfänger *Globe* aus Nantucket. Mit freundlicher Genehmigung der Nantucket Historical Association.

3. Titelblatt von *The Life of Samuel Comstock, the Terrible Whaleman.* Mit freundlicher Genehmigung der Nantucket Historical Association.

4. »Verbissener Kampf zwischen Comstock und dem Neger«. Mit freundlicher Genehmigung der Nantucket Historical Association.

5. »Erbitterter Kampf zwischen Chicochee und der Indian Queen«. Collection der New-York Historical Society (Negativ #75049).

6. »Comstock ersticht Lumbert«. Mit freundlicher Genehmigung der Nantucket Historical Association.

7. »Humphries' Hinrichtung«. Mit freundlicher Genehmigung der Nantucket Historical Association.

8. »Der Tod von Samuel Comstock«. Mit freundlicher Genehmigung der Nantucket Historical Association.

9. Titelblatt von Lays und Husseys Buch *A Narrative of the Mutiny, on Board the Ship Globe, of Nantucket.* Mit freundlicher Genehmigung der Nantucket Historical Association.

10. Hiram Paulding, Erster Offizier der *Dolphin.* Mit freundlicher Genehmigung der Navy Art Collection, Naval Historical Center.

11. John Percival, Kapitän der *Dolphin.* Offizielles Foto der U.S. Marine. Mit freundlicher Genehmigung des U.S. Naval Academy Museum.

12. Musterrolle der *Globe.* Mit freundlicher Genehmigung von Renny Stackpole.

13. Josiah Macy, Kapitän der *Edward*, des ersten Schiffes, auf dem Samuel Comstock arbeitete. Millstein Division of United States History, Local History & Genealogy, New York Public Library, Astor, Lenox und Tilden Foundations.

14. Die Lord-Mulgraves-Inseln (Mili-Atoll) nach einer Vermessungsskizze des U.S. Schoners *Dolphin*, aus: Paulding, *Journal of a Cruise of the United States Schooner Dolphin.* General Research Division, New York Public Library, Astor, Lenox und Tilden Foundations.

15. Ein Kanu und Eingeborene der Lord-Mulgraves-Inseln, aus: Arthur Phillip, *The Voyage of Governor Phillip to Botany Bay with Contributions by Other Officers of the First Fleet and Observations on Affairs of the Time by Lord Auckland.* General Research Division, New York Public Library, Astor, Lenox und Tilden Foundations.

16. »Ansicht der South Street von der Maiden Lane, New York City, aus gesehen«, gemalt 1828 von Williams James Bennett. Metropolitan Museum of Art, alle Rechte vorbehalten. Aus dem Nachlass von Edward W. C. Arnold, 1954. The Edward W. C. Arnold Collection, New Yorker Drucke, Karten und Bilder (54.90.130).

# BILDNACHWEIS

S. 138 f. Das Mili-Atoll und die Welt der *Globe*, Vorsatzblatt. Karte von John McAusland.

S. 314 f. Zwei Seiten aus dem Marshallesischen Wörterverzeichnis von Lay und Hussey, *A Narrative of the Mutiny, on Board the Ship Globe, of Nantucket.* Mit freundlicher Genehmigung der Nantucket Historical Association.

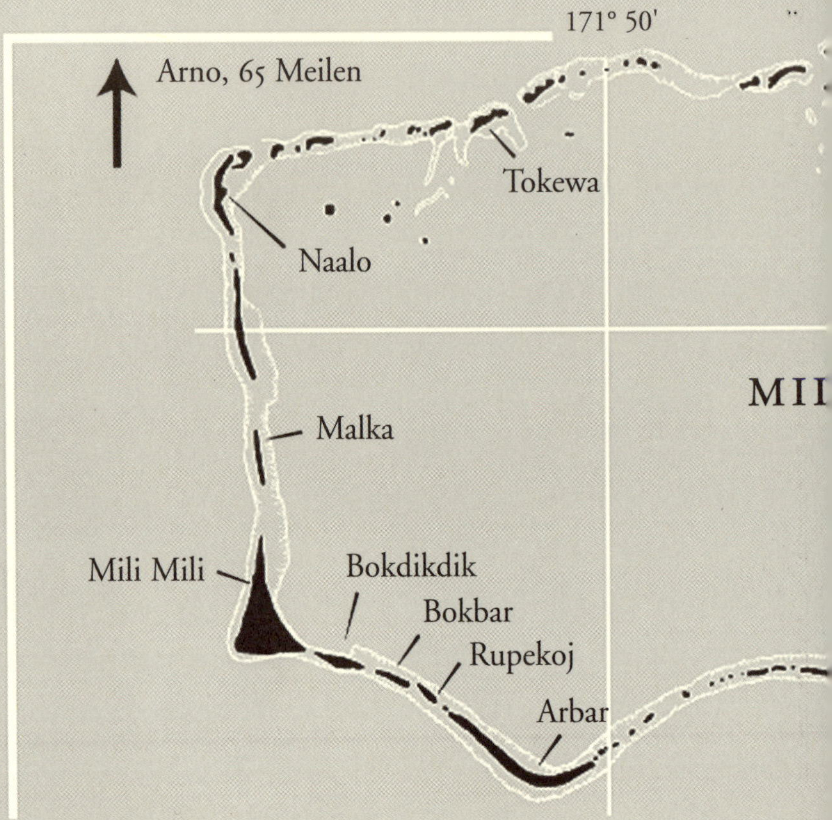
171° 50'
Arno, 65 Meilen
Tokewa
Naalo
MII
Malka
Mili Mili
Bokdikdik
Bokbar
Rupekoj
Arbar

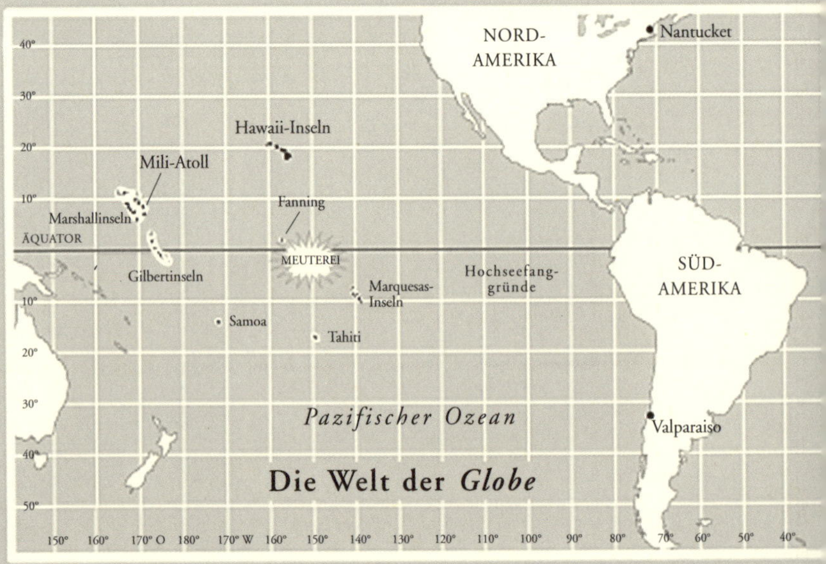
NORD-
AMERIKA
Nantucket
Hawaii-Inseln
Mili-Atoll
Marshallinseln
Fanning
ÄQUATOR
MEUTEREI
Gilbertinseln
Hochseefang-
gründe
SÜD-
AMERIKA
Marquesas-
Inseln
Samoa
Tahiti
Pazifischer Ozean
Valparaiso
Die Welt der Globe
40°
30°
20°
10°
10°
20°
30°
40°
50°
150°
160°
170° O
180°
170° W
160°
150°
140°
130°
120°
110°
100°
90°
80°
70°
60°
50°
40°